HISTOIRE SOCIALE
DES IDÉES AU QUÉBEC
(1896-1929)

Yvan Lamonde

HISTOIRE SOCIALE DES IDÉES AU QUÉBEC (1896-1929)

VOLUME II

Fides

Cet ouvrage a été publié grâce à une subvention de la Fédération canadienne des sciences humaines et sociales, dont les fonds proviennent du Conseil de recherches en sciences humaines du Canada.

Catalogage avant publication de la Bibliothèque nationale du Canada
Lamonde, Yvan, 1944-
Histoire sociale des idées au Québec
L'ouvrage complet comprendra 3 v.
Comprend des réf. bibliogr. et un index.
Sommaire: v. 1. 1760-1896 — v. 2. 1896-1929.

ISBN 2-7621-2104-3 (v. 1)
ISBN 2-7621-2529-4 (v. 2)

1. Idées politiques – Québec (Province). 2. Québec (Province) – Conditions sociales.
3. Culture politique – Québec (Province). 4. Québec (Province) – Civilisation.
5. Changement social – Québec (Province). I. Titre.

FC2919.L347 2000   320.5'09714   C99-941850-5

Dépôt légal : 1ᵉʳ trimestre 2004
Bibliothèque nationale du Québec
© Éditions Fides, 2004

Les Éditions Fides remercient de leur soutien financier le ministère du Patrimoine canadien, le Conseil des Arts du Canada et la Société de développement des entreprises culturelles du Québec (SODEC). Les Éditions Fides bénéficient du Programme de crédit d'impôt pour l'édition de livres du Gouvernement du Québec, géré par la SODEC.

IMPRIMÉ AU CANADA EN MARS 2004

À Micheline Duhaime

AVANT-PROPOS

« Si nous savons ce que nous voulions dire, nous ne
savions pas si nous ne disions que cela. »

André GIDE, *Paludes*

ES FEMMES ET LES HOMMES qui ont 75 ans en 2003 sont nés en
1928. Ces personnes avaient 18 ans en 1946 et leur mémoire
globale date de la Deuxième Guerre mondiale. Cette mise en
perspective permet de comprendre comment et pourquoi la période
1896-1929 n'a pas véritablement été racontée aux descendants que nous
sommes. Au mieux, le récit de la Crise a pu nous atteindre. Cette
méconnaissance de l'avant-Crise dans la mémoire collective trouve peu de
traces dans la mémoire érudite des travaux universitaires, probablement
parce que la période ne semble pas présenter de faits saillants, si ce n'est,
justement, une transition globale, un faisceau de changements toujours
un peu plus complexes à identifier et à expliquer.

C'est ce que fait ressortir ce second tome de l'*Histoire sociale des idées
au Québec*. La déstabilisation et les « déracinements » causés par l'industrialisation, l'urbanisation, l'immigration et les ramifications sociales et
culturelles du capitalisme à son apogée obligent à la recherche d'une
nouvelle façon d'être, de vivre, de penser individuellement et collective-
ment. Le moderne bouleverse l'ancien; l'innovation est tout autant dans
l'habitat, le vêtement, le travail que dans les loisirs, le transport et les
façons de produire, de distribuer et de consommer une variété de biens.
Ces changements signifient, sur le plan de l'histoire des idées, que les
contemporains doivent penser ou repenser leur situation, intégrer l'électricité, le tramway, l'automobile, le parc d'attractions, les journaux à cinq

sous; s'adapter aux immigrants établis à Montréal ou à Saint-Boniface, aux grèves, aux «vues animées» et aux sports professionnels le dimanche. Le discours des élites ne peut plus être le même, ni les perceptions de soi dans le présent et dans l'avenir immédiat. Dans le domaine des idées et de la création intellectuelle et artistique, les contenus requièrent des contenants appropriés, les matières nouvelles commandent des manières inédites dans le traitement. C'est cette transition qui constitue la trame générale du présent ouvrage.

Son propos demeure le même que celui du premier tome (1760-1896): savoir d'où vient le Québec intellectuellement. Cette histoire des idées demeure «sociale» en ce qu'elle continue à scruter les idées des élites, des milieux bourgeois et d'une classe moyenne émergeante dont on connaît toutefois peu le visage. Elle porte attention aux réactions de ces milieux à la culture populaire sans pour autant constituer une histoire de la culture populaire, ouvrière ou de masse. Si elle s'attarde moins aux institutions qui se sont mises en place après le décollage culturel du tournant des années 1860, elle prend en compte le registre nouveau du social, de la «question» sociale. Ce deuxième tome est davantage centré sur les courants d'idées et leurs tenants et aboutissants que sur les infrastructures culturelles, à moins que celles-ci ne soient nouvelles.

La Crise de 1929 n'est pas qu'économique et sociale; elle est aussi intellectuelle et spirituelle. Les trajectoires de l'évolution historique amorcées en 1896 ou peu avant s'infléchissent alors, obligeant à la recherche d'un nouvel «ordre», d'une nouvelle «doctrine». La période qui va de 1896 à 1929 peut paraître brève — un peu plus d'un quart de siècle —, mais elle a, du point de vue intellectuel, sa pleine cohérence qui s'articule autour des deux principaux termes de la première partie du présent ouvrage: «doctrine» et actions». Cette doctrine se formule et les actions qu'elle implique s'amorcent de 1896 à 1917, pour trouver leur accomplissement dans le mouvement et la revue *L'Action française* (1917-1928) de Montréal. La première partie analyse donc ces «actions» et la doctrine commune qui les anime. La deuxième partie scrute la doctrine de *L'Action française* de Montréal et les relations de ce mouvement avec son homonyme de Paris. La troisième partie explore les alternatives à cette doctrine et les points de vue de l'opposition libérale face à celle-ci, tout en poursuivant l'analyse de l'évolution des héritages intellectuels et culturels de la France, de la Grande-Bretagne et des États-Unis. Cette troisième partie traverse l'ensemble de la période couverte par ce deuxième tome, signe que la trame dominante est du côté de la « doctrine » et qu'il importe de voir d'un œil global la trajectoire de l'évolution des rapports avec Paris, Londres et New York.

Les sources primaires manuscrites et imprimées que nous avons utilisées sont mentionnées dans les notes. Nous avons vu tout l'intérêt de retourner au texte même, dans la perspective d'une lecture personnelle neuve. Il faut lire les textes originaux plutôt que les gloses sédimentées sur les écrits de Bourassa, de Groulx, de Camille Roy et de leurs contemporains. Un certain nombre de textes auxquels référence est faite ici se retrouvent dans Yvan Lamonde et Claude Corbo, *Le rouge et le bleu. Une anthologie de la pensée politique au Québec de la Conquête à la Révolution tranquille* (PUM, 1999). De façon à faciliter l'accès aux imprimés québécois et canadiens-français antérieurs à 1920 cités dans le présent ouvrage, nous avons donné le numéro d'identification de la collection de l'Institut canadien de micro-reproductions historiques (ICMH) lorsque tel imprimé y est microfiché.

Lorsque nous sommes redevable d'une découverte ou d'une interprétation à une ou un collègue, la référence à l'étude est donnée. Notre maîtrise des travaux en histoire culturelle et intellectuelle du Québec s'appuie sur les bilans bibliographiques et historiographiques suivants que nous avons faits au fil des ans :

— *L'histoire des idées au Québec (1760-1960). Bibliographie des étude*s, Montréal, BNQ, 1989, 167 p. ;
— « L'histoire des idées au Québec (1760-1993). Premier supplément bibliographique et tendances de la recherche», *Cahiers d'histoire du Québec au XXe siècle*, 3 (hiver 1995): 163-176 (première partie) ; 4 (été 1995) : 152-167 (deuxième partie) ;
— « L'histoire culturelle comme domaine historiographique au Québec», *RHAF*, 51, 2 (automne 1997): 285-299 ;
— « L'histoire des idées au Québec (1760-1997) : deuxième supplément (1993-1997) et tendances de la recherche», *Bulletin d'histoire politique*, 9, 3 (été 2001): 159-161 ;
— et <www.er.uqam.ca/nobel/bhp2000/>.

Ces bilans fourniront au lecteur intéressé une bibliographie systématique sur l'histoire culturelle et intellectuelle du Québec entre 1896 et 1929, bibliographie que nous n'avons pas jugé utile de reproduire dans le présent ouvrage.

Yvan Lamonde
Saint-Ours-sur-Richelieu, 16 octobre 2002

LISTE DES SIGLES

ACJC	Association catholique de la jeunesse canadienne-française
AF/ACF	*Action française / Action canadienne-française*
ANQQ	Archives nationales du Québec à Québec
BNQ	Bibliothèque nationale du Québec
CD	*Cahiers des Dix*
CRLG	Centre de recherche Lionel-Groulx
CTCC	Confédération des travailleurs catholiques du Canada
DBC	*Dictionnaire biographique du Canada*
ECF	*Écrits du Canada français*
HPQ	*Histoire de la province de Québec* de Robert Rumilly
ICMH	Institut canadien de micro-reproductions historiques
IQRC	Institut québécois de recherche sur la culture
MEM	*Mandements des évêques de Montréal*
MEQ	*Mandements des évêques de Québec*
MSRC	*Mémoires de la Société royale du Canada*
PUF	Presses universitaires de France
PUL	Presses de l'Université Laval
PUM	Presses de l'Université de Montréal
PUQ	Presses de l'Université du Québec
RCHTQ	Regroupement des historiennes et historiens en histoire des travailleuses et travailleurs du Québec
RD	*Revue dominicaine*
RHAF	*Revue d'histoire de l'Amérique française*
SSC	*Semaines sociales du Canada*
UQÀM	Université du Québec à Montréal
UQTR	Université du Québec à Trois-Rivières
UTP	University of Toronto Press

Première partie

Une doctrine pour l'action

(1896-1917)

LES DEUX DÉCENNIES qui vont de 1896 à 1917, de la question des écoles du Manitoba et de l'arrivée de Wilfrid Laurier au pouvoir à la fondation de *L'Action française* et à la crise de la conscription, sont le creuset d'idées et de courants d'opinions dont la trajectoire traversera tout le XXe siècle. La renaissance d'un mouvement nationaliste, qui se fait «au-dessus» de «l'esprit de parti», s'accomplit dans la recherche fiévreuse d'une «doctrine» capable de susciter une «action», des «actions». Ce sont là les deux mots-clés du premier tiers du XXe siècle québécois auxquels se greffe le mot «ligue», moyen de mettre en action la doctrine ou certains aspects de la doctrine. La France aura sa Ligue des droits de l'homme et sa Ligue pour la patrie française (1905); le Québec aura sa Ligue des droits du français, sa Ligue d'action française, sa Ligue du dimanche, sa Ligue patriotique des intérêts canadiens, parmi d'autres.

Au tournant du siècle, les élites se mettent à la recherche d'une «doctrine», d'un corps de pensée capable de contenir les défis nouveaux qui se posent et de fournir des directives, des orientations. De Mgr Louis-Adolphe Pâquet à Édouard Montpetit en passant par l'abbé Lionel Groulx, la recherche d'une doctrine, d'une pensée commune, d'une vision d'avenir explorera l'ensemble de la vie publique, avec le projet d'intégrer et d'unifier en un nationalisme nouveau les réponses nouvelles aux défis contemporains. Cette recherche de doctrine et de stratégies d'action, qui façonne un nouveau nationalisme canadien, canadien-français et indépendantiste, répond en fait à trois types de causes: des causes externes au Canada, des causes externes au Québec et des causes internes au Québec, qui, chacune, susciteront une «action» spécifique.

En ces années du Jubilé de diamant (1897) qui célèbre à Londres les soixante ans de règne de la reine Victoria, d'intervention de la Grande-Bretagne en Afrique du Sud et d'un empire sur les colonies duquel le soleil ne se couche jamais, le Dominion du Canada est confronté à sa situation coloniale. C'est dans ce contexte qu'Henri Bourassa, député libéral du gouvernement de Wilfrid Laurier dès 1896, soulèvera la question de la participation du Canada aux guerres de l'Empire et formulera une doctrine et une «action nationale» canadienne.

Au Canada même, mais à l'extérieur du Québec, la mémoire des crises scolaires du Nouveau-Brunswick (1871) et du Manitoba (1890-1896) et du sort réservé à Louis Riel en 1885 est à nouveau nourrie de crises scolaires dans les Territoires du Nord-Ouest — la Saskatchewan et l'Alberta qui entrent dans la Confédération en 1905 — et en Ontario avec le fameux Règlement XVII de 1912[1]. Perçues comme menaces à la survie de la langue française dans les provinces canadiennes hors Québec et comme signes de la fragilité de la Constitution de 1867, les crises scolaires vont susciter une «action française» et un nationalisme canadien-français qui ira plus loin que celui que Bourassa associera à son nationalisme canadien.

Au Québec même, on a de multiples raisons de concevoir une doctrine qui puisse guider les citoyens confrontés à l'industrialisation et à l'urbanisation et à leurs effets sur la vie publique. Le secteur de la transformation industrielle s'appuie sur l'exploitation des richesses naturelles (forêt, hydroélectricité, mines) et trouve un double débouché chez les nouveaux consommateurs urbains et dans le développement des provinces de l'Ouest peuplées par l'immigration. Grâce à la technologie, à des bassins de densité démographique nouveaux et à des stratégies inédites de diffusion et de publicité, la production de masse se met en place pour satisfaire une consommation de masse par un système de distribution de masse. La culture qui se commercialise en loisirs est encore modifiée par la professionnalisation du spectacle et du sport[2]. Si le Québec de 1901 et de 1911 est encore majoritairement rural (respectivement 60,3 % et 51,8 % de la population), le Québec de 1921 est majoritairement urbain (56 % de la population), c'est-à-dire vivant dans des agglomérations de 1000 habitants et plus. Le nombre des villes de 10 000 habitants et plus passe de 5 en 1901 à 8 en 1911 et à 18 en 1930. Montréal, qui compte 267 730 habitants en 1901, 470 480 en 1911 et 618 506 en 1921, connaît alors ses plus forts taux de croissance. La ville de Montréal, qui compte autour de 63 % d'habitants d'origine française et comprend de plus en plus de citoyens d'origines autres (juifs, italiens) que française et britannique (5,4 % de la population en 1901, 10,8 % en 1911, 12,9 % en 1921) constitue à elle seule le quart de la population totale du Québec. Les produits nouveaux, les outils, les artefacts du sport, les directives patronales dans l'industrie et le commerce, la publicité journalistique et murale drainent dans la vie quotidienne un vocabulaire de langue anglaise qui justifie d'autres modalités d'«action française».

La production industrielle continue, rendue possible par la technologie, empiète bientôt sur le dimanche, tout comme les services urbains, la distribution du gaz ou encore les transports par tramway ou par train, qu'on ne peut interrompre le «jour du Seigneur». Comment faire face à cette réalité nouvelle dans les mœurs si ce n'est par une «action catholique» et par une «action sociale»? Le travail féminin dans le secteur des services (assurances, téléphonie, commerce de détail), conjugué à une conscience nouvelle des droits civiques et politiques à revendiquer, suscite une «action féminine». Enfin, l'industrialisation, qui rend plus pressantes l'instruction et l'alphabétisation, donne lieu à une préoccupation nouvelle pour l'éducation. Les innovations technologiques jointes au militantisme politique et idéologique permettent de multiplier les journaux : *Le Nationaliste* d'Olivar Asselin, *Le Devoir* d'Henri Bourassa, *L'Action* de Jules Fournier et *L'Action sociale* de l'archevêché de Québec. La recherche d'une doctrine intellectuelle prend des formes variées : consolidation d'une université à Montréal, contestation des esthétiques littéraires à l'École littéraire de Montréal, diagnostic sur l'avenir culturel du Canada français d'un Edmond de Nevers ou d'un Léon Gérin, définition d'une «littérature canadienne» par l'abbé Camille Roy, émergence de «l'intellectuel». «L'action intellectuelle» se concrétisera par la création d'un Prix d'action intellectuelle en 1919.

Chapitre I

UNE ACTION NATIONALE CANADIENNE

A u tournant du XXe siècle, des figures et des composantes anciennes (Laurier, les crises scolaires, «l'esprit de parti») se mêlent à des acteurs et à des éléments nouveaux (Bourassa, Asselin, l'impérialisme, l'immigration, la conscription) pour donner forme à une doctrine nouvelle, qui se formule sous un terme relativement neuf, le nationalisme, et qui fonde une «action» aux moyens multiples, dont la «ligue» et la presse (*Le Nationaliste, L'Action, Le Devoir*).

«L'impérialisme: voilà l'ennemi»:
la place du Canada dans l'Empire britannique

Trente ans après la Constitution de 1867 et soixante ans après la montée sur le trône de la reine Victoria, Wilfrid Laurier, premier Canadien français élu premier ministre du Canada en 1896 à l'occasion de la crise scolaire du Manitoba, se retrouve à Londres pour le Jubilé de diamant de la reine. Élevé à la dignité de «Sir», Laurier déclare à l'Imperial Institute en 1897: «Lord Lansdowne a parlé du jour où l'empire pourrait se trouver en danger. L'Angleterre, toujours, a prouvé qu'elle pouvait mener à bien ses combats; mais s'il arrivait qu'elle fût en danger, que résonnent alors les trompettes et que s'allument les phares sur la colline; et les colonies feront tout ce qu'elles pourront, même si ce n'est pas considérable, pour lui venir en aide.» Laurier met sa promesse en pratique en offrant à la Grande-Bretagne un tarif préférentiel sans rien recevoir en retour.

Le jeune Henri Bourassa, petit-fils de Louis-Joseph Papineau, vient d'être élu à la Chambre des communes sous la bannière libérale; en 1896, convaincu de l'autonomie des provinces, il a cru en Laurier, contrairement au clergé québécois qui invitait à voter pour les conservateurs.

L'intervention de la Grande-Bretagne en 1899 dans une partie de sa colonie d'Afrique du Sud, le Transvaal, où les Boers défendent leur territoire et ses richesses naturelles (le diamant) contre les prétentions impérialistes de la métropole et économiques d'un Cecil Rhodes, va opposer Laurier à son jeune mais prometteur député, Henri Bourassa. Se souvenant des ouvertures faites en 1897, le premier ministre canadien s'engage alors à l'égard de la Grande-Bretagne sans consulter le Parlement. Le 31 juillet 1899, un «lundi matin», Laurier présente d'urgence une proposition selon laquelle la Chambre «désire exprimer sa sympathie envers les autorités impériales de Sa Majesté». Le 13 octobre, sans convocation du Parlement mais par un décret du Conseil des ministres, Laurier décide de l'envoi d'équipement et de troupes «volontaires». Pour le député Bourassa, il y a dans cette initiative deux accrocs à la Constitution canadienne: des dépenses engagées sans l'aval de la Chambre et l'envoi de troupes canadiennes hors du pays. Bourassa tient tête à Laurier, critique franchement ses positions et finit par remettre sa lettre de démission du Parti libéral du Canada le 18 octobre 1899, contestant les propensions impérialistes de Laurier, réitérant sa propre conviction d'une autonomie plus grande du Canada à l'égard de la Grande-Bretagne et invoquant le grand principe «No (human) taxation without representation». Avec l'appui majoritaire de la presse canadienne-française, Bourassa n'a de cesse d'alerter les Canadiens à propos des risques de fédération impériale dans toute participation du Canada aux guerres de l'Empire. Le 13 mars 1900, avant même de faire une proposition en Chambre contre tout changement aux relations politiques et militaires entre le Canada et la Grande-Bretagne, Bourassa se moque de l'acceptation par le premier ministre britannique Chamberlain d'une offre canadienne qui n'a jamais été faite et s'étonne d'une « réponse [qui] arrive avant que la lettre ne soit écrite». Sa proposition est battue par 119 voix contre 10, ces dernières étant toutes celles de députés aux patronymes français[1].

La tâche n'était pas mince pour un Canadien français, en ces heures de gloire de l'Empire, de proposer aux Canadiens de langue anglaise un droit de réserve du Dominion du Canada à l'égard de la mère patrie de la majorité des habitants et des immigrants du pays, et ce, dans un contexte où la crise de l'affaire Riel et des écoles du Manitoba était toujours dans les esprits. L'affrontement, le 2 mars 1900, entre les étudiants de McGill University et les étudiants de l'Université Laval à Montréal, illustre bien les tensions exacerbées par la question impériale. En ce temps où circule à peu près partout le postulat de la supériorité de la «race» anglo-saxonne, la célébration de la libération de Ladysmith en Afrique du Sud par les troupes britanniques offre aux «étudiants» de McGill une occasion de montrer du doigt la défection impériale des Canadiens français. S'il dénonce les «voyous» qui s'attaquent aux locaux de l'Université Laval et de certains journaux francophones, le jeune Olivar Asselin s'indigne — c'est sa grande force — de la lâcheté d'une certaine presse canadienne-française qui baisse la tête.

Cette ferveur impériale est encore à l'œuvre, curieusement, dans la célébration du troisième centenaire de la fondation de Québec en 1908[2].

Encore «l'esprit de parti»

À ces tensions impériales et locales s'ajoute un ingrédient connu de la vie politique canadienne-française, «l'esprit de parti». Les dénonciations de cet «esprit de parti» se multiplient depuis les prises de position de Laurier dans la question des écoles du Manitoba en 1896. Ce sont ces «guerres puériles de parti» qu'Edmond de Nevers dénonce, ce «sport unique, *la politique*», qui «accapare toutes les forces vives de la nation» et qui fait qu'on appelle «attachement à un parti des *idées*». De son côté, Asselin appelle les jeunes à «une grande et noble tâche», celle «d'élever la race au-dessus des stupides querelles dans lesquelles elle s'est épuisée depuis quarante ans, par suite des conseils intéressés des plus vils des hommes, les politiqueurs». Il condamne cette «politique de bleus et de rouges appliquée à tout, jusqu'à nos phares, nos quais, nos chemins de colonisation, [qui] avait abaissé le caractère de nos hommes publics, abâtardi leur volonté, atrophié leur sens moral».

Bourassa, qui est allé au front politique, peut lui aussi en témoigner : «Ici, non seulement faut-il voter avec son parti, mais on doit sous peine

d'excommunication majeure, écrire, parler, penser, respirer, manger et
dormir selon les strictes règles du protocole disciplinaire rouge ou bleu.
Ce régime engendre l'abrutissement moral et intellectuel des hommes
publics et la démoralisation de la pensée et l'action populaire.»
Un jeune abbé, qui sera de toutes les «actions» à venir, Lionel
Groulx, déplore déjà «la veulerie générale, la lâcheté avec laquelle nos
hommes publics accomplissent leurs devoirs de catholiques et de Canadiens français. C'est une trahison tous les jours de l'ancien idéal de notre
peuple.» Le jeune professeur au Collège de Valleyfield note les conséquences de l'ambition politique : «Nul de nos hommes publics ne voudrait trahir ouvertement les intérêts de sa race, mais à trop d'entre eux,
des ambitions politiques ont fait préférer lâchement la reculade à la bataille.»

Jules Fournier, aussi caustique qu'Asselin, est un Daumier de la
plume, capable d'abattre quelqu'un d'une phrase. Parlant de la députation canadienne-française, Fournier évoque «ces hommes qui ont élevé le
culottage des pipes à la hauteur d'un art et qui ont su faire du tabac canadien
la base de leur vie parlementaire». Anti-Laurier et anti-impérialiste, le
journaliste prétend que «ce que M. Laurier veut à Ottawa, en effet, pour
représenter la province de Québec, ce sont des hommes qui votent — et
rien autre chose» et qui «applaudissent en nationalistes, mais […] votent
en rouges — ou en bleus». Quant au jeune Armand Lavergne, qui monte
aussi dans le train politique et nationaliste, il confirme cette atrophie du
sens moral dénoncée par Bourassa et Asselin et épingle «les quémandeurs
qui attendent une place ou un contrat du gouvernement».

Mais c'est Bourassa qui synthétise ces propos autour de la «désintégration nationale» : «L'un des écrivains les plus remarquables de ce
temps-ci, M. Maurice Barrès, a donné à trois de ses œuvres un sous-titre
commun : *Roman de l'énergie nationale*. Il y fait la psychologie et la synthèse de plusieurs des épisodes les plus avilissants de la politique française
et des tendances qui entraînent notre pays d'origine vers la désintégration
nationale ; mais il y laisse poindre l'aurore des réveils prochains. Ne serait-
il pas temps qu'un esprit honnête et désintéressé nous rendît le même
service et nous aidât à faire notre examen de conscience nationale ? Et
surtout n'est-il pas urgent qu'on se mette à prêcher partout l'évangile de
l'énergie nationale, à enseigner à tous les Canadiens français le catéchisme

du devoir public, afin que notre peuple réapprenne à en pratiquer les maximes[3]?»

La Ligue nationaliste (1903) et Le Nationaliste (1904);
l'avenir dans l'indépendance

C'est dans ce contexte d'anti-impérialisme, de démission de Bourassa du Parti libéral du Canada et de dénonciation de l'esprit de parti qu'Asselin, Bourassa, le jeune Armand Lavergne et d'autres fondent la Ligue nationaliste le 1er mars 1903. Le programme est dans l'appellation : il s'agit d'une «Ligue» et non d'un nouveau parti politique, d'une Ligue non plus nationale mais «nationaliste», avec une idée directrice : l'autonomie plus grande du Canada à l'égard de l'Empire. Cette volonté d'autonomie du Canada prend plusieurs formes : abstention de participation du Canada aux guerres impériales en dehors du territoire canadien de même qu'à l'organisation militaire de la Grande-Bretagne, et détermination canadienne du commandement canadien de la milice. Ce projet d'autonomie à l'égard de la métropole avec maintien du lien colonial s'accompagne d'une même volonté d'autonomie des provinces à l'égard du pouvoir fédéral, avec respect du principe de la dualité des langues et du droit des minorités à des écoles séparées. La dimension économique de cette doctrine anti-impérialiste et nationaliste canadienne implique une politique de développement économique exclusivement canadienne, une politique douanière centrée sur les intérêts canadiens, une révision de la répartition budgétaire pour la colonisation et l'immigration et une politique de location et non plus de cession des forêts et des ressources hydrauliques. Les ramifications de cette politique nationaliste touchent même le terreau culturel par une législation favorable au développement artistique et littéraire, y compris des mesures en matière de propriété littéraire et de droits d'auteur[4].

C'est dans le cadre de cette politique économique que les nationalistes de la Ligue construisent leur critique du développement économique tel que conçu et pratiqué par les libéraux du Québec au pouvoir depuis 1897. Asselin écrit : «À une époque où tous les pays se préoccupent d'asseoir leur grandeur économique et morale sur leurs ressources naturelles, [le premier ministre Parent] n'a vu dans l'aliénation du domaine public qu'un moyen d'équilibrer un budget.» La prospérité économique

et le poids tout nouveau des provinces dans leur rapport au gouvernement fédéral tiennent aux richesses naturelles dont elles sont les propriétaires et qui leur permettent de nationaliser certains de ces biens, comme
le fera l'Ontario avec Hydro-Ontario en 1905. Ce sont ces nationalistes
qui obligent le gouvernement libéral du Québec à voter, en 1910, une loi
obligeant les compagnies forestières à transformer au Québec le bois
coupé sur «les terres de la Couronne». Et puis souvent, les concessions
de la richesse publique à des entreprises privées incitent les hommes et
les partis politiques à des rapprochements avec les milieux financiers et
entraînent d'inévitables conflits d'intérêts, au point où Asselin en vient à
dénoncer la législature comme ce «champ clos où se heurtent les grandes
forces financières[5]». La dénonciation des «trusts» est amorcée.

     Un an après sa fondation, la Ligue nationaliste se donne un journal,
Le Nationaliste, dirigé par Asselin (1904-1908) puis par Fournier (1908-
1910) et auquel collaborent Bourassa et Omer Héroux. L'orientation
anti-impérialiste du journal est formulée dans l'éditorial du premier
numéro du 6 mars où l'on définit le sentiment nationaliste : «Ce sentiment, c'est l'amour du sol que nos aïeux n'auraient pas mouillé de leur
sang s'ils avaient cru qu'un jour, au lieu de porter un peuple souverain
et de rendre des fruits de liberté, il se fondrait sans gloire dans un empire
où les colonies [...] n'existeraient plus que pour fournir à la mère patrie
de l'argent et du sang.» L'hebdomadaire du dimanche, qui sera le journal
de la génération montante, a une doctrine — l'autonomie du Canada et
des provinces — et un plan d'action : «Nous voulons simplement, dans
la mesure de nos forces, éveiller l'opinion publique, la tourner vers des
réalités fécondes. Il faut qu'une révolution bienfaisante balaye les abus qui
nous déshonorent et nous ruinent.» Le journal a du style grâce aux
signatures d'Asselin et de Bourassa, à ses caricatures et à l'attention qu'il
porte à la poésie, à Nelligan, au «mouvement littéraire» et au droit
d'auteur auquel le Programme nationaliste a consacré un article.

     À peine a-t-on formulé une doctrine nationaliste canadienne et
canadienne-française (autonomie des provinces, dualité des langues,
droits scolaires) et lancé *Le Nationaliste* que Jules-Paul Tardivel prend
prétexte de la Ligue, de son journal et des prises de position de Bourassa,
pour reformuler son nationalisme indépendantiste déjà mis en scène dans
son roman de 1895, *Pour la patrie*. Tardivel avait maintenu son orientation «au-dessus des partis», rappelant en 1897 : «Nous n'avons fondé *La*

Vérité que pour souffler sur l'étincelle du patriotisme. Lorsque cette étincelle sera devenue incendie, embrasant tous les cœurs; lorsque les chefs canadiens-français diront hautement au peuple que notre destinée providentielle est de devenir une nation autonome, alors la raison d'être de *La Vérité* aura cessé, et *La Vérité* disparaîtra.» Encore en 1901, il avait évoqué la sortie du Québec de la Confédération tout en lui conservant un statut de colonie anglaise, comme «avant la néfaste Union». Bourassa, qui lisait *La Vérité*, avait fait allusion en 1902 à ce «rêve légitime et attrayant» d'un «état libre où notre race dominera sans partage»; mais, avait-il pris soin d'ajouter, «c'est encore un rêve; et ce qu'il faut faire, c'est le devoir du moment». Au moment de la fondation du *Nationaliste*, Bourassa confie à Tardivel ne pas vouloir de polémique avec *La Vérité*. Mais...

Tardivel insiste et précise à Bourassa dans *La Vérité* du 1ᵉʳ avril 1904: «[...] le nationalisme de la Ligue [nationaliste] n'est pas notre nationalisme à nous. Notre nationalisme à nous est le nationalisme canadien-français. Nous travaillons, depuis 23 ans, au développement du sentiment national canadien-français; ce que nous voulons voir fleurir, c'est le patriotisme canadien-français; les nôtres, pour nous, sont les Canadiens français; la Patrie pour nous, nous ne dirons pas que c'est précisément la province de Québec, mais c'est le Canada français; la nation que nous voulons voir se fonder, à l'heure marquée par la divine Providence, c'est la nation canadienne-française.» Deux jours plus tard, Bourassa réplique dans *Le Nationaliste*: «Notre nationalisme à nous est le nationalisme canadien, fondé sur la dualité des races et sur les traditions particulières que cette dualité comporte. Nous travaillons au développement du patriotisme canadien, qui est à nos yeux la meilleure garantie de l'existence des deux races et du respect mutuel qu'elles se doivent. Les nôtres, pour nous comme pour M. Tardivel, sont les Canadiens français; mais les Anglo-Canadiens ne sont pas des étrangers, et nous regardons comme des alliés tous ceux d'entre eux qui nous respectent et qui veulent comme nous le maintien intégral de l'autonomie canadienne. La Patrie pour nous, c'est le Canada tout entier, c'est-à-dire une fédération de races distinctes et de provinces autonomes. La nation que nous voulons voir se développer, c'est la nation canadienne, composée des Canadiens français et des Canadiens anglais, c'est-à-dire de deux éléments séparés par la langue et la religion, et par les dispositions légales nécessaires à la conservation de leurs traditions respectives, mais unies dans un attachement de confraternité, dans un commun attachement à la patrie commune.» La polémique n'ira pas plus loin essentiellement, si ce n'est ce petit coup de griffe de Tardivel à Bourassa: «De même que M. Bourassa *se méfie* de ceux qui songent à fonder un *grand empire britannique*, ainsi nous sommes constamment en garde contre ceux qui travaillent à créer un *grand tout canadien.*»

Et pourtant, cette polémique garde sa hauteur de vue. Alors que leur débat public est en cours, Tardivel écrit finement à son ami qu'«un peu de polémique courtoise entre vous et moi n'est pas de nature à vous nuire». Bourassa répond: «Le même motif qui me fait vous prier de fermer les yeux sur les écarts d'Asselin me fait désirer également que nous ne fassions pas de polémique même courtoise. Je reconnais avec vous qu'il ne devrait en résulter aucun mal. Si la droiture d'esprit et la largeur de vues étaient plus générales au Canada, je crois même que ces opinions diverses ne pourraient que faire du bien. Mais il y a tant de gens qui ont horreur de toutes les nuances d'indépendance [...].»

L'année même de son décès, Tardivel revient à la charge, cette fois contre Israël Tarte qui avait aussi qualifié de «rêve» l'idée d'un «État français indépendant». Le vieux routier du journalisme catholique persiste à croire «que l'élément canadien-français a une mission spéciale sur ce continent, et qu'il ne pourra pleinement la réaliser que s'il forme une entité distincte, compacte». Reprenant un mot de Bourassa selon lequel la Confédération est «une absurdité géographique» et estimant que «la rupture est fatale», Tardivel prédit que «dans cinquante ou soixante ans il y aura, dans le nord-est du continent, quelques millions d'hommes de race française».

Ce «rêve légitime et attrayant» refait surface en juillet lors de l'enquête sur «L'avenir des Canadiens-Français» que *Le Nationaliste* mène pendant quatre mois. Le sénateur libéral Frédéric-Liguori Béique, beau-père de feu Louis-Antoine Dessaulles, et l'homme de lettres Alphonse Gagnon cherchent aussi ce que sera la destinée du Canada français en Amérique du Nord, mais ne voient aucun avenir dans «la fusion avec la république voisine»; au contraire, pour Gagnon, le mal, «c'est l'américanisation». Errol Bouchette, proto-économiste, et Léon Gérin, proto-sociologue, s'inquiètent du nouveau régime social pour lequel les Canadiens français semblent insuffisamment préparés; Gérin, gendre de feu Étienne Parent, décrit ainsi le finissant des collèges classiques: « Son instruction plutôt théorique que pratique, plutôt littéraire que scientifique, lui ferme la porte des carrières industrielles. Il se présentera peut-être dans un bureau d'avocats, pour y faire les écritures; on lui demandera s'il sait la sténographie, s'il peut se servir du clavigraphe. Non, mais il a le prix de composition, et s'entend assez bien à faire les vers. On lui demandera s'il parle couramment l'anglais. Assez mal, mais il a lu à peu près César dans le texte et il déchiffre Xénophon à l'aide du dictionnaire. Familier avec les dissertations de Tongiorgi et Zigliara [auteurs de manuels de philosophie], il est incapable de faire un accusé de réception convenable ou de distinguer un chèque d'un billet à ordre. [...]. En tout cas, il souffrira longtemps de la fausse direction qui lui a été imprimée au début. »

Le jeune Armand Lavergne, qui rejoint le groupe des jeunes nationalistes, affirme avoir fait son deuil de l'Ouest canadien après les crises qui s'y sont succédé. Il évoque aussi l'avenir en termes de destinée providentielle « pas encore définie » mais au moins réduite à trois voies: un régime britannique ou américain ou l'indépendance. L'annexion lui semble une « calamité », l'autonomie du Canada, tout comme pour Bourassa, un scénario positif pour le Canada français. Mais il entrevoit un autre avenir: « Et le jour où nous serons assez nombreux, assez forts, la race franco-américaine, elle aussi, prendra son envol, indépendante et sans mélange, pour jouer dans le Nouveau Monde le rôle glorieux et sublime de la France en Europe. »

Le secrétaire général de la Société des Artisans canadiens-français, Germain Beaulieu, voit l'avenir comme Tardivel: refus d'être « une colonie dans une colonie », d'être « un peuple dans un peuple »; évocation du destin de la Louisiane et choix clair parmi trois possibles: « ou nous absorberons les autres races, ou nous serons absorbés par elles, ou nous nous en détacherons complètement pour former un peuple à part, dans un sol qui sera sien, la Province de Québec ».

L'idée du « rêve » indépendantiste fait marginalement son chemin. En 1909, Arthur Saint-Pierre publie dans la vénérable *Revue canadienne*, qui prend la peine de souligner l'attitude « constitutionnelle » du jeune auteur, un article sur « L'avenir du Canada français ». Pour Saint-Pierre, la « Constitution est destinée à crouler » et la séparation est « inévitable » par suite de l'immigration et après les « clauses violées » du pacte de 1867 dans l'Ouest. Il refuse le scénario d'une fédération impériale, celui d'un pacte avec «une majorité intolérante» et celui d'une annexion qui mettrait les Canadiens français en minorité, comme la Louisiane, qui vient, en 1898, de voir la langue française disparaître comme langue officielle. Saint-Pierre conclut que «nous avons l'impérieux devoir de préparer l'affranchissement complet et définitif du Canada français, car là, et là seulement, est le salut».

L'année suivante, *La Revue canadienne* récidive avec le texte d'un jeune étudiant en droit, Henri Lemay, qui abonde dans l'idée du «rôle providentiel» du Canada français et dénonce cette «fameuse entente cordiale [qui] n'est qu'un leurre». Le jeune auteur, peu connu, entrevoit déjà un immense territoire francophone, la «carte future du Canada» : «À partir du Cap-Breton jusqu'au lac Supérieur, tout le pays sera devenu une terre presque exclusivement française. Il n'y aura plus que le sud de l'Ontario et certaines parties de la Nouvelle-Écosse où l'on ne parlera pas français[6]!»

Si Tardivel se fait des admirateurs — le jeune Lionel Groulx décrit à Omer Héroux le «Veuillot canadien» comme «un des très rares hommes que l'on pouvait citer, à peu près sans réserve, en exemple à la jeunesse» —, Bourassa voit ses collaborateurs de la Ligue se distancer progressivement de lui à compter de 1907, au moment où Asselin hausse le ton à la suite du procès intenté contre Jean Prévost, qui l'avait défait lors de l'élection. Bourassa fonde son propre journal, *Le Devoir*, le 10 janvier 1910, pour lutter contre «l'esprit de parti» et faire échec au projet naval de Laurier. Au Québec, *Le Devoir* entend «faire ce que doit» en dénonçant «la vénalité, l'insouciance, la lâcheté, l'esprit de parti avilissant et étroit»; à Ottawa, le quotidien de Bourassa a l'œil sur Laurier, qui a sacrifié l'intérêt national «à l'opportunisme, aux intrigues de partis ou, pis encore, à la cupidité des intérêts individuels». Jules Fournier juge bon de lancer son propre journal, au titre tout indiqué, *L'Action*. L'hebdomadaire est modeste mais il a des dents, comme en témoignent dès les premiers mois les articles sur les relations entre le Vatican et les catholiques francophones au Canada et aux États-Unis. Asselin fera montre d'une nouvelle distance en 1913 en interpellant Bourassa sur les appuis qu'il a reçus du très libéral *Pays* lors de son élection en 1908[7].

L'immigration

Pour ceux qui tentent de mettre en place une «action nationale», l'immigration représente un défi aux facettes variées, allant de l'arrivée massive d'immigrants au Canada aux politiques d'immigration en passant par la présence nouvelle d'une immigration juive et italienne dans la population montréalaise et dans le système scolaire biconfessionnel. L'arrivée massive d'immigrants au Canada date de 1903; quelque 128 000 immigrants débarquent alors dans les ports de l'est du pays. Leur nombre connaît de nouveaux plateaux en 1908 (262 469) et en 1911 (311 084) pour atteindre un sommet en 1913 (402 432). Cette immigration touche peu la population francophone du Québec et du Canada dont le poids relatif baisse par ailleurs dans l'ensemble canadien, passant de 30,7 % en 1901 à 27,2 % en 1921. Cette baisse s'explique à la fois par une natalité moins forte liée à l'urbanisation et par l'émigration d'un demi-million de Canadiens français du Québec vers les États-Unis, de 1891 à 1921. Les immigrants se dirigent surtout vers les provinces des Prairies et vers l'Ontario industrialisé, qui dispose de 198 «agents de recrutement» en Europe alors que le Québec ne compte que sur quelques agents en France et en Belgique[8].

Asselin et *Le Nationaliste* vont mener le combat des politiques d'immigration, cette «grande conspiration» anglo-saxonne. Le sous-ministre de l'Intérieur n'avait-il pas écrit dans le rapport annuel de son ministère en 1905: «Les deux tiers des arrivées totales viennent des Îles Britanniques et des États-Unis. Je pense que c'est la récompense de tous ceux qui ont contribué à organiser notre politique actuelle d'immigration pour laquelle tous les Canadiens devraient éprouver de la reconnaissance. Quand près de cent mille Anglais, parlant la même langue, et ayant les mêmes aspirations que nous-mêmes, sont ajoutés à notre population dans le court espace de douze mois, il n'y a guère lieu de craindre que le caractère national puisse jamais être altéré.»

Le Nationaliste pose ainsi le problème, le 15 décembre 1907: «La question capitale est de savoir si, comme race distincte en ce pays, nous devons, oui ou non, appeler d'Europe le concours des éléments désirables de langue française afin de conserver nos positions, l'influence de notre groupe, ou bien au contraire, continuer stupidement de nous laisser écraser sous les masses d'Anglo-Saxons, de Russes et de Juifs importés à nos frais qui menacent de nous reléguer bientôt dans l'ombre.» Le journal d'Asselin considère que le gouvernement fédéral est, du point de vue de sa politique d'immigration, aux mains des compagnies de transport maritime et ferroviaire. Fournier l'anti-impérialiste, bien conscient de mener un nouveau combat, écrit dans *Le Nationaliste* du 29 mars 1908 à propos des Anglo-Canadiens : « […] ils tâchent de se fortifier le plus qu'il leur est possible, et la chose est bien naturelle. Tout au plus pour-rions-nous nous étonner de les entendre nous prêcher l'oubli des senti-ments de race, eux qui ne pensent qu'à cela […].» *La Presse*, libérale sur le plan économique, insiste sur «le peu d'émigration française venant au Canada» et se fait une raison économique : «La province de Québec est à nous, emparons-nous du sol. Le gouvernement fédéral ne songe pas à y diriger l'immigration étrangère. […]. Pourquoi nous plaindre du peu-plement de l'Ouest dont nous profitons par les capitaux […] et par les consommateurs qu'ils fournissent à nos industries[9]?»

De fait, l'immigration française au Canada est faible : 16 000 immi-grants de 1900 à 1911. Non seulement la législation française, comme le souligne *La Presse*, s'oppose-t-elle aux agences et à la propagande d'immi-gration, le consulat même de France à Montréal ne les voit pas d'un bon œil. À telle enseigne qu'il est toujours contre-indiqué de faire valoir le travail du Commissariat canadien à Paris. La presse républicaine s'y montre très critique à l'égard du cléricalisme canadien-français, ce que le clergé visé rend bien aux émules du «petit père Combes» en dénonçant une immigration française anticléricale. Quant à l'immigration belge, elle est, toutes proportions gardées, aussi peu importante que la française avec ses 1020 arrivants de 1900 à 1910, auxquels s'ajoutent 11 687 nouveaux immigrants de 1911 à 1920.

À Ottawa, on prend Asselin au mot et on lui confie en 1912 une mission d'enquête sur l'immigration française et belge au Canada. Il remet son rapport en 1913 et ses recommandations tendent à montrer que la faiblesse de l'immigration française ne tient pas à des facteurs propres à la France. Plutôt, la politique canadienne manque de conti-nuité, les agents sont trop peu nombreux et sans initiative et la publicité devrait être plus dynamique. On a par ailleurs négligé de demander l'autorisation aux autorités françaises pour mener des campagnes de re-crutement d'immigrants et on a manqué de faire voir que le Canada recherche une immigration agricole et non pas ouvrière. À propos de la

Belgique, Asselin, qui propose de laisser au gouvernement fédéral la
responsabilité de l'immigration, suggère de soustraire ce pays du bureau
de Londres. Le rapport d'Asselin tombe à un mauvais moment : les
événements dans les Balkans vont mener à la guerre et la question de
l'immigration va prendre une importance secondaire dans une telle conjoncture[10].

L'immigration juive et italienne et l'affaire Dreyfus

L'immigration que connaît alors le Québec est urbaine, industrielle et
montréalaise et contribue à la formation de deux communautés particulières, les Juifs et les Italiens. Cette immigration internationale s'ajoute à
la migration provinciale et au mouvement de fusions des municipalités
périphériques pour expliquer un taux de croissance de la population de
Montréal de 58 % entre 1901 et 1911 et de 28 % entre 1911 et 1921.
C'est dans ce contexte qu'un antisémitisme se formule, en particulier lors
de l'affaire Dreyfus, qui défraie la chronique de 1894 à 1899.

Au nombre de 811 à Montréal en 1881, les Juifs sont 2473 en 1891,
6849 en 1901, 30 648 en 1911 et 45 802 en 1921, constituant alors près
de 6 % de la population totale de la ville. La population juive du Québec
est essentiellement urbaine et concentrée à près de 95 % à Montréal, dans
quatre des 35 quartiers de la ville : Laurier, Saint-Louis, Saint-Michel et
Saint-Jean-Baptiste. Russes et polonais d'origine principalement, les Juifs
montréalais sont d'abord et avant tout présents dans le commerce de
détail et dans les manufactures, essentiellement le textile, la confection,
la fourrure et le cuir. La presse ultramontaine la plus ultramontée de
Montréal et de Québec s'alimente à *L'Univers* de Veuillot et à *La Croix*
de Paris et reprend les grands thèmes de l'antisémitisme naissant. Dès
1882, *La Vérité* de Tardivel impute aux Juifs la banqueroute de l'Union
générale, banque française dirigée par des catholiques royalistes ; *L'Étendard* résume le propos de cette presse en affirmant que les Juifs et autres
étrangers insultent «tout ce qui nous est cher», thème que *La Vérité*
reprendra en parlant des Juifs comme des «ennemis jurés du christianisme». Ce sera là le thème de prédilection des milieux catholiques qui
interprètent la judaïté à la lumière du judaïsme. Le journal de Tardivel,
La Revue canadienne, *L'Étendard*, *Le Courrier de Saint-Hyacinthe*, *Le
Courrier du Canada* ne tardent pas à reproduire des extraits de *La France*

juive (1886) d'Édouard Drumont, à commenter le livre et à adhérer à l'idée d'une «occupation» juive de la France. On associe les Juifs aux francs-maçons et à l'Internationale communiste pour mieux leur imputer des projets subversifs. À partir de 1889, le milieu des hommes d'affaires canadiens-français juge les Juifs indésirables au Canada, usuriers, malpropres et craignent la concurrence de leur part.

Au moment où *La Semaine religieuse de Québec*, voix officielle de l'archevêché, montre des signes évidents d'antisémitisme, l'abbé Zacharie Lacasse publie une brochure, *Dans le camp ennemi* (1893), où il range parmi les ennemis les libéraux de *Canada-Revue*, les républicains athées français — les «francissons», mangeurs de saucisson le vendredi —, les francs-maçons et «nos ennemis juifs». La brochure, vade-mecum des stéréotypes et des préjugés des tenants de la conspiration, se termine sur la recommandation de ne «pas donner votre bourse à des ennemis jurés de la cause canadienne-catholique». Le poète et libéral Louis Fréchette dénonce cet ouvrage que les Frères des écoles chrétiennes de Trois-Rivières donnent en prix à leurs élèves.

Au moment où l'affaire Dreyfus éclate en France, *La Croix*, qui, avec *La Vérité*, avait importé l'antisémitisme de son homologue français, *La Revue canadienne*, *Le Courrier de Saint-Hyacinthe* abondent dans l'interprétation de l'affaire comme une conspiration juive. Un correspondant français de *La Vérité* écrit le 8 décembre 1894 : «Drumont a raison ici : la France est entre les mains des Juifs. Or, grattez le Juif, vous trouverez toujours le Judas», c'est-à-dire Dreyfus. *La Revue canadienne* déplore aussi que «la pauvre France [soit] complètement aux mains de la juiverie cosmopolite» et qu'elle soit «triomphante».

Le «J'accuse» de Zola, du 13 janvier 1898, est l'occasion pour *La Vérité* de suggérer que cette campagne des nouveaux «intellectuels» est «une conspiration juive» tandis que *La Revue canadienne* souligne que «la France a le secret de donner des proportions» à des événements de ce genre. Pour Tardivel, tout dreyfusard est «un ennemi de la religion et de la société» et le judaïsme, le protestantisme et la franc-maçonnerie mènent le même combat anticatholique.

Le procès en révision de Dreyfus est un excellent révélateur des positions de la presse canadienne-française. *La Vérité* a l'honnêteté de reconnaître la nécessité de ce procès tandis que *La Revue canadienne* s'attendait à un autre dénouement comme l'avoue son chroniqueur :

«Dreyfus m'a toujours semblé coupable, et le parti dreyfusard m'a toujours paru détestable dans ses tendances et manifestations. Quand on songe que l'immonde Zola en est un des grands maîtres, que tout ce qu'il y a de plus impie, de plus révolutionnaire, de plus anti-français, est enrôlé sous ce drapeau, tandis que, d'autre part, tous nos amis de France, la presse catholique, les écrivains les plus éminents comme Brunetière, François Coppée et tant d'autres, étaient anti-révisionnistes, on conçoit que les sympathies de ceux qui aiment vraiment la France se soient portées plutôt vers le second groupe.» La Semaine religieuse de Québec prévoit que la révision du procès de Dreyfus «est en principe l'acquittement de ce misérable; ce qui ne tardera pas». La Presse garde raison, elle qui rappelle qu'en droit anglais, l'inculpé est réputé innocent: «Comme nous ne sommes ni dreyfusistes, ni antidreyfusistes, si cet homme est trouvé coupable, nous sommes bien prêts à n'en éprouver aucun chagrin; mais s'il est acquitté, nous ne voyons pas la nécessité de dire à l'avance que cet acquittement serait une "affaire malheureuse pour la France catholique".» Aux déclarations alarmistes et fracassantes de La Croix, de La Vérité, de La Revue canadienne qui associent les Juifs — la «juiverie cosmopolite» — au complot, à la ruse, à l'intrigue, aux sociétés secrètes, à la franc-maçonnerie, à l'anticatholicisme, La Presse oppose la pondération des chiffres: «Il y a dans le monde entier à peu près sept millions de Juifs, contre cinq cents millions de catholiques; il n'y a donc pas péril en la demeure au point de forcer un journal, qui vit à trois mille milles d'un champ de bataille local, à prendre une attitude agressive [...].»

L'immigration juive ne peut laisser la nationaliste Vérité indifférente; le journal reproduit le 5 août 1899 un article de L'Univers où le fils de Veuillot écrit: «Tout Juif a deux pays, le sien et Israël. Et quand on a deux pays, on ne peut aimer le premier autant que s'il était seul.» Tardivel affirme n'être pas antisémite mais regretter que la constitution libérale du Canada ne permette pas de «défendre le peuple chrétien contre l'invasion du fléau juif». À compter de 1905, La Vérité est relayée dans sa vigilance antijuive par La Libre Parole de Québec dont le titre est repris du journal de Drumont en France et qui s'oppose à l'établissement de marchands juifs dans la Basse-Ville[11].

Bourassa, qui affirme sa conception des deux peuples fondateurs du Canada, prend position pour la première fois, en 1906, sur cette question à propos d'une proposition faite en Chambre concernant le massacre des

Juifs russes de Kichinev. Le député demande le retrait de la proposition sous prétexte de non-ingérence canadienne dans les affaires de la Russie et de «cette pitié fictive qu'on a voulu faire naître en ce pays en faveur des Juifs».

Il ajoute: «Le sentiment de haine à l'égard des Juifs, non seulement en Russie mais dans d'autres pays, ne provient pas de préjugés nationaux ou religieux mais de ce qu'ils ne s'assimilent pas à la population où ils vivent. Ils ne deviennent citoyens d'un pays qu'à cause des avantages qu'ils pourront en retirer, afin de s'enrichir tout en contribuant le moins possible au progrès du pays.» Ces positions du *Devoir* ne plaisent guère à la communauté juive; Samuel Jacobs écrit à Bourassa: «Dans cette province, les catholiques français sont en majorité et il semble que, dans beaucoup de cas, vous vous comportiez à l'égard des sentiments de la minorité juive de la même manière que la plus grande masse des protestants, selon vous, se comporte à l'égard des Canadiens français des autres provinces.»

Lorsqu'un certain Jacques-Édouard Plamondon fait une conférence sur «Le Juif» le 30 mars 1910 devant l'Association catholique de la jeunesse canadienne-française (ACJC) de la paroisse Saint-Roch de Québec, les prises de position de cette association fondée en 1904 sur la question juive ne sont pas nouvelles. Déjà au congrès de l'association en 1908, on avait stigmatisé le Juif qui «porte au front le signe de Caïn» et dont la particularité est de ne pas s'assimiler à ses sociétés d'adoption. Plamondon, pour sa part, présente le Juif comme «voleur de nos biens, corrupteur de nos femmes, assassin d'enfants chrétiens» et «fauteur de révolutions où il trouve ample carrière à exercer toutes ses perfidies habituelles». Reproduisant un article sur le non-respect du dimanche par les Juifs, Plamondon identifie un atelier de confection «au No 115 $^1/_2$ ou 117 de la rue St-Joseph» et incite ses concitoyens à ne pas acheter de vêtements de ces Juifs ni à leur louer ou vendre de maisons dans le quartier. Poursuivi en justice pour diffamation par le Baron de Hirsch Institute, Plamondon sera finalement débouté en appel en décembre 1914.

L'immigration juive confronte la nouvelle presse nationaliste à une réalité nouvelle. Pour sa part, Asselin, sur un tout autre ton, prend une bonne mesure de la taille de la communauté juive en 1911, de la proportion des Juifs d'origine russe (plus de 36 000 sur les 40 000 membres de la communauté) et de la concentration de sa population à Montréal. Le journaliste scrute l'organisation sociale de la communauté juive, son sens de la cohésion et de la solidarité tout en observant déjà l'usage de l'accusation d'antisémitisme en temps d'élections.

Jules Fournier s'en prend à l'abbé d'Amours de *L'Action sociale*, «journal antisémite», à propos de la «légende du meurtre rituel» selon laquelle les Juifs auraient immolé des nouveau-nés, «diabolique invention» dénoncée par la papauté même. Fournier, qui affirme que les Juifs «forment dans notre population la classe la plus sobre, la plus laborieuse, la plus paisible et la plus respectueuse des lois», écrit : «Nous ne réfléchissons pas toujours assez que c'est nous, les Chrétiens, qui par notre intolérance les avons faits ce qu'ils sont, et nous souffrons malgré nous de ces sentiments si différents de ce que nous sommes.» Pour le journaliste nationaliste, «l'antisémitisme est essentiellement et en son fond une doctrine barbare, une doctrine inhumaine» et «aucune théorie n'est plus dangereuse, et en même temps moins chrétienne, que la théorie des races». Ce que fait *L'Action sociale* est «une besogne criminelle» et «celui qui l'éxécute», un «être dangereux pour la société[12]».

L'immigration italienne, en provenance de la Molise et de la Campanie, est surtout faite, dans un premier temps, de travailleurs sans famille. Ces travailleurs immigrants, pris en charge par des agents d'emploi qui pratiquent parfois une forme de «padrismo» et qui ont avantage à faire un recrutement maximal, sont embauchés au port de Montréal ou sur les chantiers des compagnies ferroviaires. La communauté italienne, qui compte environ 2000 membres au tournant du siècle, est bientôt confrontée à une crise de représentation : qui parlera en son nom, les notables ou les «padroni»? Les Italiens catholiques et latins ont tendance à s'intégrer à la communauté francophone mais, avec l'immigration massive à partir de 1890, la tentation est forte de joindre les rangs des anglophones qui fournissent du travail[13].

La guerre, les anti-impérialistes et les évêques (1914)

Le déclenchement de la guerre place les anti-impérialistes et les impérialistes dans une situation différente et plus grave que la guerre au Transvaal. Bourassa, qui avait en 1910 et 1911 mené le combat contre la création d'une marine au service et sous le commandement de la Royal Navy, signe un éditorial inattendu dans *Le Devoir* du 29 août 1914 où lui, l'anti-impérialiste depuis plus d'une décennie, approuve l'entrée de la Grande-Bretagne dans la guerre et affirme que tout Canadien souhaite la victoire des Alliés franco-britanniques. Le 8 septembre, dans un article intitulé « Le devoir national », Bourassa se dit toujours anti-impérialiste mais nullement indifférent au sort de l'Europe, d'où il revient. La déclaration de la guerre voit la presse francophone favorable à l'effort de guerre, à l'exception du *Devoir*. De son côté, la hiérarchie catholique, par la voix de Mgr Bruchési, encourage l'engagement volontaire dans le régiment des Carabiniers du Mont-Royal ; Asselin intervient alors pour demander à l'évêque pourquoi il en fait une question de devoir si la chose doit être volontaire. À l'évêque qui renoue avec l'habitude de loyalisme du clergé canadien-français, Asselin réplique selon la tradition anticléricale : « Nous avons beau être en guerre, l'envoi de troupes canadiennes à l'étranger reste une question politique — et une question politique où l'intérêt religieux n'a rien à voir. » Puis, faisant allusion aux tensions entre les catholiques anglophones et francophones du Canada, Asselin ajoute que Mgr Bruchési « dit sans doute quelque chose qui fera plaisir au notoirement anglophile cardinal Merry del Val comme aux évêques irlandais impérialistes du Canada, mais sa parole a juste l'autorité qu'aurait en pareille matière celle de M. Coderre, de M. Nantel, de M. Médéric Martin[14] ».

Cette intervention d'Asselin dans *L'Action* n'empêche pas les évêques de publier le 23 septembre 1914 une lettre pastorale sur « les devoirs des catholiques dans la guerre actuelle » dans laquelle ils déclarent : « L'Angleterre y est engagée, et qui ne voit que le sort de toutes les parties de l'Empire se trouve lié au sort de ses armes ? Elle compte à bon droit sur notre concours, et ce concours, nous sommes heureux de le lui dire, a été généreusement offert en hommes et en argent. »

Bourassa, qui avait repris en 1912 le mot de Daniel O'Connell : « I take my theology at Rome, but I take my politics at home », craint qu'on ne transforme la chaire en tribune politique et affirme qu'on peut différer d'opinion avec l'autorité religieuse lorsqu'il s'agit non pas de dogme mais d'application de principes. Le catholique qui connaît bien sa théologie est ici confronté comme anti-impérialiste à son évêque prônant l'engagement en faveur de l'Angleterre.

Asselin revient à la charge contre une campagne menée par *L'Action sociale* de Québec, voix de l'archevêché, qui prend le relais de la lettre pastorale des évêques: «[…] le journal de Son Éminence veut mettre l'épiscopat canadien-français bien en cour à Londres et à Rideau Hall», résidence outaouaise du gouverneur général. La charge de l'anti-impérialiste britannique et du francophile est forte: «[…] on peut apprécier diversement la manière dont nos évêques ont compris à certaines heures leur devoir envers la métropole; se demander si, dans leur impatience de nous attacher pour toujours à la Couronne anglaise, ils n'ont pas parfois montré plus de zèle que de dignité; si en décriant la France pour mieux nous en détacher, et en détruisant ainsi à sa source, dans l'âme des Canadiens français, la fierté de race, ils n'ont pas inutilement compromis la survivance de la langue et de la pensée française au Canada». Quant à la réserve d'un certain clergé anti-impérialiste, soutient Asselin, «il se peut aussi qu'elle contrarie certains de ces politiciens en camail violet qui, de tout temps et en tout pays, ont jugé qu'un chapeau rouge vaut toujours la peine d'être ramassé, fût-ce dans le sang inutilement répandu de cent mille hommes». Mettant Laurier, le premier ministre Borden et Mgr Bruchési dans le même panthéon, Asselin dit craindre que la lettre pastorale ne «confirme l'étranger dans l'absurde croyance qu'en politique comme en religion l'on nous mène à coups de crosse[15]». L'envers de cet anti-impérialisme est une forme de nationalisme que revendique Asselin, qui s'en prend encore à *L'Action sociale* opposée au «principe révolutionnaire des nationalités». Épinglant la vieille tradition de loyalisme britannique du clergé canadien-français — «les hommes d'Église n'ont pas manqué, qui par instinct d'obéissance passive, et plus souvent par intérêt, se sont rangés avec les oppresseurs contre les opprimés» —, Asselin met aussi le doigt sur un certain opportunisme politique: «[…] autant les adeptes du droit divin ont fait de zèle contre le nationalisme envisagé à l'abstrait, autant ils se sont, en général, montrés prudents dans leurs appréciations des hommes et des partis politiques. On eût dit qu'ils prévoyaient le jour où, le nationalisme ayant triomphé presque partout, ils seraient heureux de combler de bénédictions ces peuples vaillants dont ils condamnaient alors les aspirations au nom du droit divin des rois.» Les prises de position du clergé en faveur de la guerre avaient manifestement dérangé les anti-impérialistes catholiques.

Homme de convictions, Asselin est aussi homme de paradoxes. Il finit par s'enrôler, lui l'anti-impérialiste, en prétextant que des individus peuvent exiger d'eux-mêmes ce qu'ils n'exigent pas de leur gouvernement.

S'il s'enrôle pour défendre sa France bien-aimée, le nationaliste aux idées libérales n'oublie pas les institutions britanniques malgré les problèmes scolaires ontariens: «Et donc, nous marchons pour les institutions britanniques parce que par elles-mêmes, et indépendamment des demi-civilisés qui les appliquent aujourd'hui en Ontario, elles valent la peine qu'on se batte pour elles.» Plus réservé, Bourassa n'en écrira pas moins à Mgr Gauthier, évêque auxiliaire de Mgr Bruchési: «Dans l'ordre politique, Mgr Bruchési est le Laurier de l'Église du Canada»; il «a trop cédé à la préoccupation de mériter à l'épiscopat canadien le bon vouloir des puissants du jour et des hautes influences anglaises». Pour Bourassa, si la conscription devient un jour obligatoire, les évêques en seront aussi responsables que les politiciens. L'intervention épiscopale provoque aussi Jules Fournier qui rappelle les erreurs politiques des évêques «de Mgr Lartigue à Benoît XV». Notant que «les évêques de langue anglaise ont cru pouvoir épargner à leurs ouailles» cette ingérence dans les affaires temporelles, il demande: «Mais dans cinq ans, dans dix ans, quand le Canadien, écrasé d'impôts commencera à maudire l'impérialisme militaire comme un fléau, qu'y gagneront-ils à ce qu'on dise que, sans égard à l'intérêt national ni à la liberté des consciences, ce furent eux qui érigèrent cette infâme doctrine en dogme intangible[16]?»

Cette commune vision d'Asselin, de Bourassa et de Fournier ne colmate pourtant pas les brèches creusées entre le directeur du *Devoir* et les nationalistes au moment de son revirement au début de la guerre. Bourassa s'explique d'ailleurs sur la question au banquet des Amis du *Devoir* le 12 janvier 1916. Il explique son évolution en précisant d'abord que la guerre de 1914 différait de celle de 1899 en ce qu'elle avait fait l'objet du «concours unanime de la chambre». Le directeur du journal entrevoyait l'effort de guerre en 1914 comme un «acte *national*», comme une «intervention *nationale*»: «Le Canada aurait pu intervenir *comme nation*, lié à l'Angleterre par des attaches politiques, et à la France par des motifs de sentiment et d'intérêt, sans compromettre en rien son état politique.» Mais il aurait aussi fallu faire reconnaître qu'il n'y avait dans ce choix «aucune sorte d'obligation morale ou légale de participer à la guerre» et «tenir compte des conditions particulières du Canada, des intérêts vitaux qu'il doit sauvegarder comme pays d'Amérique avant de lier son sort à celui des nations d'Europe».

Fournier prend prétexte de la publication de la brochure de Bourassa pour marquer une nouvelle distance. À l'été 1916, il se demande ce qu'est devenu l'anti-impérialisme de Bourassa : « Et nous enfin, nous tous qui avions compté sur M. Bourassa comme sur le chef et le sauveur prochain de la race, n'étions-nous pas en droit, vraiment, d'attendre de lui autre chose et plus que le rôle restreint où il semble définitivement emprisonné ? » Fournier doute du véritable leadership de Bourassa : « Qu'on nous montre seulement [...] la trace chez nous de son influence ; malgré tant d'efforts et de talent prodigués, il continue de se heurter toujours à la même hostilité de la part des uns, à la même indifférence de la part des autres, de la part de tous à la même incompréhension désespérante. » Homme de doctrine, Bourassa a-t-il été l'homme d'action tant attendu : « Ensuite, frappante contrepartie de son assurance sur le terrain des idées, son embarras constant sur le terrain des faits, son inaptitude foncière à l'action. » Déçu, Fournier tire la ligne en référant à cet « exemple unique, je crois bien, d'un maître d'idées réduit à pareil isolement[17] ».

La conscription de 1917

La conscription et les émeutes de 1918 à Québec vont porter à son paroxysme une frustration canadienne-française construite sur l'affaire des écoles du Manitoba et de la pendaison de Riel, sur le ressac de la campagne anti-impérialiste depuis 1899, sur la crise des écoles du Nord-Ouest et de celles de l'Ontario de 1912 à 1916, sur les tensions nationalistes et anti-impérialistes créées trois ans plus tôt par l'entrée en guerre du Canada.

Dès janvier 1917, le projet de Service national est porteur de signes prémonitoires ; on interprète rapidement ce recensement de la main-d'œuvre pour maintenir la production agricole et industrielle comme la répétition générale d'une éventuelle conscription. Au Québec, on refuse de remplir le questionnaire de ce recensement. Bourassa est du nombre, contrairement à Mgr Bruchési qui promet de signer lui-même le document et encourage son clergé à faire de même. L'évêque de Montréal maintient qu'« il ne s'agit pas de politique. Il ne s'agit pas non plus de conscription. » Son collègue de Québec, Mgr Bégin, lui emboîte le pas. Et lorsque, de fait, viendra la conscription, Mgr Bruchési dira avoir été dupé, donnant du coup raison à ceux qui avaient mis en cause ses prises de position.

Des campagnes de «Bonne Entente» et des pressions de propagandistes français tentent d'infléchir la position des Québécois. L'abbé d'Amours de *L'Action catholique*, visé encore hier par Asselin, reprend du service dans une brochure intitulée *Où allons-nous? Le nationalisme canadien*. Un professeur de droit de l'Université Laval, Ferdinand Roy, publie *L'appel aux armes et la réponse canadienne-française*, sorte de vade-mecum des raisons d'accepter le Service national, malgré tout. Mais au moment où le premier ministre conservateur Borden annonce, le 18 mai 1917, une conscription sélective, les assemblées anti-conscriptionnistes se tiennent depuis deux mois à Montréal et à Québec et une Ligue patriotique des intérêts canadiens fait bloc contre un Service national qui a déjà presque tout d'une conscription[18].

Toujours anti-impérialiste, Bourassa publie une série d'articles dans *Le Devoir* (28 mai-6 juin 1917), immédiatement mis en brochure, et dans lesquels il dénonce la violation des promesses de Borden. Refusant le côté antidémocratique d'un projet de coalition gouvernementale capable de faire adopter une loi de service militaire obligatoire, le directeur du *Devoir* ne voit pas d'autre voie démocratique que le plébiscite. Que le peuple décide. Il est clair pour lui que les Canadiens français, séparés de la France depuis 1760 et surtout depuis 1789, «ne se croient pas plus obligés de se battre pour la France que les Français d'Europe ne se croiraient tenus de se battre pour le Canada français, si la "guerre civile" éclatait ici, ou pour le Canada tout entier, si les États-Unis ou le Japon l'attaquaient». La presse québécoise francophone — *La Presse, Le Canada, Le Devoir* — s'oppose farouchement à tout projet de conscription, à l'exception de *La Patrie* qui, à l'occasion, tente d'expliquer la position du gouvernement Borden. Malgré ce front commun, les événements se précipitent: dépôt le 11 juin du projet de loi d'un service militaire obligatoire pour les hommes de 20 à 25 ans, rejet (111 contre 62) une semaine plus tard d'un amendement de Laurier refusant toute coalition et préconisant comme Bourassa un plébiscite, vote (118 pour, 55 contre) de la loi en première lecture le 6 juillet, où 45 des 55 opposants sont des députés du Québec. La loi est adoptée le 24 juillet laissant sans effet la consultation doctrinale de Louis Romain (le théologien Louis-Adolphe Pâquet) qui s'y oppose dans *La Vérité* du 7 juillet. La loi du service militaire obligatoire reçoit l'aval du gouverneur général le 29 août.

Le 12 octobre, Borden présente un cabinet de coalition, au grand dam de Laurier qui voit ses principaux lieutenants l'abandonner. Mais l'élection fédérale de décembre 1917 met du baume sur sa blessure : 62 des 65 sièges du Québec vont aux libéraux. Au Québec, Borden venait de mettre le parti conservateur fédéral au purgatoire pour un demi-siècle[19].

La «motion» Francœur : un «bluff politique» pseudo-séparatiste (1917-1918)

C'est dans ce contexte d'effervescence et de désillusion que le député libéral de Lotbinière, Joseph-Napoléon Francœur, annonce le 21 décembre 1917 qu'il déposera devant l'Assemblée législative du Québec en janvier 1918 la proposition suivante : «Cette Chambre est d'avis que la province de Québec serait disposée à accepter la rupture du pacte fédératif de 1867 si, dans les autres provinces, on croit qu'elle est un obstacle à l'union, au progrès et au développement du Canada.» La nouvelle fait le tour de la presse. *Le Canada* et *Le Soleil,* journaux libéraux, appuient la proposition de même qu'un bon nombre de journaux indépendants en province. On en parle durant le temps des Fêtes entre un «p'tit gin» et une pointe de tourtière. Le 17 janvier, les débats se succèdent autour de figures importantes d'intervenants libéraux, dont le premier ministre Lomer Gouin qui explicite les griefs contenus dans la proposition, professe sa foi dans le régime fédéral et demande à son député de retirer sa proposition, ce que celui-ci fait, reconnaissant qu'elle avait atteint son but : faire parler d'elle.

À de multiples indices, la «motion» Francœur paraît aujourd'hui suspecte. Trois mois avant le dépôt de la proposition, Armand Lavergne écrivait à Bourassa : «Pour moi la solution est celle-ci : le sénateur Landry, Lamarche, vous et moi, et quelques autres, devrions sommer le gouvernement Gouin […] de forcer le gouvernement d'Ottawa à respecter la Constitution de 1867 ou sinon, que la province se séparerait de la Confédération. S'il agissait ainsi, je crois que le résultat serait efficace […].» Non seulement l'idée est-elle dans l'air, mais elle semble naître dans le milieu nationaliste. Et puis on s'explique mal qu'un député de la stature de Francœur ait pu, sans l'aval du premier ministre, prendre une initiative capable de mettre le gouvernement dans une situation embarrassante. Députés, ministres, journaux partisans participent aux débats en Chambre et dans le public. Laurier ne réagit pas, pas plus que Bourassa qui pouvait deviner d'où venait le vent. Tout converge pour penser que cette « motion » Francœur « séparatiste », orchestrée par Francœur, Gouin, quelques membres du Parti libéral du Québec et rapidement retirée par le proposeur lui-même, visait quatre cibles : attirer l'attention de l'opinion publique québécoise, faire comprendre au Canada anglais les nombreux griefs d'un Canada français désireux de faire sa place dans la Confédération, donner à comprendre que Bourassa et les nationalistes n'étaient pas les seuls à parler au nom du Québec et ramener l'opinion publique québécoise vers le Parti libéral du Québec, capable et désireux de prendre la défense des Canadiens français[20]. Mais il avait fallu recourir à la menace « séparatiste » pour espérer pouvoir être entendu.

Émeutes à Québec

Assemblées anti-conscriptionnistes, menace « séparatiste », l'escalade des exaspérations culmine dans des émeutes à Québec qui durent quatre jours au printemps 1918. Le Canada vit alors depuis 1914 sous la loi des mesures de guerre et depuis quelques mois sous une conscription obligatoire dont l'application prévoit la possibilité de demandes d'exemption. Les Canadiens en profitent : au Québec, 98 % des conscrits de première classe demandent l'exemption militaire, 92,8 % en Ontario. Le service militaire obligatoire déplaît encore davantage ; les déserteurs fuient les recruteurs. Au Québec, 40,8 % des hommes qui devaient se présenter ne l'ont pas fait, 9,2 % en Ontario. La fièvre monte un peu partout dans les villes : la « chasse » aux déserteurs est faite par une « police fédérale » constituée d'individus à la réputation parfois peu enviable ; les bavures se multiplient à l'occasion d'arrestations malencontreuses. La tension monte à Québec entre le 28 mars et le 1er avril 1918 : des hommes résistent à des arrestations, d'autres attaquent le bureau du registraire où se trouvent les dossiers des conscrits, les altercations se multiplient, certaines impliquant des agents provocateurs. Un bataillon de soldats de Toronto débarque à Québec ; dans le brouhaha des émeutes, des coups de feu partent. Cinq soldats sont blessés, quatre civils sont tués et de nombreux citoyens sont blessés. On détient des civils sans possibilité de liberté sous caution ; la loi martiale est décrétée le 5 avril, suspendant *l'habeas corpus* et le droit à un procès civil. Le 13, un jury québécois chargé de l'enquête tient la police fédérale responsable des événements, lui imputant un flagrant manque de jugement et de tact.

À la suite de l'annulation par le gouvernement de nombreuses demandes d'exemption, les mouvements d'émeutes se propagent dans d'autres provinces, principalement en milieu rural. Le 17 avril, les deux Chambres se réunissent secrètement et le lendemain toutes les demandes d'exemption et les exemptions sont abolies. On décide toutefois que les citadins seront enrôlés avant les fermiers. Cette recherche de conciliation et la décroissance de la menace allemande de mars 1918 achèvent d'apaiser la situation[21].

*

* *

C'est au creuset de l'impérialisme et de crises scolaires et politico-militaires que se forme la nouvelle doctrine du nationalisme canadien et du nationalisme canadien-français. Il est à se demander pourquoi un Canadien français, petit-fils de Louis-Joseph Papineau de surcroît, trouve dans l'idée d'autonomie du Canada à l'égard de la Grande-Bretagne l'alpha et l'oméga de sa pensée et de son action politiques. Un élément de réponse se trouve vraisemblablement dans le fait que son nationalisme canadien a son verso canadien-français, dans le fait que, pour énoncer le second, Bourassa devait formuler le premier. Les deux versants de sa doctrine ont la même importance : autonomie du Canada face à l'Empire britannique, autonomie des provinces à l'égard du pouvoir fédéral avec reconnaissance de la dualité linguistique et des droits scolaires des minorités. La crise scolaire du Manitoba avait contribué à façonner cette sensibilité ; les crises scolaires du Nord-Ouest et de l'Ontario lui donneront sa consistance.

En trouvant dans la Ligue nationaliste son moyen d'action, cette doctrine témoignait de la perspicacité de son contenu. Le programme nationaliste comprenait, outre sa composante constitutionnelle, une dimension économique à propos des ressources naturelles des provinces et du rôle nouveau de l'État ainsi qu'une dimension culturelle qui visait la valorisation de l'auteur et de ses droits.

Quelle doctrine, quelle action ? Action réelle mais paradoxale. L'om-
niprésente dénonciation de « l'esprit de parti », la mise en pratique même
de cette critique par Bourassa qui devient député indépendant en 1899,
la fondation d'une Ligue et non d'un nouveau parti allaient marquer la
culture politique québécoise tout au long du xxᵉ siècle. Ce doute sur la
politique toujours et déjà partisane — les libéraux fédéraux en 1896, les
conservateurs en 1917, les libéraux provinciaux et leur politique économique — suscitait une action politique, un nationalisme « au-dessus des
partis » peu crédible et confrontait ce nationalisme à la réalité du pouvoir.
Comment en effet un mouvement nationaliste au-dessus du pouvoir
pouvait-il ne pas devoir tôt ou tard se rapprocher du pouvoir ? La critique
que Fournier, le compagnon d'armes, fait de Bourassa en 1916, évoquant
son « inaptitude foncière à l'action », son « isolement », dit les limites de
cette « action ». Et pourtant. La Ligue nationaliste aura formulé une doctrine qui sera encore vivante au moment de la Crise de 1929 avec la
dénonciation des conflits politico-financiers des libéraux de Taschereau et
celle des « trusts » ; elle aura suscité la fondation de journaux dynamiques
et des débats soutenus. Elle aura occupé au Québec une place telle que
les libéraux de Lomer Gouin devront inventer la stratégie de la « motion
Francœur » pour tenter de recentrer l'opinion publique sur les partis et
sur eux-mêmes.

Les deux décennies d'action nationale qui vont de 1896 à 1917
auront vu le nationalisme se déployer dans toutes ses variantes : Bourassa
et la Ligue nationaliste auront formulé un nationalisme canadien et
canadien-français, mais Tardivel et ses disciples plus ou moins radicaux
auront poussé le nationalisme canadien-français sur une voie séparatiste,
marginale mais récurrente de 1895 à 1910. En un sens, la menace séparatiste de la « motion Francœur » exprimait à la fois la dérision d'une idée
que les libéraux ne craignent pas d'utiliser et la crédibilité minimale d'une
idée qui pouvait paraître sinon être menaçante.

La doctrine nationaliste nouvelle devait faire place à une dimension
nouvelle de la vie publique : l'immigration qui peuplait surtout l'Ouest
du pays — ce dont *La Presse* s'était fait une raison économique — mais
aussi Montréal et ajoutait au problème des écoles catholiques françaises
hors Québec celui des droits scolaires d'une minorité religieuse autre que
catholique et protestante au Québec même. Et puis le vieux loyalisme
politique de l'Église catholique refaisait surface en 1914 et en 1917, et

suscitait chez des nationalistes comme Bourassa et Asselin des réactions anticléricales plus ou moins virulentes. Des autorités religieuses catholiques «impérialistes» avaient touché la corde sensible de catholiques anti-impérialistes qui avaient vu en Mgr Bruchési «le Laurier de l'Église du Canada», un «Laurier» religieux qui reconnut avoir été dupé.

Chapitre II

UNE ACTION FRANÇAISE

LES MÊMES CAUSES EXTÉRIEURES (crises scolaires, place du Québec dans la Confédération) et intérieures au Québec (industrialisation, urbanisation) qui avaient suscité une « action nationale » vont justifier une « action française », menée sur trois fronts : linguistique, scolaire et dans les rapports du Québec avec la France.

Un parler canadien, une littérature canadienne, un drapeau canadien

Si la Ligue nationaliste canadienne avait inclus dans son programme la promotion culturelle de l'auteur et de son droit de propriété littéraire, on ne peut pas ne pas être frappé par la diversité des formes contemporaines de recherche d'une culture « canadienne » qui, au Canada français et au Québec en particulier, signifie « canadienne-française » et dénote une volonté de démarcation avec la culture de France, avec le parler français, avec la littérature française, avec le drapeau français.

Le coup d'envoi est donné, à l'occasion du cinquantenaire de l'Université Laval, avec la fondation en 1902 de la Société du parler français au Canada, qui entend encourager l'étude linguistique et philologique du parler des Canadiens français, en scruter les origines et en montrer l'originalité en regard du parler français de France. Par son *Bulletin du parler français au Canada* (1902-1918) qui donnera naissance au *Canada français*, revue de l'Université Laval, par des rencontres, des congrès et des conférences relayées par des brochures — J.-P. Tardivel, *La langue française au Canada* (1909), N.-E. Dionne, *Le parler populaire des Canadiens français* (1909), A. Rivard, *Études sur les parlers de France au Canada* (1914), L. de Montigny, *La langue française au Canada* (1916) —, la Société suscite une recherche d'originalité, d'identité « canadienne », qui va manifestement plus loin que le « national » accolé dix ans plus tôt à des clubs de baseball, de raquettes ou de hockey sur glace.

La volonté de marquer le caractère distinct du parler canadien s'accompagne aussi d'une tentative de différencier la littérature « canadienne » de la littérature française. C'est dans le cadre de la Société du parler français au Canada que l'abbé Camille Roy, professeur de littérature française au Petit Séminaire de Québec, est invité en 1904 à faire une conférence qu'il intitulera « De la nationalisation de la littérature canadienne ». Contemporain de Bourassa et de la Ligue nationaliste — « Et puisque nos revues et certains journaux [...] veulent étendre à toutes les fibres de l'âme canadienne le mouvement nationaliste » —, l'abbé Roy propose aux écrivains de « traiter de sujets canadiens, et [de] les traiter d'une façon canadienne : tel est le mot d'ordre [...] ». Respectueux d'œuvres ouvertes aussi à autre chose, aux valeurs humaines et universelles, Roy rejette tout autant une « protection à outrance » qu'un « libre échange trop largement pratiqué ». Mais le mot d'ordre est clair : non aux écrivains canadiens qui soient des « écrivains français égarés sur les bords du Saint-Laurent ». Présentant son propos comme une réflexion sur « les essais de littérature coloniale », le jeune historien de la littérature dénonce toute imitation servile de la littérature française : « notre plus grande ennemie, c'est la littérature française contemporaine ». « Nationaliser » et « comprendre l'âme canadienne » consistent pour l'abbé Roy à reconnaître que « nous nous rattachons donc étroitement à la France très chrétienne, à celle qui a précédé ou qui n'a pas fait la Révolution ». Pour lui, l'histoire canadienne n'est pas une page de la France contemporaire et combiste mais « de la France des croisades ». Le projet de « nationaliser nos esprits » par une instruction plus nationale et par des cours de littérature canadienne, de « fonder notre esthétique » sur l'histoire et la tradition, repose sur le postulat que « pour rester nationale, notre littérature doit être avant tout franchement chrétienne[1] ». Nationaliser la littérature, c'est la confessionnaliser ; la littérature ne va pas sans la foi, la représentation de soi passe par la religion.

L'organisation par la Société du premier Congrès de la langue française en 1912 donne lieu à tout un branle-bas de combat. Le jeune abbé Groulx, qui évoque «les fiertés qu'a réveillées le projet», entrevoit l'événement comme une veillée d'armes : «Puis le travail et l'organisation terminés, un soir ou deux, devant le peuple réuni pour entendre parler de la vieille langue, on dissertera des droits du français, de son état actuel, de ses périls, des revendications nécessaires.» Mgr Paul-Eugène Roy, le frère de «l'abbé Camille», convoque des États généraux «pour l'étude, la défense de la langue et des lettres françaises au Canada», souhaitant «que notre langue s'épure, se corrige et soit toujours saine et de bon aloi ; que notre parler national se développe suivant les exigences des conditions nouvelles et les besoins particuliers du pays où nous vivons ; qu'il évolue naturellement, suivant les lois qui lui sont propres, sans jamais rien admettre qui soit étranger à son génie premier, sans jamais cesser d'être français [...], mais aussi sans laisser, par quelque côté, de sentir bon le terroir canadien».

L'initiative est celle de clercs et réunit tout l'épiscopat canadien-français et franco-américain ; l'évêque de Québec, Mgr Bégin, résume le sens de l'entreprise : «Un congrès de la langue française au Canada ne peut pas ne pas être catholique.» Le gouverneur général, le délégué apostolique, le consul de France et un représentant de l'Académie française, Étienne Lamy, sont dans la première rangée. Laurier est là, de même que le premier ministre Gouin, le président du Sénat, Philippe Landry, Adolphe-Basile Routhier. Mgr Louis-Adolphe Pâquet aborde la question de l'Église catholique et des langues nationales, Thomas Chapais parle de la langue gardienne de la foi, Lavergne évoque les apôtres et les défenseurs de la langue française au Canada, Groulx balise la tradition des lettres françaises au Canada, Bouchette analyse la situation économique des Canadiens français de l'Ontario, Bourassa fait le point sur la langue française et «l'avenir de notre race». Il s'agit bien d'États généraux : après les grands ténors, les congressistes se réunissent en ateliers de travail — histoire, droit, philologie, pédagogie, littérature — ou participent à la section «Propagande» qui couvre tout le domaine des associations, de la famille, de la presse (Omer Héroux), du commerce et des services publics (Asselin)[2].

Entre 1901 et 1905, la quête de «canadianité» se porte sur un symbole : un drapeau. Le drapeau des Patriotes est à ce point oublié que la Société Saint-Jean-Baptiste de Québec l'a transformé en mettant ses trois bandes horizontales à la verticale. Depuis la venue de *La Capricieuse* en 1855, on a pris l'habitude de hisser le Tricolore français, le bleu, blanc, rouge. Mais voilà qu'en plein débat sur l'impérialisme britannique et à l'occasion du Programme nationaliste en 1903, les projets de drapeau canadien-français se multiplient. Les abbés Baillargé et Filiatrault et Édouard Fortin avancent l'idée du drapeau de la victoire de Carillon. L'abbé Henri Bernard propose le Tricolore français mais orné d'un Sacré-Cœur dont Léon XIII vient de promouvoir la dévotion. L'infatigable Tardivel y va de son idée : un drapeau « blanc », symbole de la légitimité, de la monarchie et du catholicisme réunis ; conséquent avec son nationalisme séparatiste et providentiel, il précise : « [...] plus tard, à l'heure fixée par la divine Providence, cet emblème, qu'il s'agit d'adopter maintenant, deviendra, naturellement, et sans discussion, le drapeau vrai, le drapeau politique de la nouvelle nation ». Un Comité de la ville de Québec fait une nouvelle synthèse : le Sacré-Cœur, mais sur le drapeau de Carillon. Le poète francophile Louis Fréchette verrait bien le Tricolore avec une feuille d'érable. Puis la position de Tardivel évolue : le drapeau de Carillon « portant l'image du Sacré-cœur sur fond d'azur, avec croix blanche, fleur de lys et feuille d'érable ».

Chacun a ses raisons d'inclure ou d'exclure tel symbole. L'abbé Filiatrault s'oppose tout autant au Tricolore qu'au drapeau blanc : « Nous sommes un peuple nouveau sur la terre d'Amérique ; or à un peuple nouveau, il faut un drapeau nouveau. » L'abbé, qui opte pour le drapeau de Carillon, soutient qu'il « faut faire la distinction qui s'impose entre l'emblème de la patrie et l'emblème de la religion, lesquels peuvent bien s'unir, mais ne doivent jamais se confondre ». Fréchette abonde dans le sens de l'abbé : un symbole religieux n'a pas sa place sur un drapeau national. Le débat aura fait affluer les représentations de soi et les symboles (victoire au temps de la Nouvelle-France, Sacré-Cœur, monarchisme, feuille d'érable, fleur de lys), mais cette réflexion aura exploré et balisé une question à laquelle on donnera finalement une réponse en 1948[3].

Nouvelle crise scolaire et constitutionnelle : les écoles du Nord-Ouest (1905)

L'entrée dans la Confédération de deux nouvelles provinces, l'Alberta et la Saskatchewan, dissociées des anciens Territoires du Nord-Ouest, fermait dorénavant l'Ouest et la frontière occidentale du pays. Comment allait-on y appliquer l'article 93 de la Constitution de 1867 qui donnait droit aux minorités religieuses à des écoles distinctes et au gouvernement fédéral de voter une «loi rémédiatrice» si cet article n'était pas respecté par les deux nouvelles provinces?

Laurier propose une «loi d'autonomie» des provinces en février 1905 qui doit tenir compte d'une législation de 1875 garantissant des écoles publiques aux catholiques là où ils forment la majorité et des écoles «séparées» là où ils sont en minorité. Mais cette loi de 1875 a été modifiée par des ordonnances qui créent, à toute fin pratique, une situation analogue à celle mise en place au Manitoba par le règlement Laurier-Greenway en 1897.

L'article 16 du projet de loi de Laurier garantit des écoles séparées pour les catholiques mais une opposition du libéral Sifton, des conservateurs et des orangistes d'Ontario entend faire échec au projet de loi. La situation est délicate pour les catholiques canadiens-français car, si le gouvernement de Laurier tombe, le conservateur Borden prendra le pouvoir, et l'assurance d'écoles pour les catholiques sera encore plus faible sinon inexistante. Voulant, selon son habitude, répondre à l'impératif biculturel du pays, Laurier élabore un compromis: respecter la loi des territoires de 1875 ET les ordonnances qui l'ont modifiée de 1892 à 1901. Bref, retour à la case de 1896 au Manitoba.

Face à ce nouveau compromis, la presse canadienne-française est divisée: *Le Nationaliste*, *La Vérité* de Tardivel, *La Semaine religieuse de Québec* et *L'Événement* de Québec sont contre; la presse à grand tirage qui est celle des partis — *La Presse*, *Le Soleil*, *La Patrie*, *Le Canada* récemment fondé — appuie Laurier. À nouveau Bourassa intervient. À une assemblée organisée par la Ligue nationaliste en avril 1905, il fait l'histoire des Territoires du Nord-Ouest et de la législation scolaire canadienne depuis 1867, et dénonce le projet Laurier avec ou sans article 16. L'homme aux idées claires et au verbe haut ne voit pas de conciliation possible «entre la justice et l'iniquité». Au Parlement, en juin, Bourassa propose un amendement à la loi Laurier: application pure et simple de la Constitution de 1867 et égalité des écoles publiques et des «écoles séparées» dans la répartition des taxes. L'amendement est battu à 126 voix contre 7. Dans deux brochures en 1906 et 1907, le jeune Armand Lavergne expose *La vérité sur la question du Nord-Ouest* et explique la situation des *Écoles du Nord-Ouest*. Rien n'y fait. Par son compromis,

Laurier se rallie à une vision du Canada à venir qui est celle de la majorité, celle des Canadiens anglais. Dès 1905, la question est posée : où la dualité culturelle trouvera-t-elle place dans les institutions publiques canadiennes ? Le Canada a-t-il manqué sa dernière chance de reconnaître et de faire valoir un Canada à double culture[4] ?

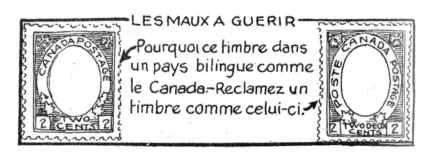

Une action française au Parlement d'Ottawa,
dans les chemins de fer, sur la monnaie, les timbres

Le parler, la littérature, le drapeau, les écoles hors Québec font l'objet, au tournant du siècle, d'actions françaises. Si l'école catholique et française a ses militants depuis un moment, la langue, la littérature et le drapeau ont suscité des initiatives inédites. Dans l'esprit de la Ligue nationaliste qui, rappelons-le, comporte tout autant un versant anti-impérialiste qu'un versant canadien et canadien-français de promotion de la dualité culturelle et des droits des minorités, Lavergne lance une nouvelle campagne en 1907 : si les droits religieux et linguistiques des minorités ne sont pas respectés au Manitoba, en Alberta, en Saskatchewan, le seront-ils au gouvernement fédéral même et dans la structure fédérale des services publics ? Le député de Montmagny se lève donc en Chambre le 25 février 1907 et fait la proposition suivante : « Qu'il est de l'intérêt et du bonheur de la Confédération, et dans l'esprit du pacte fédératif de 1867, que la langue française, officielle en vertu de la Constitution, soit mise dans les affaires publiques, notamment la frappe des monnaies et l'administration des postes, sur un pied d'égalité avec la langue anglaise. » Pour fonder son action, Lavergne s'appuie sur une interprétation très large de l'article 133 de la Constitution de 1867 relatif à l'usage du français. La proposition fait long feu : le député ne trouve pas un nombre suffisant de députés pour demander le vote. Si Lavergne est loin du compte en Chambre, la position de *La Presse*, qui appuie Laurier, en dit long sur les limites d'une telle action française: « C'est à force de pondération que notre race a conquis l'estime des autres provinces. Il ne faut pas perdre, par un simple enfantillage, le terrain gagné. S'il y a encore parmi nous des adolescents qui prennent encore au sérieux la bataille de Don Quichotte contre les moulins à vent, il est nécessaire que la nation proteste contre ces visions dangereuses. » L'année suivante, une pétition de 1 700 000 signatures n'a pas plus d'effet que la proposition parlementaire.

Lavergne aura plus de succès à Québec lorsque, membre de l'Assemblée législative, il propose en janvier 1910 une loi sur « l'usage obligatoire de l'anglais et du français dans les services d'utilité publique » (transport, télégraphe, téléphone, électricité, billetterie, affichage). Une clause prévoit une amende maximale de « 20 piastres » pour toute compagnie faisant affaire au Québec et contrevenant à la loi. La Chambre vote la loi à l'unanimité, mais le Conseil législatif fait des difficultés jusqu'à ce que les présidents de grandes compagnies avalisent l'initiative[5].

Bourassa à Notre-Dame (1910): défendre la foi en défendant la langue?

L'échange à l'église Notre-Dame de Montréal, en septembre 1910, entre Mgr Bourne, évêque catholique de Westminster en Angleterre, et Henri Bourassa, directeur du nouveau *Devoir*, pourrait être un fait divers s'il ne s'inscrivait dans une triple trame: la place des catholiques francophones au Canada et en Amérique du Nord, l'itinéraire catholique de l'anti-impérialiste Bourassa et la pertinence d'associer la défense de la religion à celle de la langue.

Rome a toujours occupé une place centrale dans la vie religieuse, intellectuelle et politique du Canada français. Depuis la «question romaine» de 1848 et les tentatives d'unification de l'Italie par les libéraux, la papauté et son pouvoir temporel ont servi de prétexte à Mgr Bourget pour condamner le libéralisme canadien-français sous toutes ses formes. C'est aussi à Rome que le clergé canadien-français fait ses études supérieures depuis 1850 et de Rome que l'Église canadienne-française reçoit ses directives et ses pratiques liturgiques. Au moment où se fait l'unité de l'Italie en 1870, Léon XIII doit consolider son pouvoir temporel en faisant appel aux grandes puissances de l'heure dont la Grande-Bretagne, ce que Grégoire XVI avait fait avec la Russie au temps de l'insurrection de Varsovie de 1830.

Au Canada, la création en 1870 d'une nouvelle province ecclésiastique pour les diocèses de langue anglaise et l'annulation par Rome en 1872 du décret de Mgr Bourget concernant les paroisses bilingues sont les signes des premières difficultés internes de l'Église catholique canadienne. Aux États-Unis où domine le clergé irlandais, la même question des clergés nationaux prend la forme d'une demande par les catholiques allemands, polonais et franco-américains d'évêques et de curés parlant leur langue. Dès 1890, le clergé et le milieu politique québécois sont conscients de défis nouveaux eu égard à l'évolution de l'attitude de Rome face aux «Églises nationales». La crise scolaire du Manitoba dessille les yeux de ceux qui n'avaient pas vu venir la chose: à travers l'analyse de Mgr Merry del Val, Rome adopte le point de vue de Laurier.

Au tournant du siècle, dans un Canada où 75 % des catholiques sont francophones, la «querelle des sièges épiscopaux» à Sault-Sainte-Marie (1904) et à London (1910) devient le nouveau signe révélateur de la propension de Rome en faveur de l'épiscopat irlandais et plus globalement du catholicisme nord-américain de langue anglaise. Le Mémoire des catholiques irlandais du Canada adressé à Mgr Merry del Val à l'occasion de la question scolaire du Nord-Ouest en dit long sur les tensions internes de l'Église canadienne: «Il est probable qu'on n'aurait jamais assisté à la querelle des écoles du Manitoba s'il y avait eu un évêque irlandais dans le diocèse. Pour la même raison, les bills d'Autonomie se buttent à l'opposition du Parlement, non pas tant à cause de leur caractère catholique qu'à cause de la domination des évêques canadiens-français dans un pays anglais.» Il est devenu clair pour la hiérarchie catholique canadienne de langue française que l'essor du catholicisme en Amérique est, aux yeux de Rome, la vocation du clergé anglo-irlandais et non pas celle du clergé canadien-français, malgré son nombre et malgré sa prétention depuis un demi-siècle à une «vocation catholique de la race française en Amérique».

En septembre 1910, à l'occasion du Congrès eucharistique international, Mgr Bourne déclare à l'église Notre-Dame de Montréal que, pour que le Canada soit conservé à l'Église catholique, il «faut faire connaître les mystères de notre foi par l'intermédiaire de notre langue anglaise». L'archevêque résume ainsi son propos : «Tant que la langue anglaise, les façons de parler anglaises, la littérature anglaise — en un mot la mentalité anglaise tout entière — n'aura pas été amenée à servir l'Église catholique, l'œuvre rédemptrice de l'Église sera empêchée et retardée.»

L'anti-impérialiste Bourassa, qui a fondé *Le Devoir* en janvier et lui a donné comme devise «Fais ce que dois», se lève et s'adresse à Mgr Bourne : «[...] au nom des intérêts catholiques [Sa Grandeur] nous a demandé de faire de cette langue [anglaise] l'idiome habituel dans lequel l'Évangile serait annoncé et prêché au peuple». Bourassa dit acquiescer à l'idée d'un droit des catholiques anglophones à des pasteurs anglophones tout en revendiquant le même droit pour les catholiques francophones. Il poursuit en rappelant que le christianisme «n'a imposé à personne l'obligation de renier sa race pour lui rester fidèle» et qu'en Amérique «la meilleure sauvegarde de la foi, c'est la conservation de l'idiome dans lequel, pendant trois cents ans, les [Canadiens français] ont adoré le Christ». Dans ce contexte d'impérialisme, on comprend que, pour Bourassa, la meilleure façon de défendre la religion et la foi, c'est de défendre la langue française. On comprend aussi que cela puisse paraître moins évident aux Canadiens, aux évêques anglophones du Canada et au Vatican depuis que les crises scolaires du Manitoba, de l'Alberta et de la Saskatchewan ont donné à penser que ni la religion catholique ni la langue de ceux qui la pratiquent majoritairement n'étaient essentielles au pays. Mgr Satolli, l'ex-professeur et ami de Mgr Pâquet, n'avait-il pas écrit à Mgr Rampolla : «Il est ridicule [...] d'affirmer que, s'ils ne conservent pas exclusivement leur langue maternelle à la maison et à l'église, ils risquent de perdre leur foi, comme si cette dernière était liée de quelque façon à une langue ou à une autre pour chaque nation. En fait, le cours inéluctable des choses pour une nationalité immigrante prouve que le changement et l'uniformisation de la langue et des coutumes [surviennent] à l'intérieur d'une génération au plus tard»?

Sur cette question de la conjugaison de la foi et de la langue, Bourassa tient le même discours deux ans plus tard, lors du premier Congrès de la langue française au Canada en 1912 : «Si nous laissons dépérir la langue, faute de l'alimenter à sa véritable source, elle disparaîtra ; et si la langue périt, l'âme nationale périra ; et si l'âme nationale périt, la foi périra également.» En deux occasions en 1915, il réitère ses positions. En janvier, lors du 5ᵉ anniversaire de fondation du *Devoir*, il déclare : «Nous ne resterons catholiques qu'à la condition de rester Français et nous ne resterons Français qu'à la condition de rester catholiques.» En mai, devant les membres de l'Association catholique de la jeunesse canadienne-française, le propos est clair : «La conservation de la langue nous est également nécessaire pour la conservation de la foi.»

Dans une brochure de 1918 au titre explicite, *La langue gardienne de la foi*, Bourassa en catholique lucide et de son temps, rappelle : «[…] et c'est de l'Église elle-même qu'ils ont appris que le patriotisme n'est pas contraire à la religion, et que le catholicisme, *parce que catholique*, ne peut jamais être, en Amérique ou ailleurs, un instrument d'assimilation au profit d'une race ou un facteur d'unification et d'hégémonie politique au service de l'Empire britannique ou de la Démocratie américaine». L'Évangile n'est-il pas prêché dans toutes les langues ? À propos de la double tâche de la défense de la religion et de la langue, Bourassa affirme : «[…] ne l'oublions pas, nous sommes seuls à pouvoir la remplir en Amérique». Puis il conclut par une distinction qui est, en 1918, un possible début d'évolution de sa pensée : «Ne luttons pas seulement pour garder la langue, ou pour garder *la langue et la foi :* luttons pour la langue *afin de mieux garder la foi*[6].»

Nouvelle crise scolaire : le Règlement XVII en Ontario (1912)

En 1911, les francophones constituent quelque 10 % de la population de l'Ontario. Depuis 1890, à l'école, l'anglais est la seule langue autorisée, sauf pour ceux qui ne le comprennent pas ; mais, en mars 1911, une proposition d'un député ontarien, conservateur ultra-protestant, M. Ferguson, tente de changer, de durcir la règle. Appuyée par le solliciteur général Foy en novembre et par les orangistes, la proposition Ferguson

Dans la forge du Boche

VON ONTARIOW—Je casse mes marteaux et j'écrase mon enclume, mais la maudite noix n'ouvre pas. Si je l'avais sue si dure que ça, je l'aurais laissée tranquille !

envisage de rendre « illégale et impossible l'utilisation du français dans les écoles publiques et privées de l'Ontario ».

Le 13 avril 1912, le gouvernement ontarien rend publique sa politique scolaire : « L'enseignement en anglais devra commencer dès l'entrée d'un enfant à l'école, l'usage du français langue d'instruction et de communication variant selon les circonstances locales au reçu du rapport de l'inspecteur surveillant, mais ne devant en aucun cas se poursuivre au-delà de la première classe». Cette politique s'énonce officiellement en juin 1912 dans la fameuse «Circular of Instructions No. 17».

Deux mois plus tard, l'Association canadienne-française d'éducation de l'Ontario (ACFEO) prend position contre cette politique, geste auquel répond le gouvernement ontarien en menaçant les conseils scolaires récalcitrants de la perte de leurs subventions. Les évêques catholiques anglophones se joignent aux orangistes pour appuyer la politique gouvernementale. L'un deux, Mgr Fallon, évêque de London, déclare sans gêne en février 1915: «Cette agitation n'a qu'un seul but: établir graduellement un réseau d'écoles françaises en Ontario, l'objet ultime étant de faire de l'Ontario une province française, au sein d'une république française occupant les rives du St-Laurent [...][7].» Rien de moins, pour des francophones minoritaires au Canada et minoritaires en Ontario.

En Ontario et au Québec, la résistance se déploie pour appuyer l'ACFEO. Après l'affaire des écoles du Manitoba et des écoles du Nord-Ouest, Bourassa reprend du service. Il écrit dans Le Devoir du 17 juillet 1912: «Le Canadien français en est à se faire dire qu'en loi et en fait, ses droits sont confinés à la province de Québec, comme ceux des sauvages dans leurs réserves.» En novembre 1914, il déclare au Monument national: «Si nous laissons sacrifier une par une les minorités françaises qui sont nos avant-postes, le jour viendra où la province de Québec elle-même subira l'assaut[8].» Un mois plus tard, un front commun s'organise, constitué des évêques et du gouvernement du Québec; celui-ci fait présenter par deux députés anglo-protestants une proposition unanime de l'Assemblée législative s'opposant au Règlement XVII et à ses conséquences. On lance la campagne du «sou français» pour venir en aide au combat juridique des Franco-Ontariens.

Asselin se met aussi de la partie: il appuie la campagne mais affirme avoir un doute «tant que nos journalistes et nos hommes politiques, effrayés de leur ombre, incapables d'une idée personnelle, apporteront dans la délibération de nos problèmes nationaux des âmes de castrats et des intelligences de concierges». Le francophile, qui vient de manifester son anticléricalisme dans sa dénonciation de l'appui des évêques à l'effort de guerre, fait des distinctions à propos de la signification du combat scolaire en Ontario: «Par elle-même cette question n'a, quoi qu'on en dise, aucun caractère religieux. Elle intéresse les Canadiens français catholiques, comme Français, non comme catholiques[9].»

Le ton du sénateur Philippe Landry, président du Sénat canadien et symbole de cette lutte, est tout aussi haut à l'adresse du Vatican que des Canadiens. Il écrit dans *Le Droit* du 2 décembre 1915, journal dont les Franco-Ontariens viennent de se doter depuis deux ans : « Nous n'abandons pas la lutte ; au contraire, nous la poussons jusqu'au bout et jusqu'à ses dernières conséquences. Car nous voulons savoir, en fin de compte, si l'Acte de la Confédération a été pour nous tous un pacte d'honneur ou pour nous un piège d'infamie.» Dans le Mémoire qu'il rédige en 1915 pour l'Association Saint-Jean-Baptiste d'Ottawa et qu'il destine au cardinal Gasparri, secrétaire d'État du Vatican, le sénateur fait poliment référence à la politique vaticane à l'égard des catholiques francophones d'Amérique du Nord : « [...] l'épiscopat de langue anglaise dans la province d'Ontario persécute en réalité la population canadienne-française, en lui donnant, dans des paroisses essentiellement canadiennes-françaises, des prêtres et des religieuses qui reçoivent l'ordre de ne parler que l'anglais dans les églises et les écoles[10]».

Rien n'y fait : ni le combat de l'ACFEO, des Franco-Ontariens, du *Droit* et du sénateur Landry, ni le front commun québécois, ni les interventions de Bourassa, ni « le sou français », ni la requête en annulation du Règlement XVII signée par 600 000 citoyens du Québec, ni la crainte d'une rupture de la Confédération évoquée par un homme aussi pondéré que le sénateur Landry. Le Règlement XVII demeure et à nouveau Rome a appelé les Canadiens français au compromis dans une lettre de Grégoire XVI adressée à Mgr Bégin.

La Ligue des droits du français (1913)

Les actions en faveur du français ont pris en vingt ans de multiples formes : défense de l'apprentissage de la langue à l'école catholique à l'extérieur du Québec, maintien de l'idée que la protection de l'école catholique signifie la protection de la langue française et vice versa, promotion du français dans l'appareil fédéral et dans la vie publique canadienne et québécoise, mise en valeur du parler canadien par une Société et un prestigieux Congrès en 1912.

À la veille de ce premier Congrès de la langue française, un certain Pierre Homier, pseudonyme du jésuite Joseph-Papin Archambault, publie dans *Le Devoir*, du 6 mars 1912 au 26 juin 1913, une série d'articles, mis en brochure, sur le parler français courant et quotidien à Montréal. À la différence de l'approche plus savante et érudite de la Société du parler français au Canada, celle de Pierre Homier, complémentaire, est concrète et populaire. Homier invite à un « Petit examen de conscience » en scrutant la langue du commerce de gros, celui des biscuits et des bonbons.

L'enquêteur observe les raisons sociales, la publicité et les catalogues, l'étiquetage, la correspondance, la facturation et invite au boycottage des compagnies insouciantes de la langue de la majorité. Puis, passant des friandises aux articles de sport, « des favoris de l'enfance aux favoris de la jeunesse », il parcourt le catalogue de la compagnie Larivière, les calendriers, les cartes postales, invitant les commerçants à trouver le terme français convenable. « Tel un officier de patrouille », Homier parcourt « les rues commerciales du plus canadien-français de nos quartiers » ; il porte son attention sur treize commerces de la rue Rachel, entre les rues de Lorimier et des Érables et arpente la rue Sainte-Catherine d'est en ouest, ouvrant l'œil sur les murs, les façades, les vitrines, les raisons sociales. Au terme de l'enquête, Homier organise d'abord « un bureau permanent de renseignements » et passe de l'initiative individuelle à l'action collective en créant le 11 mars 1913 la Ligue des droits du français destinée à recevoir les plaintes mais surtout à mettre sur pied un « bureau » français de publicité capable d'aider à la rédaction, à la révision et à la traduction de textes, et de produire des listes de termes techniques français. La Ligue entend aussi poursuivre l'action d'Armand Lavergne en faisant pression sur les gouvernements, les municipalités, les compagnies et les commerces en faveur du respect de la langue de la majorité québécoise[11]. La ligue publiera *L'Almanach de la langue française* et le père Archambault, alias Pierre Homier, poursuivra dans *L'Action française* (1917-1928) son action par des chroniques intitulées «À travers la vie courante».

Pierre Homier, l'anonyme sous un pseudonyme, n'est pas seul. Jules Fournier constate le même problème, le même défi : « Non seulement l'expression anglaise nous enhavit, mais aussi l'esprit anglais. Nos Canadiens français parlent encore français, ils pensent déjà en anglais. Ou du moins, ils ne pensent plus en français. Nous n'avons plus la mentalité française[12]. »

*

*   *

On cherche aussi, en ce tournant de siècle, une doctrine à propos de la langue française menacée par la perte des droits scolaires religieux et par l'urbanisation. Une doctrine qui, du coup, permettrait de formuler une « canadianité » française démarquée de la France. On entend caractériser le parler français au Canada, définir sa spécificité et son originalité. On propose de « nationaliser » la littérature, de faire voir comment les « essais de littérature coloniale » peuvent donner voix à des cultures autres que celles des métropoles. On le fait dans un contexte d'anti-impérialisme britannique mais aussi à l'égard de la France qui, pour cette culture canadienne d'expression française, est la France des croisades et d'Ancien Régime. Les initiatives à propos de l'adoption d'un drapeau jouent sur la même corde culturelle : d'une part, le Tricolore ou le « drapeau blanc » de la France républicaine ou monarchique, d'autre part, un drapeau nouveau pour un continent nouveau, orné des couleurs et des symboles d'une bataille de la Nouvelle-France, du Sacré-Cœur ou d'une feuille d'érable.

L'action française canadianisée se porte aussi sur la langue parlée et écrite. À Ottawa, au Parlement et dans les institutions publiques de responsabilité fédérale ; au Québec, dans les institutions fédérales ou les entreprises commerciales et industrielles ; à Montréal, dans le commerce, la publicité, où l'action prend des formes concrètes, un tant soit peu organisées ; dans les écoles en Alberta, en Saskatchewan, en Ontario où l'accès à la langue passe par la conservation d'un système scolaire catholique, de droits acquis, pense-t-on.

On vit alors les conséquences de l'article 93 de la Constitution de 1867 relatif aux droits scolaires des minorités *religieuses*. Ce qui est premier, c'est la religion ; la langue, la culture est importante mais seconde.

Ce n'est pas que le clergé catholique néglige ce second aspect ; non, il se fait le défenseur de la langue à la Société du parler français (l'abbé Lortie), au premier Congrès de la langue française (Mgr Paul-Eugène Roy, Mgr Bégin), dans une littérature canadienne-française et chrétienne (l'abbé Camille Roy), dans la «vie courante» à Montréal (père Archambault). Mais c'est sur cette dimension religieuse des droits scolaires que se mènent les combats répétés. Il faut donc associer la défense de la langue à la défense de la religion, jusqu'à ce que l'Église catholique canadienne vienne faire comprendre que cette religion catholique peut survivre et surtout se répandre en Amérique en anglais. Mgr Bourne le dit, Mgr Lynch le dit, Mgr Fallon le dit. Et Bourassa, qui se fait la voix de plusieurs, doit se situer par rapport à cette question, lui un peu seul devant un Vatican qui projette son ombre doctrinale sur le problème récurrent dans l'Ouest et en Ontario. Bourassa qui commence à se demander dès 1918 si la défense de la foi ne devrait pas être dissociée de la défense de la langue. Ce grand catholique craint la division dans l'Église, ce que Rome laisse aussi entendre.

Les catholiques canadiens-français reçoivent de Rome le message que leur situation majoritaire de catholiques au Canada n'est essentielle ni à l'Amérique ni au Canada et que la langue et la culture qui y sont associées ne comptent pas plus. C'est aussi le message que leur envoie le militantisme loyaliste, protestant, orangiste canadien lors des crises scolaires en Ontario et dans l'Ouest du pays. Au moment où l'espace canadien se clôt à l'Ouest et que cette clôture signifie pour les catholiques canadiens-français la perte systématique de leurs droits, une question se pose, et que des contemporains comme Bourassa ou le sénateur Landry formulent : l'Acte de 1867 est-il «un pacte d'honneur ou un piège d'infamie», où la dualité culturelle a-t-elle droit de cité au Canada, qu'adviendra-t-il du Québec où il apparaît clairement après ces crises scolaires et la conscription de 1917 qu'il est la seule forteresse qui demeure parce que les catholiques et les francophones y sont majoritaires ?

Mais Bourassa est une chose, les partis politiques et la presse de parti en sont une autre. À côté d'une presse indépendante revendicatrice (*La Vérité*, *Le Nationaliste*, *Le Devoir*, *L'Action*), la presse à grand tirage (*La Presse*, *La Patrie*, *Le Canada*), qui est plus ou moins celle des partis, approuve les politiques d'immigration, les «bills d'Autonomie» de Laurier pour l'Alberta et la Saskatchewan et considère les initiatives de

Lavergne comme des «enfantillages» de «Don Quichotte». Asselin parlera alors des hommes politiques et des journalistes en termes «d'âmes de castrats et d'intelligences de concierges».

Chapitre III

UNE ACTION CATHOLIQUE

Une action catholique jeune et laïque

Le jeune Lionel Groulx est encore étudiant au Séminaire de Sainte-Thérèse lorsqu'à travers ses lectures de Louis Veuillot, il découvre, vers 1897, les écrits de Montalembert et, en particulier, la biographie que Lecanuet a consacrée à celui-ci. Le jeune étudiant de Rhétorique voit dans la figure de Montalembert « le type idéal du jeune homme sincèrement catholique ». Quittant Sainte-Thérèse en 1899, après ses deux années de Philosophie, Groulx choisit la prêtrise et entreprend ses études de théologie tout en enseignant au Séminaire de Valleyfield.

Dans ce milieu collégial, le jeune professeur entend « montalembertiser tous ses amis » et propager le « culte de Montalembert », ce « modèle idéal » du catholique laïque, reconnaissable à sa « flamme de générosité » et à « l'allure chevaleresque de sa parole et de sa plume ». L'idée d'une « action catholique », d'un apostolat chrétien et laïque fait son chemin. À peine plus âgé que ses étudiants, le professeur développe chez ceux-ci le sens de la réflexion, du cheminement. Lui qui tient un journal invite certains étudiants à faire de même. La « formation du cœur » est au centre de cette action catholique à laquelle il pense ; et après ceux qui avaient lancé le mot d'ordre « Emparons-nous du sol », mais avant ceux qui lanceront « Emparons-nous de l'industrie » ou « Emparons-nous du sport », le diariste prescrit à ses étudiants : « Emparez-vous de vous-mêmes. » Le projet du jeune étudiant en théologie en est un de «régénération de la classe juvénile», d'une «œuvre de la jeunesse, par la jeunesse et pour la jeunesse[1]».

Le pédagogue a des moyens. Outre le journal intime, Groulx se fait prosélyte de l'idée d'action catholique en misant sur l'Académie du séminaire où se retrouvent rhétoriciens et philosophes pour disserter et discuter. Groulx n'est pas seul à vivre cette nouvelle sensibilité de début de siècle. Au Séminaire de Saint-Hyacinthe, un jeune prêtre, ordonné en 1899, Émile Chartier, a aussi mis sur pied un mouvement d'action catholique dont les quelques membres s'appellent les Ouvriers de la Nouvelle-France. Le but de ce groupe est le progrès de la religion catholique et «l'édification d'une nationalité française distincte et indépendante sur cette terre d'Amérique». Bientôt cette «croisade d'adolescents» se répand : au Collège de Rigaud, près de Valleyfield, à l'alma mater de Groulx, à Sainte-Thérèse. Ce dernier sent l'effervescence du milieu collégial ; il écrit à Chartier en juin 1902 : «Dans dix ans d'ici nous verrons se lever d'au milieu de nous une génération comme celle qui se levait en 1830 sous le souffle de *L'Avenir*, ne souriant pas peut-être aux mêmes batailles mais croyant à toutes ces grandes choses dont se font la vaillance et l'enthousiasme chrétiens.» Groulx ne croit pas si bien dire : la «génération de 1900» reprend le flambeau des mains de la dernière «génération» de jeunes, celle de 1840, celle des «jeunes» de l'Institut canadien de Montréal et de *L'Avenir* de Montréal. Mais le jeune théologien ne retient de l'expérience du libéralisme catholique de Montalembert que le versant catholique[2].

L'Action catholique de la jeunesse canadienne-française (ACJC, 1904)

Tardivel lance dans *La Vérité* du 29 mars 1902 l'idée d'un congrès de la jeunesse. Un mois plus tard, dans *La Vérité* du 24 avril 1902, quatre étudiants, dont Groulx, reprennent l'idée et, comme leurs prédécesseurs de 1840, déplorent «l'isolement et le découragement» caractéristiques de la génération de 1900. Ils récusent l'idée reçue et répétée à la jeunesse selon laquelle il n'y aurait plus de «batailles d'idées». Leur détermination et leur projet ne sont pas redevables qu'à Montalembert. L'Action catholique de la jeunesse française (ACJF), conçue dès 1886 et bien lancée, est connue des milieux catholiques canadiens-français. L'abbé Chartier de

Saint-Hyacinthe est en correspondance avec l'ACJF et le journal *La Croix* de Montréal, qui se veut la «voix des jeunes», suit les activités de l'ACJF et en rend compte à l'occasion. Ce monde a sa logique: *La Croix* est dirigé par le gendre de Tardivel, Amédée Denault, qui a fait ses armes au journal de son beau-père. Tardivel a lancé l'idée d'un congrès de la jeunesse et promeut au même moment le projet d'un drapeau Carillon/Sacré-Cœur auquel une certaine jeunesse adhère. *La Vérité* publie volontiers des textes de jeunes et Groulx reconnaîtra à la mort de Tardivel en 1905 son admiration sans réserve pour l'intouchable journaliste catholique.

L'idée d'une véritable association naît à Saint-Hyacinthe en avril 1903, dans le milieu des Ouvriers de la Nouvelle-France de l'abbé Émile Chartier. Un congrès suit, du 25 au 27 juin suivant, organisé par un jeune novice jésuite de 31 ans, Samuel Bellavance, qui enseigne au Collège Sainte-Marie de Montréal; Groulx sera absent pour cause d'ordination le 28 juin et Chartier est aux études à Rome, à Athènes et à Paris de 1903 à 1907. Dorénavant, l'action catholique sera «une œuvre intercollégiale» et une œuvre des Jésuites.

À l'occasion de son congrès, la jeunesse catholique énonce les grandes lignes de ses croyances et positions: affirmation de sa foi, prééminence de la religion sur la patrie et surtout sur les partis politiques, reconnaissance d'une mission spéciale du Canada français catholique en Amérique et de la royauté du Sacré-Cœur sur le Canada français à la manière de Tardivel dans son roman *La Patrie* de 1895, autonomie du Canada, primauté du Canada français sur le Canada, défense de la nationalité, promotion de l'histoire du Canada et du français dans les services publics. La jeunesse entend aussi défendre l'éducation catholique contre l'école obligatoire et suivre les affaires scolaires des minorités catholiques et françaises hors du Québec[3].

L'idée d'une action catholique davantage centrée sur la formation catholique que sur l'action plus large circule depuis deux ans dans quelques cercles collégiaux. Présent dans quatre collèges, ce type d'action catholique croise d'autres expériences: l'Action catholique de la jeunesse française, le réveil des jeunes dans *Les Débats*, *La Croix* et bientôt *Le Nationaliste*. Le congrès de la jeunesse de juin 1903 permet d'esquisser des orientations, concrétisées par la mise sur pied, le 1er mars 1904, de l'Action catholique de la jeunesse canadienne-française (ACJC), qui tient son congrès officiel de fondation en juin 1904.

Aux « doctrines d'occasion », on veut substituer une doctrine vécue dans l'action par des hommes. Groulx, qui partira bientôt poursuivre ses études à Rome et à Fribourg en Suisse (1906-1909), écrit : « Qu'est-ce qu'une doctrine sans des hommes qui la vivent et qui la font vivre ? » L'ACJC se donne une orientation — « une vie efficacement militante pour le bien de la religion et de la patrie » — et un mot d'ordre : « Piété, Étude, Action ». Cette piété première doublée d'une détermination à l'étude donnera son sens à cette action, « action laïque » qui invite « à voir dans le sujet à élever le chrétien et le citoyen de son temps » et qui sera le meilleur moyen de contrer le laïcisme ambiant.

Le mouvement prend une certaine ampleur : organisé en cercles — 14 en 1905, 25 en 1906, 60 en 1912, 150 en 1924 —, il compte, aux mêmes années, 580 membres, puis 825, 2000, enfin 3000. L'ACJC se donne une voix, *Le Semeur*, qui paraîtra de septembre 1904 à avril 1935 et dont le tirage évolue de 600 à 2000 exemplaires entre 1904 et 1917. *Le Semeur* est une école de journalisme qui donnera une poussée aux rares journaux collégiaux alors existants et fournira un forum à la jeunesse, qui écrit aussi dans la presse nationaliste. L'ACJC se réunit aussi annuellement à l'occasion d'un congrès qui porte tantôt sur la religion ou le système scolaire, tantôt sur la colonisation, le problème industriel ou les « infiltrations étrangères[4] ».

Malgré ses ramifications intercollégiales, ses cercles, son membership, son journal et ses rencontres annuelles, l'ACJC demeure le rassemblement d'un « bataillon d'élite ». Elle reste marquée par sa naissance « montalembertienne » exigeante et par l'intention première de ses fondateurs : « Si nous ne préparons pas les catholiques militants de la classe dirigeante, qui donc les préparera ? » C'est donc cette « classe intellectuelle » qui conduira ses « semblables sur le sentier de l'honneur et du devoir ». Groulx le répétera dans des termes barrésiens : « [...] l'énergie morale du reste de la nation dépendra pour beaucoup, pour ne pas dire uniquement, de votre énergie morale à vous ». La vision et le souhait d'Étienne Parent et d'Edmond de Nevers de la formation d'une élite trouvent un relais dans l'ACJC, témoin que saisira bientôt le jeune Édouard Montpetit, dans *Le Semeur* et ailleurs, pour en appeler à la création d'une élite[5].

Action catholique et action nationale?

Dans son appellation même, l'action catholique pose la question de savoir sur qui et sur quoi portera cette action, cet apostolat. Et dans la mesure où, par le régime constitutionnel du système scolaire et dans la définition dominante du Canada français, religion et langue sont associées, la question du rapport de l'action catholique à la nationalité ne peut pas ne pas se poser. Le jeune abbé Groulx précise à l'un de ses étudiants, en 1902 : « [...] catholiques avant tout, nous serons meilleurs Canadiens français parce qu'en servant bien son Dieu on sert toujours mieux son pays ». À la suite du congrès de la jeunesse de juin 1903, *La Croix* propose à celle-ci un programme et « un drapeau » : « Dieu avant les hommes, la nationalité avant les partis, les principes avant le parti pris et l'argent ». Pouvait-on être davantage de son temps, d'un début de siècle où le nationalisme ne pouvait renaître qu' « au-dessus des partis », ce dont Bourassa, le démissionnaire de 1899 et le député « indépendant », était la figure exemplaire?

Comment était-il donc possible de mener une action catholique « laïque », donc civique et politique, hors de « l'arène politique » ? Dans le premier numéro du *Semeur*, Bourassa lui-même avait proposé des éléments de réponse. Le député indépendant y précise que « la politique, ce n'est pas seulement la querelle des partis » et que ceux-ci « sont nécessaires à la pratique du régime parlementaire ». Ce qu'il faut selon lui, « c'est détruire l'esprit de parti dans le peuple » et moraliser la politique : « Relevez le niveau de l'opinion, et les partis se relèveront d'eux-mêmes. Développez chez l'électeur le sentiment de la responsabilité et du devoir social. Faites-lui comprendre que donner un mauvais vote, que trafiquer surtout son vote, c'est commettre un crime contre la société, un crime contre ses frères. Enseignez-lui que la morale doit dominer son action comme citoyen et son action comme homme. »

La conjugaison du catholicisme et de la nationalité demeure une dimension fondamentale de l'ACJC. En 1907, Groulx le fait comprendre en se référant à Barrès : « [...] faut-il être si profond psychologue pour découvrir, après tout le monde, que l'âme de la nationalité canadienne-française est faite avant tout de catholicisme? Si M. Barrès a pu dire, encore l'autre jour [...] qu'on ne peut s'isoler du catholicisme en France, sans être un déraciné, avec infiniment combien plus de raison cela ne serait-il pas vrai du Canada!»

Le président de l'ACJC, Joseph Versailles, futur homme d'affaires, revient sur la question en 1908. Mis en cause par un journal de Québec, le nouveau président ferait dévier l'ACJC de ses objectifs. Versailles rappelle cet objectif premier: «préparer à une vie efficacement militante pour le bien de la religion et de la patrie»; il souligne encore que la devise signifie que l'étude et la piété ont été voulues «en vue de l'action» et non seulement pour former des «intellectuels». Évoquant les actions menées par l'ACJC en faveur du français et de la motion Lavergne, le président distingue une action à caractère national d'un appui à un parti ou à une ligue nationalistes et fait sienne la distinction entre mouvement nationaliste et mouvement patriotique. Les distinctions s'imposent néanmoins[6].

Au congrès de fondation de l'ACJC, le même président avait ainsi précisé les positions civiques ou politiques du mouvement en définissant son nationalisme comme «l'amour de la race canadienne-française et de la mission spéciale que la Providence lui destine; c'est aussi l'amour du sol qui lui est échu, avec ses ressources suffisantes à la formation d'une grande nation [...]. Nous tenons enfin que nulle région au monde n'a droit à notre amour et à notre dévouement à l'égal de notre Canada français. [...]. Jaloux de sa liberté nous nous croyons tenus de favoriser tout ce qui peut accroître légitimement son autonomie.»

Et puis les circonstances allaient rapprocher l'ACJC de la vie civique, politique, nationale. En ces temps d'action française en faveur des droits scolaires des catholiques francophones de l'Alberta et de la Saskatchewan, l'ACJC présente, en 1905, une pétition de 6000 signatures au premier ministre Laurier exigeant pour les Canadiens français hors Québec les mêmes droits que ceux dont bénéficient les protestants anglophones du Québec. Cheville ouvrière du mouvement, Groulx préconise le refus de la démission et de la conciliation unilatérale: «Ne va-t-on pas répétant que les minorités ne doivent plus prétendre au droit commun et qu'elles ne sauraient se maintenir dans l'intégrité de leurs droits politiques, en dehors de la concession perpétuelle érigée en système? Vous irez répondre, Messieurs, à l'évangile du conciliatorisme qu'il fait mentir la science sociale, l'histoire générale et l'histoire canadienne.» Le jeune professeur, qui vient tout juste de commencer à enseigner l'histoire du Canada à ses élèves de Valleyfield, sait dans quel contexte et pourquoi est née l'ACJC:

« Avez-vous pris garde que l'ACJC est née à l'heure où le petit peuple que nous sommes, sous la poussée d'une immigration gigantesque, est destiné à faiblir numériquement chaque jour, dans une progression des plus alarmantes ? Avez-vous pris garde que nous sommes venus à la veille même des jours où une révolution économique imminente, conséquence de développements prodigieux et soudains qui emporteront le pays, va peut-être bouleverser le programme d'avenir de notre race et convoquer d'urgence, à la solution des problèmes nationaux et sociaux les plus graves et les plus compliqués ? Avez-vous pris garde encore que nous avons jeté les bases de notre organisation, à l'heure même où l'on pouvait retracer avec alarme dans notre catholique province, une recrudescence active et sournoise de l'esprit révolutionnaire et maçonnique[7] ? »

Nouvelle pétition de l'ACJC en 1908 : 450 000 signatures en appui à la motion Lavergne en faveur du français dans la vie parlementaire canadienne et dans les services publics de responsabilité fédérale. L'ACJC contribue à l'organisation d'un immense rassemblement au Monument national en faveur du projet de loi et appuie Lavergne et Bourassa lors de la campagne électorale de 1908, ce qu'elle fera aussi à l'égard de Bourassa et des conservateurs du Québec en 1911 qui s'opposent au projet de loi navale de Laurier. L'année suivante, l'ACJC sera de la grande manifestation contre le Règlement XVII en Ontario, dernier assaut contre les droits des catholiques francophones hors du Québec[8].

Une « question sociale » ?

En prévoyant former des chrétiens et des citoyens, l'action catholique des « laïques » a en vue « le social », terme certes important mais encore assez indéterminé qui fait place tout autant au « dévouement social » qu'au « devoir social » qui pourrait s'imposer. Le conditionnel est de mise ; Mgr Bruchési, tout familier qu'il soit avec l'encyclique de Léon XIII de 1891 sur « les choses nouvelles » (*Rerum novarum*), n'a-t-il pas affirmé, à la suite d'Edmond de Nevers, au congrès de fondation de l'ACJC en 1904 : « N'oubliez pas, mes jeunes amis, que la question sociale ne se pose pas au Canada. » Dans ses *Mémoires*, Groulx écrira cinquante ans plus tard se souvenir de « cet avertissement glacial » : « J'ai encore, dans les oreilles, le son de ces paroles qui devaient nous coûter si cher. » Le jeune Édouard Montpetit, qui ira bientôt à Paris s'initier aux questions économiques et sociales, partage le point de vue de l'évêque de Montréal: «Problème des plus intéressants pour nous, Canadiens. Non pas parce que la question sociale […] se pose au Canada, mais précisément parce qu'elle ne s'y pose pas encore.» Pas encore, malgré le point de vue de Mgr Bégin, archevêque de Québec et curieusement plus engagé que son collègue de Montréal dans «l'action sociale» et pour lequel «le problème social se pose au Canada comme dans les autres pays».

En 1910, Groulx, qui portera toujours plus attention à l'action nationale, évalue que les choses ont changé: «Un catholicisme intégral ne pouvait pas ne pas être social. Notre jeunesse le comprit, et elle en fit le second article de son Credo.» Au congrès de l'ACJC de 1915 sur «le devoir social», la perception des choses a changé chez ceux qui ont commencé à enquêter sur le «problème agricole» et sur «le problème industriel»: «N'avons-nous pas cependant connu des grèves regrettables accompagnées de sabotage? Ne voyons-nous pas monter de jour en jour autour de nous le flot des sans-travail affamés, hommes de toutes langues, de tous pays, de toutes races, dont quelques-uns, jetés sur nos rives par l'effet d'une immigration inconsidérée, sont de véritables repris de justice sortis des bagnes du vieux monde et imbus des pires doctrines socialistes et révolutionnaires; déjà leur plainte se fait entendre plutôt comme une menace avant-coureuse des plus complets bouleversements sociaux[9].» L'immigration, les grèves, le chômage, le syndicalisme, l'action politique ouvrière faisaient dorénavant partie de ces «choses nouvelles». Et d'autres catholiques avaient fait de «l'action sociale» le premier credo de leur apostolat.

*

*   *

L'action catholique du début du siècle est une action qui se cherche une doctrine chez une jeunesse qui se cherche. La masse critique d'une vingtaine de collèges classiques au tournant du siècle, le développement d'un milieu universitaire à Montréal et la diversité des lieux où des jeunes commencent à s'exprimer (École littéraire de Montréal, Les Débats, La Croix, Le Nationaliste) expliquent cette conscience d'appartenir à une génération inédite d'éducateurs (Groulx, Chartier, Archambault, Montpetit), de journalistes (Omer Héroux, Jules Fournier qui sort du collège

de Valleyfield) ou d'hommes publics (Armand Lavergne, Antonio Perrault, Arthur Laurendeau).

Cette conscience générationnelle est affinée par le partage que vit
cette jeunesse entre les traces durables du xixᵉ siècle finissant et les défis
du xxᵉ commençant. Tardivel et sa *Vérité, La Croix*, le discours sur la
primauté de la foi sur la raison et sur la vocation catholique de la race
française en Amérique rappellent le siècle passé en amont. L'immigration,
les transformations du système économique et ses effets sur la religion et
la langue disent les défis en aval. Et, pour mieux assurer la tension dans
la transition d'un siècle à l'autre, les conflits scolaires perdurent tout
comme le discours critique à l'égard de la politique traditionnelle et le
propos en faveur d'un nationalisme ne pouvant se situer qu' «au-dessus
des partis».

On comprend que cette action ait eu de la difficulté à préciser sa
doctrine et qu'un catholicisme en action qui se voulait, au début, avant
tout une doctrine, ait fait face au défi de s'actualiser. Dans un tel contexte
de défis, d'impérialisme, de menaces tout autant à la Confédération qu'à
la langue et à la religion, l'ACJC pouvait-elle n'être que catholique?
Comment une doctrine catholique formulée dans une appellation centrée
sur l'action pouvait-elle ne pas être confrontée au «social», au civique, au
politique, au «national»? En déroulant au fil des événements ses principes, ses appréhensions, ses convictions, l'ACJC rendit explicite ce qui
était latent depuis le jour même de son congrès de fondation en 1904:
la jeunesse était à la recherche d'un nouveau rapport au politique, à la
politique, et cette recherche passait par la formulation d'une nouvelle
doctrine et par la découverte d'une action confrontée au politique mais
non confinée aux partis.

Quelque efficace qu'ait été une ACJC plutôt élitiste, elle proposa des
défis nouveaux, elle mit en place une structure de revendication de la
jeunesse catholique qui allait marquer la société québécoise jusqu'au
milieu du siècle. Le collège sur lequel on avait compté depuis 1765
donnait ses fruits.

Chapitre IV

UNE ACTION SOCIALE

L E CAPITALISME CONSTRUIT sur le laisser-faire connaît un apogée durant les trois premières décennies du nouveau siècle. La prospérité économique, qui confirme pour plusieurs la valeur du libéralisme économique, favorise les gouvernements libéraux à Ottawa et surtout au Québec où Félix-Gabriel Marchand, Simon-Napoléon Parent et Lomer Gouin se succèdent à la tête du gouvernement jusqu'en 1920, alors qu'Alexandre Taschereau prend la relève jusqu'en 1936.

Capitalisme, urbanisation, immigration et syndicalisation :
les ingrédients du « social »

L'urbanisation accompagne cette croissance économique et les villes se construisent autour de certains produits ou secteurs comme le bois, le minerai, l'hydroélectricité, la construction navale, le transport ferroviaire. Le Québec devient majoritairement urbain vers 1915, la population se regroupant en 1921 à 51,8 % dans des agglomérations de 1000 habitants et plus. La ville de Montréal connaît alors sa deuxième expansion spectaculaire avec un taux d'accroissement de sa population de 58 % entre 1901 et 1911, puis de 28 % entre 1911 et 1921. Suscitée et facilitée par la prospérité économique, l'immigration canadienne, on le sait, atteint un sommet en 1913 et la moyenne annuelle des immigrants arrivant au

Québec entre 1911 et 1915 est de 46 491 individus, un record historique. La position des Montréalais d'origine française se maintient autour de 63 %, celle des habitants d'origine britannique passe de 33,7 % en 1901, à 25,7 % en 1911, puis à 24 % en 1921 ; les Juifs constituent 2,5 % de la population en 1901, 5,9 % en 1911 et 7 % en 1921, un sommet historique, tandis que les Italiens franchissent le seuil de 1 % en 1911 et de 2 % en 1921. Les migrants de la campagne vers la ville de même que les immigrants d'Europe de l'Est et d'Italie trouvent de l'emploi dans les travaux d'infrastructure et dans les services, qui font du secteur tertiaire l'une des caractéristiques économiques des grandes villes.

Face au capital qui permet la croissance et bénéficie de la prospérité économique, le monde du travail continue de s'organiser depuis qu'il a acquis en 1872 le droit d'association. En 1917, environ 12 % de la main-d'œuvre canadienne est syndiquée. Les «unions», comme on dit alors en traduisant littéralement le terme anglais, sont dominées par le syndicalisme international, c'est-à-dire étatsunien. En 1916, parmi les 329 syndicats locaux au Canada, 236 (72 %) sont affiliés à des centrales étatsuniennes, 70 à des organisations canadiennes (les syndicats «nationaux» nés à Berlin/Kitchener en 1902 d'une scission avec les centrales étatsuniennes) et 23 sont des syndicats catholiques constitués, on le verra, contre les «unions internationales neutres». Le développement du syndicalisme est tel alors que le recours à la grève comme moyen de pression est devenu fréquent dans les syndicats internationaux et nationaux. On a relevé 142 grèves au Québec de 1901 à 1905, particulièrement dans les secteurs de l'activité portuaire, du transport (chemin de fer et tramways) et du textile[1].

L'intervention de l'État

Résultantes des rapports du capital et du travail, comme on dit encore au tournant du siècle, la croissance et la prospérité économiques interpellent aussi l'État à plus d'un titre. L'économie du Québec construite sur les richesses naturelles (eau, électricité, mines, forêts) donne au gouvernement, qui en est constitutionnellement propriétaire, une prestance nouvelle. À titre d'exemple, la production de pâte et de papier quadruple de 1900 à 1920 pour satisfaire la demande de la presse à grand tirage étatsunienne. La Shawinigan Water and Power et la Montreal Light, Heat and Power sont respectivement créées en 1897 et 1901. L'exploitation minière s'intensifie, en Abitibi particulièrement. L'État doit donc développer des politiques de concession de ces richesses et mettre sur pied des organismes de régulation comme la Régie des eaux en 1909.

L'appel à l'intervention de l'État est un phénomène nouveau et rare en ces temps de laisser-faire et d'impératif des lois du marché. Dans le titre programmatique de l'un de ses écrits à diffusion restreinte, *Emparons-nous de l'industrie,* Errol Bouchette propose en 1905 : « Pour dégager la tête et soulager le corps tout entier il faut nous servir des institutions de gouvernement qu'établirent pour nous nos ancêtres, car il n'y a qu'une puissance qui soit suffisante pour cela, c'est l'État.» Pour lui, la «création d'une industrie nationale n'est pas possible» sans le «crédit national», comme c'est la cas en Allemagne ou au Canada même où les gouvernements fédéral et provinciaux ont déjà investi dans les chemins de fer ou dans l'industrie laitière. Et face à la demande des États-Unis en matières premières, Bouchette propose une politique de location et non de concession des richesses culturelles, de transformation sur place des matières premières, d'accès à des capitaux grâce à l'appui de l'État et de création d'écoles techniques. La Ligue nationaliste reprendra cette vision, en particulier Olivar Asselin et Jules Fournier, qui inciteront le gouvernement Gouin à légiférer en 1910 à propos de la transformation locale du bois coupé sur le domaine public. C'est ce même gouvernement qui établira des écoles techniques à Montréal, à Québec, à Hull à partir de 1911 et qui financera la création de l'École des hautes études commerciales (HEC), qui accueille ses premiers professeurs, dont Édouard Montpetit, en 1910[2].

C'est la nécessité même des relations du capital et du travail qui incite le gouvernement à concevoir et à mettre en application une législation ouvrière où l'on propose des services de conciliation et d'arbitrage (1901), réglemente la présence des enfants en milieu du travail (1907), compense minimalement les accidentés du travail (1909) et crée des bureaux de placement pour contrer le chômage (1911).

L'intervention étatique en matière économique ne pouvait pas ne pas rencontrer de résistance, d'abord du côté du capital et des intérêts financiers acquis au laisser-faire. En matière sociale, les projets d'intervention de l'État s'étaient heurtés à la position traditionnelle de l'Église et à sa théorie ultramontaine du rôle supplétif de l'État. L'école, l'hôpital, l'hospice, l'asile (en matière médicale) relevaient, selon l'Église, de sa responsabilité, et l'État ne devait intervenir qu'en dernière extrémité et de manière supplétive. L'État avait mis le pied dans la porte de l'école commerciale et technique, mais il allait rester sur le seuil de celle de l'asile. En effet, après une première loi (inappliquée) en 1885 qui prévoyait le financement gouvernemental, donc public, des asiles et la mise sur pied d'un «bureau» médical, après une Commission royale d'enquête sur les asiles en 1887, l'Église réussit à éviter l'étatisation de ceux-ci, et la loi de 1894 ne menaçait pas la responsabilité cléricale en la matière, si ce n'est qu'elle imposait un surintendant médical[3].

Avec l'urbanisation, de nécessaires politiques d'hygiène publique de la part de l'État vont aussi mettre en cause le rôle supplétif qu'il a accepté de tenir. À compter de 1887, l'élaboration d'un système d'hygiène publique comprend la collecte de données démographiques, des règles relatives aux méthodes d'inhumation en cas d'épidémie, l'enseignement de l'hygiène dans les écoles et l'inspection sanitaire des bâtiments scolaires. Après une première résistance à cette intervention, l'Église accepte une loi (1893) sur la statistique démographique qui oblige les curés, responsables religieux et civils de la tenue de l'enregistrement, à l'envoi mensuel des données relatives aux décès et à l'expédition annuelle des données concernant les naissances et les mariages. En 1912, l'Église accepte de participer au programme d'éducation maternelle des nourrissons et en 1919 à celui de lutte antivénérienne, où elle conjugue son discours moral au discours médical. Faut-il rappeler que l'État subventionne l'école et «l'indigence»: de 1901 à 1911, l'aide financière de l'État aux asiles et aux hôpitaux passe de 366 549 $ à 533 565 $[4].

Ces initiatives étatiques sont possibles tant et aussi longtemps qu'elles ne menacent pas la primauté de la responsabilité cléricale en matière sociale. Les milieux ecclésiastiques et les milieux conservateurs en politique peuvent toujours faire jouer l'argument des économies substantielles réalisées grâce à la générosité des communautés religieuses engagées dans le domaine social. Manifestement, l'intervention de l'État signifierait déboursés publics et acceptation et fin du rôle supplétif de l'État pour que les choses changent. Entre-temps, il fallait chaque fois un visa à l'État — l'école commerciale et technique, la médicalisation de la santé, le contrôle minimal du payeur ou du subventionnaire — pour faire un pas dans une direction nouvelle.

Mais la résistance à l'État ne se limite pas alors au «capital» et à l'Église. Elle prend la forme d'une dénonciation de l'alliance du pouvoir politique et du pouvoir financier. Le libéralisme économique, abouché avec le gouvernement qui légifère sur les richesses naturelles, place du même coup des hommes politiques en conflit d'intérêts, à titre individuel (participation à des conseils d'administration) ou partisan (financement électoral). Se greffe à ces conflits d'intérêts le fait qu'en ces temps de capitalisme plus ou moins sauvage, les tenants du laisser-faire ne résistent pas toujours à la tentation du monopole. Le phénomène de concentration dans l'industrie du sucre ou dans le secteur hydroélectrique (Montreal Light, Heat and Power) ou même du cinéma vient contredire cet apparent laisser-faire et suscite des campagnes de presse contre les «trusts», qui iront croissantes avec cette tendance au monopole sectoriel. Asselin est le plus vif de ces dénonciateurs de trusts: il observe en 1907 que «la législature est simplement devenue le champ clos où se heurtent les grandes forces financières». Il faut dire que le fondateur du *Nationaliste* a une conscience sociale particulièrement vive, lui qui n'est pas loin d'un socialisme sans qualificatif: «[...] si on veut se donner la peine d'étudier la tendance économique de notre temps — concentration constante des richesses, accaparement des moyens de production, augmentation du coût de l'existence dans une mesure disproportionnée à l'augmentation des salaires —, on sera bientôt forcé d'avouer que leur théorie [socialiste] a quelque chose de noblement idéaliste qui fait défaut au système actuel, basé sur l'égoïsme, la fraude et la force brutale». Le résultat de ce mélange explosif du politique et du financier sera la perte progressive de crédibilité non seulement des partis mais aussi de la politique et de la démocratie parlementaire[5].

La doctrine sociale et romaine de l'Église: Instaurare omnia in Christo *(1905)*

Si, au dire de Mgr Bruchési, d'Édouard Montpetit et de l'Action catholique de la jeunesse canadienne-française, il n'y avait pas de «question sociale» au Canada, il n'empêche que l'Église catholique canadienne-française croit opportun de se donner une doctrine sociale et de mener une action en ce sens. Certes, la «question sociale» ne prend pas les formes qu'on lui connaît en Europe et qui sont marquées par les révolutions politiques et sociales, par la montée du socialisme et de l'Internationale communiste qui culminera dans la révolution bolchévique de 1917. La question sociale qu'on entrevoit au Canada français a les traits qu'en a tracés l'encyclique *Rerum novarum* de 1891, au sujet de «choses nouvelles»; elle concerne principalement les relations chrétiennes du capital et du travail, les syndicats et les moyens acceptables de négociation et de pression. Cette vision sociale s'inscrit dans une perspective ultramontaine certes formulée durant la seconde moitié du xixᵉ siècle mais dont la pratique et les retombées demeurent actuelles longtemps dans le xxᵉ siècle québécois. Cette perspective ultramontaine maintient l'idée générale de l'alliance de l'Église et de l'État et celle, particulière, de la primauté de l'Église sur l'État en matière d'éducation et de bien-être social.

La formulation récente de cet ultramontanisme social est empruntée en 1904 à Ferdinand Brunetière, à l'occasion d'une recension d'un ouvrage du sociologue leplaysien Edmond Demolins. L'abbé Brosseau écrit: «Brunetière ne cesse de le prêcher: toute question sociale est une question morale, et toute question morale est une question religieuse.» La formule allait avoir un destin.

L'encyclique *Rerum novarum* est complétée en 1905 par l'encyclique *Il fermo proposito* dans laquelle le pape préconise de «tout instaurer dans le Christ» (*Instaurare omnia in Christo*). Rome reconnaît l'immense «champ de l'action catholique» et la nécessité d'une rechristianisation de la société par le rétablissement du «règne de Dieu dans les individus, les familles et la société». La directive romaine prêche «la reconnaissance publique de l'autorité de l'Église dans toutes les matières qui touchent quelque façon à la conscience», la «subordination de toutes les lois de l'État aux divines lois de l'Évangile, l'accord des deux pouvoirs, civil et ecclésiastique» et plaide en faveur du «progrès des études sociales et économiques[6]».

Il y a une question sociale au Canada français, même si elle n'a pas la teneur ou la gravité de la question européenne. Et l'Église canadienne-française se donne les moyens de ses projets. Elle peut compter sur des effectifs plus nombreux que jamais: de 1901 à 1917, 2165 prêtres sont ordonnés au Québec. En 1900-1901, le Québec compte 2276 prêtres, 2391 religieux, 6628 religieuses. L'Église connaît aussi les retombées des lois Combes en France: de 1901 à 1904, 1309 membres du clergé arrivent au Québec dont 614 frères, 445 religieuses et 250 pères de communautés religieuses diverses. Dans les diocèses du Québec, le rapport prêtre-fidèles passe de 1 pour 680 en 1901 à 1 pour 576 en 1931[7]. L'encadrement est serré, tout difficile et complexe qu'il soit en milieu urbain. On donne suite aux encycliques qui promouvaient la formation sociale du clergé. La figure de proue de cette élite cléricale vouée aux études sociales est l'abbé Stanislas-Alfred Lortie, qui a suivi les conseils de son maître, le promoteur des études thomistes au Canada, Mgr L.-A. Pâquet. *Ite ad Roman*, allez à Rome prescrivait-on. L'abbé Lortie va y étudier ces «choses nouvelles» de 1891 à 1893. De retour à Québec, il enseigne la philosophie au Séminaire de Québec puis la théologie dogmatique au Grand Séminaire. Il fait des conférences sur le socialisme et l'anarchisme. En 1904, dans l'esprit des travaux de l'école de Le Play, il publie *L'ouvrier typographe*, résultat d'une enquête minutieuse sur la famille d'un typographe. C'est, avec quelques travaux de Léon Gérin, l'un des rares produits de l'École d'économie sociale, plus axée sur la «doctrine» que sur l'enquête et l'action sociales.

C'est aussi l'abbé Lortie, professeur de philosophie, qui met à jour le manuel de Philosophie — le «Zigliara» — utilisé dans les collèges classiques. L'enseignement de la morale politique se fait en deuxième année de Philosophie et les *Elementa philosophiæ christianæ ad mentem S. Thomas Aquinatis, exposita* de Lortie deviennent en 1909 le filtre idéologique à travers lequel passent les générations futures de prêtres et de gens de professions libérales. Lortie modifie singulièrement le contenu de la morale politique; il rejette évidemment le socialisme, change le discours des relations maîtres-esclaves en celui de patrons-ouvriers, approuve le droit d'association, le droit au salaire juste, le droit de grève et de lock-out, dénonce les cartels et les monopoles et réaffirme l'idée de la fonction de suppléance de l'État en matières d'éducation et de bien-être social.

Lortie n'est pas le seul clerc à contribuer à relever le niveau des études sociales. Son confrère, l'abbé Arthur Robert, s'inscrit à Louvain en 1906 et y suit le cours spécial de sociologie de M. Defourny sur l'histoire des théories sociales et le cours de droit sur le capital et le capitalisme de Mgr Deploige. L'abbé Robert découvre que la Belgique est un «milieu favorable à ces études[8]».

L'action sociale catholique (1907): la presse, le syndicalisme, la question du dimanche

Nul mandement ne se soucie davantage d'action que celui que Mgr Bégin publie à Québec le 31 mars 1907 sur l'action sociale catholique et l'œuvre de la presse catholique. La presse et le tract seront le moyen d'éduquer «le peuple» et de tout instaurer dans le Christ: ils veilleront à être «catholiques dans leurs doctrines, catholiques dans leur esprit, catholiques dans leurs appréciations des hommes et des choses, catholiques dans la discussion de toutes les questions de religion, de morale, de nationalité et de langue, d'administration politique et d'économie sociale». L'action suit la doctrine, le geste suit la parole: le 21 décembre de la même année paraît *L'Action sociale*, devenue *L'Action catholique* en 1915, qui sera en tant que «presse indépendante des partis» — politiques s'entend — la voix de l'archevêché. C'est une nouvelle génération de presse catholique après *La Semaine religieuse de Québec* (1883), *La Semaine religieuse de Montréal* (1888), après des initiatives laïques à *La Vérité* (1881-1923) et à *La Croix* (1893-1895, 1903-1937). *L'Action sociale* prêche d'exemple et l'on voit bientôt paraître le *Bien public* (1909) à Trois-Rivières, *Le Progrès du Saguenay* (1887) qui devient la voix de l'évêché de Chicoutimi en 1913, l'année même où paraît à Ottawa *Le Droit*, lancé par les Oblats. À Montréal, où règne *Le Devoir*, la stratégie de la presse catholique diffère de celle de Québec: Mgr Bruchési sait par tradition qu'il est risqué que la presse soit associée à l'Église et au diocèse[9].

Cette nouvelle action catholique est populaire — un journal de Joliette, identifié à l'évêché s'appellera *L'Action populaire* (1913-1970); elle vise le peuple, concerne les ouvriers et la vie quotidienne. La culture de masse, variante de la production de masse, de la distribution de masse et de la consommation de masse, rejoint manifestement les préoccupations de l'Église.

Le syndicalisme catholique s'inscrit dans cette préoccupation. Non seulement fallait-il canadianiser le syndicalisme face aux syndicats internationaux et étatsuniens — ce que fait le congrès de Berlin/Kitchener en 1902 — mais dans cet esprit de tout instaurer dans le Christ, de rechristianiser la société, il s'imposait de contrer le syndicalisme «neutre» et de le confessionnaliser. L'initiative sera celle de l'abbé Eugène Lapointe de Chicoutimi qui est aussi allé à Rome, qui y étudie de 1891 à 1893, au moment même de la publication de *Rerum novarum*. L'abbé Lapointe fonde en 1907 la Fédération ouvrière de Chicoutimi, donnant le coup d'envoi à un syndicalisme catholicisé, instauré dans le Christ, qui sera toujours minoritaire au Québec mais néanmoins présent dans les secteurs du bois, des pâtes et papiers, de l'imprimerie et d'activités économiques de communautés religieuses. L'abbé Lapointe suit les traces de ses confrères et, après Rome, séjourne en Belgique en 1911 pour y observer les initiatives du catholicisme social belge. C'est ce syndicalisme catholique de 1907 qui se regroupera dans la Confédération des travailleurs catholique du Canada (CTCC) en 1921 et qui deviendra le Conseil des syndicats nationaux (CSN) en 1960[10].

S'il n'est pas toujours possible de rechristianiser la société, faut-il au moins pour l'Église empêcher qu'elle ne soit davantage déchristianisée, que ne soit, par exemple, désacralisé le temps. C'est la stratégie qu'elle adopte sur la question du dimanche, dont le respect est entamé depuis la fin du xixe siècle par le travail dominical dans le secteur des transports (chemin de fer et tramways) et des industries à production continue comme les papetières. Le développement et la professionnalisation du sport (vélo, crosse, baseball, raquette, hockey), la montée du loisir commercial tel que les parcs de détente (île Sainte-Hélène à Montréal) ou d'attractions (parc Sohmer), la popularisation du spectacle et la nouveauté des «vues animées» à compter du 27 juin 1896, à Montréal, contribuent aussi à remettre en cause l'usage exclusivement religieux du jour du Seigneur.

Le coup d'envoi d'interdiction du travail et des représentations cinématographiques le dimanche est donné par Ottawa qui légifère en ce sens en 1906. Seules l'urgence et les raisons humanitaires permettent de déroger à la loi; mais ces dérogations n'empêchent pas les cheminots, les conducteurs de tramways, les employés de l'aqueduc, par exemple, de travailler le dimanche. L'initiateur du syndicalisme catholique, l'abbé Eugène Lapointe, fait enquête dans les papetières en 1912, à Donnacona, Grand-Mère, La Tuque, Jonquière; on vise la compagnie Price. L'offensive cléricale sur le front industriel s'intensifiera à compter de 1923.

Mais c'est le cinéma qui fait concurrence aux vêpres et plus généralement à l'esprit religieux du dimanche. Il y a du cinéma à Montréal, à Québec, à Trois-Rivières, à Sherbrooke, à Saint-Jean en 1896 et 1897. Montréal compte 16 salles en 1907, 26 en 1908, 36 en 1910, 42 en

1911. Au moment où, en 1907, Ernest Ouimet ouvre son Ouimetoscope de 1200 places — qui dépasse de 100 places en capacité le Nationoscope de Georges Gauvreau et Damase Larose —, l'évêque de Montréal, Mgr Bruchési, publie un mandement en faveur de la sanctification du dimanche et contre les vues animées le jour du Seigneur. La ville de Montréal emboîte le pas en août 1908 et interdit le cinéma le dimanche. Les manifestations populaires à Montréal et à Québec contre ces interdictions ne suffisent pourtant pas. La Moving Picture Association of the Province of Quebec, avec Ouimet comme président et Gauvreau comme vice-président, porte l'affaire devant les tribunaux en janvier 1909 et la Cour suprême du Canada rend en 1912 un jugement favorable à la projection commerciale des vues animées le dimanche. Un an auparavant, le Québec avait légiféré sur le cinéma pour la première fois en interdisant l'accès aux salles aux enfants de moins de 15 ans. Cette loi deviendra un enjeu de taille lors de l'incendie du Laurier Palace, le 9 janvier 1927[11]. Mais pour l'instant l'action sociale catholique connaît des limites, et les vues animées sont autant sinon plus populaires que les actions menées par ceux qui entendent tout instaurer dans le Christ.

L'École sociale populaire (1911)

Face à Québec qui avait lancé en mars 1907 l'action sociale catholique, le quotidien L'Action sociale et l'imprimerie du même nom, les Jésuites de Montréal, à l'initiative de l'actif père Joseph-Papin Archambault — le Pierre Homier de la Ligue des droits du français —, mettent sur pied l'École sociale populaire dont le programme est dans l'appellation même. L'ESP est vraisemblablement la suite de la Société d'économie sociale fondée au milieu des années 1880 à l'enseigne de Le Play et qui disparaît au profit de cette nouvelle organisation, dans un nouveau contexte. L'œuvre entend d'abord faciliter l'établissement du syndicalisme catholique à Montréal et dans la région, mais elle publie et diffuse des brochures avant de lancer «L'œuvre des tracts» en 1919. Le père Archambault prêche d'exemple et publie trois de ces brochures en 1917 sur *La question sociale et nos devoirs de catholiques*, scrutant le problème, la situation au Québec et les moyens de cette action sociale catholique.

Si l'ESP sera surtout active après la Crise de 1929, elle fait sienne la formule de Brunetière et énonce dès 1911 la position doctrinale fonda-

NOS DIMANCHES

mentale de l'Église : « Que la question sociale étant avant tout une question morale et religieuse, c'est à l'Église qu'il en faut d'abord demander la solution. » C'est pour l'Église le nœud de la question ; ce sont et ce seront pour l'État les fils à dénouer[12].

*

* *

Ce sont les leaders (les abbés Émile Chartier et Lionel Groulx, le jésuite Samuel Bellavance) du milieu de la jeunesse collégiale qui ont d'abord vu l'urgence d'une action catholique. Les initiateurs de l'ACJC ont perçu dans leur propre milieu les effets des changements socioéconomiques et ont voulu que leurs membres, les jeunes élites sortant des collèges classiques, puissent agir en catholiques dans la société qui allait être la leur. Leur congrès de 1915 sur «le devoir social» ne pondérait-il pas dans les faits l'affirmation de Mgr Bruchési selon laquelle la «question sociale» n'existait pas au Canada? Fondée un an avant l'encyclique *Il fermo proposito* (1905), l'ACJC proposait aux élites des collèges d'inscrire leurs vies et leurs actions dans le Christ, de rechristianiser une société confrontée à ces «choses nouvelles» décrites dans *Rerum novarum* en 1891.

L'épiscopat du diocèse de Québec devança celui du diocèse de Montréal dans l'organisation d'une action sociale catholique. Les deux principaux diocèses du Québec prirent acte vers 1910 des changements structuraux qui perturbaient la société québécoise. Changements structuraux qui concernaient non plus seulement les élites mais qui touchaient une population presque entièrement alphabétisée, le monde du travail et celui des loisirs. En créant une presse catholique, en publiant des imprimés et des tracts à large diffusion, en confessionnalisant le syndicalisme «neutre» et en cherchant à limiter la modification des pratiques du dimanche occasionnée par le travail urbain et industriel ainsi que par le cinéma et les loisirs de détente, l'Église reconnaissait la réalité de la «question sociale». Elle y affecta les effectifs humains qui étaient les siens, formant même à Rome et en Belgique un clergé au fait des solutions catholiques apportées ailleurs — en Europe — aux problèmes sociaux.

Les changements économiques et sociaux modifiaient singulièrement la question des rapports entre l'État et l'Église, jusque-là principale responsable de l'éducation et de l'instruction. La question sociale ouvrait un nouveau front dans ces rapports. L'État mis en valeur par sa propriété des richesses naturelles, nerf de la nouvelle économie de transformation industrielle, dut développer des politiques de concession ou de location de ces richesses. Ce même État se révéla le nouvel arbitre des relations entre le capital et le travail, et intervint dans les conflits en proposant des formes de conciliation, en faisant face au chômage, aux accidents de travail et à la présence d'enfants dans les manufactures. Fort de ce que la technique et le commerce ne «touchaient pas les consciences», il s'immisca dans l'éducation en créant des écoles techniques et en finançant la fondation des HEC.

La question sociale comportait certes des aspects nouveaux, mais elle concernait aussi la dimension plus ancienne des soins de santé, physique et mentale. Pour l'Église, les hôtels-Dieu n'étaient pas menacés, mais il n'en allait pas de même pour les asiles et pour l'hygiène publique rendue nécessaire par l'urbanisation. La gratuité relative des soins de santé rendue possible par le vœu de pauvreté fait par les membres des communautés religieuses permettait encore de maintenir en théorie la suppléance de l'État et dans les faits la primauté de l'Église en ces domaines. Mais on voyait mieux le tendon d'Achille de ce vieil ultramontanisme à visage nouveau et social : celui qui voulait et pouvait payer assumait la responsabilité.

L'État et l'Église amorçaient un nouveau rapport de force. L'État, nouvel intervenant, voyait ses prétentions limitées par le ferme laisser-faire du capital, tout en étant sollicité par les nationalistes à nationaliser des richesses naturelles ou à tout le moins à les mettre au service de la province. Ces mêmes nationalistes veillaient d'autre part à tenir l'État éloigné du capital : les conflits d'intérêts du politique et du monde de la finance dans un contexte libéral contradictoire de tendance à la monopolisation posaient déjà un problème que la Crise à venir allait exacerber : celui des «trusts» et de la crédibilité démocratique et parlementaire du politique. Quant à l'Église, elle dut formuler le nouveau syllogisme de sa philosophie ultramontaine : toute question sociale étant morale et toute question morale étant religieuse, il s'ensuivait que toute question sociale relevait de l'Église. Ce qu'il allait falloir démontrer.

Chapitre V

UNE ACTION FÉMININE ET... ANTIFÉMININE

L'ACTION QUE DES FEMMES ET QUELQUES HOMMES vont mener à la fin du XIXᵉ siècle en faveur de l'émancipation juridique et politique de la femme s'inscrit dans une quadruple trame : les classes sociales, les idées libérales, la nouvelle philanthropie et l'accès au monde du travail, de l'éducation et de l'écriture journalistique et littéraire.

D'autres « choses nouvelles »

Il faut d'abord inscrire l'action féminine dans la trame du statut nouveau de la bourgeoisie au tournant du XXᵉ siècle. Cette bourgeoisie s'est affirmée après 1830 comme en témoigne l'essor des professions libérales représentées politiquement au Parlement et culturellement dans le portrait commandé aux peintres, qui ajoutent alors à leur palette le portrait bourgeois au portrait religieux. Cette bourgeoisie se compose aussi au tournant du siècle d'hommes d'affaires qui ont la sociabilité et la philanthropie de leurs moyens. C'est de ce milieu constitué qu'émergent le couple bourgeois, la famille bourgeoise, la femme bourgeoise.

Un bon nombre de femmes qui revendiquent des libertés sont les filles et les épouses de libéraux plus ou moins radicaux du XIXᵉ siècle : Caroline Béique est la fille unique de Louis-Antoine Dessaulles ; Henriette Dessaulles, celle du frère cadet de Louis-Antoine, Georges-Casimir ; Joséphine Dandurand est la fille de Félix-Gabriel Marchand, premier ministre libéral du Québec en 1897 et l'épouse de Raoul Dandurand, qui a fait sa cléricature chez les Doutre. On pourrait multiplier ces exemples d'appartenance de féministes au milieu libéral (Éva Circé-Côté) sans toutefois déduire que les pères ou les frères furent tous des libéraux de tendance radicale et sans inférer non plus que les filles ou les épouses aient toutes été des militantes de même ferveur. Pour un Louis-Antoine Dessaulles, en exil en France, qui assiste aux discours des premières féministes en 1879, il s'est trouvé un Charles Mondelet, conférencier à l'Institut canadien de Montréal en 1847, qui ne souhaitait guère la transformation du statut de la femme. Une certaine presse libérale du tournant du siècle est franchement proféministe : c'est le cas de Godfroy Langlois à *L'Écho des Deux-Montagnes* en 1892 ou au *Pays* en 1908. Mais on ne peut non plus déduire que ces femmes du milieu libéral en auront nécessairement les idées : Henriette Dessaulles, alias « Fadette », ne tient pas la chronique la plus libérale sur le sujet au *Devoir* de Bourassa, l'antiféministe par excellence[1].

Cette bourgeoisie a suscité une main-d'œuvre féminine, la domesticité, constituée souvent de jeunes filles venues de la campagne à la ville. Les bourgeoises catholiques participent au bénévolat, à la philanthropie, aux sociétés de bienveillance que leurs collègues anglophones animent depuis déjà un bon moment. Ce bénévolat est aussi un lieu d'apprentissage de l'organisation, expérience qui sera bientôt appliquée à la cause même des femmes. Cette philanthropie traditionnelle à l'égard des pauvres, des familles éprouvées, des enfants, des marins du port, des orphelins ou des immigrants doit faire face aux changements socioéconomiques de la fin du siècle ; c'est ce qui lui donne sa dimension sociale.

La part des femmes dans la main-d'œuvre active va croissant : elle est de13,5 % en 1901, de 15,2 % en 1991 et de 17,7 % en 1921. La composition de cette main-d'œuvre féminine change : les domestiques, qui constituent 40 % de celle-ci en 1891, n'en forment plus que 18 % en 1921. Le tertiaire, le secteur des services, qui s'est développé en milieu urbain, embauche ; les compagnies d'assurances, de téléphonie, les commerces de détail et les grands magasins incitent ainsi les femmes à sortir du foyer et leur donnent en échange de leur travail un numéraire, qui rend possibles la consommation de biens et de services et une certaine liberté. La main-d'œuvre féminine se retrouve aussi dans les manufactures de tabac et de textile et bientôt dans l'industrie de guerre ; les travailleuses y font encore l'expérience de l'organisation et de la solidarité, comme à l'occasion de la grève de 1908 à la Dominion Textile où les deux tiers des membres de la Fédération des ouvriers du textile sont des femmes[2]. Le bénévolat et la charité mêmes changent ; les premières infirmières se forment à l'Hôpital Notre-Dame à partir de 1897. La même année, deux femmes fondent l'Hôpital du Sacré-Cœur pour invalides et cancéreux. En 1908, Justine Lacoste-Beaubien fonde l'Hôpital Sainte-Justine pour lutter contre la mortalité infantile. La profession de travailleuse sociale vient mettre une nouvelle appellation sur une ancienne réalité tout en changeant le rôle et la représentation. La charité s'institutionnalise : en 1900, on fonde, en milieu anglophone, la Charities Organization Society, puis en 1919, le Montreal Council of Social Agencies.

Des « choses nouvelles » s'imposent aussi sur le plan culturel. Une écriture féminine privée qui a pris la forme de la correspondance ou du journal personnel débouche un siècle plus tard sur le public. Ces pratiques d'écriture maintenant connues et publiées — la correspondance de Julie Bruneau-Papineau, de Rosalie Papineau-Dessaulles et de Laure Conan, les journaux intimes d'Henriette Dessaulles et de Joséphine Marchand-Dandurand — se parachèveront en des formes différentes et publiques. Dans des poèmes, des contes, des nouvelles. Félicité Angers alias Laure Conan, parmi d'autres, publie pour la première fois en 1878 et se fait connaître en 1882 avec *Angéline de Montbrun*, roman d'analyse psychologique. Des femmes tiennent des chroniques régulières dans la presse : Robertine Barry qui, sous le pseudonyme de « Françoise », signera des chroniques à *La Patrie* (1891-1900) et qui lancera le *Journal de Françoise* (1902-1909) ; on reprendra ses chroniques de *La Patrie* de 1891 à 1900 sous le titre *Chroniques du lundi*, fort volume de 325 pages publié par L'Action sociale en 1900 ; Joséphine Marchand-Dandurand, qui publie *Au Coin du feu* de 1893 à 1896 ; Gaétane de Montreuil (Mme Charles Gill) à *La Presse* et à *Pour vous Mesdames* (1913-1915) ; Éva Circé-Côté aux *Débats* (1899-1903), à *L'Avenir du Nord*, à *L'Action* de Fournier (1904), au *Nationaliste* (1907), *au Pays*, à *L'Avenir*, au *Monde illustré* (1884-1902), à *L'Étincelle*, et sous la signature de « Julien Saint-Michel » au *Monde ouvrier* (1916-1968) ; Henriette Dessaulles, au *Journal de Françoise* (1906-1909), au *Canada* (1906-1914), sous le pseudonyme de « Fadette » au *Devoir* (1910-1946), au *Nationaliste* (1914-1922) ; Marie Gérin-Lajoie, qui fonde, avec Caroline Béique, *La Bonne Parole* (1913-

1938), voix du féminisme canadien-français; Anne-Marie Huguenin, à *La Patrie* (1900-1919) et au *Nationaliste* (1904-1905), qui fonde la *Revue moderne* en 1919. Les premières chroniques ne sont pas toutes exclusivement centrées sur le féminisme, mais la presse féminine propose un regard féminin sur la réalité et dessine les contours d'un univers féminin jusque-là ignoré[3]. L'instruction publique fait place aux femmes, devant et derrière le pupitre. C'est la grande époque des institutrices et de leur prochaine syndicalisation. Des écoles normales pour filles ouvrent leurs portes à compter de 1898, de même que des écoles commerciales comme le O'Sullivan Business College (1916), qui préparent les jeunes filles aux emplois du secteur tertiaire. Par ailleurs, les écoles ménagères ont pour objectif de contrer l'exode rural et toutes ces choses nouvelles de la ville que le chemin de fer apporte jusqu'aux petites gares locales grâce aux catalogues des grands magasins; ces écoles pour futures ménagères seront au nombre de 160 au Québec en 1930.

Toutes ces choses nouvelles ouvrent les esprits sur des injustices et sur des goûts et besoins de changement. Les revendications des femmes suivront trois axes: le droit à l'enseignement supérieur, le droit de vote et l'égalité juridique.

Doctrine et action féminines:
la Fédération nationale Saint-Jean-Baptiste (1907)

Tout comme pour le bénévolat, les Canadiennes françaises prennent modèle sur leurs consœurs canadiennes-anglaises pour s'organiser et donner voix à leurs revendications. Le mouvement de revendication féminine au Canada date de 1883 et vient de l'Ontario et de la Colombie-Britannique. Dix ans plus tard, des anglophones de Montréal mettent sur pied le Montreal Local Council of Women (MLCW), constituante du National Council of Women of Canada (NCWC), qui défend l'institution familiale et la vocation maternelle de la femme face à l'industrialisation. Le MLCW mise sur la «nature maternelle» des femmes pour légitimer les interventions publiques de celles-ci et proposer des réformes: bains publics (1896), conférences sur l'hygiène publique, demande d'inspectrices dans les manufactures montréalaises, enregistrement obligatoire des naissances, organisation de terrains de jeux (1902). Cette action de réformes urbaines du MLCW prend également la forme d'un militantisme sur le plan de la politique municipale. Au tournant du siècle, le MLCW compte quelques milliers de membres organisés en 27 regroupements. Les revendications du MLCW se font moins à l'enseigne de l'égalité que de la complémentarité de la femme et de l'homme. Joséphine Marchand-Dandurand, qui y milite, se fait rassurante sur l'approche de ce féminisme : « Le Féminisme ne doit donc pas être représenté comme une révolution qui bouleverse, mais comme une évolution naturelle dans l'ordre providentiel des événements.»

Un événement d'apparence banale annonce en 1896 le malaise même de la participation des Canadiennes françaises au MLCW. Au moment où celles-ci veulent organiser une première assemblée en langue française, elles se voient refuser par la hiérarchie catholique la présence d'un prêtre et par l'Université Laval à Montréal l'accès à une salle. Elles doivent donc se replier sur un *high school* du Montreal Protestant School Board. Les difficultés de la mixité linguistique et religieuse ont raison de la participation des Canadiennes catholiques de langue française au MLCW : elles quittent cet organisme en 1902 et se regroupent dans la Société Saint-Jean-Baptiste de Montréal, qui les accueille dans un Comité des Dames patronnesses qui décrit bien la perception qu'on a alors des dames bourgeoises qui s'adonnent au bénévolat. C'est là l'une des premières expériences associatives civiles des femmes. Non admissibles à la Société royale du Canada (1882), à l'École littéraire de Montréal (1895) et ailleurs, les femmes mettent sur pied des cercles d'études à compter de 1906. Quelques-unes parmi elles auront participé au congrès international des femmes, qui se tient à Paris en 1900, à l'occasion de l'Exposition universelle. Mais c'est à bien à Montréal, «capitale du féminisme», qu'on trouve ce que l'abbé Camille Roy appelle, en 1905, le «trust des femmes[4]».

En 1907, cinq ans après leur départ du MLCW, les féministes canadiennes-françaises s'organisent en une Fédération nationale Saint-Jean-Baptiste (FNSJB), fondée à l'initiative de Caroline Béique et de Marie Gérin-Lajoie, qui en sera la présidente de 1913 à 1938. Le féminisme de la SNSJB puise son inspiration à trois sources : d'abord dans le féminisme chrétien, celui de *Rerum novarum* et d'*Il fermo proposito*, de la «doctrine sociale» de l'Église qui pondère ses revendications ; ensuite dans le féminisme social, qui prend appui sur une tradition de bénévolat mais qui se renouvelle dans des réformes sociales, des actions comme la lutte à l'alcoolisme et à la mortalité infantile, l'assistance aux chômeurs, la promotion du logement ouvrier et, à compter de 1914, l'appui à l'œuvre des Gouttes de lait ; dans le féminisme politique, enfin, qui rapproche le mouvement de revendications libérales et juridiques, de revendications de libertés et de droits. Les actions et les moyens de la FNSJB sont multiples et variés, comme le bénévolat ; s'y ajoutent les cercles d'études à compter de 1910 et la publication de *La Bonne Parole* (1913-1938), qui sera la voix de la FNSJB. Fédérés en 1915, les cercles d'études en milieu urbain trouveront dans les Cercles des fermières un pendant rural ; ceux-ci s'affilieront à la FNSJB en 1919.

La défi du mouvement consiste donc à concilier féminisme et catholicisme, à conjuguer philanthropie et réformisme. Pour ce faire, les féministes sont amenées à distinguer le «mauvais» féminisme du «bon», celui qui concilie la doctrine sociale catholique et les valeurs nationales. Dans le même esprit que sa consœur Joséphine Marchand, Caroline Béique écrit en 1907 : «[…] il y a deux féminismes. Le féminisme révolutionnaire qui a pour but d'éloigner la femme de son rôle et de son foyer, et le féminisme chrétien qui a pour but l'amour du prochain et le devoir[5].»

La revendication pour le droit de vote se précise en 1913, en milieu anglo-montréalais, avec la fondation de la Montreal Suffrage Association, qui a son épicentre chez les femmes professeures ou étudiantes à McGill University.

L'antiféminisme

C'est précisément à ce moment que s'exprime chez les Canadiens français l'antiféminisme le plus explicite dans *Le Devoir*, sous la plume de son directeur, Henri Bourassa.

Celui-ci ne fait pourtant pas cavalier seul. De nombreuses femmes s'opposent depuis le tournant du siècle au travail des leurs à l'extérieur du foyer ; ces femmes y voient une concurrence au travail masculin, celui du «chef de famille», de possibles effets néfastes sur la famille, le développement d'une propension au luxe et la remise en cause par les «sorties» au cinéma, par exemple, des modèles traditionnels. La presse, féminine ou pas, pose la question à son lectorat : «Les femmes doivent-elles réclamer le droit de vote?» À la question posée par *Le Journal de Françoise* le 5 décembre 1908 et le 2 janvier 1909, 18 répondent oui, 33 non et 11 se disent partagées. En 1909, *La Patrie* pose la même question, et 62 % des réponses sont contre, 15 % pour et 23 % des répondantes sont indécises[6]. L'Église est alors en bloc antiféministe. Mgr Fabre est réticent à voir des « Dames Patronnesses » militer dans le MLCW. La réserve de l'Église est telle, on le sait, que les féministes catholiques canadiennes-françaises quittent cet organisme anglo-protestant pour fonder leur propre organisation « nationale ».

L'irréductible Tardivel veille toujours au grain. À la publication d'un recueil de contes de la journaliste Robertine Barry, *Fleurs champêtres* (1895), le directeur de *La Vérité* dénonce le naturalisme de cette écriture. À l'occasion d'une petite polémique dans laquelle se jette aussi le poète libéral Louis Fréchette, l'auteure réplique ironiquement au Veuillot canadien-français qu'elle n'avait jamais voulu écrire « un paroissien romain[7] » !

Les hommes ne sont pas favorables au suffrage féminin ; les députés et les gens de professions libérales, exclusivement masculins, le diront lorsque viendra le temps de savoir si oui ou non ils consentent d'accorder à la femme le droit de vote, l'égalité juridique et l'accès au Barreau. Bourassa, le grand Bourassa qui domine encore le milieu intellectuel canadien-français, prend prétexte d'une bourde de féministes anglophones qui déclarent que les « femmes du Québec sont trop ignorantes et trop dominées par l'Église pour qu'il soit prudent de leur confier dès maintenant le droit de suffrage ». La franchise de Bourassa n'a d'égale que la clarté de ses idées ; le journaliste laïc catholique nomme les enjeux doctrinaux des dangers du féminisme et en particulier du droit de vote pour les femmes. Pour lui, le « suffragisme » est la conséquence du protestantisme, c'est-à-dire d'un mouvement de révolte qui a produit l'effritement de la doctrine et les sectes. Pour Bourassa, dans l'ordre social, le principe du protestantisme est le même : il suppose et propose le dogme du libre arbitre et de la liberté individuelle. Son propre credo réside plutôt dans l'idée de la « maternité comme principale affaire de la vie des femmes » et dans la vérité du dévouement et du bénévolat : « Mais que ce dévouement et cette action aient besoin, pour agir sur la société, sur les lois et sur les pouvoirs publics du droit de vote et de la participation aux luttes électorales, c'est beaucoup moins sûr. » Et si « par malheur, ce dévouement venait à tarir, ce n'est sûrement pas l'action politique et

QUAND MAMAN VOTERA

l'exercice du droit de suffrage qui y suppléeraient » ; selon Bourassa, les réformes « se feront d'accord avec les lois de la nature et les prescriptions de l'ordre providentiel ». Ses certitudes sont telles qu'il peut écrire : « Lorsque la femme émancipée ou assoiffée d'émancipation aura battu la poussière du forum et clapoté dans la boue du fossé, elle viendra chez nous réapprendre de nos femmes ignorantes la saine notion de la maternité et de la véritable dignité féminine[8]. »

Revendications et gains partiels

Malgré cet antiféminisme dominant, les féministes maintiennent leurs revendications sur trois fronts et y font des gains partiels : l'accès à l'enseignement supérieur, la capacité juridique de la femme et la possible admission de celles-ci au Barreau.

Le gain le plus explicite du combat féministe concerne l'enseignement supérieur. Malgré les demandes réitérées des féministes depuis le début du siècle, demandes jugées prématurées par le Conseil d'instruction publique de la province de Québec, et devant la menace d'établissement d'un lycée laïque par Éva Circé-Côté et Georgina Bélanger, les sœurs de la Congrégation de Notre-Dame fondent une institution d'enseignement classique pour filles en septembre 1908, et ce, malgré l'opposition de plusieurs religieuses de la communauté et après avoir réussi à obtenir l'assentiment de l'évêque de Montréal, Mgr Bruchési. Mais l'institution ne pourra s'appeler collège comme dans le cas des garçons ; on parlera plutôt d'École d'enseignement supérieur pour jeunes filles jusqu'à ce qu'en 1926 «l'École» puisse devenir le Collège Marguerite-Bourgeoys. Dix-sept jeunes filles s'inscrivent à l'École en 1911, dont 14 dans la classe de langue française. La première bachelière, en 1916, sera Marie Gérin-Lajoie (fille), future fondatrice des sœurs du Bon-Conseil. L'École formera 127 bachelières de 1911 à 1926, dont 102 laïques et 25 religieuses. Mais il fallait constamment rappeler que l'acquisition de connaissances n'empêchait pas «de braiser un gigot[9]» !

Sur le front de la capacité juridique des femmes, les féministes font quelques avancées, mais les gains sont minimaux. Marie Gérin-Lajoie fait un pas important en publiant en 1902 un *Traité de droit usuel* à l'usage des femmes pour vulgariser le droit civil et commercial. La FNSJB fait de cette cause l'un des articles de son programme et son journal, *La Bonne Parole*, martèle le sujet. Mais les démarches de la Fédération auprès du premier ministre libéral Lomer Gouin, en 1914, pour modifier le Code civil, n'aboutissent pas. Il faudra aux féministes attendre la Commission Dorion de 1929 sur les droits civils des femmes pour obtenir des gains et des changements mineurs[10].

Les bachelières qui sortent de l'École d'enseignement supérieur pour jeunes filles à compter de 1911 aspirent comme leurs consœurs de McGill aux études universitaires, en particulier au droit. Mais la proposition du député libéral Cannon, en 1915, de modifier la loi pour permettre la pratique du droit aux femmes se solde par un échec ; remise au feuilleton parlementaire en 1916 et en 1920, la proposition sera à nouveau défaite. Même la presse étudiante universitaire naissante (et masculine) se montre peu favorable à l'admission des femmes au Barreau[11].

Les étapes de 1917 et de 1918

La guerre de 1914-1918 rendra visibles les similitudes possibles de la femme et de l'homme en matière de travail et de responsabilité civique. Le travail en temps de paix n'avait pas suffi, malgré les demandes des féministes, à apporter des gains significatifs, mais le débat parlementaire à Ottawa, le 16 mai 1917, allait ouvrir une première brèche décisive. Le gouvernement conservateur de Robert Borden vote en effet une loi donnant droit de vote au niveau fédéral aux infirmières et aux femmes apparentées à des soldats. La loi est sanctionnée le 20 septembre 1917 et, sous la pression des féministes canadiennes, Borden promet, si son gouvernement est reconduit à l'élection qui vient, d'accorder le suffrage complet aux femmes.

Laurier, acquis à l'idée du droit de vote aux femmes, voit dans la loi un stratagème électoral. Bourassa se déclare opposé au principe même du suffrage féminin que le gouvernement fédéral prévoit instituer à petits pas. Avec son sens de la formule, le directeur du *Devoir* propose qu'on parle plutôt de « Mad-Time Elections Act » que de « War-Time Elections Act » ! Bourassa souligne certains paradoxes démocratiques et de possibles contradictions et injustices dans la loi. Mais, pour lui, le « pire » était à venir.

Borden élu, il tient promesse et le discours du Trône du 18 mars 1918 fait état d'un projet de loi en faveur d'un droit de vote accordé à toute Canadienne de 21 ans et plus. Au moment de la deuxième lecture du projet de loi, le député Denis exprime la position de ses collègues canadiens-français en déclarant : « Les Saintes Écritures, la théologie, la philosophie antique, la philosophie chrétienne, l'histoire, l'anatomie, la physiologie, l'économie politique et la psychologie féminine s'accordent à reconnaître que la place de la femme est non pas l'arène politique mais le foyer. »

Au même moment, à propos du suffrage féminin, Bourassa revient dans *Le Devoir* sur l'idée de la référence à la Réforme et de la valorisation de l'individualisme. Pour lui, ce projet de loi constitue une «révolution radicale» qui aura des effets sur la conception du mariage, de la famille, de l'éducation et de la situation morale et sociale de la femme. S'engage, selon lui, une «guerre des sexes» où les enjeux sont fondamentaux : on écarte «le concept traditionnel» de «la hiérarchie des autorités» (pensons au mot de saint Paul sur la soumission des femmes, à la loi «naturelle», à la morale sociale du thomisme), on évacue l'idée qu'à la différence des sexes et des fonctions sexuelles correspondent des fonctions sociales spécifiques, à savoir «la sainte maternité», qui «vaut à la femme le droit et le privilège de n'être ni soldate, ni électrice». Lorsqu'il décrit la nocivité du féminisme — «la femme-électeur, qui engendrera bientôt la femme-cabaleur, la femme-télégraphe, la femme-souteneur d'élections, puis la femme-député, la femme-sénateur, la femme-avocat, enfin, pour tout dire, la femme-homme, le monstre hybride et répugnant qui tuera la femme-mère et la femme-femme» —, l'ex-député libéral devenu indépendant est partie prenante d'une vision et d'une dénonciation de la politique partisane, de «l'esprit de parti» qui lui fait évoquer le «purin électoral» et le «ruisseau électoral» qu'on doit épargner à la femme. Le ton monte dans les articles du directeur du *Devoir*. Il s'en prend «aux détraquées du féminisme, aux affranchies volontaires du *joug* marital et des charges de la maternité, aux prédicantes et pratiquantes de l'amour libre, de l'avortement et de la stérilité systématique», exhortant chacune à «ne pas devenir une femme *publique* — qu'on ne se récrie pas, le mot s'impose, avec la chose». Puisque la femme, associée à l'instinct, à l'émotivité et aux passions, est «incapable d'envisager les situations d'ensemble», Bourassa lui assigne plutôt une influence morale, celle d'imposer «à l'attention publique mille problèmes d'ordre social[12]».

Dans *Le Monde ouvrier* du 6 avril, Éva Circé-Côté, sous le pseudonyme de Julien Saint-Michel, dénonce la position anachronique de Bourassa comme celle d'un «casuiste du moyen-âge» : «La femme est, pour lui, la créature passionnée, d'une émotivité dangereuse qui apparaissait dans les tentations des moines du désert.» Pour cette féministe libérale radicale, Bourassa «croit que si les femmes s'instruisent et vont mettre un billet dans l'urne électorale, elles perdront leur charme et cesseront d'avoir des enfants».

La loi obtient la sanction royale le 24 mai 1918 et entre en vigueur le 1er janvier 1919. Les femmes du Québec pourront donc voter au niveau fédéral à la prochaine élection (1922), mais leur démarche de 1920 pour obtenir le droit de vote au niveau provincial n'aboutit pas: le député libéral Joseph Ashby, appuyé par son collègue Aurèle Leclerc, n'avait pu qu'ouvrir la porte en proposant que le temps serait peut-être venu de considérer la pertinence de donner le droit de vote aux femmes... Les «pèlerinages» quasi annuels des féministes à Québec pour obtenir le droit de vote dans la province allaient se poursuivre jusqu'en 1940.

*
* *

Le féminisme du début du xxᵉ siècle participe certes du mouvement social et de la recherche d'émancipation politique. Mais il est aussi en tant que projet émancipatoire un révélateur idéologique, au même titre que le libéralisme radical à teneur anticléricale, et à ce titre il est partie prenante de l'évolution intellectuelle.

Le féminisme participe du mouvement social parce que son émergence est liée aux changements socioéconomiques et, en particulier, à la croissance du tertiaire. L'accès des femmes au travail place celles-ci dans une position de plus en plus semblable à celle des hommes. Leur tradition de bénévolat est aux prises avec des réalités nouvelles qui le modifient et qui donnent un sens de plus en plus évident à la spécificité de leur apport possible et réel à la société. Si le travail et le bénévolat de temps de paix ne persuadent pas encore les milieux politiques, le travail et le bénévolat de temps de guerre seront plus convaincants.

Phénomène social, le féminisme est aussi pris dans les rets de l'idéologie. Le signe le plus évident réside dans l'appellation de la principale organisation féministe: la Fédération *nationale* Saint-Jean-Baptiste. En quoi donc cette Fédération est-elle nationale? Elle est d'abord catholique et francophone. La distanciation du féminisme canadien-français de celui du NCWC et de la Montreal Suffrage Association tout comme l'identification par Bourassa du suffragisme au protestantisme montrent bien que le terme «national» signifie ici catholique et de langue française[13].

Le mouvement est national parce que catholique et francophone; il l'est aussi par son conservatisme. Le féminisme a bien sûr un coefficient de revendication, d'émancipation, de libéralisme. Le mouvement naît pour une bonne part dans le milieu bourgeois libéral, il est appuyé par la presse libérale et il revendique des libertés et des droits. Mais le peu de succès de deux revendications centrales des femmes avant 1920, le droit de vote et l'égalité juridique, atteste du conservatisme à la fois du mouvement et de la société qui l'encadre. L'opposition au suffragisme est de taille : femmes, hommes, milieu politique, Église. Et il faut prendre note du fait que la revendication politique féminine se fait dans un contexte où la politique est dénoncée de toutes parts, en dehors des partis, comme synonyme de politicaillerie, de patronage et de satisfaction d'intérêts personnels et partisans. Si Bourassa doit recourir aux arguments « des lois de la nature » et de « l'ordre providentiel » pour fonder son opposition au suffragisme, les féministes elles-mêmes doivent composer et dédouaner leurs revendications en évoquant « l'évolution naturelle » des choses, en associant leur doctrine et leur action à « l'amour du prochain » et en recourant aux desseins de la Providence comme visas de passage de leur projet.

Mais dorénavant « le trust » des femmes est là pour durer, dans ses pratiques associatives, ses lieux d'expression, ses demandes civiques et publiques.

Chapitre VI

UNE ACTION INTELLECTUELLE

TROIS ESSAYISTES VONT TENTER d'évaluer, au tournant du siècle, les forces et les faiblesses culturelles et intellectuelles du Canada français.

Des diagnostics sur le présent et l'avenir

Arthur Buies affirme en 1898: «[...] aucun essor intellectuel [...], aucune manifestation de la pensée ou de l'art qui a une origine franco-canadienne, ne court la moindre chance de réveiller le plus petit écho dans une masse sourde et ignorante, contrainte de livrer tous les jours le terrible "struggle for life" et qui a plus besoin de bûcherons et de charpentiers que d'écrivains. [...] Nous sommes dans la période du ventre, nous sommes dans la seconde enfance et nous sentons avant tout le besoin d'essayer et de fortifier nos muscles, de bien emplir notre abdomen. Oui, mais cette période-là est longue et ceux qui ont le malheur de se livrer aux choses de l'esprit chez un peuple en pleine condition rudimentaire sont déclassés, ou si vous voulez, des précurseurs qui, comme tous les précurseurs, ont le plaisir de prêcher dans le désert.» Buies qui, depuis *Évocation* (1885) et *Les jeunes Barbares* (1893), a l'habitude de ces jalonnements de l'évolution intellectuelle du Canada français, a connu le décollage culturel de 1860 mais son évaluation de la situation intellectuelle de la fin du siècle reprend les termes d'Étienne Parent de 1846 à propos d'un besoin plus grand de bûcherons que d'écrivains. L'homme, né en 1840 et qui mourra en 1901, attendait manifestement davantage de son temps, ce qu'il fit sa vie durant.

Edmond Boisvert alias Edmond de Nevers, qui est en exil en France depuis 1892, y publie, en 1896, à compte d'auteur chez Jouve à Paris, un ouvrage intitulé *L'avenir du peuple canadien-français*, qui pose une question centrale : « Pourquoi donc l'avenir de notre peuple reste-t-il encore un problème ? » Selon de Nevers, le présent est porteur de trois signes de décadence : l'esprit de parti, l'émigration aux États-Unis et Mammon, personnification des biens matériels dont l'homme se rend esclave. Ses considérations sur l'esprit de parti ne sont pas tout à fait nouvelles et, on le sait, elles seront reprises par Bourassa, Asselin, Fournier et Groulx. Mais de Nevers souligne les répercussions culturelles et intellectuelles de cet esprit de parti : « La lutte des partis est, pour un bon nombre, un simple sport, pour les autres c'est une spéculation. Et ce sport ridicule accapare toutes les forces vives de la nation, et cette spéculation ruine notre province. » Il marque les limites de ce « sport » : « Le grand art dans ce monde bizarre, c'est de pouvoir faire un speech. »

De Nevers a raison de voir dans l'émigration des Canadiens français aux États-Unis le signe d'un grave problème. Celle-ci touche alors à des sommets : 150 000 des leurs partent pour les États-Unis entre 1880 et 1890. Quant au matérialisme identifié à Mammon, il est la trame principale de la perception séculaire des États-Unis par les Canadiens français, de Parent à Mgr Louis-Adolphe Pâquet, qui en fera le thème de son fameux discours de 1902 sur « la vocation de la race française en Amérique ». De Nevers écrit à propos de Mammon : « Ce que je crains, c'est que cet idéal mesquin de l'homme d'argent ne s'empare avec le temps de l'âme canadienne, au détriment de notre avenir national. »

Comme Rameau de Saint-Père et l'abbé Henri-Raymond Casgrain avant lui, de Nevers continue de voir cet avenir à l'enseigne d'une « mission », d'une « tâche privilégiée » : « notre race semble avoir été choisie pour enseigner au monde moderne le culte du beau, pour en garder et aussi en répandre les trésors ». Dans un vocabulaire religieux, il précise : « Dès lors ne s'impose-t-il pas que notre mission, à nous Canadiens français, est de faire pour l'Amérique ce que la mère patrie a fait pour l'Europe ? de transposer et d'édifier chez nous une civilisation sur plusieurs points supérieure à celle des peuples qui nous entourent, de fonder dans ces régions du nord une petite république un peu athénienne où la beauté intellectuelle et artistique établira sa demeure en permanence, où elle aura ses prêtres, ses autels et ses plus chers favoris?» De Nevers qui cherche un spiritualisme à opposer au matérialisme propose que, «pour chaque millionnaire que nous offriraient nos voisins, nous [puissions] leur offrir, proportionnellement à notre population, un homme distingué dans les sciences, les arts ou les lettres»! Et, pensant à la métropole du Canada français, il souhaite «voir s'élever à côté de notre Montréal commercial et industriel, un Montréal littéraire, artistique, savant, qui serait comme la serre chaude où tout ce qu'il y a de grand, de beau, d'élevé dans l'âme de notre peuple, germerait [...]».

Mais que ferait-on d'inédit dans «cette petite république un peu athénienne»? On se soucierait d'abord de la langue française, et de Nevers, à la suite de Buies et de Tardivel, dénonce les anglicismes charriés par la nouvelle économie, la technologie, le commerce et le sport. L'écrivain et l'artiste y trouveraient dans le passé et dans la nature leurs sources d'inspiration. Mais surtout, l'essayiste en appelle, pour cette Athènes du Nord, à la création d'une élite: «Il nous a manqué l'action d'une élite intellectuelle, l'impulsion d'une classe dirigeante vraiment éclairée, sainement patriote.» Il plaide en faveur de la «nécessité des hautes études»: «Les intelligences devraient être cultivées comme le sol; pour obtenir le développement idéal d'un pays et d'une nation, il ne faudrait laisser inculte ni une parcelle de terrain, ni une âme de villageois»; l'exilé souhaite voir se créer un professorat compétent dans les collèges, de manière à ce qu'on puisse en faire «une carrière permanente et bien rémunérée comme dans tous les autres pays du monde»; il envisage une société canadienne-française dont on pourrait «être le premier critique littéraire, le premier botaniste, le premier physicien, le premier géologue, le premier philologue [...]».

Léon Gérin partage avec de Nevers cette conviction de «la nécessité des hautes études». Sociologue formé à l'école de Le Play et Demolins, franc-tireur qui eût pu être professeur d'université ou de collège, Gérin personnifie l'innovation et le plaidoyer en faveur des «études positives» et analytiques. Il partage aussi certaines vues de Buies: «Il n'y a pas de carrière pour le poète au Canada, il serait cruel de nourrir vos illusions à cet égard. Mais si vous avez résolu de chanter quand même, alors ne vous faites pas l'écho des décadences d'outre-mer. Soyez Canadiens et soyez vous-mêmes. Parlez-nous de notre pays, de sa grande nature, de sa flore, de sa faune, de ses groupements humains, de sa vie sociale. Observez, apprenez à voir toutes ces choses à travers votre propre tempérament et non à travers la mentalité des maîtres que vous admirez.» L'anti-impérialisme culturel est dans l'air ; trois ans plus tard, l'abbé Camille Roy allait faire sienne cette idée et l'appliquer à la littérature canadienne. Conscient comme son ami Errol Bouchette du besoin de sciences appliquées aux défis socioéconomiques, Gérin entrevoit non seulement l'émergence de «l'intellectuel» dans la société canadienne-française — il est le premier à employer le terme — mais un mouvement intellectuel urbain, destiné au «grand public des villes[1]».

Culture d'élite et culture de masse : le changement culturel

La presse, qui mise sur la publicité elle-même axée sur le tertiaire, est au cœur de cette culture de masse nouvelle. Elle peut compter sur des densités démographiques d'individus très majoritairement alphabétisés. L'analyse des signatures au mariage et du recensement de 1891 indique que la population du Québec est aux trois quarts alphabétisée, avec des taux de 82 % en milieu urbain et de 67 % en milieu rural. Cette presse se diversifie et offre à son lectorat des quotidiens, de grands hebdomadaires, des mensuels, du photo-journalisme. La publicité, enseignée aux HEC dès 1910, couplée à la nouvelle technologie de la linotypie et à des prix de vente de quelques sous permet aux journaux des tirages plus importants contrôlés par des agences de publicité comme McKim. En 1913, *La Presse* tire quotidiennement à 114 365 exemplaires, *La Patrie* à 48 237, *Le Devoir* à 20 000 et *Le Canada* à quelque 14 000. Si la nouveauté réside dans la presse d'information, la presse de parti demeure, tout comme la presse d'opinion, qui ouvre ses colonnes aux écrivains, aux poètes, aux essayistes et aux critiques. Paul Morin, René Chopin, Guillaume Lahaise, alias Guy Delahaye, et Marcel Dugas collaborent au *Nationaliste* ; Nelligan publie dans *Le Samedi*, Albert Lozeau dans *Le Monde illustré*, Louis Dantin dans *Les Débats* où se tient la polémique sur le régionalisme et l'exotisme en littérature. Les élites intellectuelles perçoivent cette transformation de la culture. L'abbé Camille Roy, figure montante de la critique littéraire, observe : «Notre journalisme canadien s'égare vraiment dans les sentiers et les dédales du mauvais goût ; il descend et

**LE BON JOURNAL A CONTRE LUI LA LOI
DU MOINDRE EFFORT.**

roule chaque semaine, disons chaque samedi, vers la vulgarité et la pla-
titude »; il attribue ce changement au « goût américain, sans doute, qui
envahit le journal, comme il envahit nos mœurs[2] ».

Si le cinéma muet n'est pas encore « américain » avant 1917, les « vues
animées » constituent néanmoins une nouveauté de taille. Les premières

projections commerciales des films des frères Lumière de Lyon ont lieu le 27 juin 1896 à Montréal, le 30 juin à Québec, en novembre à Trois-Rivières, en décembre à Sherbrooke, en mars 1897 à Saint-Jean, à l'été 1897 au parc Sohmer de Montréal. La «fée électrique» luit de ses premiers feux grâce à l'aménagement de quelques rivières qui donnent du «pouvoir» à la Shawinigan Water and Power (1897), qui assure une première transmission à Montréal en 1902; mais on trouve d'autres barrages hydroélectriques autour de Montréal: à Lachine (1897), à Chambly (1899), à Beauharnois où s'alimente la Montreal Light, Heat and Power (1901).

L'homme auquel sera associé le cinéma à Montréal et au Québec est d'ailleurs électricien dans une salle importante de spectacles, le Nationoscope. Ernest Ouimet ouvre un premier «Ouimetoscope» en 1906 et un second de 1200 places en 1907, au moment où la ville compte 16 salles de cinéma, d'autres «scopes»: le Gymnasetoscope, l'American Noveltyscope, l'Autoscope, le Rochonoscope. Le nombre des lieux de projections montréalais passe à 26 en 1908, à 39 en 1910, à 42 en 1911. C'est le même Ouimet, on l'a vu, qui mène le combat contre l'interdiction fédérale, municipale et cléricale du cinéma dominical et qui obtient de la Cour suprême du Canada, en 1912, la reconnaissance de la légalité constitutionnelle des projections cinématographiques le dimanche.

Interpellé par la question du cinéma le dimanche, l'État se trouve ainsi sollicité par la nouveauté culturelle. Le gouvernement libéral de Lomer Gouin vote une première loi relative au cinéma le 24 mars 1911 qui interdit l'accès aux salles de cinéma aux enfants de moins de 15 ans. Il crée aussi en avril 1913 un Bureau de la censure dans la foulée de l'initiative de l'Angleterre, au même moment qu'aux États-Unis et trois ans avant la France. D'avril 1913 à mai 1917, le Bureau de la censure examine 21 283 films. Il en approuve 85 % en entier, 10 % avec modifications et en refuse 5 %. La nomenclature des critères de censure du Bureau, fortement inspirée des critères anglais, fait comprendre les enjeux de la question de l'interdiction du cinéma le dimanche, faute de pouvoir l'interdire les six autres jours de la semaine! Dix de ces critères sont d'ordre moral, quatre d'ordre politique. On censure les films pour des scènes suggestives (érotiques, dirait-on aujourd'hui), immorales (par le style de vie non puni des personnages), de meurtre et de violence, où la religion et ses ministres sont ridiculisés ou exposés au mépris (le Christ ne peut être montré à l'écran, il pourra l'être plus tard, «de dos» puis en entier). Le suicide, le divorce, les scènes trop vulgaires (par le langage ou les comportements de «femmes du monde»), les combats aux enjeux douteux (pour une même femme) ou tout ce qui tend à déformer le jugement des enfants (de plus de 15 ans…) ou à obscurcir chez eux la notion du bien et du mal sont aussi dans le collimateur des censeurs. Les motifs de censure d'ordre politique comprennent des scènes injurieuses à la fierté des Canadiens, à leur patriotisme, à la loyauté au roi et où le drapeau américain est déployé de façon soit indiscrète soit intempestive. La majorité des films sont refusés en raison de scènes suggestives, immorales ou comportant de la violence ou des meurtres et les motifs de rejet évoluent peu, si ce n'est que, durant la guerre, l'impérialisme ambiant et l'anti-américanisme qui l'accompagne donnent un peu plus de poids aux critères d'ordre politique. Même si certains journaux réagissent contre la création du Bureau de la censure et si les distributeurs de films portent les jugements des censeurs en appel, le Bureau demeure en fonction[3].

Si, grâce aux actualités filmées de Ouimet, les gens commencent à se regarder et à se voir en mouvement, ils commencent aussi à regarder la culture transformée en loisirs, en des activités dont les «acteurs» n'en sont plus les producteurs mais les spectateurs et les consommateurs. Les gens «sortent», «vont voir» des spectacles et des «acteurs» autres qu'eux-mêmes. Le sport devient après 1880 l'un de ces spectacles; il se professionnalise, se commercialise. C'est le cas du hockey en passe de devenir le sport national des Canadiens français. Lancé en 1895, le hockey sur glace est d'abord l'affaire des anglophones. En 1898, les Canadiens français forment l'équipe «Le Montagnard», puis les équipes francophones commencent à se multiplier en province après 1905. On forme même à Montréal en 1910 une Ligue des Théâtres dans les équipes de laquelle jouent les francophones. Équipes, ligues intra- et interurbaines permettent au hockey de devenir professionnel en 1907. Un premier cap est franchi lorsque «Les Canadiens» de Montréal gagnent pour la première fois en 1915-1916 la coupe Stanley, dotée par le gouverneur général de l'époque.

C'est le chemin de fer qui permet la professionnalisation du hockey par la compétition et les rencontres entre équipes de villes éloignées. L'automobile commence à peine à circuler: on en compte 217 à Montréal en 1911, 12 753 en 1920. Au Québec, le parc automobile passe de

157 véhicules en 1906 à 41 562 en 1920 tandis qu'aux États-Unis il passe de 143 200 autos à 9 239 161. Là aussi l'État doit intervenir, ce qu'il fait par une première loi en 1906, deux ans avant que le modèle « T » de Ford ne fasse son apparition au bout des chaînes de production en série et ne consacre la production de masse d'objets de la taille d'une automobile. Les propriétaires d'automobiles sont souvent les mêmes que ceux qui ont le téléphone. Inauguré en 1877, le téléphone compte quelque 16 000 abonnés au Québec en 1900. Mais on fait mieux : la téléphonie sans fil, la TSF — dont on ne fait pas encore un usage commercial (XWA-CFCF date de 1918-1919 et CKAC de 1922) —, que Marconi lance en 1903 et qui relève pour l'heure du ministère fédéral de la Marine et des Pêcheries.

Ces nouveautés et ces changements étonnent. Certains sentent que c'est la fin de quelque chose et le début d'autre chose. Asselin le vigilant rejoint l'abbé Camille Roy : « Pendant que nos docteurs pérorent devant quelques douzaines d'auditeurs et que nos jeunes aèdes accordent leurs lyres dans le cercle étroit des cénacles, cinquante mille petits crevés de dix-huit à trente ans, sortis de tous les coins de la métropole, s'en vont par troupeaux au cinéma, leur unique passe-temps, faire admirer leurs têtes de belluaires et de coiffeurs pour dames, leurs belles têtes interchangeables fabriquées en séries chez Ford. Dans ces cerveaux vides, aucun rayon de vie française n'a jamais pénétré. [...]. Mesdames et Messieurs, je vous le demande loyalement, sans la moindre intention d'ironie, est-ce *L'Almanach de la langue française* qui les éclairera ? C'est quand on voit l'abîme qui se creuse de plus en plus chez nous entre la masse surtout celle des villes — et les rares flamines de l'Intelligence —, c'est alors qu'emporté par une sainte folie, on est tenté de s'en aller comme le prophète par les rues de la ville en criant: la Cité va périr! la Cité va périr[4]!»

Le théâtre francophone

Le cinéma et le sport sont sans doute d'un point de vue culturel les signes les plus évidents du commencement de quelque chose. Mais pour ceux qui avaient vécu le dernier quart du XIXe siècle, l'émergence à Montréal d'un théâtre francophone permanent constitue l'indice le plus éloquent de la fin de quelque chose, du déclin irrémédiable du mouvement des associations culturelles qui, nées sous l'Union, avaient connu leurs beaux jours à la fin des années 1850. Désormais, les «longues soirées d'hiver» peuvent être occupées autrement que par l'assistance à des conférences publiques à l'Institut canadien ou au Cabinet de lecture paroissial, conférences publiques de plus en plus souvent remplacées par des parties de billard. Le théâtre francophone se sédentarise dans un contexte de généralisation du spectacle, que ce soit le vaudeville, le burlesque ou «les variétés».

Alors que Montréal ne compte que trois salles permanentes de théâtre avant 1890, celles-ci sont au nombre d'une dizaine à la fin de la décennie. À côté du Royal Theatre et de l'Academy of Music ouvrent le Théâtre de l'Opéra français et le Monument national en 1895 et le Théâtre des Variétés en 1898. Le nombre de représentations de pièces de théâtre passe de 782 en 1890 à 1108 en 1893, à 1232 en 1894 et à 1341 en 1898 pour atteindre un sommet de 1835 en 1899. C'est l'époque où Sarah Bernhardt fait la pluie et le beau temps à Montréal auprès du public et des étudiants universitaires, qui ont pris le goût du théâtre au collège. La dramaturgie locale connaît aussi un décollage: alors que le répertoire local n'avait compté que 20 pièces originales écrites de 1800 à 1870 et 22 textes de 1870 à 1880, la décennie de 1880 allait être témoin de la création de 21 pièces écrites par Félix-Gabriel Marchand, par sa fille Joséphine, par Pamphile Lemay, par Édouard-Zotique Massicotte et par quelques clercs. Nouveau, le théâtre canadien-français, en essor à partir de 1892 et surtout de 1898, demeure toutefois marginal: il représente, par exemple, 12% des pièces francophones jouées en 1890, 38% de celles interprétées en 1899. Mais ce répertoire francophone occupe des comédiennes et des comédiens locaux.

Le théâtre lyrique connaît un essor remarquable même si l'opéra et l'opérette sont majoritairement présentés en une langue autre que le français. L'industrie naissante du disque se greffera à cette popularité de la scène lyrique: Berliner, installé à Lachine, endisquera 2000 titres entre 1900 et 1902 avant de fonder en 1918 la Compo Company destinée à un bel avenir. En 1900, 15 % des foyers canadiens disposent d'une « machine parlante[5] ».

L'École littéraire de Montréal (1895-1926): un autre signe de la transition culturelle

On a fait grand cas, en histoire littéraire, de l'École littéraire de Montréal, lui faisant porter un renouveau littéraire et intellectuel à la seule taille peut-être de l'un de ses membres, le poète Émile Nelligan. Une nouvelle mise en perspective fait plutôt voir une association qui naît à un moment très particulier au point de vue intellectuel et qui fut moins programmatique qu'on ne l'a donné à penser.

L'École littéraire de Montréal (1895) naît tout juste *avant* la renaissance nationaliste de Bourassa et la Ligue nationaliste (1903), *avant* la génération de l'ACJC (1904), *avant* le programme de « nationalisation de la littérature canadienne » (1904) de l'abbé Camille Roy, *avant* l'émergence du droit d'auteur (1905), *avant* la consolidation de l'édition canadienne-française. Les membres de l'École, aux prises avec un certain vacuum intellectuel, constaté aussi par Buies et de Nevers, ont sans doute formulé plusieurs des aspirations dont des mouvements se feront les voix une décennie plus tard. De Nevers n'en appelle-t-il pas lui aussi, dès 1896, à une « élite intellectuelle », appel qui sera repris tant et tant par d'autres contemporains? C'est peut-être là l'originalité de l'École littéraire de Montréal: avoir formulé des besoins et des attentes rapidement repris et satisfaits par plusieurs individus et d'autres groupes. L'École fut ainsi dépassée sur sa gauche tout en laissant l'image d'un prophète bien entendu et révolu.

S'ajoutent à cette conjoncture les formes d'ambivalence d'une « entité composite ». Formée à l'origine de deux groupes différents, celui des Six Éponges et celui de Sainte-Cunégonde, l'École apparaît comme une association qui se cherche, qui a du mal à définir sa sociabilité. Elle hésite entre le privé et le public, entre le « cénacle » de créateurs d'un champ de production restreinte et la visibilité de créateurs attirés par le champ de grande production, celui de la presse, des magazines à feuilleton. L'esthétique du groupe est loin d'être homogène. On y est symboliste, parnassien, terroiriste ou régionaliste ; Nelligan y publie une poésie nouvelle mais l'École publie aussi la revue *Le Terroir* (1909) dont on s'attendrait à ce qu'elle ne soit portée que sur la feuille d'érable et la jolie grange, alors que ce n'est pas le cas. L'orientation idéologique de l'École est aussi éclatée : on s'y veut neutre, au-delà du vieil antagonisme libéral-ultramontain, mais en même temps Nelligan inaugure un courant d'affirmation de la liberté du créateur et de la liberté des thèmes de création tandis qu'Amédée Denault, gendre de Tardivel et converti, reprend la plume des mains de son beau-père[6].

L'École littéraire de Montréal ne se réduit certes pas à cela, mais elle est un signe révélateur des changements rapides que connaît la période qui va de 1895 et 1917, de la transition culturelle et intellectuelle qui s'opère au tournant du siècle.

Des actions des secteurs public et privé : la culture de l'imprimé

En milieu urbain, le changement culturel qui s'impose repose sur des moyens de communication et de transmission (la publicité, l'automobile, l'électricité, le téléphone, la TSF), sur des supports inédits (le disque et la pellicule) et sur l'hégémonie nouvelle du monde du spectacle (le cinéma, le sport, le burlesque, le vaudeville, le théâtre, l'opéra, l'opérette) tant décrié par Asselin. Mais l'univers classique de l'imprimé bénéficie aussi des stratégies du capitalisme, des avancées technologiques et des façons nouvelles d'administrer les entreprises.

La culture de l'imprimé — les bibliothèques, la librairie, l'édition, le droit d'auteur — tout comme la presse, qui en est la composante populaire ou de masse, sont les moyens qui rendent possibles toutes les actions intellectuelles. Pas d'action nationale sans *Le Devoir*, sans *Le Nationaliste*, sans *L'Action* de Fournier, sans les brochures de Bourassa ; pas d'action française sans *Bulletin du parler français au Canada*, sans brochures sur les anglicismes, sur le drapeau, ou sans timbres bilingues ; pas d'action catholique sans *Le Semeur*, sans les actes publiés des congrès de l'ACJC ; pas d'action sociale catholique — dont le programme même est d'opposer à la « vulgaire » presse du samedi une presse catholique et une stratégie de prosélytisme — sans *L'Action sociale*, d'une part, et les tracts de l'École sociale populaire, d'autre part ; pas d'action féminine sans les chroniques journalistiques de femmes et de féministes, sans *La Bonne Parole*. Un bon nombre des desiderata des hommes de lettres de la fin du XIXe siècle et du tournant du XXe seront satisfaits par l'évolution du monde de l'imprimé durant les deux premières décennies du XXe siècle. On posera le problème des bibliothèques publiques et quelques-unes ouvriront leurs portes. La librairie va se professionnaliser et offrir une première diffusion du Canadiana, des œuvres locales. Au moment de la Première Guerre mondiale, des auteurs canadiens-français, qui se battront avec succès pour le respect de leurs droits, pourront s'adresser non plus à un imprimeur mais à un éditeur en voie d'autonomisation professionnelle.

Au tournant du siècle, la situation des bibliothèques n'est guère reluisante. À Québec, on peut toujours compter sur la bibliothèque de l'Institut canadien devenue bibliothèque municipale. Quelques privilégiés peuvent avoir accès à la bibliothèque de l'Assemblée législative et les étudiants consultent la bibliothèque du Séminaire ou celle de l'Université Laval. Au dire de Buies, le corrosif Buies, à Montréal « l'Athènes du Canada », « il n'y a pas la plus petite bibliothèque publique » et « la lecture du *Courrier des États-Unis* est interdite ». Il n'a pas tort en 1893, si l'on exclut la bibliothèque anglophone du Fraser Institute (1885), qui a accueilli la « diabolique » bibliothèque de l'Institut canadien, et celle de la ville de Westmount, première véritable bibliothèque publique du Québec (1899). Le débat qui s'amorce en 1895 autour de la fondation d'une bibliothèque publique à Montréal sera un révélateur parmi d'autres de la survivance du libéralisme dans le XXe siècle. En province, on peut çà et là emprunter des livres dans des bibliothèques plus ou moins paroissiales, aux heures d'ouverture et aux collections limitées.

Les librairies sont concentrées à Montréal et à Québec, avec des exceptions comme la librairie Richer à Saint-Hyacinthe. Montréal compte 18 librairies dont 8 francophones et Québec une quinzaine dont une dizaine d'établissements sont francophones. La période connaît l'apogée du Catalogue de librairie, qui permet aux clients éloignés de faire leurs commandes — et aux historiens d'aujourd'hui de se faire une idée de l'inventaire de ces commerces de livres. Solidement établie, la librairie se spécialise. Théoret-Whiteford et Wilson et Lafleur offrent des livres de droit, Déom des ouvrages médicaux, Cadieux et Derome des titres religieux tandis qu'on peut trouver au Quartier latin, chez Pony et Déom, un plus grand choix de titres, une palette idéologique plus étendue. À Québec, la librairie Garneau trouve sa clientèle dans les collèges et les couvents et à l'Université. Son *Catalogue* de 1914, par exemple, est composé aux deux tiers d'ouvrages de religion et de littérature, à 3 % de titres d'auteurs canadiens-français. À Montréal, les auteurs locaux sont davantage présents dans les catalogues des librairies, depuis que celui de la librairie Rolland, le premier, en 1877, comporte une section d'«ouvrages canadiens». À l'occasion de l'Exposition universelle de Paris de 1900, le libraire Granger publie un *Catalogue de Canadiana* dont des éditions augmentées paraîtront en 1906 et en 1915[7].

La présence d'ouvrages canadiens dans les catalogues des libraires pose évidemment la question de l'édition. Un changement décisif s'opère durant les deux premières décennies du xxe siècle : alors qu'avant 1830, l'imprimeur était «éditeur» et que, jusque vers 1900, le libraire se présentait parfois comme «éditeur», on voit l'éditeur émerger progressivement du monde de la librairie et s'autonomiser pour devenir vers 1920 l'éditeur professionnel que l'on connaît.

Le poète Louis Fréchette, qui est en fin de carrière, se plaint de la situation éditoriale en 1903, constatant que «nous n'avons pas d'éditeurs ici, nous n'avons que des imprimeurs». C'est l'impression d'un écrivain qui, comme Buies, a connu pire et voudrait, enfin, connaître mieux. Mais la production éditoriale et les modes possibles d'édition marquent un progrès plus important que peut le laisser croire Fréchette. Le décompte des parutions indique que 1750 titres sont publiés au Québec entre les années 1890 et 1900 (moyenne annuelle de 175), 1950 entre les années 1900 et 1910 (moyenne de 195), 2700 entre les années 1910 et 1920 (moyenne de 270).

Les modes possibles d'édition sont variés, signe du niveau relatif d'autonomisation du métier. On peut être «éditeur d'occasion», comme Louis Dantin qui publie le poète Émile Nelligan ou Louvigny de Montigny qui prend en charge la première édition canadienne de *Maria Chapdelaine* de Louis Hémon. On peut s'autoéditer. Ce mode d'édition fournirait le quart de la production éditoriale de la période et touche particulièrement le monde du théâtre. Mais l'autoédition tient aussi à des raisons idéologiques. Si Rodolphe Girard et Albert Laberge publient à compte d'auteur leurs romans, dont *Marie Calumet* et *La Scouine*, c'est pour échapper à toute forme de censure. Assurant eux-mêmes la production et la diffusion — très limitée — de leurs œuvres, ils assument seuls, et durement, la censure cléricale contre le « naturalisme » et l'anticléricalisme de leurs romans.

On peut encore se faire éditer en recourant à la presse indépendante et à son infrastructure d'imprimerie. Cent soixante titres sortent des presses de *L'Action sociale* (devenue *L'Action catholique*) de Québec entre 1900 et 1919. Et, dans la ligne idéologique du mandat de l'action sociale catholique, ces titres comptent des ouvrages de l'abbé Camille Roy ainsi que des romans et des poèmes du terroir. L'imprimerie du *Devoir* « édite » 97 titres, dont 55 livres et 42 brochures ; 24 de celles-ci sont signées par Henri Bourassa et 7 par Lionel Groulx. Quant à *L'Événement* et au *Soleil* de Québec, ils publient respectivement 64 et 45 titres.

Un auteur peut enfin s'adresser à un libraire-éditeur. À Québec, chez Garneau, qui publie une vingtaine de titres entre 1900 et 1919, surtout des ouvrages d'humanités et de religion écrits par des professeurs de l'Université Laval. À Montréal, les auteurs plus audacieux et plus radicaux iront chez Déom. Mais c'est la librairie Beauchemin qui publie le plus d'auteurs. La maison fondée en 1842 est une entreprise capitaliste bien intégrée et offrant tous les services, de l'imprimerie à la librairie en passant par la clicherie et la reliure. C'est Beauchemin qui plus que toute autre librairie va contribuer à l'autonomisation du métier d'éditeur. Grâce d'abord au débit : Beauchemin publie 400 titres de 1900 à 1919. Le libraire voit bien que le secteur des usuels est rentable ; il signe donc avec Larousse des ententes de coédition et de diffusion. Il sait d'expérience que le manuel scolaire et le livre donné en prix sont les créneaux porteurs ; il connaît la politique gouvernementale en matière de prix donnés aux écoliers, il sait que les « collections » constituent un moyen de pénétration des foyers et des écoles. Ces collections existent depuis le dernier quart du xixe siècle et comprennent la « Bibliothèque canadienne » (1874) du libraire-imprimeur Eusèbe Senécal, la « Bibliothèque canadienne » (1876) de la maison Beauchemin et Valois, la « Bibliothèque religieuse et nationale » lancée par l'abbé Casgrain, la « Bibliothèque des familles » ou la « Bibliothèque des mères de famille » de maisons françaises que Beauchemin vend dans sa propre librairie.

Beauchemin prend acte de la conjoncture nationaliste et du programme de «nationalisation» de la littérature canadienne de «l'abbé Camille» pour lancer en 1912 sa nouvelle «Bibliothèque canadienne». Il est épaulé par les nationalistes désireux de voir les «Bibliothèques» européennes concurrencées par des «Bibliothèques» canadiennes-françaises. Omer Héroux, le discret et fidèle Héroux, écrit: «Quand, par ses livres de classe, par ses livres de prix, l'écolier aura été incliné vers la bonne terre canadienne, il aura — à travers toute sa vie — la curiosité de mieux connaître son histoire et ses ressources presque illimitées.» La «Bibliothèque canadienne» de Beauchemin comprend six collections»: Dollard, Montcalm, Maisonneuve, Laval, Champlain, Jacques Cartier. Ce sont les titres de prix scolaires — 190 de 1900 à 1919, dont 80 réimpressions ou rééditions, et 63 nouveautés — publiés dans les collections qui expliquent la prospérité de libraires tels que Beauchemin et qui font voir que, pour alimenter celles-ci, le libraire doit chercher des auteurs et des œuvres, contacter des auteurs ou leurs ayants droit (Casgrain, de Gaspé, Taché, Crémazie, Gérin-Lajoie, l'abbé Ferland, Laure Conan, de Boucherville), s'assurer de leur accord, leur payer des droits. L'activité traditionnelle de l'éditeur s'esquisse, demeurant toutefois encore intégrée à l'activité du libraire[8].

L'émergence et l'autonomisation de l'auteur vont aussi contribuer à mieux identifier un acteur central de la scène éditoriale. La Convention internationale de Berne (1886) sur le droit d'auteur ne change guère les pratiques des journaux qui reproduisent sans autorisation des feuilletons français depuis les années 1830, les habitudes des «éditeurs» de collections populaires qui piratent les romans de Ponson du Terrail, de Jules Verne ou d'Alphonse Daudet, ou les manières de faire des directeurs de théâtre qui puisent sans réserve et sans compensation dans le répertoire dramatique français. La Ligue nationaliste du Canada avait mis à son programme en 1903, on s'en souvient, deux projets: «L'adhésion de ce pays aux conventions internationales sur la propriété littéraire et les droits d'auteur» et «L'adoption de lois propres à développer au Canada la production littéraire et artistique». Le tout va se jouer autour des droits d'un auteur français de théâtre et la cause Mary contre Hubert en 1905-1906 va établir l'auteur dans ses droits symboliques et économiques. En 1916, la «Bibliothèque des grands romans» sera lancée après entente avec la Société des Gens de lettres de France[9]. Le droit d'auteur est acquis.

Économiquement, l'auteur est établi dans ses droits. Il ne l'est pas pour autant idéologiquement. La censure de la presse et des écrits, qui se faisait de façon ouverte et péremptoire sous Mgr Bourget, se poursuit de manière tout aussi déterminée mais avec peut-être plus de subtilité et moins d'arrogance. Les mesures, quelquefois publiques, sont préventives ou prennent la forme de semonces privées, qui n'en sont pas moins dures et efficaces. À propos de *Marie Calumet* (1904) publié à compte d'auteur par Rodolphe Girard, Mgr Bruchési écrit au directeur de *La Presse*, où travaille l'auteur du roman condamné : « Mais les choses ne doivent pas en rester là. Voulez-vous avoir la bonté de me dire si M. Girard doit continuer de faire partie des rédacteurs ou des collaborateurs de votre journal ? » Les conséquences de ces pressions d'ordre privé sont-elles différentes de celles de la condamnation publique des écrits de Louis-Antoine Dessaulles ou des rédacteurs de *L'Avenir* ou de *Canada-Revue* ? À nouveau, comme dans le cas de la responsabilité étatique ou cléricale en matière d'éducation et de bien-être social, les choses se payaient, littéralement. Girard et Laberge et maints journalistes ont payé pour leur liberté : de leur poche et de leur lectorat. Les enjeux et effets pouvaient-ils être plus temporels, plus sonnants ?

Autre forme de censure : l'accusation de franc-maçonnerie, comme c'est le cas pour le roman *Le débutant* d'Arsène Bessette. La vigilance censoriale cléricale rejoint même les libraires, les « éditeurs », les importateurs[10].

Mais, chose certaine, le livre et la lecture bénéficient de cette action éditoriale. En témoigne encore la représentation du livre et de la lecture dans la peinture contemporaine, en particulier dans celle d'Ozias Leduc qui, sous quatre titres, renouvelle le genre. D'abord, Leduc fait place dans le portrait traditionnel du bourgeois ou du dignitaire religieux avec livre à la main au portrait de gens ordinaires avec livre en main et de liseurs et liseuses, jeunes ou moins jeunes. De plus sa représentation de la bibliothèque est plus vivante, plus fonctionnelle : ses tableaux ne donnent pas à voir des bibliothèques statiques ou des rayons de bibliothèques mais plutôt des rangées de livres dont on devine que leur usage est plus fréquent. Puis Leduc innove en faisant place au livre dans la nature morte, au côté d'autres accessoires du peintre comme le pinceau ou la palette. Enfin, Leduc introduit le livre illustré et le livre d'art dans sa représentation de l'imprimé. Cette représentation picturale de l'imprimé exprime à sa façon la généralisation de l'alphabétisation, la démocratisation du livre et de la lecture et la place nouvelle de l'illustration imprimée[11].

Une action universitaire

Cette élite intellectuelle que de Nevers, Gérin et l'École littéraire appellent de leurs vœux se constitue grâce au développement de l'Université Laval (1852) à Québec et de sa succursale, l'Université Laval à Montréal (1876), qui deviendra l'Université de Montréal, autonome, en 1920.

À Québec, l'Université Laval répond à la demande économique et ajoute aux facultés traditionnelles (théologie, droit, médecine) une École d'arpentage (1907) et une École de foresterie (1910) pour contribuer à l'exploitation minière et forestière de la province. La faculté des arts, qui fut pendant longtemps le lieu d'affiliation des collèges classiques de l'est du Québec et l'instance de contrôle du baccalauréat de rhétorique et de philosophie, prend du panache grâce à l'abbé Camille Roy qui, à la suite de l'abbé Casgrain, fonde l'histoire et la critique littéraires canadiennes-françaises. Dans la foulée des initiatives du cinquantenaire de l'Université en 1902 — fondation de la Société du parler français au Canada, publication de la revue *La Nouvelle-France* (1902-1918) qui prend le relais du *Canada-français* (1888-1902) —, Roy, qui, on s'en souvient, a formulé en 1904 la problématique de la « nationalisation de la littérature canadienne », publie coup sur coup son *Tableau de la littérature canadienne-française* (1907), ses *Essais sur la littérature canadienne* (1907), suivis de *Nos origines littéraires* (1909), *Propos canadiens* (1912) et *Nouveaux essais sur la littérature canadienne* (1914), ainsi que la première des multiples éditions de son *Manuel d'histoire de la littérature canadienne* (1918).

L'Université Laval à Montréal commence à sortir des querelles qui ont miné sa création en 1876. Là aussi les écoles professionnelles (Polytechnique, 1874, HEC, 1910, Pharmacie, Architecture) coexistent avec les facultés traditionnelles ou libérales (théologie chez les Sulpiciens, droit, médecine, médecine vétérinaire, art dentaire). Polytechnique assure la publication à compter de 1915 de *La Revue trimestrielle canadienne*. Davantage que Laval de Québec et probablement parce qu'elle est informellement dirigée par les Sulpiciens encore très français d'origine sinon de formation, la faculté des arts de Laval à Montréal voit son développement marqué par les maîtres de l'histoire et de la critique littéraires françaises. L'enseignement de la littérature française prend d'abord la forme de conférences avant de voir exister une chaire occupée par des professeurs français de passage pour quelques semaines puis pour quelques mois. C'est Ferdinand Brunetière, on le verra, qui inaugure cette série de conférenciers-professeurs invités.

Jules Fournier connaît la production romanesque canadienne-française depuis le tournant du siècle : *L'oublié* (1900) de Laure Conan, *Robert Lozé* (1903) d'Errol Bouchette, *Restons chez nous!* (1908) de Damase Potvin, *Marie Calumet* (1904) de Rodolphe Girard, *Les rapaillages* (1916) et *L'appel de la race* (1922) de l'abbé Lionel Groulx, *Le centurion* (1909) d'Adolphe-Basile Routhier traduit en plusieurs langues, *Le débutant* (1914) d'Arsène Bessette et *Maria Chapdelaine* (1914) du Français Louis Hémon. Il suit aussi le développement de la critique de la littérature canadienne-française depuis que Charles ab der Halden, Français d'origine belge, a publié ses *Études de littérature canadienne-française* (1904), ses *Nouvelles études de littérature canadienne-française* (1907) et depuis que l'abbé Camille Roy a commis quelques ouvrages. Fournier, qui croit à la critique mais peu à littérature canadienne-française — «la critique est pour le champ de la littérature ce que le soleil est pour la terre où poussent les blés : c'est la lumière qui féconde» —, écrit à propos de *Nos origines littéraires* de C. Roy : «En vérité il ne doit pas être possible de gaspiller plus de talent pour des œuvres plus insignifiantes[12].»

Fournier a été l'élève du jeune abbé Groulx au Collège de Valleyfield ; il a été aussi témoin du renouveau de l'enseignement de l'histoire du Canada inauguré par son professeur, qui rédige en 1905-1906 un *Manuel d'histoire du Canada* resté manuscrit. En 1913, Groulx plaide pour un renouveau des études historiques, évoquant son expérience pionnière à Valleyfield et sa volonté de signaler à ses élèves «les convictions profondes qu'ils doivent aller demander à l'histoire de leur pays». On l'invite en 1915 à l'Université de Montréal à faire des conférences sur l'histoire du Canada, à reprendre «un enseignement tombé en désuétude, abandonné depuis un demi-siècle». L'historien mémorialiste, qui loge au presbytère du Mile-End du curé Perrier à partir de 1917, «au cœur même de l'école nationaliste», ne se cachera pas dans ses *Mémoires* le contexte dans lequel ce renouveau historique s'était effectué : «L'école nationaliste, alors en pleine vigueur au Canada français, cherche où appuyer sa doctrine et la ferveur de son élan.» Groulx enseigne d'abord aux HEC ; son enseignement porte sur les problèmes constitutionnels, sur 1837-1838 puis, en 1917-1918, à l'occasion du cinquantenaire de la Constitution de 1867, sur les origines de la Confédération canadienne[13].

Le milieu étudiant universitaire à Montréal

Jusqu'à la dernière décennie du XIXᵉ siècle, le milieu étudiant universitaire gravite encore autour d'associations comme le Cercle Ville-Marie des Sulpiciens ou l'Union catholique des Jésuites, qui vivotent. Les cours des facultés de l'Université Laval à Montréal, les conférences de professeurs et critiques français, l'évolution de la presse, l'offre nouvelle de théâtre francophone et les débats autour d'une bibliothèque publique achèvent de rendre caducs les objectifs initiaux du phénomène des associations culturelles nées avec l'Union et déjà moribondes au tournant de la décennie 1880.

L'apparition d'une presse étudiante en 1895 est un signe révélateur de l'émergence d'un milieu estudiantin à Montréal. Certes, des journaux étudiants existent au Séminaire de Québec (L'Abeille) ou au Séminaire de Chicoutimi (L'Oiseau-Mouche) mais la parution successive du Journal des étudiants (1895-1896), du très éphémère L'Étudiant (6 novembre 1897) qui reparaît sous le même titre de 1911 à 1914, de L'Escholier (1915-1917) jusqu'à la publication durable du Quartier latin (1919-1969) confirme la lente constitution d'une conscience estudiantine au tournant du siècle. Cette presse étudiante entend rallier « autour d'un drapeau » les étudiants de droit, de médecine, de pharmacie, de l'École polytechnique, d'architecture, d'art dentaire, de médecine vétérinaire et des HEC ; elle veut être « le nouveau clairon de la jeunesse étudiante canadienne-française ». L'Étudiant du 18 janvier écrit, dans un lexique de combat : « Notre œuvre vivra et notre petit journal, sérieux et gouailleur alternativement, prendra bravement sa place aux côtés de ses aînés qui combattent déjà pour le Beau, le Vrai et le Bien, et s'il ne peut porter les grands coups qui décident de la victoire il portera du moins ceux qui la préparent, s'entraînera lui-même, et s'aguerrira pour prendre dignement la place de ceux qui seront tombés dans la lutte. »

De nombreux rédacteurs, qui écrivent souvent sous des pseudonymes ou qui signent Gustave Comte, Édouard Fabre-Surveyer, Louvigny de Montigny, Guy Delahaye (Dʳ Guillaume Lahaise), Joseph Baril, Émile

Bruchési, Albiny Paquette, Jean Désy, Victor Barbeau, Jean Chauvin ou Roger Maillet, entendent créer un esprit universitaire comme à McGill et visent essentiellement une chose : mettre sur pied une union des étudiants de toutes les facultés, une Fédération universitaire, qui sera l'Association générale des étudiants de Laval (AGEL), fondée en avril 1913 et dont le premier président sera Irénée Vautrin, futur ministre de la Colonisation, et le deuxième sera Amédée Monet, père de Simonne Monet-Chartrand. Les journaux étudiants ont aussi en vue la prise de responsabilité de la Maison des étudiants.

Le contenu de ces journaux étudiants est plutôt éclaté : comptes rendus d'assemblées étudiantes et facultaires, de pièces de théâtre, de concerts et d'opéras, annonces de représentations cinématographiques, publication de poèmes et de discours faits lors de la collation des grades. On reproduit des notes de cours ou des conférences de professeurs tels que Édouard Montpetit, Jean-Baptiste Lagacé, Léon Mercier. La polémique est peu fréquente — avec Tardivel sur les mœurs des jeunes filles ou avec Godfroy Langlois du *Pays* sur l'instruction obligatoire avec laquelle *L'Étudiant* n'est pas d'accord. Comme au *Nationaliste*, à *La Patrie* ou au *Journal de Françoise*, on se met à l'enquête. En avril 1914, *L'Étudiant* demande à ses lecteurs : la jeunesse est-elle préparée pour assurer le prestige de la race canadienne-française ? Quels sont la qualité et le défaut dominants des Canadiens français ? Que vaut l'enseignement des collèges ? Quelles sont les réformes à faire à l'université ? Que pensez-vous de vos compagnes futures ? Ils sont plusieurs à répondre : Guy Delahaye, Léon Lorrain du *Nationaliste*, Jean Désy, Antonio Perrault, Jean-Baptiste Lagacé, Amédée Monet, Ubald Paquin, directeur du *Réveil*. Paul Morin, qui a étudié à Paris de 1910 à 1912, voit clairement « le » défaut dominant des Canadiens français : « leur obstination à ne se préoccuper que de médiocres questions de clocher, leur détachement inouï des divers mouvements artistiques et intellectuels de l'univers, ou encore leur incroyable suffisance lorsque le hasard les met en présence de véritables savants, de philosophes ou d'hommes de lettres ». Édouard Montpetit est plus indulgent : comparant la situation de 1914 avec celle qui prévalait il y a 30 ans, le jeune économiste prophétise que la « survivance » se jouera sur le terrain économique et que s'imposeront « les compétences ».

Si les premiers journaux universitaires excluent le débat politique tout en dénonçant aussi l'esprit de parti et en rendant compte des séances du Parlement modèle qui se tiennent au Cercle Ville-Marie, la presse étudiante se politise après 1912 en devenant nationaliste. Dans deux articles de *L'Étudiant* intitulés « Quel doit être notre nationalisme ? », le journal exprime son adhésion à l'esprit du temps en affirmant que « toute idée tend à l'action, elle détermine un acte de volonté ». Face aux menaces à la nation, le journal prône la « supériorité intellectuelle ». Puis *L'Étudiant* prend la défense des Franco-Ontariens en décembre 1914, reproduisant des textes de Bourassa, de Fabre-Surveyer, de l'abbé Émile Chartier, de Léon Lorrain et d'Olivar Asselin. Le jour même de la parution du texte d'Asselin, le journal disparaît. Son successeur, *L'Escholier*, reprend le flambeau nationaliste et s'oppose en 1916 et en 1917 aux positions de Mgr Bruchési et à la conscription, tout en rendant compte du roman de l'abbé Groulx, *Les rapaillages*.

L'Étudiant aborde en 1912 la question des Juifs, de la « domination juive », du « péril hébreu qui nous menace », péril identifié aux « sommes éblouissantes [investies] pour nous déloger et se grouper ». Nationaliste, le journal reconnaît que « si les Juifs n'ont pas de patrie et ne peuvent être patriotes, ils ont du moins un esprit national que nous n'avons pas ». Lorsque le propos prend des allures douteuses — un rédacteur qui qualifie de « Youtres » les Juifs —, deux autres lecteurs viennent dénoncer ce langage[14].

L'émergence de l'intellectuel

Indice de l'état d'avancement culturel et intellectuel du Canada français, le substantif intellectuel, d'usage courant en France depuis l'affaire Dreyfus de 1898, n'a pas été utilisé avant 1901. Mais la scène culturelle change au tournant du siècle : on ne peut se mettre aussi frénétiquement à la recherche d'une doctrine, à l'occasion « d'affaires » telles que les crises scolaires ou les manifestations impérialistes, sans qu'émerge un nouvel « homme de lettres ». La fondation de nouveaux journaux d'opinions (*Le Nationaliste*, *L'Action*, *Le Devoir*), l'affirmation de la jeunesse dans l'Université, dans la presse étudiante, dans l'ACJC, la formation d'une « élite intellectuelle » tout comme la consolidation de la librairie, de l'édition et de la critique littéraire créent un milieu culturel nouveau dans lequel l'intellectuel devient possible.

Mais la chose et l'emploi même du terme ne se font pas sans hésitation, sans réserve et sans prévention. Le sociologue Léon Gérin, petit-fils d'Étienne Parent et traducteur à la Chambre des communes, utilise le terme pour la première fois en 1901 en faisant la critique des études classiques qui forment «une classe d'intellectuels brillants plutôt que sérieux, attirés vers les villes par leur besoin de sociabilité, de jouissances littéraires et artistiques ; absorbés dans la contemplation du passé, mais désintéressés du présent et insouciants de l'avenir». Cette formation de la jeunesse mène selon lui «au dilettantisme, sinon à la neurasthénie intellectuelle». La représentation de l'intellectuel du dominicain Dominique-Ceslas Gonthier n'est guère plus positive : «Cela n'est nulle part si vrai qu'au Canada aujourd'hui, où le plus sûr moyen d'être traité comme une bouche inutile et de mourir de faim, c'est d'être un intellectuel surtout et rien autre chose.» Dans les milieux mêmes des mouvements de jeunesse fondés en vue de l'action, l'image de l'intellectuel est aussi celle du possible dilettante : «Autrement l'Association [ACJC] formerait de simples *intellectuels* et des dilettantes, insoucieux et incapables de tendre vers le noble but que nous proposons. Les intellectuels, les savants, je les respecte et les admire, et j'espère qu'il en surgira d'une association comme la nôtre [...]. Mais ils ne seront toujours que des étoiles clairsemées, ils ne pourront jamais constituer le gros de l'armée que les fondateurs ont voulue *efficacement militante* et composée surtout d'hommes d'action.» Chez le jeune abbé Groulx, tout comme chez Barrès, l'intellectuel est synonyme d' «hypercritique» et c'est là le «grand péril doctrinal» pour les catholiques. Le jeune professeur au collège de Valleyfield conseille à l'un de ses élèves aux études à Rome : «Faites-vous d'abord une âme très sacerdotale, une âme d'apôtre, qui cherche avant tout dans l'enseignement, non point à faire œuvre d'intellectuel, mais à faire œuvre de prêtre.»

Mais Groulx constitue avec Bourassa, Gérin, Bouchette, Montpetit, Asselin et Fournier une de ces figures du nouvel intellectuel. Tout prêtre qu'il soit, l'homme est un animateur, un éveilleur de consciences et de vocations. Professeur, historien en formation, romancier, essayiste, Groulx assumera à partir de 1920 la direction de *L'Action française* de Montréal. Tout comme Edmond de Nevers et Jules-Paul Tardivel, il dénonce les ravages de «l'esprit de parti» et ouvre ce faisant la voie à des formes inédites d'engagement. Bourassa est aussi un homme de convictions ; député indépendant, il intervient en Chambre, sur les tribunes, dans *Le Nationaliste* et dans son *Devoir* à l'occasion de la guerre des

Boers, du discours impérialiste de Mᵍʳ Bourne en 1910, de l'intervention de Mᵍʳ Bruchési favorable à l'enrôlement en 1914 ou de la conscription militaire de 1917. La devise du *Devoir* — Fais ce que dois — rend compte de ce qu'Israël Tarte disait du directeur de ce journal : « M. Bourassa est surtout du parti de sa conscience », façon éloquente de rappeler que l'intellectuel ne peut naître qu' « au-dessus des partis » et dans l'affirmation première de l'individu, de la conscience individuelle. De même pour Asselin et Fournier, capables de se placer au-dessus de la mêlée. Omer Héroux, un contemporain, dira d'Asselin : « Et nous vécûmes dans cette atmosphère enfiévrée de 1900 à 1901 des jours pleinement heureux. C'est une belle joie, au milieu de la veulerie ambiante, de se sentir une âme libre, de dire tout haut ce que l'on pense, de mépriser tous ceux qui se courbent et rampent, si hauts soient-ils. C'est une belle joie aussi de se dévouer à quelque chose qui nous dépasse, qui nous soulève au-dessus des vulgarités quotidiennes. »

D'autres figures comme Léon Gérin et Errol Bouchette incarnent l'intellectuel hors de l'Université quasi inexistante ainsi que le dépassement des professions libérales et du journalisme. Édouard Montpetit personnifie quant à lui l'intellectuel universitaire dans ce que l'Université Laval à Montréal a de mieux à offrir. S'appuyant sur une tradition culturelle familiale, tout comme Gérin et Bouchette, cet universitaire laïc formé à Paris en droit et en sciences sociales pratique les sciences nouvelles, ces « sciences positives » tant réclamées par Gérin. Il met un terme au discours de la supposée « supériorité intellectuelle » des Canadiens français, appelant plutôt à en prouver la réalité par « le culte de la compétence ». Vers 1912, convaincu de son rôle, il conseille à des étudiants : « Je sais que le siècle est ailleurs et que notre civilisation est imprégnée d'arrivisme ; mais vous donnerez tort à notre temps en demeurant des intellectuels, malgré le dédain qu'on attache aujourd'hui à ce mot, quand il implique curiosité d'esprit, spéculation, pensée. » Tout franc-tireur qu'il soit, l'intellectuel canadien-français s'annonce, se lève[15].

L'intervention culturelle de l'État

Les changements économiques et sociaux justifient, on l'a vu, une nouvelle présence de l'État ; il en est de même pour l'évolution culturelle, quoique l'intervention de l'État soit encore minimale. Mais celle-ci se modifie comme en témoigne l'évolution du Secrétariat provincial, ministère hybride créé au lendemain de la Confédération et d'où sortiront, en temps et lieu, les ministères du Bien-être social, des Affaires culturelles et, en partie, de l'Éducation. On avait cru voir se dessiner les premiers pas d'une politique culturelle sous le gouvernement d'Honoré Mercier. Une politique d'achat de livres d'auteurs canadiens-français s'était perdue dans les accusations politiciennes et le départ de Mercier avait empêché qu'une suite soit donnée au projet d'un comité d'hommes de lettres présidant au choix de livres à être achetés par le gouvernement.

Sous les gouvernements libéraux de Félix-Gabriel Marchand (1897-1900), de Simon-Napoléon Parent (1900-1905) et de Lomer Gouin (1905-1920), sept secrétaires provinciaux se succèdent dont J.-L. Décarie de 1909 à 1919, remplacé par Athanase David, qui assumera la responsabilité de secrétaire provincial de 1919 à 1939 et donnera au Secrétariat des allures de ministère des Affaires culturelles.

De 1896 à 1917, les dépenses du Secrétariat provincial passent de 7200 $ à 16 000 $ et le nombre du personnel double, passant de 16 fonctionnaires à 31. Les dépenses sont variées et indiquent à la fois la nouveauté et la diversité des besoins : bibliothèque de la Législature, archives, érections de monuments (Champlain, Maisonneuve, Hébert, Mercier), aide à l'édition (*Mémoires* du chevalier de Lévis, *Maria Chapdelaine* publié par de Montigny, premier *Annuaire statistique*), dons de livres aux écoles, aide financière à l'organisation des conférences de Brunetière en 1897, ainsi qu'au Monument national, à l'Université Laval, au Congrès de la langue française et à l'Académie de musique de Québec, pour des bourses d'études musicales en Europe (1912). C'est enfin dans ce cadre que sera lancé en 1919 le Prix d'action intellectuelle[16].

*
* *

Les jugements posés sur l'état d'avancement culturel et intellectuel du Canada français à la fin du XIXe siècle ne tiennent plus au moment de la Première Guerre mondiale. L'École littéraire de Montréal est un bon exemple d'un milieu d'expression d'aspirations en passe d'être satisfaites.

La transition s'opère avec l'affirmation du capitalisme. Certes, on dénonce le matérialisme qui peut l'accompagner, «l'homme d'argent» qui en résulte. Mais, au moment même où de Nevers sacrifie au discours de la «mission» et de la «civilisation supérieure» et où Mgr Pâquet oppose au matérialisme le projet d'une Athènes christianisée, Gérin en appelle aux sciences positives et Montpetit les pratique, lui qui voit la survivance dans l'économie et dans «le culte de la compétence» plutôt que dans le pseudo-défi de la «supériorité intellectuelle».

Le capitalisme traverse de part en part le changement culturel. La presse mise sur l'urbanisation, sur la technologie et sur la publicité pour augmenter ses tirages et faire des profits; le milieu catholique voit clairement la transformation des communications et adopte et adapte pour lui-même ces moyens de communication qui rejoignent la masse. L'électrification modifie la production industrielle mais infléchit aussi l'activité urbaine en prolongeant le diurne dans le nocturne, en permettant l'éclairage des rues commerciales, des parcs d'attractions, et en généralisant les vues animées. La culture devient loisir en devenant commerciale, en devenant un service parmi d'autres du secteur tertiaire. La culture du spectacle s'impose avec le théâtre, l'opéra et l'opérette, le vaudeville, le burlesque, de même que le sport et le cinéma. Le recours au capital, à l'intégration verticale, à la publicité et au lobby clérical ou gouvernemental donne à la librairie Beauchemin le moyen de s'imposer comme entreprise. Et puis on commence à se rendre compte que les choses se paient: ce n'est pas vrai seulement pour l'État qui pourrait assumer la responsabilité de l'éducation et de la santé, c'est aussi vrai pour celui qui se fait publier à compte d'auteur pour faire face aux foudres de la censure cléricale.

Face aux changements culturels, l'État est appelé à intervenir pour régir l'assistance aux salles de cinéma ou pour censurer les films. Il doit légiférer en matière d'automobile, de voirie et de télégraphie sans fil. Au Secrétariat provincial, dont l'appellation indique bien qu'il ne peut s'agir encore d'un véritable ministère, on cherche à élaborer une stratégie culturelle qui est encore loin d'être une politique.

On sort enfin de cet «esprit de parti» identifié autour de 1880, de cet «accaparement» des forces de la nation par la partisanerie, rouge ou bleue. On en sort grâce à la formation d'une élite, aux «hautes études», au développement de l'Université à Québec et à Montréal, principalement. Gravitent désormais autour de l'Université un milieu estudiantin, une certaine librairie, une édition qui publie l'abbé Camille Roy, l'abbé Groulx, Édouard Montpetit.

L'émergence de l'intellectuel est devenue possible grâce en partie à l'Université, en même temps qu'une culture nationale prend des traits plus accentués. Au moment où l'on propose de nationaliser la littérature canadienne, l'auteur commence à s'imposer de plein droit ; ses œuvres apparaissent dans les catalogues des libraires, dans les collections des éditeurs, et il en tire des droits. La critique de la littérature canadienne-française s'affirme par l'entremise des critiques (Halden, Roy, Chartier, Lamarche) et de leurs écrits, même si Fournier doute de l'existence et de la valeur de l'une et de l'autre. Le jeune abbé Groulx remet l'enseignement de l'histoire nationale à l'honneur.

L'action intellectuelle entre 1896 et 1917 a des allures de décollage culturel comme celui que le Québec avait connu vers 1860 ; marquée par le changement culturel, cette action intellectuelle est telle qu'on est sur le point de la reconnaître officiellement par un prix.

CONCLUSION

C'est une transition globale qui, au tournant du siècle, rend impérieuse la recherche d'une «doctrine» nouvelle capable de fonder une «action» inédite. Méconnue, polymorphe, cette transition traverse la société de part en part. Elle résulte des changements qui s'opèrent tant sur les plans économique et social que politique et culturel. Ces changements ont des causes extérieures au Canada et au Québec, et intérieures au Québec même.

L'impérialisme britannique à son apogée oblige le Canada à se situer face à l'Empire et aux États-Unis et, du coup, incite le Canada français à revoir son rapport à l'Angleterre et au Canada. L'immigration en provenance de la Russie tsariste et de l'Europe centrale et méditerranéenne permet la colonisation de l'Ouest canadien et modifie les poids démographiques dans les grandes villes dont Montréal. Cette immigration massive vers l'Amérique anglophone incite le Vatican à formuler une politique d'expansion du catholicisme en Amérique du Nord.

Le développement démographique et économique de l'Ouest canadien met un Canada français naissant — il a 30 ans en 1897 — au défi face à une Constitution dont les articles relatifs aux droits scolaires des minorités religieuses vont le remettre en cause fondamentalement à trois occasions avant 1917, sans compter la crise de la conscription.

L'industrialisation du Québec, qui se fait tout autant grâce au capital qu'au travail modifie complètement la donne sociale. Le matérialisme qui l'accompagne ne peut plus guère être dénoncé devant l'imposition du fait, de ses effets et de ses attraits. Le capitalisme qui touche la culture et les loisirs est d'abord celui du tertiaire, des services, et il transforme, conjugué à la technologie (électricité, linotypie, disque) tout autant la presse, le spectacle, le sport que la librairie. La «question sociale» naît de l'urbanisation et des transformations du processus de travail. Le monde ouvrier, concerné par l'alphabétisation, par l'école et les manuels scolaires, appuie aussi le combat pour l'accès au spectacle et au cinéma le dimanche. Les femmes trouvent dans le secteur tertiaire et dans de nouvelles formes de philanthropie des emplois hors du foyer, des revenus, des formes de solidarité et des arguments en faveur de l'égalité juridique et politique.

Le capitalisme de production, de diffusion et de consommation de masse engendre de nouveaux phénomènes sociaux et culturels. Le travail continu et incontournable, le dimanche, dans certains secteurs, perturbe le calendrier religieux traditionnel de catholiques de plus en plus nombreux à habiter la ville. Les «unions» internationales «neutres» regroupent assez de travailleurs pour que l'Église cherche à leur opposer des syndicats catholiques. De même pour la presse à grand tirage, celle du samedi et de la photogravure, en lieu et place de laquelle la hiérarchie ecclésiastique propose *L'Action catholique*. Et puis ce ne sont plus que les parcs d'attractions, les excursions en bateau vapeur ou les sports qui menacent le respect du dimanche. Les vues animées ont, légalement et constitutionnellement, imposé le droit au divertissement le dimanche. Il y a transition culturelle parce que, dorénavant, les phénomènes ne concernent plus seulement les élites mais le grand nombre, la masse. Et il faut que les politiciens et les hommes d'Église apprennent à s'adresser à cet interlocuteur, à ce consommateur nouveau.

C'est pour penser cette transition et ses effets sur la culture traditionnelle du Québec qu'on se met à la recherche d'une doctrine capable de fournir un pôle idéologique, à la confluence du capitalisme, de la ville, de la question sociale, de l'impérialisme et de ce qu'Asselin aurait pu appeler le «fordisme» culturel.

Un avenir pour le peuple canadien-français paraît pouvoir être formulé à partir de cette doctrine qui s'esquisse. Ce peuple, qui se cherche un drapeau dont l'héraldisme hésite encore entre la France d'Ancien Régime et le Nouveau Monde, est et sera francophone, malgré la perte de ses droits linguistiques hors du Québec, malgré la contamination du français par l'anglais de la ville, de l'industrie, du commerce et du sport, et envers et contre ceux qui considèrent la bataille pour le bilinguisme officiel au Canada comme «des enfantillages». Ce peuple est et sera catholique à la condition d'instaurer la société nouvelle dans le christianisme, de contenir l'État dans ses prétentions et de continuer à faire la démonstration que toute question sociale est religieuse parce que morale. La langue et la religion, dont la défense réciproque est dorénavant un credo menacé, seront les garants de la conservation de la nationalité. Conservation qui entraîne du conservatisme à plus d'un titre, y compris celui de refuser à la moitié de la population le droit fondamental de la souveraineté populaire, le droit de vote.

Cette doctrine en pointillé alimente trois formes de nationalisme, terme dorénavant courant. Le nationalisme canadien et canadien-français de Bourassa et de la Ligue nationaliste, le nationalisme canadien-français vers lequel s'orientent ceux (Asselin, Fournier, Groulx) que Bourassa déçoit au moment de la Première Guerre mondiale, le nationalisme indépendantiste marginal de Tardivel et de quelques disciples. L'impérialisme britannique, les crises scolaires et la crise de la conscription alimentent suffisamment le nationalisme canadien-français pour qu'on croie opportun au Parti libéral de présenter la motion Francœur, signe que, si l'indépendantisme paraît dérisoire, il a une crédibilité minimale.

Cette doctrine, nationale lorsqu'elle entend s'élever «au-dessus des partis» et plutôt nationaliste lorsqu'elle traite du pouvoir, prend des formes culturelles nouvelles dans cette génération de 1904, à l'enseigne de l'École littéraire de Montréal, de la jeunesse des collèges (ACJC), de l'Université (AGEL) et de la presse, de la Ligue nationaliste, de l'abbé Camille Roy et du jeune abbé Groulx. Simultanément, la littérature et l'histoire nationales s'annoncent et se donnent un programme. Ce nationalisme culturel inspire des auteurs, des libraires, des éditeurs, des critiques.

Cette doctrine se donne des moyens, elle prend la forme d'actions multiples. La presse est l'un de ces moyens comme l'indiquent les titres nouveaux qui paraissent, y compris en milieu catholique, qui adopte et adapte le médium. Ligues et sociétés se multiplient: Ligue nationaliste, Ligue des droits du français, Société du parler français au Canada, Association catholique de la jeunesse canadienne-française, Association des étudiants de Laval à Montréal, Congrès de la langue française. Des campagnes s'organisent, la plus importante étant celle contre la conscription en 1917.

Le nationalisme culturel n'est pas étranger à l'émergence de «l'intellectuel», qui devient possible grâce à l'Université et à la distanciation de «l'esprit de parti», lequel accaparait toutes les forces de la nation. Manifestement un passage se fait vers le xxe siècle. La transition intellectuelle se mesure aussi à l'évolution des questions héritées du xixe siècle. Si le vieil antagonisme libéral-ultramontain s'est estompé, la tradition libérale se perpétue, on le verra, dans des modalités anciennes et nouvelles. L'ultramontanisme comme doctrine politique catholique continue de fonder des prétentions, des positions et des institutions[1]. La croyance en l'alliance du Trône et de l'Autel justifie toujours Mgr Bruchési, malgré l'opposition de Bourassa et d'Asselin, à prêcher la participation à la guerre et l'acceptation de la conscription obligatoire. C'est aussi la primauté du ciel sur la terre, du spirituel sur le temporel qui fonde la hiérarchie sous-jacente au nouveau syllogisme de l'ultramontanisme social : toute question sociale est morale donc religieuse. C'est toujours cette primauté que l'Église fait accepter au pouvoir politique qui lui fait aussi défendre prioritairement la foi et secondairement la langue dans les provinces où les droits scolaires *religieux* sont menacés sinon modifiés ou abolis. Mais une première brèche est ouverte dans cette idée que défendre la religion, c'est défendre la langue et vice versa. On le voit plus clairement après le sermon de Mgr Bourne et l'intervention de Bourassa en 1910. Cette révision des rapports entre la foi et la langue dans la culture canadienne-française résulte d'un changement plus décisif de la politique vaticane qui, contrairement à l'idée reçue depuis un demi-siècle de la vocation catholique de la race française en Amérique, fait comprendre que la vocation catholique en Amérique sera celle de la «race anglaise». Cette évolution de la diplomatie vaticane tenait à trois facteurs : l'immigration, la récurrence des conflits scolaires hors Québec, la répétition des difficultés rencontrées lors des nominations épiscopales et curiales dans les diocèses et paroisses catholiques du Canada anglais et des États de la Nouvelle-Angleterre.

La transition se perçoit encore à la reconfiguration de la politique et du politique. Le bipartisme traditionnel demeure : les libéraux sont au pouvoir à Québec jusqu'en 1936 et à Ottawa jusqu'en 1911 et les conservateurs de Borden entrent jusqu'en 1958 dans leur purgatoire politique au Québec, eux qui votent la conscription de 1917. La dénonciation de « l'esprit de parti » aboutit enfin à une mouvance civique « au-dessus » des partis traditionnels, alors même que cette dénonciation se nourrit non plus seulement des positions de Laurier à propos des crises scolaires mais aussi des conflits d'intérêts dans lesquels se placent hommes et partis politiques dans un contexte de grand capitalisme qui résiste plus ou moins bien au monopole, à la constitution de « trusts ». Si l'on ajoute au conservatisme idéologique ambiant les pratiques et les mœurs politiques et électorales, on peut comprendre que ce milieu ne veuille pas accorder aux femmes le droit de vote.

Bourassa personnifie cette mouvance civique au-dessus des partis, tout comme la Ligue nationaliste qui, sans être un parti, constitue néanmoins un important groupe de pression. L'ACJC incarne aussi cette volonté de se situer au-dessus de la mêlée et ce constant rappel que les choses se jouent dans la mêlée. Cette action catholique de la jeunesse canadienne-française doit apprendre très tôt à conjuguer son appellation de catholique et de canadienne-française, à trouver un équilibre entre une action catholique qui, pour ne pas être désincarnée, doit savoir et faire savoir comment elle est non pas politique mais nationale, canadienne-française. Cette tension du rapport au pouvoir des ligues et associations au-dessus des partis sera jusqu'à la Crise de 1929 caractéristique du milieu politique.

Autre caractéristique de cette reconfiguration du politique : l'arrivée du gouvernement, de « l'État » comme acteur. Non seulement l'État pèse-t-il de son poids nouveau de propriétaire et de gestionnaire des richesses naturelles, mais il intervient sur le front social (asiles, hygiène publique), sur le front éducatif (écoles techniques, HEC) et sur le front culturel (cinéma, censure, subventions, automobile). Face au libéralisme et au capitalisme ambiants et face à l'Église, cette tendance nouvelle à l'intervention est limitée : le gouvernement de Lomer Gouin cédera un peu aux pressions des nationalistes à propos de l'exploitation des richesses naturelles publiques — il n'ira pas aussi loin que l'Ontario qui nationalise ses ressources hydrauliques en créant Hydro-Ontario en 1905 — et les libéraux du Québec continuent de profiter du fait qu'avec l'Église, la santé ne « coûte rien » pour laisser croire au pouvoir religieux et à la population que toute question sociale est morale, donc religieuse. Le coût de la santé était tout autant économique que symbolique.

En 1917, après la succession des crises scolaires et celle de la conscription, au plus fort de l'impérialisme britannique, au moment du cinquantenaire de la Confédération de 1867, une question décisive est posée par le très modéré mais franc sénateur Landry : cette Constitution est-elle un « pacte d'honneur ou un piège d'infamie » ?

Deuxième partie

L'Action française

(1917-1928)

Chapitre VII

UNE ACTION INTELLECTUELLE ET POLITIQUE : « L'ACTION FRANÇAISE »

E N 1917, LA RECHERCHE D'UNE DOCTRINE a atteint un point culminant à travers les types d'action qui se sont mis en place. Le nationalisme canadien d'Henri Bourassa, qui fonde *Le Devoir* en 1910, se heurte à des crises scolaires successives hors du Québec (Alberta, Saskatchewan, Ontario) et à la crise anticonscriptionniste de 1917 ; ces crises nourrissent un nationalisme canadien-français — personnifié par Olivar Asselin, Jules Fournier, Omer Héroux, Jules-Paul Tardivel —, qui pousse celui de Bourassa à sa limite. Une nouvelle génération s'impose à la faveur du développement d'une vie universitaire et de l'essor d'une jeunesse collégiale à laquelle l'ACJC donne voix. Dans un contexte d'industrialisation et d'urbanisation, la vigilance linguistique se donne des moyens : la Société du parler français, le premier Congrès de la langue française, la Ligue des droits du français. C'est dans ce contexte que s'organise un mouvement et que paraît en janvier 1917 le premier numéro d'une revue mensuelle nouvelle, *L'Action française*. L'abbé Lionel Groulx, qui en sera le directeur de 1920 à 1928, résumera ainsi l'apport de cette revue : « Quand j'essaie de définir l'originalité de ce mouvement, il me semble que ce fut de ramasser en synthèse, une synthèse plus précise, étoffée, les idées éparses jetées dans l'esprit de la foule par Bourassa, *Le Devoir*, toute l'école nationaliste[1]. »

L'achèvement d'une «doctrine» et d'une «action»

Les noms des principaux collaborateurs de *L'Action française* indiquent bien que la revue est un achèvement de la doctrine esquissée depuis 1896 et des actions mises en branle depuis le tournant du siècle: le jésuite Joseph-Papin Archambault alias Pierre Homier, Omer Héroux, «le vrai fondateur» de la revue et le docteur Joseph Gauvreau sont tous de la Ligue des droits du français de 1913. Antonio Perrault, l'abbé Philippe Perrier et à nouveau le docteur Gauvreau sont membres de la Société du parler français au Canada tandis que le jeune abbé Groulx, Joseph Blain et Anatole Vanier furent de l'ACJC. Issue de la Ligue des droits du français elle-même issue du comité montréalais (1910) de la Société du parler français, *L'Action française* naît de la rencontre, dans la mouvance du premier Congrès de la langue française de 1912, du docteur Joseph Gauvreau et de Pierre Homier. La revue rend d'ailleurs compte des réunions de la Ligue des droits du français qui ne devient officiellement la Ligue d'action française qu'en 1921. Ce sens de la continuité historique se retrouve encore plus profondément dans les articles que la revue consacre aux «précurseurs» tels que Tardivel, Edmond de Nevers, Errol Bouchette, le docteur Labrie ou Pierre Bédard[2].

Le souci de la doctrine

Une année après son arrivée à la direction de la revue en 1920, Groulx définit les objectifs de ce qu'il appelle «Notre doctrine»: «reconstituer la plénitude de notre vie française», «refaire l'inventaire des forces morales et sociales» de façon à ce que «la loi de nos destinées» s'accomplisse. Pour Groulx, «il faut que l'obstination française redevienne une vertu française». L'ancien animateur de l'ACJC ne manque pas d'inviter de nouvelles figures à définir «les doctrines de la génération montante»; en 1926, le jeune économiste Esdras Minville, Léon Lortie, de l'ACJC et du *Quartier latin* de l'Université de Montréal, Harry Bernard, jeune romancier prometteur et directeur du *Courrier de Saint-Hyacinthe*, Marie-Louise d'Auteuil et Thérèse Baudoin viennent formuler les aspirations de la jeune génération. De leur côté, René Chaloult évoque un «État français sur les rives du Saint-Laurent», Jean Bruchési souhaite qu'on ne soit pas pris au dépourvu au plan constitutionnel et Séraphin Marion dénonce la France laïque.

On marque les dix ans de la revue en formulant tout au long de l'année 1927 «une doctrine nationale pour orienter les générations montantes». Au plan religieux, on réitère l'idée que Dieu occupe la première place dans la hiérarchie des valeurs de la revue et que l'attachement à Rome est indéfectible. À *L'Action française*, la foi constitue «la première de nos forces nationales» et l'enquête qu'on avait menée en 1923 sur «notre intégrité catholique» avait réaffirmé que «vivre catholiquement pour un peuple, c'est encore la meilleure façon de vivre grandement». Toute la doctrine de *L'Action française* est subordonnée aux fins spirituelles, et les nombreux collaborateurs religieux tout comme les théologiens et philosophes (Mgr L.-A. Pâquet, l'abbé Arthur Robert, les dominicains Forest et Voyer, l'oblat et futur cardinal Villeneuve) qu'on consulte et qui écrivent dans la revue témoignent de ce souci d'orthodoxie et de la survie de la composante doctrinale de l'ultramontanisme (primauté du surnaturel et du spirituel, primauté de l'Église sur l'État dans les questions mixtes).

La doctrine nationale de la revue vise à «reconstituer et défendre l'intégrité française» et à récuser toute idée de colonialisme moral, toute prétention à l'existence d'un «Canadien tout court». On défend les lois françaises, l'idée de la langue gardienne de la foi et celle des droits au bilinguisme promu par Armand Lavergne depuis 1907. La situation géographique, démographique et économique des Canadiens français commande, selon la revue, une véritable action nationale.

Il est clair pour les contemporains que l'abbé Groulx est le concepteur de cette doctrine nationale, l'animateur par excellence de cette action nationale. Antonio Perrault lui écrit en 1926: «De notre génération, vous serez le théoricien. Nous aurons été des besogneux. Conservez ce privilège d'éclairer, par votre doctrine nationale et vos livres d'historien, la route difficile où monte notre race[3].»

Une action intellectuelle

L'Action française se présente comme «une action intellectuelle» et se donne les moyens de cet objectif. La revue entend contribuer à un essor littéraire dont l'abbé Camille Roy avait fourni les préceptes en proposant en 1904 «la nationalisation de la littérature canadienne». L'expérience nationale est le creuset de cet effort littéraire: «Du reste, nous avons craint et souffert : c'est plus qu'il ne faut pour un réveil intellectuel.» La revue accueillera «les poètes, les écrivains, les penseurs des heures tragiques, ceux qui deviennent les guides et les donneurs de mot d'ordre». La littérature qu'elle promeut sera catholique : «Il faudra nous souvenir que l'alliance de la pensée et de la foi est devenue chez nous un impératif catégorique de la tradition»; elle sera aussi française, mais on se réserve «le droit de proposer certaines proscriptions» en rappelant «un devoir à nos professeurs et à beaucoup d'autres de choisir parmi nos importations spirituelles d'outre-mer». L'Action française appuie la directive de l'abbé Roy : «Pour l'effort prochain, nous allons donc rapatrier nos esprits» et cette «littérature de demain, catholique et française», sera « bravement régionaliste». Elle brossera «le tableau de nos vieilles mœurs en train de s'évanouir» ou elle traitera sur un mode fictif des questions d'intérêt national comme le dualisme religieux et linguistique des mariages mixtes. Ce que fera Groulx lui-même dans des récits ou des romans comme Les rapaillages (1916) ou L'appel de la race (1922), sorte de roman barrésien où le déraciné est ici un homme qui quitte un milieu franco-catholique pour épouser une anglo-protestante. Sous le pseudonyme d'Alonié de Lestres, Groulx dénonce «le scandale de l'apostasie nationale» d'un Lantagnac qui, pris dans les dilemmes suscités par son mariage mixte, dans un contexte de conflits scolaires ontariens, se «mêle d'action française».

Le directeur de L'Action française est alors le premier professeur d'histoire du Canada à l'Université de Montréal et son action intellectuelle lui fait écrire que «jamais ne devra se taire au milieu de nous le magistère de l'histoire». L'homme qui publie alors plusieurs ouvrages d'histoire — La Confédération (1918), Naissance d'une race (1919), Lendemains de Conquête, Chez nos ancêtres (1920), Vers l'émancipation (1921), Notre maître le passé (1924) — se fait aussi le propagateur de l'éducation patriotique en favorisant la création et l'admiration d'un héros, Dollard des Ormeaux, par l'initiative d'un pèlerinage annuel au Long-Sault et de l'érection d'un monument à sa mémoire[4].

Si le mouvement d'Action française occupe une place centrale dans l'histoire des idées au Québec, c'est d'abord en raison de sa revue et de son action éditoriale. Les revues sont alors peu nombreuses — la déjà ancienne Revue canadienne (1864-1922), Le Canada français (1888-1891, 1918-1946), revue de l'Université Laval, Le Semeur (1904-1935), organe de l'ACJC, La Revue trimestrielle canadienne (1915-1954) de l'École polytechnique — et *L'Action française* est la seule à avoir une voix personnelle, la voix d'un mouvement qui formule et synthétise une doctrine et mène des actions sur tous les fronts décisifs, à l'exception du front social. La revue paraît douze fois par année de 1917 à 1928. Attentive aux tendances autant qu'à la doctrine, elle institutionnalise la pratique de «l'enquête» que quelques journaux avaient inaugurée; elle promeut tout autant la littérature sociale que la littérature de fiction en suscitant des réflexions, des textes et des prises de position susceptibles de «définir avec précision notre âme de Français d'Amérique, notre âme canadienne».

Annonçant habituellement en décembre le sens de ses enquêtes, la revue publie chaque mois d'une année au moins un texte sur le thème d'enquête retenu : Nos forces nationales (1918), Les précurseurs (1919), Comment servir (1920), Le problème économique (1921), Notre avenir politique (1922), Notre intégrité catholique (1923), L'ennemi dans la place (1924), Le bilinguisme (1925), La défense de notre capital humain et Vos doctrines ? (celles de la génération montante, 1926), Soixante ans de Confédération (1927), Quelques problèmes de l'heure (1928). Les thèmes choisis et abordés constituent un bon index des préoccupations centrales de la revue et du mouvement.

En posant en 1928 la question de «Nos responsabilités intellectuelles», Groulx identifie la responsabilité de l'écrivain, «le rôle des hommes de pensée». De ce point de vue, *L'Action française* est au cœur de l'émergence de l'intellectuel canadien-français. Certes, ces intellectuels pensent en catholiques et en nationalistes — «l'ordre moral impose à tous, même aux intellectuels, des devoirs envers la nationalité» — mais une doctrine, un milieu, une «élite» rendent possible l'intellectuel. La revue donne aussi voix à quelques femmes : Henriette Dessaulles alias Fadette, chroniqueuse au *Devoir*, Marie Gérin-Lajoie, engagée dans le féminisme de l'époque, Marie-Louise d'Auteuil.

Les collaborateurs de *L'Action française* sont aussi de fréquents conférenciers. La revue a même créé un cadre, la Société des conférences, dont on rend compte des activités.

La doctrine se donne une infrastructure éditoriale. Comme son homonyme, *L'Action française* de Paris, *L'Action française* de Montréal publie un *Almanach*, bien consciente de la popularité séculaire et contemporaine du genre. On met surtout sur pied une maison d'édition, la Librairie d'Action française, qui publiera, de 1917 à 1928, 89 titres dont 64 livres et 25 brochures. Le tiers des titres publiés est littéraire et inclut les romans de Groulx et d'Harry Bernard. Et, pour diffuser les titres de la maison d'édition, *L'Almanach* et toutes les autres « œuvres » du mouvement (la « rose » Dollard), on ouvre une librairie en 1919. *L'Action française* est véritablement une action intellectuelle : elle formule une doctrine, la précise dans une revue mensuelle, la diffuse dans des essais et des romans rendant possible pour la première fois l'existence d'une maison d'édition au sens propre du terme.

L'Action française crée enfin en 1927 un Grand Prix d'action française destiné à récompenser une étude sur le problème national produite en milieu collégial. Mais ici, la revue imite le Prix d'action intellectuelle de l'ACJC et surtout le prix David, créé en 1922 et portant le nom du secrétaire de la Province de Québec, Athanase David.

Ministre des Affaires culturelles avant la lettre, David, fils de Laurent-Olivier David, est député libéral depuis 1916 et secrétaire provincial à compter de 1919. C'est d'ailleurs sous son règne (1919-1936) que l'État intervient progressivement dans le domaine culturel comme dans le domaine social et économique. Le Secrétariat provincial finance le secteur « non spirituel », non mixte de l'éducation : École polytechnique, École des hautes études commerciales, écoles techniques, écoles du soir, écoles des arts et manufactures, Académie de musique de Québec ; il crée le Prix d'Europe destiné à faciliter les études de Québécois en Europe, en France particulièrement ; ces boursiers seront au nombre de 5 en 1920, de 15 en 1922, de 34 en 1924 dont 7 en médecine, 5 en musique, 4 en sciences, 3 en lettres et en philosophie. David fait voter une loi des archives en 1920 et en 1922, au moment où un débat s'engage autour de la vente de la propriété (Montebello) et de la prestigieuse bibliothèque de Louis-Joseph Papineau, il présente des projets de loi sur les musées et sur les Écoles des beaux-arts de Québec et de Montréal et met sur pied la Commission des monuments historiques. Aegidius Fauteux, responsable de la Bibliothèque Saint-Sulpice, se félicite en 1919 de ce que l'on mène au Secrétariat provincial une « action intellectuelle » susceptible de changer le discours de la « supériorité intellectuelle » des Canadiens français et de leur douteuse autoprésentation comme « les Athéniens de l'Amérique du Nord » !

De 1923 à 1936, les jurys et lauréats du prix David donnent une bonne idée de cette nouvelle élite intellectuelle que le milieu appelle de

tous ses vœux depuis Edmond de Nevers. Ces jurys sont principalement
constitués d'universitaires, de laïcs: Aegidius Fauteux, Édouard Mont-
petit, Léon Lorrain (HEC), Louis-Philippe Geoffrion (avocat), le sulpi-
cien Olivier Maurault, Gaillard de Chambris, Henri Dombrowski, l'abbé
Camille Roy, Louvigny de Montigny, René du Roure, Thomas Chapais,
Adjutor Rivard, L.-O. David, l'abbé Arthur Maheux, Jean Charbonneau,
Gonzalve Désaulniers, l'abbé Émile Chartier. Les lauréats sont Harry
Bernard (trois fois), l'abbé Ivanhoé Caron, historien, et l'écrivain Robert
Choquette (deux fois), Paul Morin, Robert de Roquebrune, Marcel
Dugas — ces trois derniers identifiés à la revue moderniste *Le Nigog*
(1918) —, Jean-Charles Harvey[5].

Des actions en faveur de la langue et de la culture françaises

C'est cette recherche de la « plénitude de la vie française » qui donne tout
son sens à cette « action française » menée sur trois fronts. Le mouvement
et la revue, issus de la Ligue des droits du français, se préoccupent à la
fois de la survie et de la qualité de la langue française, du devenir des
minorités catholiques et françaises hors Québec et des rapports entre le
Canada français et la France.

Reprenant le flambeau des mains d'Armand Lavergne et se présentant comme « la sentinelle qu'on ne relève pas », *L'Action française* interroge ses lecteurs sur la non-vigilance qui semble régner à propos de la
contamination du français par l'anglais: « Comment les étrangers de passage en notre province ou en nos villes ne croiraient-ils pas à notre
abdication et à notre disparition prochaine, lorsque tant de Canadiens
français cachent leur origine française sous le masque de l'enseigne anglaise, lorsque les compagnies de chemin de fer projettent sur notre terre
française du Québec leurs multiples rubans de géographie anglaise? Quel
voyageur eût deviné, par exemple, l'existence d'une ville française aux
bouches du Saint-Maurice, quand, il n'y a pas tant d'années, on pouvait
lire sur sa gare le nom anglais de *Three Rivers*? Pouvons-nous prétendre
à la qualité de race française vivante, nous qui, des compagnies de transport et autres, n'acceptons que des avis et des annonces en langue anglaise, sauf les *Défense de fumer* et les *Défense de cracher*, nous qui,
là-même, ne tolérons comme langue de communication avec le client,
que l'anglais; qui, jusqu'à ces tout derniers temps, ne demandions le

numéro de téléphone qu'en anglais, n'acceptions des compagnies d'utilité publique que de la correspondance en anglais, ne lisions dans nos cafés et nos restaurants que des menus en anglais?» La revue entend donc «fournir des munitions à tous les combattants modestes mais courageux, qui, dans les ateliers, dans les bureaux, dans les cafés ou en chemin de fer, se font un devoir de relever la moindre injure faite à leur race». Pour ce faire, *L'Action française* publie dans presque chaque numéro de la revue un article de Pierre Homier, pseudonyme du jésuite Joseph-Papin Archambault, qui, on s'en souvient, fut le véritable fondateur de la Ligue des droits du français. Dans sa chronique mensuelle, Pierre Homier scrute les raisons sociales, les enseignes publicitaires, l'étiquetage, la confiserie, les calendriers, le disque du téléphone, les menus; il enquête sur les timbres, les documents fédéraux, l'armée, les discours des députés fédéraux, les titres de transports, les douanes, avec ce dessein qu'une action durable en faveur de la langue assure la qualité et les droits du français dans la société canadienne-française. La chronique de Pierre Homier ne suffit pas: *L'Action française* fait aussi porter son enquête de 1925 sur le bilinguisme. Le directeur Groulx fait le point sur le bilinguisme avant la Confédération, Charles Gauthier du *Droit* d'Ottawa fait rapport sur le bilinguisme dans les services fédéraux; on enquête sur la situation en Ontario (sénateur Belcourt), dans l'Ouest (Yves Tessier-Lavigne), dans les Maritimes (H. Bastien), au Québec (Émile Bruchési), dans l'Église au Canada («Veritas»); on aborde la question de l'enseignement de l'anglais au primaire (abbé P. Perrier) et au secondaire (père Dugré) et un auteur anonyme évoque la question flamande en Belgique.

Pour certains, la question linguistique concerne l'identité même et ne se limite pas à la seule incorrection. Jules Fournier, styliste hors du commun, le voit bien qui écrit: «Le mal est ailleurs. Il est en nous. Il est à la racine même de notre être et l'incorrection de notre langage n'est que l'une de ses manifestations, entre combien d'autres!» Olivar Asselin partage cette idée que la langue renvoie à la pensée: «Et quant à moi, je pardonnerais à toutes nos ligues d'action française présentes, passées et futures de faire relâche de temps à autre dans la chasse à l'anglicisme, si elles voulaient bien de temps à autre également, plonger d'un geste énergique au fond de la question intellectuelle», à savoir: «N'est-il pas à croire que nous sommes sur une mauvaise voie, au bout de laquelle nous attend, avec l'impuissance du verbe, l'impotence de la pensée[6]?»

La question linguistique concerne le Québec et le Canada français. *L'Action française*, qui garde souvenir des batailles scolaires en Ontario et demeure vigilante à l'égard des droits religieux des Franco-Ontariens, ne manque pas d'analyser les données du recensement fédéral de 1921, qui voit décroître l'importance démographique du Québec dans le Canada (31 % en 1867, 30,7 % en 1901, 27,8 % en 1911, 26,9 % en 1921). On observe la baisse des naissances et la hausse des décès dans les villes. La chose inquiète et la revue donne voix aux problèmes des Acadiens et à ceux des Franco-Américains, bien que, dans ce dernier cas, la préoccupation soit différente car on voit l'émigration d'un mauvais œil. Et puis la question franco-américaine porte celle des relations entre catholiques canadiens-français et irlandais, et plus globalement, celle des rapports entre religion et langue. Et, sur ces questions, *L'Action française* est toujours «la sentinelle qu'on ne relève pas» : la revue affirme sa position «pour un clergé de même tempérament national» que les fidèles ; elle dénonce l'appui des évêques catholiques anglophones aux lois scolaires spoliatrices, publie l'avis du théologien Louis-Adolphe Pâquet sur la question, sans compter les innombrables documents pontificaux sur ces aspects. L'enjeu est de taille : la vocation de prosélytisme catholique en Amérique sera-t-elle celle des francophones, comme on le pense et le répète depuis 1860, ou celle des anglophones ? Chose certaine, *L'Action française* fait place aux problèmes des «frères de la dispersion» et ses projets ne peuvent pas ne pas en tenir compte[7].

Outre les relations entre *L'Action française* de Montréal et celle de Paris, abordées plus loin, les rapports de la revue avec la France sont de deux ordres : développer les amitiés de part et d'autre de l'Atlantique et veiller au projet de Maison canadienne à la Cité universitaire internationale de Paris. Des collaborateurs de *L'Action française* qui voyagent en France ou correspondent avec des répondants français ont souci de faire connaître le Canada français en Europe et en France et misent sur les Amitiés catholiques françaises à l'étranger pour construire des réseaux d'amitiés catholiques. La revue encourage la création d'un «comité de propagande» à Paris dont le jeune Jean Bruchési, alors étudiant à l'École libre de science politique et futur professeur à l'Université de Montréal, sera la cheville ouvrière. Dès 1920, la revue s'intéresse au projet de construction d'une Maison canadienne à la Cité universitaire internationale de Paris. Son souci principal est de s'assurer que prévaudra dans cette résidence étudiante « une vraie vie catholique et française » et non une atmosphère anglo-protestante ; on va même jusqu'à proposer que la Maison canadienne soit placée sous la direction d'un institut religieux. Lorsque la Maison canadienne ouvre ses portes en 1926, un certain nombre de problèmes, dont celui de la nomination du directeur, un Canadien ou un Français, ont dû être résolus avant qu'on accueille les premiers étudiants, boursiers ou pas du gouvernement du Québec[8].

Pour une doctrine et une action économiques

En concluant l'enquête de 1921 sur le problème économique par le rappel qu'« un peuple n'est vraiment maître de sa vie spirituelle que s'il détient l'entière administration de son patrimoine matériel », Groulx indique clairement que si le matériel, « le culte des forces matérielles », est subordonné au spirituel, il faut tout autant « construire la cité terrestre ». La hiérarchie des valeurs, l'idée d'« économie chrétienne » et le projet de christianiser la société industrielle disent chacun à sa façon que l'action menée par *L'Action française* est globale, qu'elle est certes hiérarchisée mais fait face à la réalité du changement économique. La question économique a un caractère impératif aux yeux d'Esdras Minville, d'Édouard Montpetit et de Lionel Groulx, familiers des écrits de Bouchette sur *L'indépendance économique du Canada français*.

Ce sens de la hiérarchie s'exerce justement dans la complémentarité du développement agricole et industriel préconisée par la revue ; la modernisation doit être tempérée. Et, dans ce Québec majoritairement urbain (51,8 %) que le recensement de 1921 vient de révéler, la colonisation, la campagne, l'agriculture demeurent des valeurs symboliques et économiques fondamentales.

Mais la grande nouveauté se trouve dans l'industrialisation portée par les richesses naturelles, propriété de la province. Cette donne contraint *L'Action française* à se donner un « programme économique », celui de repenser « l'organisation économique de notre province ». Pour Groulx, qui affirme que « notre territoire fut mis à l'enchère publique », la prémisse est de « savoir si nous garderons chez nous et exploiterons pour nous notre or, nos épargnes, les ressources de notre sol, toutes nos richesses, sans attendre qu'elles soient affermées par le capital étranger ». L'économiste Esdras Minville développe ce propos par ses articles bien

documentés sur le capital étranger, en particulier américain, au Québec.
D'autres collaborateurs à l'enquête de 1921 analysent l'état et les usages
de l'épargne comme capital possible d'investissement.

LE CAPITAL
ÉTRANGER

Capitaux étrangers engagés
au Canada, novembre 1923 :
$4,635,500,000.00.

De telles questions ne peuvent pas ne pas infléchir une adhésion au
libéralisme économique, à la pratique et à la théorie du laisser-faire. La
prise de position de *L'Action française* sur le développement des richesses
naturelles permet précisément de voir que son nationalisme comporte
aussi une dimension économique. L'article de conclusion de l'enquête de
1921, rédigé par Groulx, qui réitère «notre volonté inébranlable de devenir maîtres chez nous», est on ne peut plus clair : «Allons jusqu'au bout
de notre pensée : le premier élément moral d'une réaction appropriée et
par conséquent la première condition d'un puissant effort économique,
ne serait-ce pas, en définitive, de nous entendre, une bonne fois pour
toutes, sur le caractère politique et national du Québec?» Groulx répond
à la question en rappelant la réalité depuis 1774 d'un «État français qu'il
faut reconnaître en théorie comme en fait[9]».

Cet État français a quelque chose d'encore assez vague chez Groulx à côté de la conception que s'en fait Asselin, le nationaliste qui dénonce la dilapidation libérale des richesses naturelles depuis vingt ans. Alors que Groulx est plutôt silencieux sur cette question d'intervention étatique — il doit composer avec la vision orthodoxe des relations Église-État dans d'autres domaines —, Asselin, qui réclame un meilleur contrôle des concessions hydroélectriques par l'État, se dit ouvert à la nationalisation : « ne reculons pas devant l'étatisme si aucun autre régime ne peut nous arracher à la servitude », Québec l'a bien fait « pour le plus putrescible des commerces », les boissons alcooliques, et l'Ontario « le fait avec un succès éclatant » depuis la création d'Hydro-Ontario en 1905. Un an avant l'article d'Asselin, la Direction de la revue avait adhéré à l'idée de l'intervention de l'État en refusant même « l'épouvantail » du « spectre grimaçant de la Russie rouge » et en précisant les limites et le rôle de cet interventionnisme acceptable : « stimuler l'initiative privée languissante, compléter l'initiative privée insuffisante, replacer l'initiative privée impuissante, encourager l'initiative privée suffisante ». Un autre pas en direction de l'interventionnisme d'État consiste à proposer la création d'un Conseil économique[10].

Cette doctrine économique, *L'Action française* entend non seulement veiller à ce qu'elle suscite des actions mais tout autant à la faire partager, en particulier par la génération montante. L'École des HEC entérine un tel objectif et Minville, qui y enseigne, plaide en faveur de l'éducation économique : « Partout, au foyer, à l'école, à l'université, à l'église, à l'atelier, au bureau, une doctrine enfin, une doctrine unique, définie, précise, qui éclaire toutes les intelligences, oriente, galvanise toutes les volontés, idéalise tous les gestes. »

Action globale que celle de *L'Action française*, à l'exception de l'action sociale. En effet, la revue s'intéresse marginalement aux ouvriers et au syndicalisme catholique et aux débuts de la Confédération des travailleurs catholiques du Canada (CTCC)[11].

La modernité culturelle : « l'ennemi dans la place »

Si le développement économique est inéluctable et qu'on doit pour des raisons vitales composer avec lui, d'autres « problèmes capitaux », c'est-à-dire moraux, interpellent *L'Action française*, qui les aborde en 1924 lors d'une enquête intitulée «L'ennemi dans la place». Cet ennemi, c'est d'abord le phénomène d'émigration vers les villes qui met en cause la vocation agricole des Canadiens français et qui entraîne l'urbanisation, «l'agglomération des hommes, [qui] comme celle des pommes, engendre la pourriture».

L'émigration aux États-Unis demeure jusqu'à la Crise de 1929 un péril pour les Canadiens français, tout comme «l'américanisme» qui est «l'annexion morale, mentale, économique du Canada et du Canada français». Devant ces «périls actuels», Groulx, qui propose de prendre «nos responsabilités intellectuelles», présente ainsi la culture étatsunienne: «l'effroyable pourriture de son théâtre, le débraillé de ses magazines, le dévergondage de ses journaux monstres et de ses *tabloïds,* le reportage effronté érigé en exploitation industrielle, l'appétence frénétique des drames criminels, la passion de les exploiter portée jusqu'au sadisme; et, comme conséquence manifeste de ces dissolvants, l'amoralisme en affaires et en politique, le culte de la richesse sans autre fin qu'elle-même, le relâchement des liens familiaux, la décadence rapide de l'éducation». L'enquête de 1924 approfondit ce thème de «la mauvaise presse» tout comme celui du théâtre et du cinéma. Constatant les «effets dissolvants» du cinéma, qualifié de «catéchisme de déformation populaire» et de «corrupteur» de la jeunesse, la revue appuie la CTCC qui demande que les enfants de moins de 16 ans ne puissent être admis dans les cinémas.

Deux autres thèmes ne sont pas abordés comme tels dans l'enquête de 1924 mais peuvent être comptés au nombre des ennemis dans la place: la question du dimanche et celle des Juifs. La question du dimanche se pose depuis la fin du XIXe siècle avec l'utilisation des transports (train, tramway) le dimanche, avec l'industrie à production continue comme les papetières et avec l'apparition du sport professionnel et du loisir dont le cinéma à partir de 1895. Une loi fédérale de 1906 avait interdit le travail dominical, sauf pour raisons humanitaires et d'urgence, et la ville de Montréal avait emboîté le pas en 1908 en interdisant le cinéma le dimanche, interdiction qui avait obligé Ouimet, le propriétaire de la plus grande salle de vues animées de Montréal, à intenter avec succès des poursuites judiciaires contre cette loi. L'offensive cléricale sur la question du dimanche s'intensifie à partir de 1923 et le débat s'anime avec l'incendie du Laurier Palace, le 9 janvier 1927, dans lequel des dizaines d'enfants périssent. *L'Action française* revient occasionnellement sur la question du dimanche et le plus souvent à propos du cinéma le dimanche. Le père Joseph-Papin Archambault, auteur des chroniques linguistiques de *L'Action française*, fait le point sur la question lors de l'enquête sur «Quelques problèmes de l'heure» que même la revue en 1928[12].

La référence aux Juifs est présente dans la presse périodique québécoise depuis la décennie 1880 et s'est intensifiée au moment de l'affaire Dreyfus en 1898. Son propos récurrent est celui du départ: les Juifs sont associés à la franc-maçonnerie et au communisme. Cette représentation change au tournant du siècle avec l'immigration qui fait augmenter la population juive de Montréal. C'est alors que Bourassa, en Chambre ou au *Devoir*, prend position sur la question juive et qu'un certain Joseph-Édouard Plamondon fait à Québec une conférence sur les Juifs qui lui vaudra une condamnation des tribunaux en 1913.

L'Action française ne fait pas de référence explicite aux Juifs avant 1924 ; elle le fait alors dans un contexte général où l'antisémitisme s'est abondamment exprimé, en particulier dans *L'Action catholique* de Québec, organe de l'action sociale catholique. Après 1917, après la révolution bolchévique en Russie, la représentation traditionnelle des Juifs se perpétue ; l'abbé Nadeau, collaborateur du journal, écrit: «Bolchévisme, franc-maçonnerie, socialisme, révolution, judaïsme, en somme, c'est tout un.» Mais elle évolue aussi au gré de la situation internationale, au moment, par exemple, où la Grande-Bretagne, en novembre 1917, appuie la déclaration Balfour favorable à l'établissement d'un foyer juif en Palestine. L'abbé Nadeau considère ce projet comme une «abomination», car les Juifs «seraient capables pour bien afficher leur mépris puissant du christianisme d'élever des usines ou des dépotoirs sur les Lieux saints [...] s'ils n'allaient pas jusqu'à y élever des temples de débauche». Le projet d'établir un foyer juif en Palestine lui fait écrire: «Le sionisme et le protestantisme sont en train d'acquérir en Palestine une situation qui devrait inquiéter tous les catholiques du monde.» Pour son collègue J.-A. Foisy, ce projet est le signe évident de la puissante influence juive sur la Grande-Bretagne.

Le début de récession vers 1920 contribue à faire associer l'immigration juive aux difficultés économiques et au chômage alors que se consolide l'image de la concurrence commerciale des Juifs: «Nos villes regorgeront des fils d'Israël qui, avec leur habileté, leur avidité et leur absence de scrupules, se seront emparés de tout notre commerce.» La publication à la fin de 1920 des *Protocoles de Sion*, ramassis de faussetés sur les Juifs, relance la représentation de «l'invasion juive» et des «plans combinés de la juiverie et de la franc-maçonnerie pour dominer le monde, faire disparaître les derniers vestiges de la monarchie et établir la république universelle soumise à l'influence juive». Dans la très officielle *Semaine religieuse de Québec*, voix de l'archevêché, l'abbé Antonio Huot conforte l'idée de la grande machination juive: ce sont les Juifs, «les perfides», «qui ont ourdi, dans le cours des siècles, toutes les odieuses machinations contre la législation chrétienne des États catholiques». Les articles publiés par ces prêtres dans des périodiques catholiques permettent de comprendre que l'antisémitisme canadien-français se construit d'abord et avant tout sur un antijudaïsme menaçant pour la chrétienté et le catholicisme, antijudaïsme qui s'alimente ensuite à une antijudaïté de forme culturelle. L'abbé Nadeau écrit dans *L'Action catholique*: «Ce que nous reprochons aux Juifs, ce n'est pas le sang qui coule dans leurs veines, ni la courbe de leur nez, mais la haine violente qui, en général, les anime, le mépris profond qu'ils professent contre tout ce qui est chrétien.» Son confrère, l'abbé Édouard-Valmore Lavergne, tient le même propos: les Juifs veulent «abattre l'Église, ruiner son prestige, ses enseignements, ravager ses institutions, détruire la famille, et jeter à terre tout l'édifice social chrétien». Mais il s'en trouve toutefois pour rappeler qu'il faut par charité se garder de toute haine en combattant «l'œuvre de déchristianisation des Juifs dépravés».

L'abbé Lavergne, inspiré de Veuillot, de *La Croix* de Paris et des *Protocoles*, stigmatise les moyens supposément pris par la communauté juive pour asseoir sa puissance; il écrit dans *Les remparts*, symbole de vigilance et de fortifications: «À tous les détours de la route, ils ont dressé leurs établissements de presse et leurs agences de nouvelles comme des barricades d'où ils ont lancé contre les positions catholiques, souvent mal défendues, un feu nourri et meurtrier.» C'est l'occasion pour Bourassa de faire connaître l'évolution de sa pensée sur la question juive. Dans un article intitulé «Sur les remparts», il apporte des nuances: «Qu'il y ait des Juifs détestables et dangereux, c'est certain; que les tendances internationales de la race, sa puissance financière, son emprise sur la presse — grâce à la vénalité de trop de chrétiens — décuplent la puissance de cette catégorie de Juifs, pour le mal et la désorganisation sociale, c'est encore vrai. Mais ce qui n'est pas exact, c'est que tous les Juifs, ou même une majorité d'entre eux, en soient là. [...]. Souhaitons que ce faux esprit ne pénètre pas chez nous : nous ne sommes que trop disposés à battre notre *mea culpa* sur la poitrine d'autrui.» Quelques mois plus tard, le directeur du *Devoir* précise la ligne éditoriale du journal sur la question : «*Le Devoir* n'a jamais fait campagne contre les Juifs et, tant que j'en aurai la direction, il ne tombera pas dans ce travers. Il se borne à conseiller à ses lecteurs d'encourager les institutions canadiennes-françaises qui méritent confiance, de préférence aux autres. De là à exclure toute forme de relations économiques entre les Canadiens français et les autres races qui habitent le Canada, il y a un abîme. J'ai toujours prêché un nationalisme chrétien et humain. Je ne tomberai jamais dans les excès du nationalisme étroit, haineux et stupide qui n'est que trop répandu dans le monde et qui commence à s'infiltrer chez nous[13].»

C'est dans ce contexte de mise au point de Bourassa et au moment où se discute intensivement la question des écoles juives, abordée plus loin, que *L'Action française* réfère à la question juive pour la première fois. Ses allusions à ces questions sont très ponctuelles ; en cela elle diffère de son homologue de Paris, née, elle, avec l'affaire Dreyfus. C'est à l'occa- sion d'un article de l'enquête de 1924 sur «L'ennemi dans la place, théâtre et cinéma» que référence est faite aux Juifs : «Les Juifs, outre le but de déchristianisation qu'on leur prête, ont pour principal objet de réaliser de l'argent et de mettre la main sur les finances du monde. En s'emparant du cinéma, ils ne songent pas tant à faire de l'art qu'à acca- parer de la richesse. Pour arriver à leurs fins, rien ne sera négligeable ni trop bas ; ils exploiteront les passions sous toutes les formes, flatteront les instincts. Ils n'ont aucun souci de la morale ni de l'ordre, et le mer- veilleux moyen d'éducation qu'est le cinéma deviendra entre leurs mains, à cause de leur soif d'or et de leur rage de domination, un outil de dépravation, une école de corruption et de révolution. S'ils y voient une façon d'attirer les foules, et d'emplir la caisse, ils propageront les idées anti-sociales, se feront les champions du divorce ou de l'amour libre, à l'occasion des pratiques malthusiennes. Naturellement ennemis de l'ordre, ils accorderont un appui bienveillant au socialisme le plus destructeur.» Autrement, *L'Action française* s'intéresse aux Juifs parce que «l'immi- gration juive s'intensifie d'une façon inquiétante pour le commerce de détail» et que le processus électoral est mis en cause dans le comté de Cartier, «fief israélite» où, selon la revue, on trouve «un bel échantillon d'ostracisme des nôtres». Ce sont là les allusions faites aux Juifs dans *L'Action française*; mais on trouve aussi, çà et là, au détour d'une phrase, un propos antisémitite. C'est le cas de Groulx alias Jacques Brassier qui, dénonçant le peu de cas fait de la situation des catholiques mexicains sous les gouvernements révolutionnaires, écrit: «Il est un peu humiliant pour nous et pour la conscience humaine que d'aussi rudes brimades administrées à des milliers de nos frères n'agitent l'opinion que d'une émotion superficielle, alors qu'une trentaine de barbes de rabbins coupées pour rire à Varsovie feraient parler dès demain d'un effroyable *progrom* et ébranleraient le chœur en colère de la presse de cinq continents[14].»

Une action politique: l'enquête sur «Notre avenir politique» (1922)

Une revue ne naît pas sans raison en 1917, après les crises scolaires dans l'Ouest et en Ontario, au moment du cinquantenaire de la Confédération de 1867, de la crise de la conscription et de la motion Francœur. Cette même revue ne mène pas en 1922 une enquête restée fameuse sur «Notre avenir politique» sans penser à l'essai d'Edmond de Nevers de 1896 sur *L'avenir du peuple canadien-français*, sans se situer à l'égard du nationalisme canadien de Bourassa et de la Ligue nationaliste, du nationalisme canadien-français de Bourassa, d'Asselin, de Fournier, du nationalisme canadien-français indépendantiste de Tardivel et de ses quelques disciples qui écrivent sur «l'avenir du Canada français».

L'abbé Groulx, qui dirige *L'Action française* en 1922, est un historien qui a sa propre vision de la province de Québec. Il affirme en 1914: «Surtout la nouvelle charte [1867] faisait de la Province de Québec un État pratiquement autonome. *Les Canadiens français seraient maîtres chez eux*: leur législature aurait la surveillance de tous les intérêts et comporterait tous les éléments qui assurent la vie d'une race. En fait, depuis 1867, la lutte est finie pour la conquête de nos droits nationaux; nous n'avons plus qu'à les défendre.» Groulx revient sur cette notion en 1921, au moment de l'enquête sur l'économie, en rappelant la réalité depuis 1774, depuis l'Acte de Québec, d'un «État français qu'il faut reconnaître en théorie comme en fait».

En 1917, au moment du cinquantenaire de la Confédération et au moment où le sénateur Landry, ex-président du Sénat et leader du combat franco-ontarien, se demande si 1867 fut «un pacte d'honneur ou un piège d'infamie», Groulx affirme «l'avortement de l'œuvre politique de 1867»: «Moins de cinquante ans ont suffi à miner leur illusion. Nous allons léguer à l'histoire l'exemple de l'une des plus lamentables banqueroutes qui peuvent atteindre les unions fédératives.» Alors que «toutes les minorités françaises au Canada se tiennent sur la défensive», Groulx avoue: «Aujourd'hui le mal est profond, incurable, et la situation nous paraît sans issue.»

Dans *L'Action française* de 1920, un collaborateur, Émile Bruchési, élabore un scénario de disparition de la Confédération: «Cette possibilité d'une rupture du lien de la Confédération nous amène tout naturellement à une dernière hypothèse: l'Union de Québec avec les provinces maritimes [...] dont l'ensemble correspondrait au Canada oriental, dont Errol Bouchette nous parle dans son *Indépendance économique du Canada français*.» Bruchési voit l'avenir à l'Est, dans «les provinces du golfe» évoquées par Étienne Parent vers 1836: «Jamais les vents de l'est ne nous ont apporté les bordées d'injures que les vents d'ouest ne cessent de souffler sur nous depuis 1867.»

En janvier 1922, Groulx lance l'enquête sur «Notre avenir politique», dont les textes seront repris en un volume portant le même titre. Le directeur de la revue analyse la situation internationale, soulignant la fracture de l'Empire britannique en Irlande, en Inde et en Égypte et la fin de la «vieille suprématie des îles britanniques» au profit d'une évolution «vers une sorte de consortium économique et moral et vers une solidarité continentale qui se dessine, qui demain peut opérer contre nous». Désillusionné de la situation scolaire et linguistique et désenchanté de la politique fédérale d'immigration, Groulx croit qu'on en est à devoir «indiquer ce qu'il importe de mettre à la place de ce qui va crouler», car il lui apparaît impossible de «continuer d'organiser notre avenir dans un cadre périmé». Le cadre nouveau qu'il entrevoit est celui d'une destinée dans le schéma d'une «action providentielle», «un État catholique et français» — dans cette séquence identitaire — pour le «seul peuple catholique de l'Amérique au nord de la frontière mexicaine». Il convient donc de «constituer, aussitôt que le voudra la Providence, un

État français indépendant», réalisant du coup «les formes politiques où s'achemine toute nationalité qui veut être maîtresse absolue de sa vie». Il faut donc «s'organiser en État» qui prendrait la forme d'un État français dans le Canada oriental, inspiré de Tardivel et de ses disciples et d'Émile Bruchési. Groulx alimente sa réflexion à l'ouvrage de René Johannet, *Le principe des nationalités*, tout en avouant paradoxalement ne pas fonder sa vision sur le droit des peuples à disposer d'eux-mêmes : «C'est de la constance du péril suspendu sur notre existence française qu'a vécu la constance de notre rêve d'indépendance politique.»

Le mois suivant, l'enquête fait appel à un philosophe pour élaborer les fondements philosophiques de cette vision d'avenir. L'abbé Arthur Robert compare individus et peuples quant à leur fin commune : individus et peuples «sont quasi irrésistiblement entraînés vers une fin, fin, d'ailleurs légitime et conforme à leur nature, l'autonomie complète». Cette fin vient d'une «impulsion tout intérieure donnée par Dieu aux créatures raisonnables, et qui les dirige vers le terme de leur destinée». Les valeurs étant ainsi hiérarchisées, le professeur de philosophie reconnaît deux droits aux peuples : «le droit de travailler au développement et au perfectionnement de sa nationalité»; tout peuple a «le droit même de tendre à l'autonomie complète, et, si possible, à la souveraineté d'un État». Quatre éléments constituent la nationalité : «l'unité de sang», de langue, de territoire et de gouvernement et, à partir de ces acquis, on peut considérer qu'un état de sujétion, un état colonial «n'est qu'un état transitoire». Mais, prudence morale, ce «droit *inné* des peuples à l'autonomie complète» n'est légitime qu'à la condition qu'on fixe comme règle «la reconnaissance, le respect des droits antérieurs bien établis» et le fait que «les droits sont toujours conditionnés par les devoirs». À la lumière de ces principes, il affirme : «Les Canadiens français qui doutent de la durée du lien britannique et du maintien de la Confédération peuvent donc, en toute sécurité d'esprit, se préparer à faire un profitable usage d'une complète indépendance.» Ce scénario «appartient encore au monde des pures possibilités» mais, «dans l'hypothèse d'une séparation d'avec la métropole sans qu'il y eût faute de notre part, les Canadiens français, *servatis servandis*, auraient parfaitement droit de fonder un État indépendant, destiné à continuer, en Amérique, ce qu'on a si bien appelé la *mission providentielle de la race française*».

Ce n'est pas le seul philosophe que l'on convoque pour cette enquête. Explorant « la préparation intellectuelle » requise par un tel défi, le dominicain Ceslas-Marie Forest rappelle des exigences : « Une nation n'est donc jamais assurée de se survivre tant qu'elle n'a pas mis à la base de sa vie nationale une vie intellectuelle qui lui soit propre. » Nouvel Emerson du discours sur « The American Scholar », le doyen de la faculté de philosophie de la nouvelle Université de Montréal défend le droit de lever le « joug intellectuel des autres peuples » et approuve le projet et la « nécessité de séparer notre destinée de celle des peuples qui nous entourent ». Il ne s'agira que d'être « prêts à l'heure où la Providence nous remettra notre destinée entre nos mains ».

Cette vision de l'État français revient dans les articles de l'abbé Perrier et de l'avocat Louis Durand qui, mettant une phrase de Charles Maurras en exergue de son texte, décrit cet État français à la croisée des provinces maritimes, d'un « certain » territoire à l'Ouest et du Québec comme noyau central. Émile Bruchési, qui a lu *Pour la patrie* de Tardivel qui s'inspirait de Garcia Moreno, explore les relations entre « l'État français et l'Amérique latine ». Soucieux de faire alliance avec « l'autre Amérique », Bruchési estime que « c'est en Amérique que sont nos intérêts et c'est sur ce continent que nous devons les chercher ces points d'appui qui nous permettront de jouer avec plus d'ampleur et de confiance en nous-mêmes notre rôle de nation libre dans le concert des nations américaines ».

L'Action française, qui avait mené l'année précédente une enquête sur l'économie et abordé la question des ressources naturelles et du capital américain, ne pouvait penser l'avenir politique sans examiner le projet d'indépendance à la lumière de la proximité des États-Unis. A. Vanier propose davantage d'intervention de l'État pour « s'emparer » de l'industrie ; il dit craindre un nouvel impérialisme américain et un nouveau colonialisme. Georges Pelletier va dans le même sens : « Nos chutes d'eau travailleront pour nous d'abord, pour l'étranger ensuite » ; le journaliste du *Devoir* entrevoit déjà, comme Asselin, « un nouveau régime des eaux », une possible nationalisation des ressources hydroélectriques.

Après l'Amérique latine et les États-Unis, « les étrangers ». Évoquant ces « fâcheuses habitudes de soumission exagérée de notre part », Joseph Bruchard affirme que les étrangers représentent « une source d'embarras ou tout au moins d'agacements » dans la mesure où il y aura résistance de leur part, volonté de nous diviser. Pour contrer ces attitudes, écrit

Bruchard, «nous adopterons la devise *Vivre et laisser vivre*, mais pas au point de *faire vivre*, d'enrichir toujours les étrangers de préférence aux nôtres».

Pour le collaborateur de la revue, «nous n'avons pas su commander le respect»: «Nous sommes encore un éparpillement de vaincus, de pense-petit, de chercheurs de place, qui demandent aux puissants Anglais, non pas des libertés, comme nos pères, mais de l'ouvrage.» Mais les choses changeront, pronostique-t-il: «La prochaine génération ne trouvera plus naturel, sous prétexte que "ç'a toujours été de même", que l'apparence extérieure soit anglaise dans les rues et les routes de chez nous; que tout ce qui est riche parle anglais, et français ce qui est pauvre, que quatre Canadiens français parlent anglais pour faire plaisir à un Anglais qui dédaigne d'apprendre leur langue; [...]; que la grande exploitation de nos forêts, de nos mines, de nos pêcheries, de nos chutes d'eau, etc., fournisse aux étrangers les capitaux et les positions influentes, et à nos gens les besognes viles et les salaires de rien.» Pensant aux effets de cette affirmation économique, Bruchard entend qu'à l'avenir, les députés décréteront «non pas l'assimilation, comme les Américains, mais une honnête connaissance du français». Quant aux Juifs, de plus en plus influents économiquement, «ils ne seront pas les derniers à se mettre au français: ils savent toujours se mettre du côté d'où le vent souffle».

Ne restait qu'un groupe à considérer dans la perspective d'une telle indépendance: «nos frères de la dispersion». La contribution du futur cardinal Villeneuve est davantage un portrait-charge des déceptions occasionnées par la Confédération qu'une véritable prise en compte de «ces Français de notre *diaspora*». Le père Villeneuve considère que cet «État catholique et français» n'est plus «une pure utopie, mais un idéal digne d'ambition, un espoir solidement fondé». Il formule parfaitement l'attitude passive de cet indépendantisme de 1922: si «la Confédération n'a été en ce qui concerne nos intérêts nationaux qu'une banqueroute lamentable, qu'une déception humiliante et amère», répète-t-il, «nous ne courons au-devant d'aucune séparation; nous n'accepterons que celles-là seules que nous imposeront la nécessité et les hasards de l'histoire, et contre lesquelles par conséquent ni les uns ni les autres ne pourraient quelque chose». Il conclut en évoquant «les facultés d'un État québécois pour l'expansion de la force française en Amérique», le rayonnement au-delà des frontières d'un tel État indépendant.

Groulx conclut l'enquête en décembre 1922. C'est le même homme qui parle « de tous les malaises et de tous les malheurs des mariages mixtes » et, qui dans *L'appel de la race*, publié deux mois plus tôt, avait écrit : « Plusieurs n'avaient pu s'empêcher d'y voir, dans la lutte des races, en pleine guerre, quelque chose comme les premiers craquements de la Confédération. » Pour Groulx, 1867 fut une erreur et « la crise de la boussole a entraîné celle du gouvernail ». Le Québec devient « un État cosmopolite, ouvert à tout venant, comme les Plaines de l'Ouest ». Il écrit : « Mais la destruction est commencée par d'autres que par nous et nous refusons d'asseoir notre avenir à l'ombre d'une muraille en ruine. » Dans cette *Action française* dont la devise est celle du héros Dollard des Ormeaux, « Jusqu'au bout », le directeur conclut : « L'idéal d'un État français va correspondre de plus en plus parmi nous à une sorte d'impulsion vitale. »

Cet idéal ne sera pas l'impulsion vitale de tous, certainement pas celle des Canadiens français hors Québec ni d'Henri Bourassa. *L'Action française* elle-même est consciente que, selon l'expression de Bourassa, « le Québec a charge d'âmes » et que, pour les francophones de l'Ouest, il y aurait manifestement un problème de « frontières » avec cet État catholique et français du Canada « oriental ». Parallèlement à l'action intellectuelle de *L'Action française*, il y a bien une action politique, quoi qu'en dira un collaborateur en 1926 : « Rappelons que nous n'avons jamais songé un seul instant à organiser une action politique dans cette voie. Mais l'eussions-nous voulu que nous en aurions certes eu parfaitement le droit. » Action politique, oui, parti politique, non ; surtout pour un mouvement nationaliste né d'une volonté de se situer « au-dessus des partis[15] ».

Groulx et Bourassa en 1922 : des chemins qui se séparent

L'enquête de *L'Action française* de 1922 constitue un tournant décisif dans l'affirmation d'un nationalisme canadien-français au début du xxᵉ siècle. Le nationalisme au Québec ne sera plus le même après 1917, et surtout après 1922. Cette évolution tient aussi à celle de Bourassa. Six phénomènes expliquent l'évolution du directeur du *Devoir* de 1917 à 1929 : sa reconsidération des rapports entre la langue et la foi, sa désillusion relative face à la Confédération, le choc de l'enquête de *L'Action française* de 1922, la publication de l'encyclique *Ubi arcano* de Pie XI de décembre

1922, son audience de 1926 avec le pape et ses positions face au mouvement sentinelliste en Nouvelle-Angleterre.

De son discours de réplique à Mgr Bourne à Notre-Dame en 1910 à sa conférence de 1918 sur *La langue gardienne de la foi*, Bourassa maintient sa position d'une interdépendance égale de la foi et de la langue, à une nuance près, on le sait, formulée à la fin de son texte de 1918 : « Ne luttons pas seulement pour garder la langue, ou pour garder *la langue et la foi;* luttons pour la langue afin de mieux garder la foi. » Une primauté de la foi sur la langue s'annonçait.

Mais Bourassa demeure sceptique face à l'expérience canadienne depuis 1896. À un banquet en l'honneur d'Armand Lavergne, Bourassa endosse un bon nombre des insatisfactions des nationalistes de *L'Action française :* « On a parlé de la doctrine nationaliste. On a bien fait d'en rappeler l'importance, car il faut avoir avant tout une doctrine. On ne remplacera les partis actuels qu'en substituant à leur doctrine tombée dans l'oubli une doctrine plus nette et plus vigoureuse. » L'orateur identifie bien son nationalisme : « Le nationalisme s'est manifesté sous deux formes principales : la lutte contre l'impérialisme et la lutte pour les libertés religieuses et nationales. » Le journaliste du *Devoir* rapporte le propos de Bourassa selon lequel l'idée qu'ont eue les Pères de la Confédération de faire une nation avec les Canadiens anglais et français est irréalisable. Selon le reporter, l'orateur admet avoir longtemps eu cette illusion d'une nation biethnique et bilingue, mais il a dû en revenir. Bourassa ne dit pas que les deux peuples ne peuvent vivre ensemble, mais jamais ils ne formeront une nation. Il croit que la Confédération « doit se dissoudre un jour » et qu'il faut en tirer la conclusion suivante : « Puisque la Confédération a vécu, nous devons surtout préciser notre programme, le préciser, le limiter à nous-mêmes. Refaisons-nous nous-mêmes. La supériorité de la richesse et du nombre, nous ne l'aurons jamais ; mais la supériorité morale, nous l'aurons, si nous le voulons. » Il conclut : « Les Anglais ont voulu employer la Confédération à nous asservir, mais ils n'ont pas voulu de l'association égale avec nous. Cherchons donc ailleurs des appuis. » En 1921, à la veille de l'enquête de *L'Action française* sur « Notre avenir politique », Bourassa n'est pas loin de Groulx et de la revue.

Quatre ans après la fin de la Première Guerre mondiale, Pie XI publie en décembre 1922 une encyclique, *Ubi arcano*, sur « l'amour immodéré de la nation » présenté comme l'une des causes principales des maux contemporains. Dans la conférence qu'il fait au Gesù le 23 novembre 1923 et dans laquelle il réfère à la récente encyclique, Bourassa déplore l'éveil des nationalités et en attribue l'origine à la Réforme protestante qui a nationalisé les Églises. Il dit regretter les effets de «l'amour immodéré de la nation» dans les pays «homogènes» et «composites» comme la Belgique. Il dénonce ensuite le principe des nationalités: «Cette maxime est devenue un ferment de désordre le jour où des peuples de même race et de même langue, partagés entre plusieurs États, prétendirent en faire leur profit.» Féru d'histoire et ultramontain dans son attention orthodoxe à Rome, il rappelle que le «premier triomphe du principe des nationalités se consomma dans l'iniquité et la violation du plus sacré des droits, celui de la Papauté à son indépendance». Une fois les principes mis en place, le directeur du *Devoir* reconnaît à nouveau que 1867 n'a pas donné les résultats attendus et qu'une rupture est possible entre l'Est et l'Ouest: «pour l'heure», la patrie canadienne «commande le même amour, non pas peut-être de cœur, mais de conscience, d'honneur et de raison». Puis il en vient à l'enquête de *L'Action française* de 1922, à l'idée de la formation d'un État catholique et français, d'un Canada oriental. Il s'y oppose pour quatre raisons: l'Ontario et les Maritimes ne se laisseront pas amputer, le Canada n'abandonnera pas l'accès au fleuve Saint-Laurent, cet État indépendant pourrait plus difficilement venir en aide aux minorités hors Québec et aux États-Unis — «Séparés de la Confédération, nous serions aussi impuissants à protéger les groupes français et les minorités catholiques du continent américain qu'à rendre Rome au Pape ou à châtier la Russie rouge» — et il y a, enfin, le danger de se méprendre sur soi-même: «Trop faibles de volonté pour garder ce que nous avions et réaliser le possible, comment deviendrions-nous tout à coup assez puissants, assez énergiques, pour maîtriser l'impossible?» Ultime argument, moral: «Les souffrances, à moins de dépasser les bornes de l'endurance humaine, ne suppriment pas le devoir de fidélité envers la patrie.»

Bourassa a d'autres motifs pour affirmer que cet État catholique et français n'est ni réalisable ni désirable, «ni au point de vue français, ni, encore moins, au point de vue catholique, qui prime à mes yeux l'intérêt français». Car l'homme est clairement acquis à l'idée de la primauté de la religion sur la langue: «Mais n'oublions jamais que nos devoirs de catholiques priment nos droits nationaux, que la conservation de la foi,

l'unité de l'Église, l'autorité de sa hiérarchie importent plus que la conservation de n'importe quelle langue, que le triomphe de toute cause
humaine.» Il ajoute en se voulant persuasif: «Ne demandons pas à
l'Église d'être française au Canada; soyons certains qu'elle n'y sera ni
anglaise, ni irlandaise.» Le présent et l'avenir immédiat du clergé francophone en Ontario et en Nouvelle-Angleterre lui donneront-ils raison?
Les directeurs de *L'Action française* ne tardent pas à répondre à Bourassa. Le mois suivant, ils répliquent à l'homme qui est leur idole depuis
deux décennies et qui venait d'affirmer que les «enthousiastes aspirations
de l'avenir» détournaient «des réalités du présent», en demandant qui,
plus que *L'Action française,* avait justement tenté de penser le présent. À
l'allusion des «tendances du nationalisme immodéré», les directeurs rappellent que des prêtres comme les abbés Robert, Perrier, Groulx ou les
pères Forest et Villeneuve «savent tout de même un peu de philosophie
et de théologie». Enfin, on met Bourassa devant ses positions de 1921
sur la probable dislocation de l'État canadien et on réaffirme la divergence de la revue qui choisit de ne pas se «contenter d'un programme
général d'action nationale» et surtout de «ne pas attendre que la maison
soit écroulée pour chercher où nous abriter». La Direction de *L'Action
française* est déterminée à propos de cet État catholique et français:
«Nous y tenons.»

    L'Action française n'est pas seule à tenir ces propos. *La Croix* de
Montréal, antisémite, antibolchévique, anti-franc-maçonne et dirigée par
le gendre de Tardivel, Joseph Bégin, ne voit en mars 1924 qu'une alternative: «ou la séparation, ou l'assimilation». La nécessité de briser la
Confédération tient à plusieurs raisons selon *La Croix,* dont celle d'empêcher les Juifs d'entrer au Canada. L'hebdomadaire écrira le 9 février
1927: «Le Pacte fédéral de 1867 fut un traquenard. La minorité anglaise
dans Québec a été très bien traitée. La minorité française dans les provinces anglaises a été jouée, bafouée, maltraitée. [...] La Confédération a,
avec l'argent de l'Est, peuplé l'Ouest d'immigrants de Londres, qui
aujourd'hui détruisent notre influence.»

    Les chemins de Groulx et de Bourassa se sépareront de plus en plus,
même si entre catholiques, entre prêtre et laïc du même quartier d'Outre-
mont, les relations demeurent civilisées. De retour d'une audience papale
le 18 novembre 1926, Bourassa se dira — dans une conférence de 1944 —
«raffermi, réconforté, éclairé pour le reste de [ses] jours» sur la question

du nationalisme. Il en donnera pour preuve son attitude inflexible en 1929 à l'égard du mouvement sentinelliste en Nouvelle-Angleterre qui, contre l'avis de l'épiscopat local et de Rome, se bat contre les nominations de curés irlandais dans les paroisses francophones riches. Dans ses *Mémoires* rédigés à la fin des années 1950, Groulx parlera du «Bourassa des bonnes années, de 1905 à 1922» et de la grande déception de la jeunesse de l'époque, «surtout à une époque où la jeunesse, ardemment nationaliste, ne pardonne guère à ses maîtres de ne l'être pas[16]».

Soixante ans (1927) de Confédération

Le double numéro de *L'Action française* de mai et juin 1927, mis aussi en brochure comme l'enquête sur «Notre avenir politique», et portant sur les 60 ans de la Confédération, alimente toujours le dossier des «griefs et déceptions» des Canadiens français à l'égard de leur situation politique et constitutionnelle mais n'aborde plus la question de l'État catholique et français indépendant. Le numéro spécial, qui se veut un inventaire de la contribution des Canadiens français «à l'œuvre commune», avait été néanmoins précédé d'une consigne dans le numéro d'avril à propos des fêtes du 1er juillet: «Un peuple qui a le sens de la dignité, devrait savoir à quelle hauteur, le 1er juillet prochain, ne pas hisser ses drapeaux.»

La contribution de Groulx à ce numéro spécial sur «Les Canadiens français et l'établissement de la Confédération» est un bel exemple des variations de la vision d'un phénomène chez un historien. L'homme qui avait écrit en 1914 que la Constitution de 1867 «faisait de la Province de Québec un État pratiquement autonome» où «les Canadiens français seraient maîtres chez eux» évalue en 1927 que «le système fédératif, simple "faute de mieux", ne représente nullement pour les peuples l'état politique parfait: la libre disposition de soi-même dans la pleine indépendance». Le prêtre-historien en profite pour dédouaner l'appui des évêques d'alors au projet: «S'ils eussent prévu le dixième seulement de ce qui est arrivé: les persécutions scolaires et tant de manquements de paroles, chacun admettra que les évêques du Bas-Canada n'auraient jamais écrit leurs Lettres pastorales en faveur de la Confédération.» Le directeur de la revue maintient néanmoins son évaluation d'un risque de dissolution du régime constitutionnel canadien: «L'on convient qu'après plus d'un demi-siècle d'existence, la Confédération canadienne reste encore un géant anémique, porteur de maints germes de dissolution.» Les autres contributions à ce numéro spécial insistent sur les griefs à faire aux Irlandais qui ont peu fait pour rendre justice aux Canadiens français, aux Canadiens anglais qui ont fait aux Canadiens français ce que ces derniers ne leur ont pas fait, au Conseil privé de Londres, «un tribunal étranger qui n'a jamais rien entendu à nos affaires» et qui, en cédant le Labrador à Terre-Neuve, amputait le Québec de 110 milles carrés de territoire. Antonio Perrault résume ces griefs et déceptions et conclut à «l'intolérance anglo-saxonne»: «Tous comptaient que l'autre partie contractante apporterait à l'exécution de ce traité de 1867 la loyauté, la justice, voire la générosité avec laquelle les Canadiens français traitent l'élément anglo-protestant de la province de Québec.» Et, dans son esprit, il s'agit moins alors et dorénavant de sortir de la Confédération que de travailler à l'améliorer: «Deux devoirs incombent aujourd'hui aux Canadiens français: exprimer franchement leurs griefs, travailler sans relâche à rendre la Confédération conforme à ses origines et à ses principes[17].»

Chapitre VIII

«L'ACTION FRANÇAISE»
DE MONTRÉAL ET DE PARIS

L'*Action française* DE PARIS est fondée en 1899, au lendemain de l'affaire Dreyfus. La revue est alors un bimensuel royaliste qui prend son essor vers 1905 et devient un quotidien en 1908. *L'Action française* de Montréal paraît en 1917; la revue est mensuelle et le demeurera. Quels sont donc les rapports entre les deux mouvements? Que doit la revue montréalaise à son aînée parisienne? L'analyse des ressemblances et dissemblances entre les deux mouvements passe d'abord par la prise en considération des contextes européen et canadien au tournant du siècle. Il est frappant d'observer jusqu'à quel point des expériences comparables mais comportant des différences peuvent expliquer une communauté de questionnements, de préoccupations et d'aspirations.

Défaites, menaces, glissements comparables

Les directeurs et auteurs des deux périodiques vivent dans la pleine mémoire et la pleine conscience d'une défaite. En France, la défaite de 1870 au profit des Allemands s'est accompagnée de la perte de l'Alsace et de la Lorraine, de l'amputation du territoire national. Au Canada français, au-delà de la «grande défaite» de 1760, la pendaison de Riel en 1885, les crises scolaires de 1896, de 1905, de 1912, la crise de la conscription de 1917 ont nourri des déceptions sinon des désillusions au point de faire voir clairement à certains qu'il n'y avait plus qu'un lieu où l'avenir des Canadiens français pouvait être assuré, celui où ils étaient majoritaires, le Québec. En 1917, un certain deuil commençait à se faire d'un Canada français hors Québec. Ces expériences récentes avaient laissé un goût amer d'inaccomplissement, de défaite.

De chaque côté de l'Atlantique, les deux sociétés vivent la réalité d'une menace extérieure: le germanisme dans le cas français, l'impérialisme britannique et le pansaxonnisme dans le cas canadien-français. À cette pression extérieure s'ajoutent des menaces intérieures venues avec l'industrialisation, l'urbanisation et le développement du secteur des services. En tenant compte des chronologies différentes et des déphasages, ces changements contribuent à déstructurer la société ancienne et à créer un sentiment généralisé de «déracinement». Les «déracinés» sont tout autant ceux de Barrès que les «up rooted» aux États-Unis, déracinés des campagnes à la ville ou déracinés de l'Europe en Amérique. Ces menaces obligent à une restructuration, à la recherche d'une doctrine nouvelle, à un redéploiement de stratégie pour assurer la survie de certaines valeurs et leur passage dans une réalité nouvelle. La ville perturbe la langue, la foi, les mœurs, l'expérience même du temps et de l'espace; les valeurs elles-mêmes sont déracinées et contraintes de faire de nouvelles racines.

Une autre menace intérieure vient précisément de l'extérieur: l'immigration avec ses cohortes de déracinés dont le nombre et la diversité étonnent, font peur. C'est dans ce contexte de mobilité géographique intensifiée que s'inscrit l'immigration juive en provenance de l'Europe de l'Est et que s'exprime dans l'ouvrage de Drumont, *La France juive* (1886), et dans son journal, *La Libre Parole* (1892), ou à l'occasion de l'affaire Dreyfus (1894-1898), un antisémitisme construit sur la perception du cosmopolitisme, de l'internationalisme et d'une menace des «apatrides». Le Canada français, et Montréal en particulier, expérimente le même phénomène migratoire global qui minorise les Canadiens français dans l'ouest du pays et qui met les Montréalais au défi de faire place aux Juifs dans leur ville et dans leurs écoles, constitutionnellement conçues pour les seuls catholiques et les protestants.

La menace qui se mue en suspicion fait voir des machinations de la part de ces «ennemis dans la place» et le pas est vite franchi d'associer les Juifs aux sociétés secrètes et à la franc-maçonnerie. Au moment où des loges maçonniques s'activent à Montréal et que Tardivel publie son roman *Pour la patrie* (1895), qui a pour trame la menace maçonnique, l'amalgame Juifs et maçons laisse croire que ces deux « maux » n'en forment qu'un, quand on n'y ajoute pas l'association au socialisme et au communisme en ces années de révolution bolchévique (1917) et de formation d'un Parti communiste au Canada (1921). C'est cette pratique de l'amalgame qui rend possibles les « États confédérés » de Charles Maurras : le Juif, le métèque, le franc-maçon et le protestant.

La longévité des « règnes » politiques (la IIIe République en France, les conservateurs au Québec), la polarisation partisane qui trouve voix dans la presse politique, les conflits d'intérêts entre la politique et la finance, quand ce ne sont pas des scandales plus ou moins fameux, donnent lieu à des perceptions de la politique et à des glissements prévisibles. Les mœurs politiques et électorales sont telles qu'elles servent de prétexte pour refuser le droit de vote aux femmes, mises à l'écart de « l'arène » politique. Le privilège accordé aux partis et à l'électoralisme aux dépens des droits de certains groupes (Laurier et les droits des catholiques francophones au Manitoba) mine la crédibilité de ces partis et justifie certains à chercher et trouver dans les mouvements et dans un nationalisme « au-dessus » des partis le fondement de la vie civique et politique. La récurrence des conflits d'intérêts et des scandales met en cause la démocratie parlementaire et alimente un antiparlementarisme plus ou moins exacerbé, qui fera de la dénonciation des « trusts », des monopoles et des « étrangers » un argument de sa validité. Dans un tel contexte, les hommes de doctrine, d'une doctrine, paraîtront attrayants, que ce soit le général Boulanger, Déroulède, Maurras, Bourassa ou Groulx. Enfin, avec des différences évidentes en régime républicain ou en monarchie constitutionnelle, l'adhésion au libéralisme économique, renforcée ou non par la doctrine ultramontaine de la primauté de l'Église dans les domaines mixtes et par les événements récents en Russie, façonne des visions parfois très militantes de l'État et de son rôle.

« L'énergie nationale »

Face à ces défaites, à ces menaces et à ces glissements, on se met à la recherche d'une doctrine nouvelle parce que l'ancienne est balayée par les changements. Une telle doctrine voudra parfois garantir la tradition dans la formulation inédite qu'elle donnera aux défis et aux aspirations. Elle s'alimentera à une certaine nostalgie de ce qui disparaît, et le « culte du souvenir» prendra des formes multiples: discours de la décadence, évocation de quelque «âge d'or» (la Nouvelle-France pour Groulx), valorisation de l'Histoire, célébration de grands événements ou de héros (Jeanne d'Arc, Dollard des Ormeaux). Le culte du souvenir nourrit le culte de la patrie et de la nation (discours de Renan et Ligue de la Patrie française en 1882) et la doctrine prend son sens dans les actions qu'elle suscite, dans les «ligues» qu'elle contribue à mettre en place, dans le programme d'«éducation nationale» qu'elle promeut à l'intention des populations étudiantes qui se consolident dans les collèges ou qui se constituent dans l'Université.

L'Action française de Paris et *L'Action française* de Montréal naissent dans ce contexte de ressemblances, d'événements que le capitalisme et les nouveaux moyens de communication rendent contemporains de part et d'autre de l'Atlantique. Les deux mouvements publient aussi une revue sous le même titre et le mouvement montréalais se donne les moyens de son homonyme parisien: maison d'édition, librairie, conférences. Mais les contextes propres à chaque société comportent aussi des différences qui marquent la doctrine et les actions de chacun des mouvements et des périodiques. Au Canada français, le nationalisme militaire et l'expansion coloniale n'ont guère de prise. Le Canada est alors un «dominion» de l'Empire britannique et l'on discute précisément de savoir si ses effectifs militaires doivent continuer ou non de servir la cause impériale, au Transvaal ou ailleurs. Le Canada est une monarchie constitutionnelle et non une république et, en conséquence, la tentation monarchique ou l'appel à la monarchie y prend une autre signification. Ce qui n'exclut pas un même partage, différentiel, de valeurs de la monarchie, en particulier pour une Église catholique très conservatrice toujours très favorable à l'alliance de l'Église et de l'État[1].

Ces contextes à ressemblances nombreuses confortent l'impression d'une certaine communauté idéologique, d'un même face-à-face avec des problèmes et des défis quasi similaires. *L'Action française* de Paris et *L'Action française* de Montréal ont au départ le bénéfice de la ressemblance. Surtout qu'elles appartiennent à deux sociétés qui ont quatre siècles d'histoire commune et dont les relations récentes, on le verra, sont plus larges et plus riches que les seuls rapports entre les deux mouvements et périodiques.

Barrès, Maurras, Maritain au Québec avant 1929

Contexte, moyens, tradition séculaire d'échanges culturels et intellectuels s'additionnent et s'ajoutent à un arrière-plan de valeurs communes de certains milieux français et canadiens-français : religion, langue, famille, patrie définissent l'identité québécoise, en particulier depuis la Confédération. Le nationalisme — le substantif même est nouveau — connaît précisément une renaissance au Canada français au tournant du siècle. Il n'est donc pas étonnant que, de surcroît, des figures comme celles de Maurice Barrès, de Charles Maurras et de Jacques Maritain aient fasciné une certaine élite intellectuelle.

Sans prétendre à une étude exhaustive, on peut déjà affirmer que l'Action française et Barrès en particulier sont familiers au milieu intellectuel québécois du tournant du siècle. Un hebdomadaire de Chicoutimi, *La Défense* (1898-1905), appuie dès le départ la Ligue des Patriotes perçue comme une sorte de parti national. Édouard Montpetit, ancien de l'École libre de science politique, professeur à la nouvelle École des hautes études commerciales (1910) et collaborateur de *L'Action française* de Montréal avouera : « Même avant d'aller étudier en France, je m'abreuvais de Barrès qui m'apprenait le secret de la résistance française et la persistance d'une civilisation sous les coups de la défaite. » L'année même du début de l'enseignement de Montpetit aux HEC, l'abbé Émile Chartier, formé en philosophie à Rome et en lettres à Paris, fait une conférence sur Barrès dans laquelle il propose que la « thèse » du « régionalisme littéraire » est aussi celle du « nationalisme religieux et politique ». Il explique ainsi « la manie de se déraciner » et l'appel de « la pensée des ancêtres » : « En même temps, la désorganisation politique et morale menaçait de bouleverser la grande patrie française. La ruine s'annonçait par la désertion des campagnes, l'abandon du pays natal, la dispersion des familles terriennes et la dilapidation des biens patrimoniaux. La grandiose idée de la tradition et le sentiment de la solidarité qui unit les membres de la petite patrie s'éveillaient aussi dans les âmes. » Convoquant Comte — « L'humanité se compose de plus de morts que de vivants » —, de Vogüé, Brunetière, Lemaître, de La Gorce, Bordeaux, Bourget et Barrès, il analyse la « doctrine » régénératrice de ce dernier, passé du culte du moi au culte des ancêtres par la redécouverte de l'Alsace-Lorraine de son enfance. Le conférencier concluait en proposant que « si la thèse régionaliste a produit en

France un effet merveilleux, on ne voit guère pourquoi, la même cause persistant, le même et heureux résultat n'en découlerait pas parmi nous».

Des Québécois qui vivent à Paris — Marcel Dugas, Paul Morin, Robert de Roquebrune — adhèrent aux idées de Barrès et de *L'Action française* ou s'en distancient. Dans huit articles qu'il envoie au *Nationaliste* en 1910-1911, Dugas, alors étudiant à la Sorbonne, fréquente le milieu royaliste et assiste à des conférences de Jules Lemaître et de Paul Déroulède dont il partage les vues sur la démocratie : «Les Parisiens et les Français, en général, sont supérieurs lorsqu'ils parlent et composent des livres, mais ils se gouvernent comme des insensés. Le parlementarisme est, entre leurs mains, un hochet ridicule et néfaste. Les républicains déshonorent, chaque jour, la nation et toutes les forces vives et saines de la France appellent un roi.» Il ne peut guère partager les vues de la Démocratie chrétienne et de Marc Sangnier, «essayiste chrétien des chimères démocratiques» qui «cherche à unir trop de contrastes irréconciliables». Dugas, qui se dira «royaliste de toute éternité», écrit : «Tout élément actif du royalisme se range sous les bannières de l'Action française contre la Juiverie et contre les forces occultes qui oppriment la France.»

Dugas collabore aussi à *L'Action* de Fournier sous le pseudonyme de «Turc». Près des milieux d'Action française, il dénonce tantôt les célébrations au Panthéon autour de Jean-Jacques Rousseau : «[...] on fêtera l'anarchiste Rousseau, le malade, le fou, l'homme d'où nous sont venues toutes les erreurs modernes», «le philosophe de l'égalité». Il endosse le propos de Barrès à la Chambre des députés concernant «l'apôtre éminent et le principe de toutes les anarchies». Dans un autre texte sur «Barrès et le Canada français», paru dans *La Revue du temps présent* et repris par *L'Action*, Dugas présente Barrès comme celui qui «aura donné sa voix» à la «philosophie nationaliste» en France et comme celui qui, par-delà les efforts des abbés Chartier, Perrier et C. Roy, donnera le diapason à toute voix susceptible de formuler cette philosophie nationaliste au Canada français. Mais, pour l'heure, les deux nationalismes sont différents : «Celui de Barrès reposant sur une intuition de poète et une expérience de politique a de quoi charmer les sens et satisfaire l'esprit. Les sceptiques mêmes en peuvent être humanisés sinon convaincus. Au Canada ne se trouvent ni sceptiques ni poètes, ni politiques capables de s'assimiler dès maintenant une idéologie réaliste. La phraséologie suffit et tantôt des

mesquineries de parlottes, tantôt des enthousiasmes puérils. » Dugas écrit
en 1912 et reconnaît que Bourassa, Asselin, Héroux se sont détachés
« courageusement de tous les partis pour poursuivre une fin nationale : la
défense de la langue française et la foi catholique. Ainsi se précisent les
idées et les actes, et l'on conçoit que le lyrisme, s'il en faut un, se nourrira
non pas de nuées, mais de conceptions saines et fortes que suscite le
danger. Semblable à celui de Barrès, il sortira de l'action et il la soutien-
dra. » Admirateur des *Déracinés*, de la série des *Bastions de l'Est* et surtout
de *Colette Baudoche* que *Le Devoir* reprendra en feuilleton et qui pouvait
suggérer une mise en parallèle de la destinée de la Lorraine et de celle du
Canada français, Dugas le barrésien mais le futur « exotiste » pense toujours que c'est « dans le souvenir que se puisent les forces de résistance et
de durée ». Dans le « lyrisme » du souvenir : « Les données intellectuelles
ont chez lui valeur de lyrisme. Chez un peuple qui n'a qu'un lyrisme naïf,
il pourrait bien établir l'ordre de la raison. Nous le disions en commençant, on a vécu son œuvre avant qu'il existât. Mais s'il sait donner une
voix à nos gloires, il donnera un visage à nos espérances. Plus que
d'autres, des déracinés actifs le doivent saluer. » Il reconnaît enfin que « ce
qu'on admirera toujours dans Barrès, c'est d'avoir pu dispenser à chaque
communauté française les vérités qui lui sont propres ». La phrase sera de
trop.

Paul Morin, qui avait dédié l'un des poèmes du *Paon d'émail* — « Le
départ » — à Barrès, reçoit de celui-ci cet éloge : « Je suis charmé par ce
Paon d'émail, par la route et le goût précieux de vos poèmes. Je suis bien
tranquille sur votre avenir d'écrivain ; vous êtes artiste ; tout le montre,
vos inventions et votre érudition, et le retentissement mystérieux, l'écho
prolongé dans mon esprit, après que je vous ai lu. » Barrès ne ménage pas
ses éloges. Dans la préface au récit de voyage du prince Beauvreau-Craon,
La survivance française au Canada (1914), il n'hésite pas à affirmer qu'« au
Parlement d'Ottawa, les députés de notre langue l'emportent en éloquence sur leurs adversaires britanniques » et insiste sur « le fait le plus
beau », à propos de la province de Québec, c'est qu'elle est encore « soumise à la Coutume de Paris d'avant 1789 »…

Les admirateurs de Barrès sont moins inconditionnels, la guerre venue.
Ni Dugas ni d'autres admirateurs ne sont dupes des positions religieuses
de Barrès et de Maurras. Dugas écrit en septembre 1915 : « Nous verrons
tant de choses, et ceci par exemple, que la renaissance morale et religieuse

(française) inventée par M. Maurras, catholique athée, et M. Barrès, incroyant, pour les fins que nous savons, ne tient qu'à un fil, qu'au papier où elle s'étale. J'aperçois s'élancer, du sein de la souffrance des blessés et des morts encore vivants, un dieu farouche qui balaiera ceux qui organisent les trépas.»

Un texte de Barrès sur la participation canadienne à la guerre met le feu aux susceptibilités. Le «lyrisme» de Barrès fascine moins M. Dugas, qui ne prise pas que le grand homme «invente une origine de "peaux-rouges" et de "trappeurs" aux Canadiens». À propos de Barrès qui aurait déjà demandé «Le Canada, est-ce que cela existe?», Dugas écrit en 1915 : «Que de raisons ne possédons-nous pas de nous défier d'un tel mauvais flatteur?» Il se fait même cinglant : «Si nous avons le droit et le devoir, en famille, de nous dire d'utiles vérités, ce n'est pas au moment où notre pays offre à l'Europe d'aussi énormes sacrifices, qu'il sied à M. Barrès de nous tenir pour des "trappeurs", avant et après la lettre. Sans doute nous reste-t-il encore beaucoup à faire pour atteindre à la civilisation véritable, mais il est déplaisant que M. Barrès, notre débiteur en argent, en hommes et en morts, se charge lui-même de nous le faire savoir.» On ne va pas alors faire un doctorat en littérature à Paris pour entendre cela.

Asselin a aussi ses raisons de se «défier» de Barrès; il écrit le même jour : «Nous doutons même que cet écrivain, que l'admiration désordonnée des conservateurs de France a érigé en prototype de l'idée française, comprenne jamais tout à fait que des sujets *anglais* puissent prétendre à faire du français une de leurs langues officielles. Nous du Canada français, nous avons cent autres raisons d'aimer la France et de souhaiter son triomphe; mais, de grâce, ne nous faisons illusion sur le degré d'intérêt qu'en dehors de milieux très restreints, comme la Canadienne, les intellectuels français nous portent.»

Robert de Roquebrune trouve ridicule, quant à lui, de «déclarer que le sang des Sauvages qui coulait dans les veines des Canadiens leur conférait un courage et des ruses qui faisaient merveille contre les Allemands», et peu attrayant «d'aller faire l'Iroquois dans les tranchées de France». Ces mots, lancés lors d'une conférence, seront reproduits en 1923 dans *La Revue de l'Amérique latine*, et Barrès, qui les lira, écrira à de Roquebrune : «Monsieur, votre mot sur moi est parfaitement gracieux, alors que j'ai reçu des torrents d'injures de votre pays à propos de mon article sur les Canadiens.» De Roquebrune reviendra dans ses mémoires sur l'épisode pour ajouter: «Évidemment plein de bonnes intentions, mais gaffeur, ce pauvre Barrès n'a jamais compris la raison du "torrent d'injures".» L'auteur des *Habits rouges* ne verra pas mois son roman publié en feuilleton dans *L'Action française* de Paris, entre le 14 avril et le 9 mai 1926.

L'abbé Groulx fait sien le thème de «l'énergie nationale» et son roman de 1922, *L'appel de la race*, est barrésien de part en part avec ses thèmes de la tradition, des générations, du déracinement, du «vieil humus où mon âme a ses racines naturelles», de «l'appel des siens, des persécutés de sa race», de la «volonté collective de nos ancêtres», du «spectacle de cette Alsace-Lorraine d'Amérique». Un de ses personnages assiste à l'inauguration d'un monument à Dollard des Ormeaux sur «un site barrésien», «un lieu retiré, fait pour la méditation, se relevant vers le fond par une colline inspirée».

Collaborateur assidu de *L'Action française* de Montréal, Arthur Laurendeau, père d'André, connaît bien l'œuvre de Barrès; il le cite et à propos de la promotion même du nationalisme: «Le *moi d'abord* comme peuple remplace largement le *moi d'abord* comme individu.» Enfin, la revue de l'Université Laval*, Le Canada français*, publie un article de François Veuillot, correspondant de Groulx, sur «Maurice Barrès et le catholicisme[2]».

Maurras est non seulement connu, lu, cité mais le directeur de *L'Action française* de Paris connaît le Canada français. Jean Bruchési, qui a étudié à Paris et fréquenté les milieux d'Action française, plaide pour que ses concitoyens aient «ce que Maurras appelle magnifiquement "le sens du rempart et de la cité"». L'abbé Lavergne, qui publie *Sur les remparts*, partage la même admiration. Un personnage du roman d'Harry Bernard, *L'homme tombé* (1924), adopte des idées de Maurras. Bruchési collabore en 1928, sous le pseudonyme «Québec», à *L'Almanach de l'Action française* de Paris et reconnaît: «Quand Maurras réclame pour la France la réforme de l'éducation nationale, la réforme sociale venant après la réforme politique, la réforme administrative basée sur le lien national et la décentralisation; quand il défend la "famille-chef", il dresse un programme dont nous pouvons tirer grand profit.»

Mais l'admiration pour Maurras n'est pas inconditionnelle. Commentant un texte de celui-ci paru dans *L'Action française* de Paris en août 1912 et intitulé «Ce que pense un royaliste de France des Canadiens français», *La Revue canadienne* émet des réserves sur la religion et les attentes de l'auteur tout en admettant : «Il n'en est pas moins vrai que l'écrivain monarchiste, qui est un journaliste de haute valeur, a fait de notre situation comme race distincte un portrait qu'il est bon de regarder longtemps, pour réfléchir mieux.» Tantôt c'est le directeur de la revue *La Nouvelle-France* qui invite Groulx à supprimer les références à Maurras dans un texte soumis pour publication, en précisant que c'est «un personnage fort discuté et qui, à raison de son athéisme personnel, donne sur les nerfs de quelques-uns de nos vénérables lecteurs […]». Quant à Bourassa, qui reconnaît l'à-propos d'une formule de Maurras — «l'Église catholique est la seule internationale qui tienne» —, il ajoute que ce témoignage vaut «d'autant plus que celui qui l'a donné est, par une étrange inconséquence, un incroyant notoire et l'un des prophètes du nationalisme le plus outrancier». Maurras est connu au Canada français, qui n'ignore pas l'athéisme du personnage[3].

Dès la parution des *Éléments de philosophie* de Jacques Maritain en 1920, l'ouvrage est recensé dans *L'enseignement secondaire*, dans *La Revue dominicaine* et dans celle de l'Université Laval, *Le Canada français*, dans ce dernier cas par un professeur et auteur de philosophie, l'abbé Arthur Robert. On se félicite de la venue sur la scène philosophique d'un thomiste, laïc de surcroît. *Le Canada français* et *La Revue dominicaine* recensent les nouvelles publications de Maritain, *Théonas ou les entretiens d'un sage et de deux philosophes sur diverses matières inégalement actuelles*, *Antimoderne* dont l'abbé Robert souligne «la sûreté d'appréciation incomparable», et *Trois réformateurs*. On prend même l'initiative de faire une invitation à Maritain, que celui-ci doit décliner. L'ouvrage de Maritain, *Art et scolastique* (1920), connaît, pour sa part, un certain succès dans les milieux artistiques[4].

Les amis du «n° 14 de la rue de Rome»

Familiers des principaux animateurs de *L'Action française* de Paris, des Canadiens français le sont évidemment du périodique même, qui a ses bureaux rue de Rome. Des voyageurs canadiens-français à Paris comme Omer Héroux, Groulx, Bruchési ou le jeune père Gustave Lamarche ne manquent pas de faire le récit de leur lecture de *L'Action française*, de leur participation à un rassemblement du mouvement et de leur proximité de la revue. Héroux était passé aux bureaux de l'Action française à l'hiver 1908 et y avait rencontré Henri Vaugeois et Joseph Romanet de Caillaud, qui lui rend la pareille en août 1909. Rendant compte de son voyage au Québec, celui-ci, «en bon Français et en bon royaliste», idéalise la Nouvelle-France «sous la monarchie», attribuant au clergé mais en aucune manière à la Chambre d'assemblée l'honneur d'une lutte qui a arraché «à l'Anglais lambeau par lambeau les précieuses libertés qui ont permis à notre race de maintenir au Canada sa prépondérance et ses droits». Surpris de la froide réception d'un assistant d'Héroux à *La Vérité* face à sa «théorie du coup», de Caillaud célèbre néanmoins ces «fils d'une race que n'effleurent même pas les erreurs de la Révolution». Héroux tente de comprendre en 1909 le sens du nouveau quotidien : «À droite comme à gauche, le régime actuel a fait trop de dupes et trop de victimes. On cherche autre chose.» Il faut dire que Maurras encourage ces relations en publiant un article sur le Canada français en 1912 où il met l'accent sur la monarchie au temps de la Nouvelle-France, affirme que l'adversaire réel du Canada français n'est plus l'Anglais mais l'Américain et prend prétexte de l'occasion pour dénoncer les Juifs y compris ceux de Montréal.

Groulx séjourne à Paris en 1921 et en 1922; *L'Action française* de Montréal informe ses lecteurs que «notre Directeur s'emploie à faire connaître là-bas le Canada français, à nouer de nouveaux liens d'amitiés entre intellectuels français et intellectuels de notre pays». Le directeur de la revue de Montréal fait, le 2 février 1922, une conférence sur la France d'outre-mer, que *L'Action française* de Paris publie en brochure et qui donne lieu à la seule et très brève correspondance connue entre les deux mouvements. Il n'est donc pas surprenant que, s'interrogeant sur les relations entre le Canada français et la France, Groulx pense au milieu d'Action française : «Un autre groupe qu'en toute justice nous ne saurions ignorer, c'est celui de "l'Action française". Serait-ce que par tradition historique, les monarchistes français sont plus préoccupés que les autres du prestige et du rôle de la France à l'extérieur? Serait-ce que, par le fond même de leur doctrine, qui veut la cohésion plus forte de la race sous l'unité du chef, ils ont un sens plus aigu de la solidarité ethnique? Une chose demeure et c'est leur sympathie agissante pour tous les groupes de la famille de France. Un Canadien français catholique et un partisan de "l'Action française" qui causent ensemble une heure durant éprouvent cette joyeuse surprise de se sentir rapidement d'accord sur la plupart des problèmes qui intéressent l'ancienne et la nouvelle France. Ce sont les journalistes de *L'Action française* qui ont le mieux compris notre attitude pendant la guerre. Nul parmi eux ne se permit à notre égard ce ton de remontrance hautaine qui nous a si justement déplu. Et celui qui tient ici la plume peut affirmer que les intellectuels du numéro 14 de la rue de Rome se préoccupent vivement de l'avenir du Canada français.»

Ils s'en préoccupent, à la manière de *L'Action française*, pour dédouaner «la France d'autrefois», en soutenant que «si la monarchie a dû sacrifier au XVIIIe siècle nos provinces atlantiques, ce n'était qu'un revers passager, un sacrifice provisoire» et que la Nouvelle-France «n'avait pas de grief contre la monarchie».

La rue de Rome est une adresse connue; Héroux, lecteur de *La Croix* de Paris, écrit à Groulx: Louis Durand, collaborateur de la revue montréalaise, «désire fréquenter les milieux d'*Action française*. Je lui donnerai une lettre pour Valois. Je lui ai dit que peut-être vous pourriez lui confier un mot pour Lestra. Par celui-ci, il pourrait toucher à la fois les milieux royalistes et les catholiques. Peut-être vous conviendrait-il, si la combinaison vous convient, de suggérer à Lestra de le pousser du côté des œuvres catholiques. Il serait intéressant qu'il prît contact aussi avec des gens comme Massis, mais je ne connais pas cette génération.» À Paris aussi, le jeune Bruchési se délecte des écrits de l'historien Jacques Bainville, près de *L'Action française*, et de ceux du «vieux maître»; il fréquente les Camelots du roi dont il dira son admiration: «Comment oublier que ces hommes ont imposé le cortège de Jeanne d'Arc, fessé Thalamas qui insultait la vierge de Domrémy, nettoyé le Quartier latin, en partie du moins, des mauvais éléments qui y travaillaient contre la vraie France, arraché la jeunesse universitaire à la révolution et, un peu partout à travers le pays, chaque fois que c'était nécessaire, fait écho à la conscience révoltée? Ils ne craignent ni les coups, ni la prison. Qui peut nier leur bravoure[5]?»

La condamnation de L'Action française de Paris (1926)

La réaction des milieux canadiens-français à la condamnation de *L'Action française* de Paris est très révélatrice de la proximité et de la distance qui séparent *L'Action française* de Montréal de sa consœur parisienne.

Le drame intellectuel que connaît la revue parisienne prend forme avec la lettre du 5 septembre 1926 de Pie XI au cardinal Andrieu, archevêque de Bordeaux, qui avait sonné l'alarme. Le pape, reconnaissant «le louable amour de la patrie» et la nécessité de laisser de côté les questions purement politiques, dit craindre aussi le naturalisme des idées de la revue, cette tendance à la dissociation de la politique et de la morale. Henri d'Arles, collaborateur de *L'Action française* de Montréal et maurrassien convaincu, écrit à l'abbé Groulx : «*Digitus in oculo* [le doigt dans l'œil] [...] il me semble qu'il faut regretter que le Pape soit intervenu pour couvrir de son prestige cet amas de calomnies.» C'est un peu la position — plus formelle — de Maritain qui publie fin septembre 1926 *Une opinion sur Charles Maurras et le devoir des catholiques* où le philosophe thomiste près de *L'Action française* de Paris paraît toujours partagé entre l'avertissement papal et les idées de Maurras.

La presse canadienne-française suit l'affaire de près. *Le Devoir* de Bourassa publie la lettre papale du 25 septembre et aura comme politique de se limiter à ce type de couverture peu éditoriale de l'affaire. Cette prise de position ne peut que plaire à Bourassa qui dénonce le nationalisme outrancier depuis l'enquête de *L'Action française* de Groulx de 1922 et qui voit dans ce document pontifical une confirmation des positions de l'encyclique *Ubi arcano* de décembre 1922. Dès le 8 octobre 1926, *L'Action catholique* de Québec publie les documents mais fait davantage appel à des points de vue extraits de revues françaises comme les *Études* des Jésuites, favorables à l'autorité du pape et à l'impérative union des catholiques.

La vigilance pontificale s'exprime à nouveau dans une déclaration du 29 septembre aux Tertiaires franciscains de France selon laquelle il est du devoir du catholique «de procurer le bien en dehors et au-dessus de tout parti politique». Ce langage, familier aux Canadiens français, tombait en sol fertile. Mais c'est l'allocution consistoriale du 20 décembre 1926 qui fait franchir au débat un pas décisif. Manifestement soucieux de l'«éducation de la jeunesse», le pape rappelle qu'il n'est pas permis aux catholiques d'adhérer «à l'école de ceux qui placent les intérêts de parti au-dessus de la religion et font servir celle-ci à celui-là». Dans l'esprit d'*Ubi arcano*, le chef de l'Église craint la division des catholiques de France pour des raisons politiques. Encore là, un tel langage était apprécié des Canadiens français, en conflit larvé avec les Irlandais catholiques du Québec et du Canada depuis un bon moment.

Après le «non possumus» — la non-acceptation, le 24 décembre, par les gens de *L'Action française* de ces jugements portés sur leurs idées et leur mouvement —, la condamnation tombe le 29 : les écrits de Maurras et *L'Action française* sont prohibés pour les catholiques et mis à l'Index. Deux autres documents viendront préciser le sens de la condamnation : une nouvelle lettre au cardinal Andrieu du 5 janvier 1927, dans laquelle Rome déplore de la part des gens de *L'Action française* «une absolue absence de toute juste idée sur l'autorité du Pape et du Saint-Siège», une «absence non moins absolue de tout esprit de soumission» et une «attitude prononcée d'opposition et de révolte»; puis une ordonnance épiscopale du 18 janvier 1927 relative à *L'Action française* qui dénonce l'interprétation de la condamnation «comme une manœuvre politique dirigée contre la France» et rappelle cette prétention du «modernisme politique» selon laquelle «tracer et prescrire au citoyen une ligne de conduite, sous un prétexte quelconque, est un abus de la puissance ecclésiastique, contre lequel c'est un devoir de résister de toutes ses forces[6]».

Dans un premier temps, les réactions québécoises vont du désemparement à l'hésitation. Harry Bernard, maurrassien jusque dans ses romans et proche de *L'Action française* de Groulx, écrit dans *Le Courrier de Saint-Hyacinthe* du 7 janvier 1927 : «Car les hommes cultivés, dans toutes les parties de la province, suivent depuis longtemps le mouvement royaliste et *L'Action française*. Certains mêmes, depuis la condamnation des doctrines de *L'Action française* par le Saint Père, sont assez désorientés et ne savent trop quelle attitude prendre à l'endroit de ceux qu'ils considèrent, dans une certaine mesure, comme leurs *maîtres*.» *L'Action catholique* fait appel à un correspondant parisien assidu, Paul Tailliez, qui est d'abord favorable à *L'Action française* tout en demandant une rétractation de la part de Maurras et dont le ton se modifie pour faire une distinction entre les deux revues de Paris et de Montréal. Le quotidien catholique de Québec publie ensuite quatre «Lettres de Paris» de François Veuillot qui abonde dans le sens de la condamnation.

L'abbé Groulx, directeur de *L'Action française* locale, appelle à la vigilance : «Le nationalisme est mal coté à Rome, après les exagérations que l'on a commises en certains pays. Il faut espérer que la crise servira plutôt à clarifier les idées qu'à les embrouiller. Et tenons-nous bien dans la mesure et la vérité, afin de faire face aux malicieux qui n'attendent qu'un prétexte pour nous dénoncer.» Bourassa, sur le dos et la conscience

duquel pèsent les conflits entre catholiques canadiens-français et irlandais
et qui est sur le point en 1926 de rencontrer le pape à propos du nationalisme, maintient son précepte de la primauté du spirituel : « L'Église,
nous le savons bien au fond, nous conduira dans notre meilleur intérêt
et dans le meilleur intérêt de la société. Elle ne nous obligera à abandonner aucune de nos justes revendications. Sachons hiérarchiser tout, nos
revendications elles-mêmes, faire passer avant, toujours, ce qui doit venir
en premier lieu.»

En juillet 1927, Maritain publie *Primauté du spirituel*, formulation
nouvelle et inspirée d'une dimension essentielle de l'ultramontanisme.
Groulx, qui en souligne un passage dans son exemplaire — «La piété
envers la patrie dans laquelle nous sommes nés, et avons été nourris, est
comme la piété envers les parents, une vertu qui se rattache à la justice»
—, fait un bref compte rendu de l'ouvrage dans sa revue : «Ceux de chez
nous néanmoins qu'auront émus ou troublés les récentes décisions du
Saint-Siège trouveront à rassurer leur esprit et leur foi dans les hautes
spéculations du philosophe catholique.» Quinze jours plus tard, il avoue
à un maurrassiste fraîchement arrivé à l'Université de Montréal, Jean
Houpert : «Inutile de vous dire que les récentes condamnations romaines
ont suscité de vives impressions dans les milieux qui sont les miens.
Intéressés d'assez loin à la question purement politique, nous avions pris
l'habitude néanmoins de considérer *L'Action française* comme un journal
de défense religieuse ; nous admirions la netteté de ses doctrines et notre
conviction s'était faite, qu'au point de vue tactique, une réforme morale
de la France n'était possible que par une réforme politique. Le Pape a jugé
que la doctrine maurrassienne contenait plus de périls que de promesses
de vie. Nous nous sommes inclinés, catholiques de traditions et de convictions. Avec vous, je prierai pour la conversion de votre Maître de là-
bas. L'expérience que nous avons vécue au Canada depuis 150 ans nous
a donné cette ferme persuasion qu'il n'est point de vie possible pour un
peuple en dehors du catholicisme, j'entends une vie ordonnée et pleine.»
L'heure est à la vigilance. Au jeune Jean Bruchési auquel le secrétaire de
Maurras, Bernard de Vaulx, vient de demander un article pour *L'Almanach de l'Action française* et qui s'enquiert de ce qu'on dit de «l'affaire de
L'Action française» au pays, Groulx répond : l'offre «me fait peur pour
vous-mêmes. Vous allez débuter dans la vie. Et vous savez — et c'est à
mon avis tant mieux — que nous vivons dans un pays où il est périlleux

de ne pas débuter sous le signe de l'orthodoxie. L'on pardonne tout en nos milieux, sauf une erreur doctrinale.» Il ajoute : «Je vous confesse que bien des choses et bien des procédés m'ont étonné dans la condamnation de *L'Action française*. Mais enfin, nous sommes catholiques, et à défaut de doctrine, la discipline nous interdit la révolte contre l'autorité. J'aimerais mieux me tromper avec l'Église que de prendre le risque d'avoir raison contre Elle.» Le directeur de *L'Action française* de Montréal précise à Bruchési : «Quant à l'influence de Maurras au Canada français, je n'ai pu l'observer *de près* que dans le milieu de *L'Action française* de chez nous et *d'un peu loin* dans notre clergé et nos classes professionnelles» ; ce qu'on y cherchait, selon Groulx, c'est «la cohérence de la doctrine nationale et politique», «la franche rondeur des attitudes du journal sur les questions religieuses, la liberté de l'enseignement», «le relèvement» de la France par une «tentative de restauration monarchique, la plus sérieuse, la plus disciplinée que l'on eût encore tentée». Pour Groulx, le journal plaisait «pour son allant, pour l'odeur de scandale qu'il exhalait, pour sa tenue littéraire, pour les articles de Bainville, pour son excellente revue de presse». Il termine sa lettre par cet aveu : «Je vous avoue que, pour ma part, Maurras a contribué à me dégoûter de la démocratie. Mais je n'ai jamais gobé le cher maître. Ce grand esprit avec un grand trou par en haut, n'a jamais représenté pour moi la magnifique clarté de la pensée française. [...] je ne crois pas qu'il y eût rien de bien profond dans l'action maurrassienne chez nous.»

Le milieu philosophique se montre aussi soucieux du désemparement possible de quelques individus ; l'abbé Robert écrit à propos de *Primauté du spirituel* : «Voici un livre qu'on peut appeler *actuel*, voire *très actuel*. Les intentions de l'auteur sont manifestes : rappeler aux esprits les vraies notions du pouvoir de l'Église, et surtout du pouvoir indirect. Cela s'imposait depuis la condamnation de *L'Action française*, de Paris. Jacques Maritain a épousé, quelques années durant, les idées de ce groupe qui, il faut bien l'avouer, recrute les élites soucieuses de l'ordre. [...]. Livre opportun s'il en fut. Espérons qu'il ramènera à bon port les intelligences désemparées.»

Maritain, le dominicain Doncœur et quelques autres ecclésiastiques publient le 8 février 1927 *Pourquoi Rome a parlé*, ouvrage au titre explicite qui entend faire voir la dimension essentiellement religieuse de la condamnation. C'est ce que comprend l'abbé Robert dans la recension qu'il fait du livre ; selon lui, les théologiens et philosophes qui contribuent à l'ouvrage «ont entrepris d'apporter lumière aux intelligences, force aux volontés et calme aux consciences». Le professeur de philosophie de Québec s'emploie surtout à souligner la politique naturaliste de Maurras, sa conception de la vie fondée sur «la seule raison indépendante des lumières de la foi» et son athéisme «de fait» et «méthodique». Pour Robert, Maurras essaie «de tout reconstruire sans l'Absolu». Et, dans ce Canada français tout juste assez menaisien pour bien connaître certaines affaires de Rome — c'est le titre d'un ouvrage de Lamennais de 1836 inspirateur du libéralisme doctrinal d'un Dessaulles —, il convient de souligner ce passage du texte de Maritain : «Les motifs que la condamnation porte inscrits en elle, qui font corps avec elle et lui donnent d'exister, sont des motifs essentiellement religieux. Pour admettre le présupposé de *L'Action française*, il faut violer la nature des choses, admettre, ce qui est absurde, qu'un décret religieux, de par tout ce qui le constitue en propre, est un décret politique, et non religieux.»

Un mois après la publication de *Pourquoi Rome a parlé*, *L'Action française* de Montréal devient *L'Action canadienne-française*, façon de faire de prudentes distinctions. La Direction écrit dans le numéro de janvier 1928 : «Avec ce mois de janvier 1928, notre Revue paraît sous un nom modifié. On sait les malheureux événements qui ont rendu suspect, par tout le monde catholique, le nom d'*Action française*. Nous n'avons rien de commun avec l'œuvre royaliste de Paris. Nous lui avons emprunté un nom, comme, chez nous, beaucoup d'organes de presse qui adoptèrent un nom déjà usité en Europe. Il suffit que ce nom sonne mal aujourd'hui à des oreilles catholiques pour que nous en changions. Par simple déférence envers les autorités romaines, sans aucune pression ni invitation de qui que ce soit […]. Pour le reste rien ne sera changé ni à l'esprit ni à la direction de la Revue […]. Nos amis et nos lecteurs auront seulement compris, une fois de plus, nous l'espérons, que notre foi de catholiques est au-dessus de tout, et que nous n'entendons nous prêter, de ce côté, à aucune équivoque.»

Et, pour bien faire comprendre le maurrassisme canadien-français et la position de l'Église canadienne-française en matière de primauté du spirituel, *L'Action canadienne-française*, dans un hommage à Mgr Courchesne, ami de Groulx, rappelle cette affirmation du nouvel évêque du diocèse de Rimouski : «Il ose déclarer deux ans avant la condamnation de

L'Action française de Paris: Nous ne sommes pas des positivistes à la Maurras. Et si l'Église — ce qui est impossible — nous demandait, un jour, cet héroïsme de sacrifier notre nationalité à notre foi, elle trouverait, assurément, chez nous, de généreuses volontés prêtes à toutes les soumissions dès que parle la voix de Rome.» *Roma locuta est.*

La parution de *Clairvoyance de Rome* en 1929, en réponse à la charge de Maurice Pujo, pionnier de *L'Action française* de Paris, intitulée *Comment Rome s'est trompée*, reçoit un accueil bienveillant dans *Le Canada français* de février 1930. L'affaire est alors classée et en 1939, devenu cardinal, le père Villeneuve, celui de l'enquête de 1922 sur « Notre avenir politique », sera l'un des intermédiaires qui feront en sorte que soit levée la condamnation de 1926[7].

La disparition de L'Action canadienne-française *(1928)*

L'affaire est classée et *L'Action canadienne-française*, au titre nouveau depuis janvier 1928, disparaît avec le numéro de décembre de la même année. Pourquoi *L'Action canadienne-française* paraît-elle ne pas survivre à cette condamnation? Cette disparition est-elle à ce point liée au quotidien français? L'explication essentielle est ailleurs et davantage prosaïque: elle tient à des questions d'administration, de crise financière et de risques de scandale.

Depuis 1922, deux visions de l'œuvre prévalent: l'une partagée par Antonio Perrault et orientée vers une primauté donnée aux « œuvres » de *L'Action française*, l'autre personnifiée par le docteur Gauvreau, pionnier du mouvement et de la revue, privilégiant une approche plus économique et où la librairie est aussi un commerce capable d'assurer la continuité des « œuvres ». Ces deux visions cohabitent jusqu'à la crise de 1925, lorsqu'est révélée la malversation du gérant de la librairie, un certain monsieur Hermann, qui « a filouté, en un an, plus de 15 000 $ ». C'est le moment pour le docteur Gauvreau de revenir à la charge et de rappeler au directeur, l'abbé Groulx, que les directeurs ont tort de nier « au commerce légitime son influence ». Correspondant alors avec le père Archambault, alias Pierre Homier, Gauvreau écrit le 13 avril 1926 : « La décadence de l'administration, l'histoire le dira je l'espère, n'a pas eu d'autre cause que cette obstination, de la part des prêtres-directeurs, à ne vouloir pas laisser aux laïques bien-pensants de la direction l'administration temporelle de l'œuvre.» Il déplore que Groulx et Perrault, «les deux doctrinaires», aient trop eu «l'ambition de faire école» et si peu celle d'administrer «sur une base d'affaires». Pour le docteur, la vente d'une revue de 60 000 $ pour 30 000 $ à Albert Lévesque s'est faite trop rapidement et en dérogation à «l'honneur patriotique»: les abonnés de *L'Action française* n'appuient plus une «œuvre» mais un «petit négoce» personnel, celui d'Albert Lévesque.

Pourquoi donc cet empressement à vendre à si bon compte, ce «silence scandaleux» des directeurs sur l'affaire? Pourquoi prêcher l'indépendance économique et dédaigner la pratiquer, pourquoi transformer le mouvement en «un groupe d'intellectuels à la remorque d'un financier»? Il fallait agir vite pour éviter des scandales: celui de prêtres mêlés à l'affaire, de prêtres qui, de toute façon, n'auraient pu accepter de rester dans une revue transformée aussi en commerce et que le scandale d'un recours judiciaire contre Hermann eût éclaboussés; scandale aussi d'un ancien diplômé des HEC, associé de près à la revue, auquel on avait confié la surveillance de l'administration et qui n'a rien vu. Scandale, enfin, d'un vieux routier comme Gauvreau menacé par Albert Lévesque d'être traduit en justice s'il persiste dans sa dénonciation de l'affaire. Gauvreau écrit le 28 février 1927: «C'est à l'heure même où *L'Action française* de Paris vient d'être condamnée par le Pape que l'un des pionniers de *L'Action française* de Montréal est menacé d'être traduit en cour de justice parce qu'il veut rester fidèle à ses origines et aux traditions de son œuvre[8].»

À cette cause première de la disparition de *L'Action canadienne-française* s'ajoutent d'autres causes circonstancielles, plus ou moins liées aux positions prises par la revue lors de son enquête sur «Notre avenir politique» en 1922. La suspicion du Parti libéral et du gouvernement Taschereau, qui n'a pas apprécié que la revue associe le premier ministre à l'anticlérical Édouard Herriot, fait en sorte que le nom de Groulx disparaît de la page frontispice en septembre 1924. Le contentieux refait surface en 1927, à propos d'un article de la revue sur la colonisation et l'agriculture, que *Le Soleil*, voix du gouvernement Taschereau, dénonce et qui sert de prétexte à une charge contre *L'Action française* qu'on a l'habileté de présenter, en ces temps de condamnation, comme un diminutif de *L'Action française* de Paris[9].

Un autre épisode indique bien la fragilité relative de *L'Action française* et de son directeur. De juillet 1927 à juillet 1928, la demande de hausse de salaire de Groulx, professeur d'histoire à l'Université de Montréal, devient l'occasion d'un règlement de comptes entre le vice-recteur Chartier, ami de Groulx, et les sénateurs libéraux, plus ou moins «rouges», Frédéric-Liguori Béique et Raoul Dandurand, tous deux membres du Conseil d'administration de l'Université. On dit vouloir accepter cet ajustement d'honoraires à la double condition que Groulx s'engage par écrit «à prêcher à [ses] étudiants la loyauté à la constitution du Canada» et «à ne rien dire ni rien écrire qui puisse blesser les légitimes susceptibilités de nos compatriotes anglo-canadiens». Après moult tractations, l'affaire sera réglée en juillet 1928: Groulx recevra 2400 $ par année[10].

Ces événements fragilisent la revue et Groulx est attentif à une rumeur de «censure prochaine» de L'Action canadienne-française, qui lui fait demander à son ami Mgr Courchesne: «Qu'y aurait-il à faire pour parer cette nouvelle manœuvre irlandaise?» Le directeur Groulx, désireux de se consacrer davantage à ses tâches d'historien et d'universitaire, donne sa démission au printemps 1928, qui sera suivie de celle de toute l'équipe en octobre. L'Action canadienne-française de décembre 1928 annonce une «décision importante»: depuis octobre, la Ligue d'action française, qui chapeautait la revue et l'almanach, n'a plus rien à voir avec la Librairie d'Action canadienne-française limitée, qui entend poursuivre la publication de la revue et de L'Almanach. En mars 1929, un dernier numéro de L'Action canadienne-française paraît avec un «Discours du Trône au Royaume des lettres» et un catalogue de titres de livres à vendre.

C'est la fin d'une action intellectuelle et d'une action politique La chose ne passe pas inaperçue. Harry Bernard écrit à Groulx: «Si tous nos hommes de premier plan se mettent à lâcher; si toutes nos œuvres tombent les unes après les autres, pour des considérations d'ordre particulier, ou sur pression des puissances, puissances d'argent ou puissances politiques — qu'allons-nous devenir?» Groulx répond: «Nul ne déplore plus que moi les incidents et événements qui ont mis en péril l'existence d'une œuvre à laquelle je fus trop attaché, pour qu'on suspecte mon désir de la voir survivre — mais j'ai beau fouiller ma conscience, je n'arrive pas, cher M. Bernard, à me découvrir la lourde responsabilité dont il vous plaît de m'accabler.» Le fidèle Antonio Perrault se montre plus compréhensif: «L'Action canadienne-française, en cessant de vivre, aura du moins produit un bon effet, vous libérer d'une besogne qui vous empêchait de vous donner à d'autres travaux d'ordre intellectuel.» Après les dix ans promis à la cause de *L'Action française*, Groulx décide, dans cette conjoncture, de se consacrer à ses tâches universitaires. Bourassa, le Bourassa de 1923, demeure vigilant. En janvier 1929, il publie *L'Affaire de Providence et la crise religieuse en Nouvelle-Angleterre*, où il dit espérer que la défense de la langue ne mette pas en péril «l'unité et l'autorité de l'Église». Il affirme voir un «trait commun» entre le mouvement sentinelliste condamné par Rome et *L'Action française* de Paris: «la méconnaissance du principe d'autorité». Sa dénonciation du nationalisme se maintient: jamais l'Église «ne sacrifiera son principe d'unité et de catholicité pour satisfaire aux exigences nationalisantes ou aux tendances séparatistes des peuples et des races». Dénonçant le nationalisme outrancier, «ce particularisme qui tend à l'isolement, au séparatisme, à l'esprit de faction», il note que «oui, assurément, nous en tenons, et une bonne dose[11]».

*
* *

Issue de mouvements axés sur la langue française, *L'Action française* de Montréal a élargi à la culture et au politique le sens de son action. S'appuyant constamment sur l'histoire, recourant à l'histoire par la reconnaissance de précurseurs ou la construction du héros Dollard des Ormeaux, élaborant des sujets d'enquêtes qui l'obligeaient à explorer les problèmes cruciaux de la société canadienne-française, *L'Action française* incarne l'achèvement d'une doctrine que l'on tentait de formuler depuis le tournant du siècle.

Cette doctrine a fourni les axes d'une action intellectuelle qui a identifié les trames symboliques de la société canadienne-française en créant un groupe d'écrivains, une thématique régionaliste pour la fiction et en mettant sur pied une infrastructure éditoriale inédite.

Cette doctrine a aussi fixé les fondements d'un nationalisme nouveau. Nouveau par sa conjugaison à un nationalisme économique où l'idée de nationalisation de l'hydroélectricité commence à faire lentement son chemin. Nouveau par son appel inédit bien que limité à l'État comme possible complément au développement industriel et comme intervenant de facto dans le domaine culturel. Nouveau enfin par son dépassement du nationalisme de Bourassa et de la Ligue nationaliste de

1903. Ce dernier nationalisme avait certes une dimension canadienne-française mais ceux qui, à *L'Action française* en 1922, fondent leur enquête à propos de l'avenir politique du Canada français sur la reconnaissance d'une dislocation prochaine de la Confédération, ne misent guère sur le nationalisme canadien de Bourassa. Héritiers de Tardivel, Groulx et des collaborateurs de la revue parlent dès 1914 d'«État autonome», d'«État français», d'«État français indépendant», d'«État catholique et français». Certes, l'expression a quelque chose de vague et d'autant moins déterminé qu'en certains quartiers on dit attendre un message de la Providence pour passer à l'acte. Mais, chose certaine, la critique d'une «banqueroute» de la Confédération n'a jamais été aussi poussée. C'est d'ailleurs ce que *L'Action française* retient dans son enquête de 1927 sur les soixante ans de la Confédération; son indépendantisme passif et préventif ne fait plus alors la une de la revue, mais la Confédération est toujours perçue comme un «géant anémique».

L'idée d'un «État français» associé à «un Canada oriental» est aussi un tournant vers ce qu'on appellera bientôt la Laurentie. Non seulement souligne-t-on que les vents d'Est n'ont jamais été aussi néfastes que les vents d'Ouest, non seulement commence-t-on à faire son deuil d'un Ouest canadien et canadien-français, mais Bourassa lui-même voit l'immigration et le développement général de l'Ouest comme une menace pour le pays en raison des effets qu'ils produisent. Que cela soit interprété comme le deuil d'un Canada bilingue et d'un Canada formé de deux peuples fondateurs, il n'y a qu'un pas que certains franchissent. C'est ici que la nouveauté du nationalisme de *L'Action française* apparaît la plus radicale, par cette divergence de vues entre Groulx et Bourassa dont les chemins se séparent et iront en s'éloignant dans le XXᵉ siècle.

L'Action française de Paris a près de vingt ans lorsque paraît *L'Action française* de Montréal; le quotidien de Paris a une dizaine d'années lorsque le mensuel montréalais est publié. *L'Action française* de Paris naît avec la renaissance du nationalisme canadien-français à l'occasion de la guerre des Boers. L'époque est, au Canada français, un moment d'intenses recherches de voies d'avenir d'une société qui, comme la France mais avec des décalages, doit faire face à l'industrialisation, à l'immigration et à l'urbanisation. Les moyens de communication physiques et culturels permettent d'ailleurs de voir et de comparer les réponses aux défis communs.

L'Action française de Paris a une longueur d'avance certaine dans la formulation d'une doctrine et dans la mise en place de moyens éditoriaux et d'actions pour faire face aux changements. L'homonymie n'est pas que celle du titre des périodiques publiés de part et d'autre de l'Atlantique ; elle est plus globale et c'est celle de traditions intellectuelles partageables et partagées par ceux qui, au Canada français, lisent *L'Action française* de Paris, Barrès, Maurras, Daudet, Bainville, et par ceux qui entretiennent des liens personnels avec les gens de la rue de Rome. Fondamentalement, le Canada français a, majoritairement, de l'histoire de France une représentation semblable à celle que les gens d'Action française de Paris ont de l'histoire de leur pays : 1789 est la ligne de partage des visions et des allégeances. Groulx le dira clairement en 1927 : « Entre un royaliste et nous, il n'y a que l'océan et cela se passe ; entre nous et un républicain, il y a la mer de 1789 et cela ne se passe pas[12]. » La force d'attraction du mouvement français de 1899 tient d'abord à cette superposition partageable de la longue et de la courte durée. Le temps et l'histoire sont d'ailleurs au cœur de cette mentalité commune, nourrie de recours à l'Histoire, aux morts, aux ancêtres et à la famille. Le déracinement y est d'abord temporel avant d'être géographique, régional. La religion en est aussi une composante fondamentale, mais avec des différences et des paradoxes : la catholicité canadienne-française n'a pas connu 1789 ni la IIIe République et elle n'ignore pas que Barrès est non-croyant et Maurras athée. Bref, de l'« énergie nationale » à la « colline inspirée », le lexique et les thèmes sont souvent communs, empruntés par les gens d'Action française de Montréal, qui tirent un profit symbolique de la mouvance française qui a, intellectuellement, du panache.

Le rapport à la politique entretenu dans chacun des deux mouvements comporte des différences. Non seulement *L'Action française* de Montréal naît-elle dans la dénonciation récurrente de la partisanerie politique et dans la recherche soutenue d'un nationalisme « au-dessus des partis », mais elle ne peut avoir que des réserves face au « politique d'abord » de Maurras et à son athéisme : la primauté du spirituel, l'alliance du religieux et du civil sont un « impératif catégorique de la tradition ». Et c'est sur cette question, il me semble, que la condamnation de 1926 est révélatrice, entre autres choses, parce qu'elle réactualise, à l'apogée de la formulation de cette « doctrine » tant recherchée, les visions nationalistes divergentes des deux « géants » de l'époque, Bourassa et Groulx.

Il faut d'abord rappeler que ni Barrès, le « gaffeur » et le « mauvais flatteur », ni Maurras, le nationaliste « le plus outrancier » selon Bourassa, n'ont fait l'unanimité au Canada français. L'ignorance des réalités canadiennes-françaises et une certaine idéalisation d'une société où les images de « peaux-rouges » voisinent avec la conviction que la Coutume de Paris est toujours en usage, ont heurté bien des sensibilités.

Groulx parlait en aîné à Jean Bruchési lorsqu'il lui écrivait en 1927 : « L'on pardonne tout en nos milieux, sauf une erreur doctrinale. » Groulx avait appris à avancer avec prudence ; il l'avait montré en 1922, lors de l'enquête sur « Notre avenir politique », en s'entourant de théologiens capables de légitimer doctrinalement le droit à l'autodétermination. Depuis cette enquête et ce qui s'ensuivit — la suspicion du gouvernement Taschereau en 1924 et même l'intimidation de sénateurs libéraux fédéraux à l'occasion de sa demande de hausse salariale de 1927-1928 —, Groulx se savait observé, en particulier en 1926, par « les malicieux » attentifs au moindre dérapage doctrinal. Groulx, qui fut sans doute plus barrésien que maurrassien, alla loin, trop loin en 1928 lors du changement de titre de la revue, en affirmant que *L'Action française* de Montréal « n'avait rien de commun avec l'œuvre royaliste de Paris » condamnée deux ans plus tôt.

En un sens, Groulx rejoignit Bourassa, malgré lui. Bourassa, soucieux de « hiérarchiser tout », de ne pas nuire à « l'unité et à l'autorité de l'Église », rejetait le nationalisme, source de division politique des catholiques. Groulx finit par dire ou devoir dire la même chose, plaçant « la foi de catholique au-dessus de tout » et préférant se « tromper avec l'Église » plutôt que de « prendre le risque d'avoir raison contre elle ». *Roma locuta est.* Un siècle d'ultramontanisme canadien-français donnait à Rome un poids qu'elle n'avait pas eu et qu'elle n'avait pas à Paris. Et la division politique des catholiques avait eu, au Canada, une histoire récente et à ce point cruciale qu'il apparaissait que la vocation de promotion et de défense du catholicisme en Amérique était donéravant celle des catholiques irlandais anglophones du Canada et des États-Unis et non plus celle, « acquise » depuis un demi-siècle, des catholiques francophones.

Groulx se concentra sur son travail d'historien et cinq ans plus tard, en 1933, la Ligue d'action française, toujours juridiquement vivante, lança *L'Action nationale.*

Troisième partie

Défis et alternatives à la doctrine
(1896-1929)

Chapitre IX

LES LIBÉRAUX PERSISTENT ET SIGNENT

HENRI BOURASSA, EN POLÉMIQUE avec Jules-Paul Tardivel, lui écrit, le 20 avril 1904 : « Les idées de la feue *Canada-Revue*, des *Débats* et celles plus voilées, et peut-être plus dangereuses de Langlois à *La Patrie*, puis au *Canada*, de Beauchesne au *Journal*, faisaient chaque jour des adeptes. Un groupe de jeunes gens pas très religieux, mais très certainement nationaux, tenaient à s'affirmer. Je n'aurais pas réussi à leur faire faire un journal essentiellement catholique ; mais je trouvais un dérivatif dans le mouvement nationaliste. Je leur ai fait accepter l'idée qu'être anti-catholique, c'était être mauvais patriote, et même que pour préserver la nationalité canadienne-française, il fallait maintenir l'influence du clergé catholique. »

De la question des écoles du Manitoba (1890) à la fondation de la Ligue nationaliste (1903) et au lancement du *Nationaliste* (1904) en passant par la crise anti-impérialiste subséquente à la guerre sud-africaine, Bourassa a raison de miser sur la renaissance d'un mouvement nationaliste. Mais, quoi qu'il en soit de l'acceptation réelle de l'idée par les personnes nommées ou par Olivar Asselin ou par Jules Fournier, le propos de Bourassa pose le problème du « dérivatif » nationaliste au libéralisme. Quel fut le succès de ce dérivatif ? Bourassa épingle un phénomène, la presse libérale, qui n'entend pas toujours « préserver la nationalité » de la même façon que la presse catholique. Mais de la même façon que le discours de Laurier de 1877 sur le libéralisme politique n'avait pas éradiqué le libéralisme radical et anticlérical, la stratégie du jeune Bourassa n'empêchera les questions porteuses de dissensions idéologiques de renaître de leurs cendres incandescentes. En plein essor d'un nouveau nationalisme, les vielles questions libérales allaient susciter débats et polémiques : responsabilité de l'instruction publique, pertinence de l'instruction obligatoire, concurrence des écoles juives, mise sur pied d'une bibliothèque publique, dénonciation des loges maçonniques, censure de l'imprimé, mise en cause de l'immunité fiscale des communautés religieuses. La modernité culturelle allait porter la défense des libertés au cœur de la création intellectuelle. Sans compter qu'avec la guerre, le nationalisme anti-impérialiste allait placer Bourassa devant une question libérale, celle des rapports entre l'État et l'Église, celle de l'intervention cléricale dans les matières temporelles et politiques. Si, comme on l'a vu, Bourassa est poliment en désaccord avec une Église qui vient miner sa politique anti-impérialiste au moment de la guerre de 1914 et sa stratégie du dérivatif, Asselin sera plus catégorique dans ses dénonciations des évêques et de leur voix, *L'Action catholique* de Québec.

Le nationalisme n'est pas la seule donne nouvelle dans l'évolution du libéralisme. L'industrialisation, l'essor du secteur tertiaire du commerce et des services et le contexte nord-américain sont synonymes de capitalisme, de libéralisme économique, de laisser-faire. La période qui va de 1896 à 1929 constitue précisément par sa prospérité économique l'apogée de ce libéralisme économique. Et parallèlement au libéralisme des professions libérales, d'une certaine presse et de créateurs se formule et se pratique un libéralisme des milieux d'affaires qui oblige à distinguer le libéralisme économique du libéralisme doctrinal.

Le libéralisme économique des milieux d'affaires formulé par la presse qui en est issue se fonde sur la mise en valeur de la propriété privée et de l'individu ; ce faisant, il minimise l'intervention économique et sociale de l'État et les valeurs collectives, et promeut le suffrage démocratique en fonction de la propriété et non de l'égalité. Favorable à l'essor de l'éducation en général et de l'instruction technique et commerciale en particulier, ce libéralisme reconnaît le principe de l'égalité de droit et l'inégalité de fait dans le cadre même de l'intérêt et du profit individuels premiers. Sans être anticlérical, ce libéralisme économique est vigilant à l'égard des privilèges cléricaux en matière économique, se dit favorable à la séparation de l'Église et de l'État politique tout en ne remettant pas en cause la primauté de l'Église en matière scolaire. Quant à la liberté, il s'agit du laisser-faire, de la liberté de tout individu limitée par la liberté ou la concurrence de tout autre individu. Cette position n'exclut pas la liberté de pensée et d'expression ; elle la hiérarchise en fonction du droit individuel.

À cette donne nouvelle s'ajoute une autre distinction, celle entre le libéralisme radical et le libéralisme modéré. Il convient de rappeler que le libéralisme modéré, sans anticléricalisme et sans revendication «nationalitaire» à l'enseigne du principe des nationalités, s'est mis en place avec l'Union et a trouvé son expression programmatique dans le discours de Laurier de 1877. C'est principalement ce libéralisme qui se met en place avec l'élection des libéraux de Laurier à Ottawa en 1896 et de ceux de Félix-Gabriel Marchand à Québec en 1897[1].

Libéralisme et ultramontanisme continuent de s'opposer en ce tournant de siècle ; tous deux gardent des contenus anciens dans des formes plus ou moins nouvelles. Certes l'ultramontanisme n'a plus la militance qu'il avait au temps de Mgr Bourget, de Mgr Laflèche et du Programme catholique, mais au plan doctrinal il prend toujours la forme abstraite de la primauté du surnaturel sur le naturel et la forme concrète de la primauté du religieux sur le civil dans les matières dites mixtes (éducation, questions sociales). C'est toujours l'ultramontanisme doctrinal qui est à l'œuvre dans l'idée de non-séparation de l'Église et de l'État, dans celle de leur alliance, dans le maintien d'un système scolaire confessionnel, dans l'affirmation que toute question politique est religieuse parce que morale.

L'instruction publique et l'instruction obligatoire

Honoré Mercier avait évoqué l'opportunité de l'instruction obligatoire précisément au moment où, en novembre 1875, on venait d'abolir le ministère de l'Instruction publique créé huit ans plus tôt, de nommer un surintendant en lieu et place d'un ministre responsable et de faire des évêques des membres *ex officio* du Comité catholique du Conseil de l'instruction publique.

Par le projet de création d'un dépôt de livres scolaires, Chapleau avait visé l'uniformité des livres pour permettre aux parents de réaliser des économies sur l'achat des manuels scolaires qu'on avait tendance à changer souvent, selon les années et selon les commissions scolaires. Les libraires avaient fait échec au projet, encouragés par le Comité catholique du Conseil de l'instruction publique qui y voyait l'occasion d'une ingérence politique, par le Comité protestant qui craignait une trop forte confessionnalisation du matériel pédagogique et par les communautés religieuses qui anticipaient un risque pour leurs activités éditoriales, intéressantes au double point de vue idéologique et financier.

À vrai dire, l'uniformité des manuels scolaires avait été un cheval de Troie pour amener une certaine uniformité dans l'enseignement, question à l'ordre du jour dès 1880. Ce projet libéral échoue, sauf à Montréal, où, en 1880, la Commission des écoles catholiques de Montréal (CECM) décrète l'uniformité, geste qui annonce des batailles épiques au cœur de cette Commission des écoles *catholiques*. Mais, en 1881-1882, les «petits bills à la Ferry» de Chapleau ne passent pas, à un moment où les polémiques (Verreau-Réticius, Taschereau-Laflèche, Tardivel-abbé Rouleau, Verreau-Trudel de *L'Étendard*) font rage autour du financement gouvernemental des écoles normales et de la question de la responsabilité étatique ou cléricale en matière d'éducation. Ces polémiques intraecclésiastiques constituent la variante scolaire des menées des ultramontains du Programme catholique de 1871. La lettre du cardinal Taschereau au premier ministre Ross, du 14 septembre 1886, marque la fin de ce discours ultramontain radical autour de la question de «l'État hors de l'école[2]». Laurier avait apaisé les Rouges en 1877; Mgr Conroy et l'archevêque de Québec avaient fait de même à l'égard des ultramontains ultramontés; le cardinal de Québec proposait un nouvel apaisement.

Au même moment, un nouvel acteur social entre en scène, le syndicalisme, qui devient sur certaines questions un allié des libéraux. Les Chevaliers du travail et le Congrès des métiers et du travail du Canada, qui sont aussi près des milieux populaires urbains que le clergé, commencent à réclamer la gratuité et l'uniformité des livres scolaires, la fréquentation scolaire gratuite et obligatoire et la mise en place d'un enseignement technique et industriel[3]. C'est dans ce contexte que Mercier organise les Écoles du soir (1889-1892) qui disparaissent avec son gouvernement mais à propos desquelles il aura obtenu l'assentiment du cardinal Taschereau, même si ces écoles, dirigées par un seul homme, avaient été un premier pied dans la porte de la responsabilité gouvernementale en matière d'enseignement... technique[4].

Le premier ministre libéral Félix-Gabriel Marchand, élu en 1897 dans la foulée du succès électoral de Laurier à Ottawa l'année précédente, doit relever les défis nouveaux de l'instruction populaire et publique. Dans un milieu rural ou urbain où pèsent sur le budget familial des coûts mensuels de 0,25 $ par enfant à l'école primaire et des frais d'achat de manuels scolaires qui changent d'année en année et d'une commission scolaire à l'autre ; où les enfants quittent l'école vers 13 ou 14 ans, plus tôt qu'en Ontario et qu'au Canada en général ; où l'école représente souvent pour une famille un salaire de moins et des dépenses de plus, la gratuité scolaire, l'uniformisation des manuels et l'obligation scolaire se présentent comme des solutions possibles mais difficiles.

Le premier ministre libéral fait voter avec succès le 5 janvier 1898 (44 pour, 19 contre) une loi scolaire qui, tout en créant un ministère de l'Instruction publique, rend responsable devant l'Assemblée législative l'ex-surintendant ; la loi exige aussi le « brevet de capacité » pour *tous* les enseignants et impose l'uniformité des livres scolaires. Mgr Bruchési, qui prétend que l'éducation serait jetée « de nouveau dans l'ornière de la politique », organise l'opposition à la loi, relayé par le conseiller législatif Thomas Chapais, qui propose de bannir « le misérable esprit de parti » et qui argumente que le projet ne vient pas du peuple parce que l'instruction publique n'aurait pas été un enjeu lors de la dernière élection. Pour Chapais, la création d'un tel ministère est un désaveu et un signe de non-confiance à l'égard du Conseil de l'instruction publique et il conclut en des termes transparents : « Fermons à la politique la porte du temple de l'éducation[5]. » Comme s'il n'y avait pas de politique dans l'alliance des conservateurs et de l'Église à laquelle était laissée la responsabilité en matière scolaire. La loi est rejetée au Conseil législatif par 13 voix contre 9, tout comme, lors d'un vote « libre », le 5 mars 1901, la première proposition parlementaire — celle du député Grosbois — sur l'instruction obligatoire est rejetée par 55 voix contre 7. Mais le gouvernement Marchand aura néanmoins fait rédiger, en novembre 1899, le manuel *Mon Premier Livre*, à l'usage des quatre premières années du primaire. Distribué à plus de 100 000 exemplaires en 1900 et à plus de 700 000 entre 1905 et 1916, l'ouvrage aurait été utilisé par près de 80 % des écoles en

1914-1915[6]. Faute d'uniformité de droit universelle avait-on connu une uniformité de fait partielle.

Avec la Ligue d'enseignement (octobre 1902-1904), la question scolaire sort du Parlement et devient l'initiative de libéraux radicaux — parfois francs-maçons — et modérés : Godfroy Langlois, Frédéric-Liguori Béique, Raoul Dandurand, Laurent-Olivier David, Errol Bouchette, l'échevin montréalais Paul Martineau, parmi les plus connus. La Ligue doit se distinguer de son homonyme française, précisément au moment où le président du Conseil français, Émile Combes, poursuit la politique scolaire de Jules Ferry et applique fermement la loi sur les congrégations. Mgr Bruchési, qui sort à peine d'un affrontement avec les tenants libéraux d'une bibliothèque publique, veille au grain — ainsi que Tardivel, C.-J. Magnan et Henri Bernard — et va même jusqu'à obliger le secrétaire de la Ligue, Napoléon Brisebois, à choisir entre ce poste et celui de professeur à l'École normale Jacques-Cartier. Les succès de la Ligue sont limités mais différés : les réformes proposées — augmentation des budgets scolaires, écoles techniques et École des hautes études commerciales — seront réalisées par le gouvernement libéral (1905-1920) de Lomer Gouin[7].

Le « dérivatif » nationaliste de Bourassa n'empêche pas *Le Nationaliste* de prendre sur la question de l'enseignement gratuit et obligatoire des positions libérales. Le secrétaire de la Société des Artisans canadiens-français, Germain Beaulieu, y publie une série d'articles sur la question, montrant en quoi la théorie du droit naturel des parents à l'instruction des enfants comporte aussi des devoirs parfois non assumés par eux. L'instruction gratuite doit être conçue comme un moyen de pallier la pauvreté matérielle de certains parents et l'instruction obligatoire comme un correctif à la négligence et à l'avidité de parents prompts à compter sur la force de travail d'enfants acheminés en bas âge vers les ateliers[8]. Asselin doit venir en aide à son rédacteur, pris à partie par *La Vérité* de Tardivel et *La Croix* du gendre de celui-ci, Joseph Bégin ; il écrit le 16 avril 1905 :

> L'idée que j'ai voulu affirmer en ouvrant les colonnes du *Nationaliste* à M. Germain Beaulieu, c'est qu'un système d'enseignement n'est pas maçonnique parce qu'il prend la fantaisie à un fou quelconque de le prétendre. […] C'est qu'on n'est pas plus tenu d'écouter les philippiques du R.P. Ruhlman contre l'instruction gratuite et obligatoire qu'on est tenu de croire avec le R.P. Hamon que

l'enfer est au centre de la terre […]. C'est que dans une ville où il existe une douzaine de journaux, il devrait être possible à un honnête homme de se défendre, à propos d'une question libre, contre les insinuations malicieuses d'un exploiteur de religion qui, à force de s'écrire des prétendues lettres d'évêques, a fini par faire croire à un certain nombre de gogos qu'il parle au nom du pape.

Godfroy Langlois, qui martèle l'idée de l'enseignement obligatoire dans les journaux depuis 1893, propose en 1905 un nouveau projet de ministère et d'instruction obligatoire dénoncé par Mgr Bruchési[9]. Son collègue à la Ligue d'enseignement, l'échevin Paul Martineau, revient à la charge et fait preuve d'un sens du compromis en proposant que les manuels uniformisés de la CECM soient ceux utilisés dans les écoles des Frères des écoles chrétiennes. En 1910, le débat est porté devant les tribunaux qui tranchent en faveur du droit de la CECM à établir l'uniformité des manuels scolaires. Mgr Bruchési réplique avec un nouvel amendement au Comité catholique du Conseil de l'instruction publique : que les manuels des communautés religieuses puissent être utilisés s'ils sont acceptés par le Comité catholique. Gouin accepte le compromis. Mais en 1915, pour faire appliquer la loi, la CECM décide d'augmenter le salaire des seuls membres des communautés religieuses masculines qui utilisent les livres sélectionnés pour les écoles de garçons[10]. Quant à Gouin, qui a mis un pied dans la porte de l'école publique par le biais de l'enseignement technique et commercial qui ne pouvait être un domaine « mixte » (temporel et spirituel), il voit néanmoins d'autres réformes devoir être différées, au moment où, sous la pression des libéraux et des syndicats internationaux, il crée une commission royale d'enquête (1909-1911) sur la CECM. Présidée par le sénateur Dandurand, l'enquête comporte plusieurs enjeux : la proportion de laïcs et de clercs au conseil de la CECM, le statut clérical ou laïque du président, la centralisation des commissions scolaires — et donc la perte de pouvoir local des curés et de l'Église — et l'élection démocratique des commissaires, autre mesure qui ne plaît pas à l'autorité religieuse. Mgr Bruchési s'oppose à Dandurand et au mouvement syndical international, et le gouvernement Gouin ne donne pas suite, pour l'instant, aux recommandations des membres de la commission : le secrétaire provincial Décarie endosse l'idée que l'uniformité des livres est susceptible d'engendrer une situation de monopole et Gouin considère que leur uniformité absolue est inapplicable en raison d'une opposition encore vigoureuse.

C'est dans ce contexte que G. Langlois explique en Chambre «la doctrine libérale» en matière d'enseignement, face au député de Kamouraska qui «a joué à l'épouvantail»: «Toute cette histoire d'écoles sans Dieu est une fumisterie électorale, exploitée par des gens de mauvaise foi comme on en trouve à *L'Action sociale* et à *La Vérité*.» Dressant la liste de tous ceux qui ont appuyé le projet de ministère de l'Instruction publique en 1897 et y annexant le cardinal Manning, Mgr Satolli et Mgr Ireland qui n'ont «pas peur de l'État», Langlois retrouve des accents de Louis-Antoine Dessaulles pour décrier cette supposée «supériorité qui fait notre orgueil»: «Croit-on, en vérité, qu'on peut former un pays avec des maîtresses d'écoles auxquelles on accorde moins d'égards et de considérations qu'aux domestiques et aux journaliers[11]?»

Après une première proposition en 1901, un nouveau projet de loi (1912) du député Finnie sur l'instruction obligatoire, cette fois pour les seuls enfants de parents protestants, est défait par 62 voix contre 6. Mais à Montréal, ce qui ne fut pas possible en 1911 le devient cinq ans plus tard; l'éducation fait l'objet d'un compromis dans la loi scolaire de Montréal du 22 décembre 1916. Contre la promesse faite par Gouin à Mgr Bruchési de la non-électivité des commissaires et de la parité de représentation État-Église-Ville dans les nouvelles structures de la CECM, l'uniformité des livres est acquise de même que la centralisation de 23 municipalités scolaires qui s'ajoutent aux 17 déjà fusionnées de 1910 à 1917. Les tenants de la réforme l'emportent sur les tenants de commissions scolaires paroissiales, les laïcs forment la majorité au Bureau central de la CECM et, pour la première fois en 1919, un laïc, le juge Lafontaine, est président de la CECM.

Le combat et la résistance ne sont pourtant pas épuisés. Après avoir expliqué son point de vue en décembre 1918 dans *Les écoles primaires et l'enseignement obligatoire*, le sénateur Dandurand présente à Mgr Bruchési une pétition de 100 signatures en faveur de l'instruction — et non de l'école — obligatoire. La nuance dans la stratégie libérale ne calme pas les opposants et la réponse ne viendra pas cette fois de Mgr Bruchési, mais d'un bataillon pugnace composé de *L'Action catholique* de Québec, de C.-J. Magnan, du jésuite Lalande, de l'École sociale populaire, de Charles Dorion, de Mgr Pâquet et du dominicain dissident Marie-Albert Marion[12]. Gouin décide néanmoins d'agir dans les limites du possible: il fait voter,

BAPTISTE:—Y a toujours un bout, batêche, j'commence à en avoir plein l'dos d'la MULTIFORMITÉ des livres !

en 1919, une loi non pas sur l'enseignement ou l'école obligatoires mais sur les conditions d'embauche des enfants de moins de 16 ans, lesquels doivent faire la preuve qu'ils savent lire et écrire correctement[13].

Les revendications en matière scolaire avaient donné des résultats mitigés, mais des résultats. Acquise en 1910 à la CECM, la gratuité scolaire commence à être assumée par quelques commissions scolaires en province à compter de 1912. L'uniformité des manuels scolaires demeure facultative en 1913 mais l'année suivante une vingtaine de commissions scolaires distribuent gratuitement des manuels, façon de pallier une diversité toujours prépondérante. Quant à l'obligation scolaire, elle aura été débattue à l'occasion de nombreux projets de loi avortés et de la pétition des Cent, mais l'idée restera lettre morte et sera appliquée par une loi sur l'embauche des jeunes.

Au-delà des combats idéologiques et partisans, la scolarisation et l'alphabétisation progressent entre 1896 et 1929. Le nombre d'années de fréquentation réelle de l'école des 5-24 ans passe de 6,7 en 1911, à 7,4 en 1921, à 7,7 en 1931, gagnant une année de fréquentation en vingt ans. Encore à l'époque, le taux de fréquentation scolaire réelle des urbains est supérieur de 5 points à celui des ruraux. Au tournant du siècle, les trois quarts de la population signent leurs noms sur l'acte de mariage. L'analphabétisme recule : le pourcentage chez les hommes passe de 7,8 en 1921 à 6,2 en 1931 ; chez les femmes, il passe de 4,5 à 3,2, mais il convient de noter que la scolarisation des femmes est supérieure à celle des hommes en milieu rural seulement. En 1931, le pourcentage d'analphabétisme des hommes en milieu urbain est de 24,4 pour les 80-84 ans, de 10,5 pour les 60-64 ans, de 2,7 pour les 30-34 ans, de 1,1 pour les 15-19 ans[14].

Ces transformations s'opèrent malgré l'opposition de l'Église et de la majorité de la députation ; elles s'opèrent grâce aux revendications d'un nouvel acteur auprès des libéraux radicaux, les syndicats internationaux, qui comptent 6000 membres en 1901, 20 000 en 1911 et 50 000 en 1921 et 1931. Ces syndicats internationaux — comprendre étatsuniens — regroupent la grande majorité des travailleurs syndiqués et doivent marquer une distance vis-à-vis des nouveaux syndicats catholiques qui, en matière scolaire, s'opposent à toutes leurs revendications. Au point où le leader international Gustave Francq s'étonne de ce que les syndicats catholiques n'aient pas encore demandé « une loi décrétant l'ignorance obligatoire » : « Tout le monde sait que l'instruction rend le peuple malheureux, que plus on est ignorant moins on comprend, et que moins on comprend, plus on se laisse "emplir" facilement. » Conscients que la démocratie va de pair avec l'instruction, que la connaissance ouvre les portes des métiers techniques et que l'instruction publique permet seule « de lutter avec les étrangers qui s'emparent petit à petit de notre pays », les syndicats internationaux réclament de façon soutenue la gratuité scolaire depuis 1891, l'uniformité des manuels scolaires à compter de 1900 et l'instruction obligatoire dès 1901[15].

En 1929, l'heure est toujours à la polémique sur l'enseignement obligatoire au moment où Pie XI publie une encyclique sur « l'éducation chrétienne de la jeunesse », qui reconnaît à l'État le droit d'enseigner et d'exiger des citoyens un certain niveau de formation intellectuelle. En 1931, la Cité du Vatican légiférera en matière d'enseignement obligatoire. Plus orthodoxe que Rome, le Québec le fera 12 ans plus tard.

LE
LAÏCISME

L'indifférence
envers le bien
prépare la victoi-
re du mal.

Le débat autour de l'école juive

À Montréal, où, en raison de l'industrialisation, l'école apparaît comme une urgence impérative, une autre question liée à l'immigration et remettant en cause la dimension confessionnelle de la loi constitutionnelle de 1867 en matière d'éducation va diviser les milieux intellectuels, politiques et religieux. La question est toute simple : à quelle école iront les jeunes Juifs, sachant que la Constitution de 1867 n'a prévu que deux systèmes scolaires, un pour les catholiques et un autre pour les protestants ?

Au moment même où l'on débat d'instruction obligatoire, de mainmise possible de l'État, la question des écoles juives ouvre la brèche d'une éducation autre que chrétienne vue comme une étape vers la neutralité en matière scolaire, vers une prise en charge étatique de ce domaine jusque-là réservé.

En 1901, les quelque 7000 membres de la communauté juive de Montréal se sont donné des institutions de bienfaisance, d'entraide, d'apprentissage de l'anglais (Hirsch Institute) et publient le *Kanader Andler*

(1897) et le *Jewish Times* (1897). Dans la foulée des tensions entre Juifs d'ascendance espagnole et portugaise plus près du français et Juifs d'ascendance allemande ou polonaise plus portés vers l'anglais, le problème de l'instruction des enfants se pose dans un système constitutionnellement confessionnel limité au catholicisme et au protestantisme. En 1888, à la demande des protestants de la Commission scolaire de Montréal, les enfants non catholiques sont inscrits comme protestants pour fins de taxes scolaires. L'initiative crée des tensions entre les membres catholiques et protestants du Conseil de l'instruction publique du Québec. En 1894, la communauté juive adhère au système protestant et y paie ses taxes. La Commission scolaire protestante de Montréal accueille les enfants juifs et assure leur instruction, sauf pour l'enseignement religieux. Cette entente est consignée dans la loi du 25 avril 1903, mais l'évolution des choses pose de nouveaux problèmes : les Juifs peuvent-ils être professeurs et membres du Conseil d'administration de la Commission scolaire protestante ? Peuvent-ils prendre congé les jours de leurs fêtes religieuses ? Si, pour l'instant, on concède le dernier point, la communauté protestante et ses pasteurs s'opposent à toute représentation juive au sein du Protestant School Board of Greater Montreal (PSBGM).

En 1917, alors que la clientèle du PSBGM est constituée à 44 % d'élèves juifs, les revendications de la communauté juive portent sur deux aspects nouveaux : la création d'écoles juives séparées, ce à quoi s'opposent certains Juifs laïcisants favorables à un système national non confessionnel, et le recrutement d'enseignants juifs qui, selon l'évêque protestant Fathing « would inevitably undermine the civilization based on Christian religion[16] ».

La question des écoles juives séparées ne fait pas l'unanimité dans la communauté juive. Le Canadian Jewish Congress, fondé en 1919, promeut l'unification des aspirations et des forces ; son secrétaire, H. M. Caiserman, favorable à la déclaration Balfour relative à la création d'une patrie pour les Juifs en Palestine et membre du Jewish Community Council (1922), est un tenant des écoles séparées. La question devient d'autant plus pressante dans les années 1920 que les Juifs nés au Canada, de plus en plus nombreux, aspirent à une certaine mobilité sociale et visent les professions libérales en luttant pour leur admission à McGill et à l'Université de Montréal[17].

Insatisfaite de l'évolution des choses, la Commision scolaire protestante demande en 1921 l'abrogation de loi de 1903; le gouvernement provincial donne dix-huit mois — jusqu'au 1ᵉʳ juillet 1924 — aux instances concernées pour trouver une solution, sinon la loi de 1903 sera abolie. Partisans des valeurs traditionnelles, les fortunés Juifs de Westmount — les *Uptowners* — plaident pour le maintien de la loi de 1903 avec droit de représentation à la Commission scolaire protestante. Les *Downtowners*, ouvriers récemment immigrés et parfois athées qui promeuvent les aspects culturels de la tradition juive, optent pour les écoles séparées dont on parle depuis 1919 au Congrès juif canadien. Ces divisions dans la communauté juive compliquent la position du nouveau premier ministre Taschereau, qui vient de succéder à Gouin en 1920. Les anglo-protestants ne voient d'un bon œil aucune des propositions avancées. L'un d'eux, J. J. Creelman, membre du PSBGM, écrit : « It is only in the classes one hundred percent Protestant, with a Protestant teacher, that the Protestant faith can be taught openly as we wish it to be thaught to our Protestant pupils[18].»

La création d'une Commission spéciale d'éducation le 31 juillet 1924 révèle à nouveau les divisions dans la communauté juive entre tenants d'écoles séparées, du statu quo ou d'une autonomie relative pour les Juifs dans le système scolaire protestant. Si, chez les protestants, un groupe restreint est favorable à l'idée d'écoles séparées, la grande majorité est opposée à toute représentation des Juifs au conseil de leur commission scolaire.

Le 27 décembre 1924, les commissaires remettent trois rapports distincts : trois commissaires protestants appuyés par les commissaires catholiques proposent l'abrogation de la loi de 1903 ou l'ajout d'amendements ; deux commissaires juifs, M. Hirsch et Samuel Cohen, souhaitent le maintien de la loi de 1903, la création d'une commission scolaire financière métropolitaine et l'admission des enfants juifs à l'école protestante sans ségrégation ou discrimination ; enfin, le rapport de Joseph Schubert, qui argumente que ce qui est bon pour les catholiques et les protestants l'est tout autant pour les juifs, plaide en faveur d'une division de commission scolaire protestante en deux, une protestante et une juive. Une majorité se dégage néanmoins qui s'oppose à la création d'une troisième commission scolaire. Le cas est alors soumis à la Cour d'appel du Québec.

La question des écoles juives suscite réflexions et débats. Henri Bourassa écrit dans *Le Devoir* du 17 janvier 1925 : « Mais est-il permis de
favoriser l'enseignement du judaïsme ? [...]. Les Juifs sont chez nous et
ne peuvent être supprimés, pas plus que les problèmes qui naissent de
leur présence parmi nous. Ils n'ont point de droits stricts au point de vue
scolaire ; mais ils ont les même droits naturels que toute autre catégorie
de sujets britanniques et de citoyens canadiens. Ce n'est pas après quarante années de luttes pour la défense des minorités où qu'elles se trouvent, et quelles qu'elles soient que je me dédirai. »

Le 11 mars 1925, le jugement de la Cour d'appel tombe : la loi de
1903 est déclarée inconstitutionnelle : « Des personnes de religion juive
peuvent siéger au bureau des commissaires protestants ; mais la législature
provinciale ne peut imposer leur présence, ni dans le Comité protestant
du Conseil de l'instruction publique, ni à la Commission des écoles
protestantes de Montréal ; elle ne peut pas non plus obliger les protestants à accepter des enfants juifs dans leurs écoles. » Le jugement ajoute,
en précisant le désaccord de deux des cinq juges : « L'Acte de Confédération ne prévoyant que des écoles catholiques et des écoles protestantes, la
législature provinciale ne peut établir des écoles séparées pour les Juifs. »
Portée en Cour suprême, la cause donne lieu au jugement du 2 février
1926 qui infirme la dernière partie du jugement de la Cour d'appel et
reconnaît qu'une législature peut créer des écoles séparées pour les Juifs
dans la mesure où l'initiative ne lèse pas les droits des catholiques et des
protestants. Le Conseil privé de Londres confirme deux ans plus tard,
jour pour jour, le jugement de la Cour suprême[19].

Les avis sont très partagés quant à la création éventuelle d'écoles
juives séparées. L'abbé Huot, voix journalistique de l'Église en la matière,
craint l'école neutre à l'horizon de lois qui constitutionnaliseraient trop
de systèmes confessionnels ; il écrit dans *L'Action catholique* du 19 mai
1926 : « Il est de première importance, pour sauver le caractère chrétien
de l'enseignement public dans la Province de Québec, qu'aucune loi de
la Législature n'y vienne consacrer l'établissement d'écoles neutres ou
d'écoles séparées juives. » Dans la communauté juive, les scénarios se
multiplient : maintien des enfants juifs dans les écoles protestantes, projets d'une Commission scolaire juive, d'un Comité juif du Conseil de
l'instruction publique. Le secrétaire de la province, Athanase David, convoque en janvier 1929 des représentants de la Commission scolaire pro-

testante et de la communauté juive pour esquisser un projet d'entente comprenant la création d'un Comité juif de l'instruction publique, la possibilité de location d'écoles du secteur protestant aux Juifs, le financement de ces écoles par les taxes des Juifs et d'une partie de la taxe des neutres.

L'épiscopat catholique, qui a vent de la création d'écoles juives, entend être consulté. Le cardinal Rouleau écrit au premier ministre Taschereau le 28 février 1930, soulignant qu'une telle initiative serait «un attentat à la constitution du pays», qu'elle créerait une structure autonome, indépendante du Conseil de l'instruction publique et qu'on n'a aucune garantie «contre les entreprises de la propagande bolchéviste» de certaines «écoles juives, ou russo-juives, à caractère bolchévisant». Les évêques, qui pressent Taschereau de lettres de dissuasion, craignent essentiellement que la multiplication de commissions scolaires de différentes confessions religieuses sinon de sectes «antireligieuses» ne mène tôt ou tard à l'école neutre, considérée comme la seule capable de gérer une telle tour de Babel scolaire et constitutionnelle.

Un projet de loi présenté le premier avril 1930 par A. David et voté prévoit la création d'une Commission des écoles juives à Montréal possédant des pouvoirs identiques aux commissions catholiques et protestantes et relevant non pas du Conseil de l'instruction publique, qui ne s'est pas réuni depuis vingt-deux ans, mais des «pouvoirs» du surintendant de l'Instruction publique — et de ses «obligations», feront ajouter les évêques catholiques. Cette Commission des écoles juives peut conclure des ententes avec toute commission scolaire pour l'éducation de ses ressortissants. En février et mars 1931, les comités catholique et protestant approuvent l'entente signée pour quinze ans entre les Juifs et les protestants, et lorsque David entend faire voter le 31 mars 1931 un nouveau projet de loi qui consigne cette entente, deux députés libéraux juifs, Peter Bercovitch et Joseph Cohen, dénoncent le projet, ce qui replace la communauté juive dans la situation antérieure à 1930 et exclut toute possibilité d'écoles séparées. Dans la communauté juive, le mécontentement est tel que les cinq membres de la Commission scolaire juive démissionnent en signe de protestation. C'est presque un retour à la loi de 1903: si les Juifs ont une Commission scolaire — avec membres démissionnaires —, leur droit est celui d'avoir des écoles dans le système protestant lequel peut à l'occasion faire place à des commissaires juifs; ils n'ont ni écoles séparées ni comité au Conseil de l'instruction publique. Le gouvernement libéral de Taschereau avait fait son effort en se conciliant l'accord des évêques catholiques et protestants et après avoir dû composer avec la dissension dans la communauté juive à propos de la question scolaire. C'est dans ce contexte que s'amorcent les campagnes antisémites de Joseph Ménard et d'Adrien Arcand, encouragés à combattre les projets de lois par Mgr Gauthier de Montréal, dans leurs journaux, *Le Goglu* (1929-1933), *Le Miroir* (1929-1933) et *Le Chameau* (1930-1931)[20].

Polémique autour d'une bibliothèque publique

Vers 1870, les associations volontaires avaient fait place aux clubs politiques ou avaient été remplacées par des formes de sociabilité nouvelles. Après la Confédération, « l'esprit de parti » avait tôt commencé à saturer la vie publique québécoise ; ce qui était vrai de la presse très partisane l'était tout autant des associations qui avaient atteint un sommet de polarisation idéologique et avaient fait l'objet, dans le cas des Instituts canadiens, de condamnations. Dorénavant, on se retrouvait plutôt au Club national, au Club de la Réforme, au Club Laurier, au Club Letellier ou au Club Mercier. Les activités de ces associations qui, depuis un demi-siècle, occupaient les « longues soirées d'hiver », étaient concurrencées par le théâtre francophone devenu permanent, par la musique, par le sport professionnel et spectaculaire, par les patinoires couvertes ou par la popularité du billard.

On faisait toujours des conférences publiques mais pour des auditoires plus spécialisés, au Cercle Ville-Marie, à l'Université Laval à Québec ou à Montréal, à l'École littéraire de Montréal, à la bibliothèque Saint-Sulpice, à la Société des conférences des HEC, à la Société des débats de l'AGEUM.

Si les conférences publiques, où se distillaient les idées libérales, avaient perdu de leur attrait, la bibliothèque, l'autre grande activité des associations culturelles de l'époque, continuait d'être la pomme de discorde qu'elle était depuis l'Institut canadien de la décennie 1850. Longtemps accolé au terme de conférences, le qualificatif « publiques » était en passe de changer de signification. Dans le cas des conférences, l'épithète référait depuis 1845 à cet auditoire restreint de bourgeois et de gens du commerce qui assistait gratuitement à des conférences organisées par des associations volontaires littéraires, scientifiques, religieuses ou patriotiques. Les bibliothèques elles-mêmes avaient évolué : mises sur pied par des collectivités aussi variées que les souscripteurs bourgeois des bibliothèques surtout anglophones de Québec et de Montréal ou les membres du Barreau, elles s'étaient ouvertes à des collectivités de plus en plus larges comme celles des associations volontaires, socialement plus représentatives. La bibliothèque de l'Institut canadien avait été, à Montréal, le symbole de cette accessibilité un peu plus généralisée au livre, sans être toutefois une véritable bibliothèque publique, ce vers quoi tendait le Fraser Institute (1885) et ce que réalisait pour la première fois au Québec la Westmount Public Library en 1899[21].

Après les conférences et l'évolution, en milieu anglo-montréalais, des bibliothèques vers un statut véritablement public, l'instruction publique avait aussi pris un sens nouveau grâce aux débats autour de l'obligation et de la gratuité ; l'industrialisation et l'évolution du tertiaire avaient rendu impérieuse la généralisation de l'alphabétisation et des connaissances. Et, depuis 1875, Montréal avait ouvert des parcs publics, construit des bains publics et aménagé des terrains de jeux publics quand elle ne songeait pas à fonder un hôpital « civique » pour les contagieux. Parallèlement au volontariat privé et à l'entreprise privée qui commercialisait le sport, le théâtre, le vaudeville et le cinéma muet, le public émergeait comme espace de responsabilité municipale, transférant du coup à la ville des responsabilités qui avaient été celles du provincial, de l'État. En même temps, le sens des relations entre l'État et l'Église évoluait, l'État ou la responsabilité civile s'élargissant.

Dix ans après le refus (1880) de la ville de Montréal d'accepter la bibliothèque de l'Institut canadien condamnée par l'évêque — elle sera intégrée à l'anglo-protestant Fraser Institute en 1885 —, le litige autour de la bibliothèque et de la lecture refait surface avec la « politique » culturelle d'Honoré Mercier dont la loi de 1890 permet aux municipalités d'établir des bibliothèques jusque-là du ressort du surintendant de l'Instruction publique. Le débat s'intensifie en mars 1901 avec l'initiative de la ville de Montréal de faire appel à la Fondation Carnegie pour la construction d'une bibliothèque municipale publique. Malgré l'opposition de Mgr Bruchési qui rappelle l'existence de bibliothèques « catholiques », « fruits des sacrifices du clergé, des communautés, de quelques hommes généreux et auxquelles la ville n'a jamais rien donné », malgré les hauts

cris de Tardivel — «Nous sommes menacés d'une bibliothèque Carnegie!» — et ceux du jésuite Hamon qui entrevoit déjà «la bibliothèque
sans prêtre et l'hôpital sans Dieu», la ville, appuyée par *La Presse*, les
syndicats internationaux, l'École littéraire de Montréal et les loges maçonniques, accepte en juillet 1901 les conditions de la Fondation Carnegie,
rejette l'idée d'un Comité de censure et vote le 3 novembre 1902 le
Règlement 291, qui prévoit un budget annuel de 15 000$ pour la biblio-
thèque et la formation d'un Comité spécial d'échevins qui verra à la
construction et à l'administration de la bibliothèque[22].

Le débat sur la responsabilité en matière de bibliothèque et sur l'affranchissement des laïcs en matière de lecture trouve dans l'échevinage un
nouveau lieu d'expression. L'échevin Chaussée reprend les arguments du
temps de Mgr Bourget: danger des lectures immorales (référence au
roman), absence de besoin d'une bibliohèque «comme dans les grandes
villes d'Europe» parce qu'absence d'élite intellectuelle, livres distincts
pour les catholiques et pour les protestants. On vote majoritairement
pour l'abrogation de l'entente avec la Fondation Carnegie, mais ce vote
est contesté. Et, bien que l'entente Carnegie ne soit pas officiellement
annulée, la discussion reprend en septembre 1903 autour d'un projet
de bibliothèque «technique» ou «industrielle» qui, par définition, ne
comprendrait pas d'ouvrages de fiction et, par conséquent, un tel projet
«ne pouvait avoir d'ennemis». L'abrogation du Règlement 291 de 1902
et l'adoption du Règlement 347 le 27 novembre 1905, qui prévoit la
mise sur pied d'une bibliothèque industrielle, indiquent clairement l'effi-
cacité du lobby fait par Mgr Bruchési. On voit bien là l'hypothèque du
social sur la culture et les idées. Tout comme les écoles du soir et l'école
technique avaient servi à Mercier et allaient servir à Gouin de prétexte
pour mettre un pied dans la porte de la responsabilité étatique en
matière scolaire — l'enseignement de la mécanique n'avait rien de
«mixte», de catholique —, la technique sert ici, à nouveau, de visa pour
défendre l'idée d'une responsabilité municipale en matière de bibliothèque
et de lecture.

Deux ans plus tard, la bibliothèque industrielle contient néanmoins
des livres de littérature et d'histoire et, dans une lettre au Comité de la
bibliothèque, Mgr Bruchési s'enquiert de ce qu'il adviendra des ouvrages
non techniques. L'évêque refuse d'être présenté comme un «éteignoir» et
se dit favorable à une bibliothèque publique en échange de la «garantie

que n'importe quel livre ne sera pas donné à n'importe qui». La question du choix des livres et de leur circulation demeurait litigieuse.

La proposition de l'échevin Honoré Mercier fils, en juin 1908, de fonder une bibliothèque «à des fins littéraires, artistiques ou scientifiques», avec censeur nommé par le Comité de la bibliothèque suscite à nouveau une volonté de contrôle de la part de Mgr Bruchési qui propose un Comité de trois censeurs: l'évêque de Montréal, une personne nommée par le chancelier de l'Université Laval (c'est-à-dire l'évêque de Montréal!) et un représentant de l'Université McGill. *Le Canada* du 29 juin 1908 publie une lettre du sénateur libéral Raoul Dandurand à Mgr Bruchési dans laquelle Dandurand s'oppose à toute censure de la part de l'évêque parce qu'il en résulterait «un cabinet de lecture paroissial à l'usage des jeunes filles». Dandurand qui a été mêlé, en 1884, aux tractations visant à céder au Club canadien la bibliothèque de l'Institut canadien, a connu les effets de cette censure possible: le catalogue de la bibliothèque alors examiné par le curé Rousselot de la paroisse Notre-Dame revint avec un projet de rejet des trois quarts des livres en raison de leur caractère dangereux ou douteux. Dandurand plaide pour l'autonomie «civile» d'une bibliothèque d'où «seraient exclus les livres pornographiques et de controverse religieuse» et qui serait dirigée par «un bibliothécaire instruit, éclairé et très consciencieux».

La Presse du 13 novembre 1908 décrit clairement les enjeux du débat: «Il est certain que l'on n'arrivera jamais à une opinion commune sur la formation d'une bibliothèque municipale. Notre société se compose de catholiques et de protestants, d'Anglais et de Français, de croyants et de libres penseurs, de fervents et d'indifférents, de gens studieux et d'esprits frivoles, de lecteurs mêlés où les uns trouvent déplacé et immoral ce que les autres jugent tout simplement récréatif et instructif. Quel est le critérium qui devra former la conscience publique?»

La situation débloque, en partie, avec l'achat par la bibliothèque «industrielle», en janvier 1910, de la collection de Philéas Gagnon composée de Canadiana et de livres d'histoire. C'était «la sécurité par l'histoire» et le déni de la lecture populaire du roman. Mais *La Presse* (29 octobre 1910) tient son bout en constatant que «jusqu'ici, tout ou presque a été laissé à l'initiative privée» et que «cette façon de comprendre l'administration de la chose publique paraît s'être trop généralisée ici».

Au même moment, les Sulpiciens, ex-seigneurs de l'île de Montréal qui viennent de vendre l'édifice du Cabinet de lecture paroissial qui devait faire pièce à l'Institut canadien en 1857, prennent une autre «initiative privée» et annoncent la construction de la Bibliothèque Saint-Sulpice «qui ne coûtera rien ni à la ville ni au gouvernement». Inaugurée le 12 septembre 1915, la Bibliothèque Saint-Sulpice connaîtra une activité révélatrice durant sa première année d'ouverture : 50 % des ouvrages lus en salles sont des romans et 80 % des titres empruntés sont aussi des livres de fiction. Son bibliothécaire de 1915 à 1921, Aegidius Fauteux, avait écrit, en 1901, qu'il craignait le danger de la lecture des romans dans les bibliothèques publiques et avait proposé leur contrôle par des «pasteurs». Il était conséquent avec lui-même : sous l'autorité des Sulpiciens, il achetait et mettait en circulation de «bons» romans[23].

Lorsqu'en 1917, dans un édifice néo-classique construit face au parc La Fontaine, la Bibliothèque de la ville de Montréal ouvre ses portes, un seuil est franchi : la bibliothèque québécoise, qui s'était construite sur des collectivités de plus en plus larges numériquement et diversifiées socialement, trouvait son accomplissement «public» dans la bibliothèque de la ville de Montréal, dix-huit ans après celle de Westmount. Après des tensions ethniques parmi l'échevinage au sujet du développement des bibliothèques anglophones existantes — l'Atwater Library (ex-Mechanics' Institute), le Fraser Institute et la bibliothèque publique de Westmount — et du choix de l'ouest ou de l'est de la ville comme lieu d'implantation de la bibliothèque, dans une ville où la mairie était dorénavant (1914) un fief francophone, une bibliothèque publique est enfin possible : une bibliothèque ouverte gratuitement à tous et toutes, sans considération de langue ou de religion et financée à même les deniers publics, à même les taxes de tous. Un autre pas était fait : dans la société civile, la lecture devenait plus libérale et la littérature romanesque, démonisée depuis l'époque de Mgr Bourget, était en quelque sorte civilement exorcisée.

La censure de l'imprimé, la franc-maçonnerie et l'immunité fiscale

De l'Union à la Confédération, la presse et la tribune avaient été les deux grands médias culturels, et le libéralisme radical s'était donné les moyens de sa politique avec *L'Avenir, Le Pays, Le Défricheur, Le Journal de Saint-Hyacinthe*, à titre d'exemples. La durabilité d'une certaine presse libérale

radicale entre 1896 et 1929, attestée par le propos de Bourassa et contestée par l'action sociale de l'Église qui met sur pied à Québec *L'Action
sociale* devenue *L'Action catholique*, est confirmée par la vigueur des combats de Beaugrand, de Filiatreault, de Dandurand, de Langlois et de
Bouchard. Toute une presse radicale se relaie dans tout le Québec pour
maintenir une pression idéologique sur la vie publique québécoise.
L'Union de Saint-Hyacinthe (1873-1911) continué par *Le Clairon* (1912-
1965), *Le Progrès de Valleyfield* (1878), *La Patrie* (1879-1975), *L'Électeur*
de Québec (1880-1896), *Le Canada artistique* (1890-1891) de Montréal
mué en *Canada-Revue* (1891-1894) puis dans *Le Réveil* (1894-1901),
L'Écho des Deux-Montagnes (1890-1891) suivi par *La Liberté* (1891-1895)
à Sainte-Scholastique, *L'Avenir du Nord* (1897-1969) à Saint-Jérôme, *La
Petite Revue* (1899-1900), *Les Débats* (1899-1903) devenu *Le Combat*
(1903-1904), *Le Canada* (1903-1954), *La Semaine* (1909) et *Le Pays*
(1910-1921) à Montréal martèlent les grandes idées libérales. L'itinéraire
de Godfroy Langlois de 1890 à 1910 est à cet égard exemplaire ; aucun
des grands thèmes libéraux ne lui est étranger : liberté de la presse, dîme,
interventions électorales du clergé, instruction obligatoire, bibliothèques
publiques, question du dimanche reviennent sous sa plume dans plus
d'un journal.

Après la condamnation de *L'Électeur* (1896) de Québec qui avait
reproduit la brochure de Laurent-Olivier David sur *Le clergé canadien, sa
mission et son œuvre*, l'interdiction du journal *Les Débats* (1903) prend
prétexte d'«insultes» à la mémoire de Mgr Bourget et au pape et des prises
de position du journal sur la question de l'évolution — rappel des polémiques autour de la conférence de Dessaulles sur «le progrès» — pour
lancer une campagne d'«hygiène» intellectuelle : «Il existe une commission d'hygiène chargée de protéger la santé des citoyens ; n'y aurait-il pas
des mesures à prendre contre la circulation et la propagation des plus
funestes poisons de l'âme[24] ?» Les interdictions de journaux libéraux se
poursuivent avec la défense de lire, de faire lire, de posséder ou de vendre
La Semaine (1909) «indépendante en toutes choses», *La Lumière* (1912)
et *Le Pays* (1912-1913) qui «nuit aux intérêts de la religion et de la
jeunesse[25]».

Manifestement le discours temporisateur de Laurier en 1877 n'avait
pas donné tous les effets escomptés. Laurier, au pouvoir, devait se retrouver à l'époque où, en 1862, on avait montré du doigt les «discussions

philosophiques» du *Pays* qui nuisaient aux intérêts du Parti libéral. Les voix de Laurier, Dandurand et Béique, le gendre de Dessaulles, cherchaient aussi à contrer les effets embêtants de la présence de Langlois au *Canada*, journal du parti. Dandurand écrit à celui-ci en 1909 pour lui demander «un sacrifice», sa démission:

> Je dis imprudence au point de vue de votre qualité de directeur de journal, car en dehors de ce titre vos actes échappent totalement à ma critique. [...] Votre présence au *Canada* voue notre journal à la stérilité pour les luttes que le libéralisme modéré devrait livrer. Nous piétinons sur place et les éteignoirs s'amusent de notre impuissance. [...] Vous êtes tenu pour un adversaire de la doctrine et nous nous trouvons handicapés pour aborder maintes autres questions qui sont bien de notre ressort.

Passé au *Pays*, Langlois critique vertement le Parti libéral. Laurier écrit à un correspondant en 1910:

> Ceux qui sont à la tête du journal sont de jeunes radicaux férus de la prose la plus acerbe du journalisme parisien et ils ne comprennent ni le temps ni le pays dans lequel ils vivent. Notre ami Langlois est à la tête de ce mouvement et c'est lui qui inspire les attaques de plus en plus dirigées contre nous. J'ai eu plus d'une fois des discussions avec Langlois quand il était au *Canada* au sujet de la direction qu'il donnait au journal. Je ne puis me vanter que mes remontrances aient eu la moindre influence sur lui[26].

La censure ecclésiastique, plus active à Montréal avec Mgr Bruchési qu'à Québec avec Mgr Bégin, s'applique aussi aux brochures et aux romans, à *Marie Calumet* (1904) de Rodolphe Girard, au *Débutant* (1914) d'Arsène Bessette et à *La Scouine* (1918) d'Albert Laberge. Vieux routier du libéralisme radical, Aristide Filiatreault, qui avait publié *Canada-Revue* (1889-1894) et les *Ruines cléricales* en 1893, récidive avec *Mes étrennes. La hache versus la bêche*, à propos d'un album de caricatures. Dénoncé par *La Semaine religieuse de Montréal*, Filiatreault contre-attaque, revient sur l'histoire de *Canada-Revue* et fait allusion à certains de ses manuscrits «volés par des âmes pieuses». Et alors que la question moderniste, celle des rapports entre science et catholicisme, préoccupe Rome, une longue polémique s'engage, à Joliette cette fois, entre Mgr Archambault et le docteur Albert Laurendeau à propos de la publication de son ouvrage, *La vie: considérations biologiques* (1911), fortement marqué par le transformisme lamarckien, variante du darwinisme. Déjà, en 1907, à la suite d'une conférence sur l'évolution, Laurendeau, nouveau Galilée, avait dû

signer six propositions théologiques reconnaissant la primauté du spirituel sur le temporel et la non-contradiction entre la science et la vérité
religieuse proclamée par l'Église catholique. Dans une circulaire reproduite dans le journal local, Mgr Archambault écrit à propos du livre :

> J'y ai constaté des erreurs assez nombreuses en matière de philosophie chré-
> tienne et de théologie catholique ; en outre des injures toutes gratuites à l'adresse
> de la hiérarchie, de notre clergé canadien-français, des professeurs de nos uni-
> versités et de nos collèges, des éloges exagérés des savants et des philosophes
> athées et matérialistes, des insinuations regrettables au sujet des guérisons
> miraculeuses, de la confiance des fidèles dans le pouvoir d'intercession des
> saints, un mépris évident de l'enseignement scolastique, etc.

Après une assez longue résistance à l'évêque, le docteur Laurendeau
lui écrit : « À la suite de ces déclarations de principes, il vous appartient,
Monseigneur, de juger si je puis encore faire partie de la société religieuse,
ou si je dois en être définitivement et pour toujours exclu. Toute autre
déclaration me déshonorerait à mes yeux ; je croirais commettre une infamie en affirmant ce que ma conscience répudie. Je puis vous affirmer
que mes convictions sont aussi profondes et sincères que les vôtres. » Isolé
idéologiquement, Laurendeau l'était aussi scientifiquement : le darwinisme était tout autant dénoncé à McGill University par William Daw-
son qu'à l'Université Laval par l'abbé Léon Provencher. Il faudra attendre
le frère Marie-Victorin pour dédouaner un peu le darwinisme ; le botaniste, venu à la vie intellectuelle, dans le milieu de l'ACJC, par l'histoire
et un souci de « science nationalisée », écrit en 1926 : « Les esprits sincères
ont fait les concessions qui s'imposaient, et surtout, pour le plus grand
bien de tous et de la vérité elle-même, on a à peu près cessé de faire d'une
sereine question de science pure, un curare destiné à empoisonner le
sentiment religieux. » Il ajoute : « N'est-il pas beaucoup plus simple
d'adopter le modus vivendi des pays éclairés, de laisser la science et la
religion s'en aller par des chemins parallèles, vers leurs buts propres ; de
continuer d'adorer Dieu en esprit et en vérité, et de laisser les biologistes
travailler paisiblement dans l'ombre de leurs laboratoires[27] ? »
    Aux noms de ces « jeunes gens pas très religieux » — Langlois, Beau-
chesne — auxquels Henri Bourassa disait avoir présenté un « dérivatif »
nationaliste, on pourrait ajouter ceux d'Honoré Beaugrand, propriétaire
de *La Patrie* et un moment maire de Montréal, d'Arsène Bessette, romancier et directeur du *Pays*, de T.-D. Bouchard, propriétaire de journaux à

Saint-Hyacinthe dont il est maire et député à Québec, du journaliste Gonzalve Désaulniers également membre de l'École littéraire de Montréal, du chef syndical et journaliste Gustave Francq, du poète Charles Gill, du musicien Edmond Hardy, du peintre Ludger Larose, du docteur Philippe Panneton alias Ringuet, romancier. Ces individus avaient une identité commune : ils étaient libéraux et francs-maçons et appartenaient à l'une des deux loges canadiennes-françaises fondées à Montréal, la loge L'Émancipation (1896-1910) et Force et courage (1910-1928). Fondées et exerçant dans le plus grand secret, les loges travaillent à un seul but, l'affranchissement de leurs membres : « Il est formé à Montréal, Canada, une société d'hommes probes qui, liés par des sentiments de liberté, d'égalité et de fraternité, travaillent individuellement et en commun à la réalisation des progrès sociaux, exerçant ainsi la bienfaisance dans le sens le plus étendu. Le but principal qu'ils poursuivent, c'est l'affranchissement intellectuel du peuple canadien, encore courbé sous le despotisme clérical, en créant une vérité morale et libre. »

Ces loges, qui comptaient ensemble quelque 175 membres identifiés, la première constituée de gens de professions libérales, la seconde plus ouverte aux corps de métiers, étaient agissantes dans le journalisme — à l'éphémère *Petite Revue*, aux *Débats* devenu *Le Combat*, à *La Lanterne*, au *Pays*, au *Journal* —, dans la Ligue de l'enseignement et la promotion de l'école gratuite et obligatoire, dans les groupes favorables à la création de bibliothèques publiques, dans le syndicalisme. Actifs en milieu urbain et à une époque où commençait à se poser sérieusement la question sociale, les francs-maçons posent dorénavant les problèmes « publics » en termes non plus de liberté religieuse mais de justice.

Les francs-maçons sont depuis les années 1880 les boucs émissaires de *La Vérité* de Tardivel et de *La Croix*, propriété de son gendre J. Bégin, qui tiennent ces sociétés secrètes antireligieuses responsables de tous les péchés d'Israël. Depuis 1882, la hiérarchie catholique ne cesse, de son côté, de rappeler les dangers que représentent ces mêmes sociétés. La lutte à la franc-maçonnerie ne se limite pas aux accusations verbales ; elle prend aussi la forme de gestes, de vols et d'assauts, qui marquent l'apogée du phénomène vers 1910. Le vol de documents maçonniques n'avait pas été uniquement reconnu par la trame même du roman de science-fiction de Tardivel, *Pour la patrie* (1895), ou par l'aveu d'A. Filiatreault en 1912. De fait, en février 1910, des membres de l'ACJC louent un local au-dessus de celui de la loge L'Émancipation et ceux que *Le Pays* appellera «les chevaliers du plafond» volent des documents de la loge. Accusée de complot contre le Congrès eucharistique international tenu à Montréal la même année, la franc-maçonnerie est l'objet d'une enquête qui sera finalement déclarée *ultra vires*. Deux mois plus tard, en avril, le secrétaire de la même loge, Ludger Larose, est assailli et menacé par une arme; on lui vole les archives de la loge qui comprennent la liste des membres. Malgré les directives du juge au jury qui annoncent quasi déjà un verdict de culpabilité dans cette affaire, l'assaillant est déclaré non coupable par le jury et acquitté. Malgré ce que peut parfois avoir de loufoque la charge antimaçonnique, comme ce sera bientôt le cas de l'anticommunisme, il n'en reste pas moins que la franc-maçonnerie aura été présente sur deux fronts cruciaux de l'évolution sociale et intellectuelle de l'époque, la Ligue de l'enseignement et le syndicalisme international[28].

La levée des immunités ecclésiastiques en matière fiscale est un autre combat libéral dans la transformation des relations entre l'État et l'Église. Déjà en 1887, Mgr Fabre est sensible aux pressions nouvelles, aux «intentions hostiles» et réaffirme le droit des fabriques, des communautés religieuses et des institutions religieuses de charité et d'enseignement à ne pas être taxées. Pour l'évêque de Montréal, la cause de l'Église est celle du public et «c'est un point acquis dans notre histoire que c'est l'Église qui a formé notre pays» en soulageant l'État et les municipalités du fardeau de certaines tâches[29]. Mais les institutions de l'Église bénéficient tout autant que les autres propriétaires des nouveaux services urbains — égouts, voirie, éclairage, service d'incendie, transport — et, de surcroît, la valeur des propriétés ecclésiastiques augmente grâce à ces améliorations. La loi des cités et villes de 1903 ouvre une première brèche dans le vieux code municipal de 1870: les propriétés ecclésiastiques seront dorénavant assujetties à une taxe extraordinaire sur les travaux d'amélioration urbaine. Mais la loi crée surtout de la diversité dans les pratiques et la partie se joue au niveau des municipalités: à Saint-Hyacinthe en 1905 avec l'échevin et bientôt maire (1917) «T.-D.» Bouchard, à Rimouski en 1906 et en quelques autres lieux. Nouvelle percée en 1916: les propriétés ecclésiastiques sont taxées pour les services d'éclairage et d'incendie, mais non pas sur le bâti mais sur le foncier. En 1922, lors d'un nouveau projet de loi des cités et villes, Taschereau doit s'incliner devant le lobby épiscopal[30].

Une nouvelle forme de libéralisme : la modernité

On pourrait aussi, dans le cas du libéralisme doctrinal ou intellectuel appliqué à la création littéraire et artistique, parler de «dérivatif». La querelle des «exotiques» et des régionalistes, qui met en jeu la liberté du créateur, la liberté de ses thèmes et la liberté de ses procédés tout en posant le problème de la séparation de la morale et de la critique et celui du rapport à la France, gravite autour d'un nationalisme littéraire qui s'oppose à certaines libertés des créateurs. La polémique, qui occupe la presse et l'imprimé de 1903 à 1930, est parallèle à l'émergence du nationalisme et s'amorce l'année même de la création de la Ligue nationaliste en 1903.

Le point de départ se trouve dans la publication des poèmes de Nelligan, figure de proue de l'École littéraire de Montréal, et dans l'introduction à cette édition par Louis Dantin, qui salue l'aspect formel et novateur de la poésie de celui qui est déjà interné en milieu asilaire. Dantin regrette néanmoins que Nelligan «n'ait pas pris plus près de lui ses sources habituelles d'inspiration»; conscient de la nouveauté de cette poésie symboliste et parnassienne, Dantin voit bien que dorénavant «l'absence même de prédécesseurs et de modèles nous forcera d'être nous-mêmes».

L'existence de l'École littéraire de Montréal, d'une certaine bohème qui s'intéresse au mouvement décadent français et d'une poésie aux accents étrangers ne met guère de temps à susciter des réflexions et des admonestations. En octobre 1904, le *Bulletin du parler français au Canada*, publié, on le sait, par la Société du bon parler français au Canada (1902), suggère qu'on «peut se passer des lacs et des clairs de lune mélancoliques» tout en soulignant que les «meilleures pages écrites par les nôtres goûtent le sol natal» et que «les œuvres les plus aimées sentent le terroir». Deux mois plus tard, l'abbé Camille Roy publie au même endroit son article programmatique sur «La nationalisation de la littérature canadienne», qui évoque ces «écrivains français égarés sur les bords du Saint-Laurent» et déplore cette poésie «où le sentiment est purement livresque, et soutenu de réminiscences toutes françaises, comme par exemple, il arrivait trop souvent à ce pauvre et si sympathique Émile Nelligan».

Le professeur de littérature de l'Université Laval, qui commence à s'intéresser à la littérature canadienne-française, se fait plus explicite, plus directif : « Il ne faut pas égarer sur des sujets étrangers, ou gâter par des procédés exotiques notre littérature canadienne. » Il reconnaît que « sans doute [...] nous ne devons pas interdire à nos écrivains de s'occuper de sujets étrangers aux choses du pays ; mais nul doute que ce qui importe, et ce que l'on recommande avec insistance, c'est qu'ils choisissent les sujets où l'esprit canadien puisse s'affirmer avec le plus de personnalité ». Bref, il convient de « nationaliser nos esprits ». Le lexique de la polémique est déjà là : sources d'inspiration, sol natal, terroir, réminiscences françaises, sujets étrangers, procédés exotiques, sujets canadiens. Il n'y manque qu'une référence explicite au régionalisme français qu'Adjutor Rivard, fondateur de la Société du bon parler français, se charge de faire en 1906[31].

La polémique est partie prenante de la renaissance nationaliste du début du xxe siècle. L'abbé Roy, qui reprend le propos de l'abbé Casgrain de 1860 sur les orientations à donner à une éventuelle littérature nationale, propose aussi de « nationaliser » la littérature et donc de marquer sa spécificité à l'égard de la littérature française. La presse nationaliste — *Le Nationaliste* d'Asselin, *L'Action* de Fournier, *Le Devoir* de Bourassa, à titre d'exemples —, sera le forum de ces débats. L'époque est vraiment à la question de la formulation d'une littérature nationale comme en témoigne l'autre polémique, en 1906-1907, entre Charles ab der Halden, qui vient de publier en France des essais sur la littérature canadienne-française, et Jules Fournier, qui prétend que cette littérature n'existe pas, entre autre raison parce que la critique littéraire sérieuse n'existe pas. Il est donc significatif de voir que cette critique est aussi en émergence, tant chez les régionalistes (Roy, Chartier) que chez les futurs exotiques (Dugas, Morin). C'est précisément cette critique qui débat du sens des œuvres, y compris du rapport des textes au contexte, à la culture plus globale ; c'est là que les analyses et les opinions vont se démarquer[32].

Le Nationaliste cherche une diagonale dans cette polémique ; Asselin fait place aux poètes exotiques qui y publient leurs premiers poèmes, tout en étant, par définition, favorable à l'émergence d'une littérature nationale. Fournier, dubitatif quant à l'existence de cette littérature nationale, publie dans *L'Action* des textes d'un régionalisme extrême et d'un exotisme passablement radical. La modernité occupe une place éditoriale de plus en plus importante : modernité des thèmes dans les romans — *Robert Lozé* (1903) d'Errol Bouchette, *Marie Calumet* (1904) de Rodolphe

Girard, à côté du régionalisme de *Restons chez nous* (1908) de Damase Potvin ou de la revue *Le Terroir* (1909) —, modernité des thèmes et des formes dans les recueils de poèmes de Guy Delahaye, *Phases* (1910) et *Mignonne, allons voir si la rose...* (1912) et surtout de Paul Morin, *Le Paon d'émail* (1911).

Au lendemain du premier Congrès de la langue française (1912), qui rappelle l'importance de l'enjeu de la langue à l'époque et de son rapport « au français de France », la polémique reprend avec la publication, à Paris en 1913, de *Cœur en exil* de René Chopin et surtout d'une accusation à son endroit de panthéisme par un certain Edmond Léo dans *Le Devoir*. Marcel Dugas réplique dans *L'Action*, dénonçant « certaines gens » de vouloir restreindre les sources d'inspiration des écrivains. En appelant à une liberté d'explorer « une vérité d'art universelle, des chants que toutes les races ont entendus non sans frémir et qui jaillissent des tourments de l'esprit, de l'amour et de la mort », Dugas vise le point de vue de la critique régnante : « Nous saisissons par un exemple frappant la mentalité de ce critique, qui pour des raisons religieuses (!) condamne un livre de talent et loue un roman stupide. [...] Au fond, ces gens-là ne veulent pas de littérature ; l'art est leur ennemi ; ils ont décrété que la religion — c'est-à-dire la religion telle qu'ils l'entendent — doit tenir lieu de tout[33]. »

L'exotisme en est alors à se définir. C'est ce que fait Paul Morin en janvier 1913, à la suspecte Alliance française de Montréal, dans une conférence sur « L'exotisme dans la poésie contemporaine » : « L'exotisme (en littérature, bien entendu) consiste à décrire un pays, des mœurs, un mode de vie étrangers à la patrie de l'écrivain, et à exprimer des états d'âme qui, pour être sincères, ne sont pas ceux qui découlent naturellement de sa nationalité[34]. » Les œuvres exotiques et régionalistes continuent de paraître : d'un côté, *Le débutant* (1914) d'Arsène Bessette, rédacteur de journaux libéraux anticléricaux, de l'autre, *Chez nous* (1914) d'A. Rivard, *Le Pays laurentien* (1916-1918), organe de la Société Saint-Jean-Baptiste de Montréal qui organise un concours de littérature régionaliste, *L'Action française* (1917-1928) qui promeut une littérature nationaliste et à thèse, le recueil de poésie de Blanche Lamontagne, *Par nos champs et nos rives* (1917), qui comprend un poème promis à un bel avenir critique, « L'heure des vaches ».

Les « parisianistes » — les Morin, Dugas, de Roquebrune exilés par choix culturel — que la guerre ramène à Montréal, publient en 1918 *Le*

Nigog, qui sera le «dard», le fer de lance de la modernité intellectuelle. On y dénonce le régionalisme : «Les Canadiens [...] sont passablement fatigués des odes à Montcalm ou des panégyriques à Champlain! Des sonnets sur le cinquantième anniversaire de la fondation du collège X [...] ; cela sent trop le calendrier d'almanach et le chronomètre.» À partir de l'évolution de l'architecture, des arts décoratifs ou de la science, on y promeut surtout autre chose que les sonnets paysans ou commémoratifs, la liberté du sujet en art : «L'art comme la science est universel. On n'oserait pas parler d'une philosophie, d'une physique ou d'une chimie purement canadienne, ça n'aurait pas de sens ; mais l'on voudrait que l'art se restreigne à la représentation de scènes canadiennes.» L'homme de science Louis Bourgoin suggère que «si on s'habitue à changer nos certitudes scientifiques, on accoutumera peut-être plus facilement notre esprit et nos sens à modifier nos raisons scientifiques» ; pour lui, une esthétique nouvelle est à l'artiste ce qu'est l'hypothèse pour le savant. Ce combat pour la liberté du créateur et pour la liberté des thèmes oppose une fin de non-recevoir à une nationalisation de la littérature canadienne par thèmes interposés, nationalisation qui implique une révision du rapport de cette littérature à celle de France, et plus globalement pour certains, une reconsidération des types de rapports entre le Canada français et la France. Robert de Roquebrune écrit à ce sujet dans *Le Nigog* de mars 1918 : «Nous n'avons déjà que trop perdu à ignorer la France et à être ignorés par elle. Nous pouvons vivre politiquement en dehors d'elle, et nous avons suffisamment prouvé que nous étions de taille à nous passer de son aide depuis plus de deux siècles. Mais l'influence de sa civilisation est nécessaire à la nôtre. Nous sommes nés de cette civilisation et nous devons chercher à nous y attacher. Que la France disparaisse un jour, et nous n'aurons plus de raison d'être[35].»

Régionalistes et exotiques débattent toujours des œuvres et des idées : de *La Scouine* (1918) de A. Laberge, ombragée par la revue *Le Terroir* (1909) de Québec, *La Revue nationale* (1918) de la SSJB de Montréal, des romans d'A. Rivard, *Chez nos gens* (1918), et de D. Potvin, *L'appel de la terre* (1918). L'abbé Arthur Maheux, grande figure de la «bonne entente» canadienne et collègue de «l'abbé Camille», sait où trouver la bonne littérature : «[...] et je suis sûr que vous préférez trouver [la littérature canadienne] dans les blés avec une fleur de coquelicot sur son grand chapeau de paille, que de la rencontrer dans les villes avec des

plumes exotiques, fût-ce des plumes de paon».... À Montréal, l'abbé
Groulx, qui parle de la «décadence» de la politique et de la littérature
françaises et qui, comme historien, évalue que «Non, la solidarité n'a pas
été au dix-neuvième siècle une vertu française», questionne indirectement le rapport à la France des «parisianistes du *Nigog*»: «Au lieu de
choisir dans la pensée de la France et de l'accueillir comme une éduca-
trice, nous nous en sommes forgé un vasselage. De là l'origine de ce
colonialisme français qui nous a tant desservis.» Il précise son propos:
«Et c'est bien l'une des énigmes de notre histoire et l'un des indices aussi
de notre déracinement que nos intellectuels aient prodigué à la France
malgré des oublis et malgré ses dédains, un attachement qui a passé trop
souvent l'amour qu'ils devaient à leur propre pays. Arrachés à notre sol par
cette autre force d'exotisme, toute une portion de nos écrivains et de nos
artistes en ont presque répudié leur patrie naturelle. Du même coup ils
tentaient de nous imposer un art tout factice et enveloppaient d'un souverain mépris les œuvres du terroir. Plus d'indulgence plus de rémission!»
Concluant sur le même accent barrésien du déracinement, il écrit: «Nos
pères n'avaient été que des barbares de la grande barbarie, y compris nos
vieux historiens qui succombèrent à l'ignominie générale. Et c'en fut fini
du contact avec la terre et les morts, ces fondements éternels du patriotisme[36].»

Six mois après la disparition du *Nigog* et le retour de certains de ses
rédacteurs à Paris, Victor Barbeau, alias Turc, reprend le combat contre
le régionalisme et contre «les pontifes de l'heure des vaches». Il pourfend
le mot d'ordre du régionalisme, «Hors le terroir, point de salut», ainsi
que «le nouvel évangile du provincialisme canadien-français» et dénonce
cet embargo sur la pensée: «Être régionaliste ou ne pas être régionaliste
tel est le dilemme dans lequel nos douaniers de la pensée et de l'écriture
prétendent» confiner les artistes. Montrant du doigt ces «rapailleurs des
choses qui s'en vont», le journaliste de *La Presse* ne manque pas de voir
dans ce mouvement littéraire une composante du mouvement nationaliste: «Le "restons chez-nous" en littérature me paraît fort être le frère
du "restons chez-nous" en politique.» Barbeau associe la question de la
littérature canadienne-française à la langue et à la France:

> Au premier groupe qui réclame une littérature canadienne, le second groupe
> répond qu'il n'en existe pas et ne saurait en exister. Notre langue est la langue
> française, et le fait d'écrire en cette langue des sujets canadiens ne constitue pas

un embryon de littérature nationale. Même si elle est alourdie d'archaïsmes et de barbarismes. Comme la Belgique, comme une partie de la Suisse, le Canada français ne vit, littérairement et artistiquement, que par la France. [...] Dans le domaine des arts et de la littérature, nous sommes français d'abord, canadiens par accident.

Celui qui prend fait et cause pour l'idée qu'avant «la patrie des blés et des clochers, il y a la patrie de l'intelligence, la patrie de l'esprit qui, elles, ne connaissent pas de frontières», oppose au régionalisme un exotisme conçu comme universalisme; référant aux écrivains français, il écrit: «Ils ont, pour ainsi dire, élevé leur cœur au-dessus de la mêlée des langues et des ambitions de villages, pour comprendre et reproduire un aspect inconnu de l'univers des cœurs et des âmes.» Son contentieux avec les régionalistes trouve en fin de compte sa raison d'être dans la défense de la liberté d'expression: «Nous sommes libres et entendons demeurer libres en dépit de toutes les contraintes, campagnes, mesquineries, étroitesses, des cercles pieux et des groupes d'action prétendue française. Nous réclamons la liberté d'expression, l'art avant la patrie, l'humanité avant la province[37].»

La nouvelle *Revue moderne* (1919) se place du côté des exotiques et promeut la «liberté littéraire». Asselin, l'indomptable Asselin, en appelle comme en 1914 à l'intention des évêques, à la distinction: «[Marcel Dugas] pose que l'art et la religion sont deux choses, et que l'habitude presque générale de nos critiques de se placer au seul point de vue religieux ou moral dans l'appréciation des œuvres littéraires est peut-être la principale des multiples causes qui nous retiennent, en matière intellectuelle, juste au-dessus des Lapons et des Samoyèdes.» À sa façon, il tente de dénouer ce nœud ultramontain qui se sert de la morale pour tout confessionnaliser, de l'art à la politique. Francophile, Asselin l'anti-impérialiste qui s'est enrôlé pour la France durant la guerre récuse le «mauvais indigénisme»: «Nous avons le devoir d'instaurer la haute culture française dans un pays qu'une fausse conception du patriotisme voudrait lui fermer.» Plutôt que de critiquer la France, ses écrivains et ses professeurs à la chaire de littérature de l'Université Laval à Montréal, Asselin invite ses concitoyens à «avoir un peu pitié de la Grise. [...] Si nos Sociétés nationales tiennent à encourager les lettres, qu'elles envoient chaque année un jeune écrivain canadien de talent étudier à Paris. N'en doutons pas, il n'y a *pour le moment* qu'un endroit où le Montréalais puisse apprendre à connaître "l'habitant" de la Bienheureuse-Décollation-de-Saint-Jean-Baptiste ou de Saint-André-de-l'Épouvante, c'est Paris.» Ce dont prendra note le nouveau secrétaire provincial, Athanase David, en développant un programme de bourses en France pour des médecins, des hommes de science, des artistes et des hommes de lettres[38]. Dans ce rapport à la France qu'Asselin tente de clarifier, la langue demeure un enjeu, moins linguistique comme vingt ans plus tôt avec la Société du bon parler français au Canada que culturel et littéraire. Quel sera le français des poètes et romanciers canadiens-français? Henri d'Arles, qui pense que «la langue est l'expression de la pensée», a des vues sur le sujet: «Car, si nous n'avons pas une langue à nous, et si nous sommes destinés à n'en jamais avoir, si nous devons cultiver tout unimement, sans modification aucune, sans lui faire subir des rénovations quelconques, sans l'adapter ni le plier en quoi que ce soit à des conditions nouvelles de la vie, le parler de France, alors il est évident que la littérature qui pourra naître ne sera pas de la littérature canadienne, mais de la littérature française au Canada, ce qui est tout différent. Et la vie de cette littérature sera nécessairement très pauvre. Et je ne sais même pas si elle pourrait se hausser jusqu'au rang de ce que l'on appelle le régionalisme.»

Louvigny de Montigny ne partage pas ces vues sur la langue, porteuse d'une vision de la France: «Pour que pareille doctrine puisse s'exposer, il faut autre chose qu'une crise nostalgique ou un progrès philologique. Il faut au contraire avoir acquis assez d'inconscience pour défier toutes les lois de la linguistique. Il faut prendre son parti d'une sécession spirituelle entre la Vieille-France et la Nouvelle. Il faut admettre un reniement général de la pensée française, prendre son parti d'une sécession spirituelle entre la Vieille-France et la Nouvelle.» L'ultrafrancophile Victor Barbeau est, on le sait, plus radical: «Mais lorsqu'il y va de la littérature, d'art, de science, de culture, rappelons-nous que les dieux n'ont pas encore traversé l'Atlantique[39].»

Le combat pour la liberté du créateur, de ses thèmes et de ses procédés ne se limite pas à la littérature, comme le suggère la diversité des avenues empruntées par *Le Nigog* en 1918. Il trouve dans la peinture un autre créneau d'expression. L'art canadien-français, inspiré par l'École de Barbizon (Jean-François Millet) et de La Haye, explore alors les thèmes du réalisme paysan (Horatio Walker), du paysage laurentien (Clarence

Gagnon), contemporain du paysage canadien du Groupe des Sept, et de la peinture d'histoire. Marc-Aurèle Fortin vient modifier un peu la donne avec ses huiles portant à la fois sur le village (Sainte-Rose) et la ville (Montréal, Hochelaga), sur la végétation et sur les formes urbaines. C'est surtout chez Adrien Hébert qu'on voit s'opérer cette lente marche à la modernité; ses tableaux sur le train (1916, 1917), ses vues de la Seine alors qu'il étudie à Paris (1922-1923) et que s'ouvrent des Écoles des beaux-arts à Québec et à Montréal, ses vues du port de Montréal (1924) et des rues Sainte-Catherine et Saint-Denis (1926) témoignent davantage d'une liberté des sujets que des procédés. Comme l'écrira Jean Chauvin, représentant de la critique d'art montante, Hébert a une «vision neuve», une «interprétation personnelle» de la société canadienne-française, mais on est «bien loin de la déformation» de l'objet et de la figure qu'a entreprise l'art français contemporain[40].

Le conflit entre régionalistes et exotiques s'apaise après 1922 et, en 1929, on en est à l'heure des bilans, des nuances sinon des retournements de positions. Jean-Charles Harvey, qui a déjà publié *Marcel Faure* et qui verra *Les demi-civilisés* (1934) bientôt condamné, écrit à Mgr C. Roy: «Nos écrivains, gênés par mille préjugés, n'ont pas puisé *en eux-mêmes*, la substance de leur œuvre; ils ne pouvaient pas par conséquent être sincères et *subjectivement vrais.*» Si la liberté du créateur et la prise en compte de la subjectivité personnelle demeuraient encore un projet, elles avaient fait assez de progrès pour qu'un écrivain en parle ouvertement à celui qui avait programmé cette nationalisation par des thèmes canadiens mais un peu extérieurs à l'expression créatrice même. Marcel Dugas, qui a contribué à la naissance du conflit en 1903, rappelle en 1929 ce qu'étaient alors les enjeux: «Pour atteindre les objectifs que se proposait *Le Nigog*, il fallait en arriver à établir en face de l'école du *Devoir* les raisons de la modernité française, à la faire goûter dans un art, une littérature, une musique d'aujourd'hui. Des noms inconnus allaient être prononcés et les esprits invités à se nourrir de leurs œuvres. Le but du *Nigog* fut d'amener le public canadien à la connaissance de la production française contemporaine.» Il note comment, après Nelligan et ce combat pour la liberté des thèmes de la création, «on respira»:

> Imaginez des esprits toujours tendus dans l'héroïsme des morts, l'éloquence des hommes d'État, l'amour des fleurs de lis et de «La Marseillaise», quel délasse-ment ce fut lorsque Nelligan, en vers, voulut bien nous parler d'une négresse.

C'était le rêve entrant dans une galerie d'ancêtres, un parfum d'exotisme flottant au-dessus de poussières mille fois célébrées. On respira.

Philippe Panneton, alias Ringuet, a la même conviction dix ans plus tard lorsque paraît, en France en 1938, *Trente arpents*. *Roman*. Le romancier, un exotique, qui insère l'intrigue du changement au cœur même de ce qui paraissait permanent, écrit la même année dans *Les Nouvelles littéraires* de Paris : « Une nouvelle génération plus féconde que toutes les précédentes, oubliant les querelles auxquelles elles n'avaient pas pris part mais qui avaient assaini l'atmosphère, se mit tout simplement à écrire. » L'année suivante, Mᵍʳ C. Roy, qui avait écrit en 1931 que l'on « prévoyait en 1904 les abus que l'on pourrait faire du terroir », fait le bilan :

> Il y a plus de trente ans, on parla de nationaliser notre littérature [...]. C'était l'époque où trop souvent nos écrivains apercevaient les choses de nous à travers les souvenirs de lectures françaises. C'était le temps aussi où l'on ne posait pas encore sur la nature et les choses de chez nous un regard assez aigu, assez observateur. On s'est donc mis à nationaliser la littérature ; on a même faussé le sens du mot et de son application. Et l'on a pris pour nationalisation, ce qui n'était qu'une exploitation, pas toujours assez littéraire, de la matière canadienne, des mœurs et coutumes de la campagne surtout. Aujourd'hui [...] l'on soutient avec raison que le régionalisme, les œuvres du terroir ne peuvent être qu'une section de notre littérature. Il vaut mieux insister maintenant sur le vigoureux caractère d'humanité, de plus forte humanité, qu'il convient de donner à nos œuvres[41].

*
* *

Le discours de Laurier de 1877 avait-il donc scellé le destin du libéralisme radical, surtout avec et après l'arrivée de son auteur au pouvoir (1896-1911) ? De surcroît, Bourassa avait-il eu quelque succès avec son « dérivatif nationaliste » au même libéralisme ? De fait, les conditions nouvelles et des acteurs nouveaux assurent dans des formes parfois nouvelles la reconduction des anciens affrontements.

L'urbanisation infléchit à la fois la question de l'instruction publique et les notions de responsabilité publique et d'immunité ecclésiastique. Si les libéraux de Marchand, de Gouin et de Taschereau mènent sans succès décisif à Québec leurs combats en faveur d'un ministère de l'Instruction publique, de l'uniformité des manuels scolaires et de l'instruction obligatoire et gratuite, et doivent se contenter d'une loi sur l'embauche des jeunes plutôt que sur l'instruction obligatoire, les libéraux de Montréal obtiennent à la CECM des réformes appréciables, avec l'aide des syndicats internationaux. À Montréal, les enjeux sont différents : l'industrie et le commerce suscitent une vision nouvelle de la scolarisation et de l'alphabétisation et la question de l'école ne se limite plus à une composante de la liberté religieuse ; elle comporte une dimension de justice sociale. C'est précisément ce contexte qui permet à Gouin de mettre un pied dans la porte de l'école technique et commerciale. C'est cette même dimension technique et industrielle qui sert de visa dans la polémique à propos d'une bibliothèque «publique». Malgré l'opposition de Mgr Bruchési, la bibliothèque de la ville voit le jour en 1917, consacrant ainsi une nouvelle vision d'une culture publique qui doit répondre aux besoins d'une population industrieuse et cosmopolite. C'est toujours la ville, enfin, qui fait émerger la question des privilèges fiscaux de l'Église : les communautés et le diocèse peuvent-ils sans contrepartie bénéficier du développement urbain et de ses coûts ?

L'immigration juive à Montréal vient ajouter une dimension constitutionnelle et sociale aux débats sur l'instruction publique. Les revendications fort peu unanimes de la communauté juive remettent en cause le caractère biconfessionnel de la Constitution de 1867 et font poindre la neutralité. Bourassa lui-même échappe à son «dérivatif nationaliste», lui qui, hier comme aujourd'hui, a sans cesse réclamé les mêmes droits naturels pour les minorités.

La création littéraire et artistique même porte doublement la question nationale et la question libérale : en revendiquant avec une détermination soutenue une séparation entre la critique littéraire et la critique religieuse et en faisant ressortir l'enjeu plus général des relations entre régionalisme et exotisme, les rapports entre national et international, entre particulier et universel.

Chapitre X

« AU CANADA, OÙ LA FRANCE CONTEMPORAINE
N'EST PAS TOUJOURS BIEN COMPRISE... »

De l'affaire Dreyfus, liée à l'immigration et à une action canadienne du début du siècle, à la question du drapeau et du
Tricolore posée par ceux qui, en pleine effervescence impérialiste, entendent mener une action française, la référence à la France continue de traverser l'évolution des idées et des représentations au Québec.
Cette trame, manifeste dans le mouvement et la revue *L'Action française*
de Montréal (1917-1928), court aussi dans le combat des « libéraux qui
persistent et signent », à propos de l'instruction publique, de la franc-
maçonnerie ou de la modernité[1].

   Les relations entre le Québec et la France s'appuient sur l'immigration, peu encouragée par la France et par le Canada, et somme toute peu
intensive : 3318 immigrants entre 1897 et 1902, 14 774 entre 1903 et
1908 incluant les membres de congrégations religieuses « chassées » par les
lois Combes. Ces relations bénéficient encore de la mise en place d'une
ligne maritime permanente Canada-Liverpool-Le Havre, la ligne Allan,
sur laquelle on peut compter à partir de 1904. Et puis des événements
alimentent ces échanges : l'Exposition universelle de Paris en 1900, les
lois Combes de 1903 et 1904, le Congrès eucharistique international de
Montréal de 1910, le premier Congrès de la langue française (1912)
auquel participe une « mission Champlain », et la Première Guerre mondiale qui, à l'occasion de la conscription de 1917, révèle les limites de la
double allégeance britannico-française des Canadiens français.

Si le retour officiel de la France en 1855 avait été symbolisé par *La Capricieuse* et son commandant, M. Belvèze, le premier quart du xxe siècle des relations franco-québécoises est à mettre à l'enseigne de l'effet Fabre. Représentant du Québec et du Canada en France depuis 1882, Hector Fabre (1834-1910) relance les relations entre le Canada et la France et son action soutenue, tout comme le voyage de son vieil ami et premier ministre du Canada, Sir Wilfrid Laurier, en 1897, est à l'origine de ce nouveau sommet dans les échanges entre les deux pays. Cette action «diplomatique» canadienne trouve un pendant dans l'activité du consul général de France à Montréal de 1894 à 1906, Alfred Kleczkowski. Dans ce contexte, un maître mot traverse les trames des échanges et des représentations : la «France contemporaine».

La trame universitaire des relations Québec-France

Les Sulpiciens de Montréal donnent le ton en inaugurant une série de cours et de conférences publiques annuels sur la littérature française donnés par des écrivains et universitaires français renommés. Cette initiative permettra d'ailleurs de former progressivement une faculté des arts à la succursale montréalaise de l'Université Laval (1876), qui ne compte alors que les facultés de théologie (sulpicienne), de droit et de médecine. À l'invitation de M. Louis Colin (1881-1902) et de M. Charles Lecoq (1902-1917), supérieurs français de Saint-Sulpice à Montréal, et avec l'appui du consul général Kleczkowski, Ferdinand Brunetière fait, en mai 1897, des conférences à Montréal sur Bossuet orateur et à Québec sur le xviiie siècle. Les questions soulevées à l'occasion de sa venue révèlent déjà le microcosme de la culture canadienne-française de l'époque dans ce qu'elle recèle de tensions : attitude du clergé face à la France contemporaine, rivalité entre Québec et Montréal, entre francophones et anglophones à travers les relations entre l'Université Laval à Montréal et McGill University.

Le consul de France à Montréal écrit à Brunetière, qui ne proclamera sa conversion au catholicisme qu'en 1900 : «Nous avons si fort à faire pour déraciner les préjugés trop répandus ici à l'égard de la France contemporaine! Et d'autre part, le clergé canadien est, en général, animé de sentiments si exclusifs que je regarderai comme une sorte de victoire la décision qui permettra qu'un écrivain français éminent, mais considéré comme étant en dehors de l'orthodoxie catholique, soit reçu et fêté à l'Université Laval.» Le consul Kleczkowski prend une bonne mesure de l'évolution du milieu universitaire : «L'Université de Québec ne peut plus guère se prévaloir d'autre chose que de son ancienneté. Le "nombre" et par conséquent la vraie force est à Montréal.» Et au-delà des «petites jalousies» et des «petites rivalités» avec lesquelles il lui faut vivre, il confie à Brunetière : «Nous devons aimer quand même ce petit peuple canadien-français, et montrer que nous lui savons gré d'avoir conservé, à travers tout, notre langue française, dans un coin de l'immense Amérique.»

La presse locale ne manque pas de rendre compte de ces conférences et de ces cours. Brunetière sera suivi par Pierre de Labriolle, titulaire de la «chaire de haute littérature» de 1898 à 1901, au moment où René Doumic, secrétaire perpétuel de l'Académie française, vient faire quelques conférences (1898). François Laurentie est à Montréal en 1899-1900 pour aborder «la plastique de l'art»; de 1902 à 1905, Augustin Léger, de l'École normale supérieure et recommandé par Brunetière, assume l'enseignement; Louis Arnould est titulaire de la chaire en 1906 et 1907, Louis Gillet de 1907 à 1909 et René Desroys du Roure de 1909 à 1912. Du Roure avait dû lire l'abbé Camille Roy avant d'affirmer à ses étudiants : «Permettez-moi de vous le dire, très franchement, ni dans votre art ni dans votre littérature, je ne vous trouve assez fiers des beautés de votre pays, assez désireux d'en traduire la physionomie si personnelle, les traits si caractéristiques, assez jaloux d'en mettre en valeur toutes les richesses intellectuelles et artistiques, aussi bien que les richesses du sol.» Du Roure, qui passera à McGill University, doit aussi tenir compte de la question du nationaliste Jules Fournier, «Pourquoi pas un Canadien?» : «[…] l'on ne dira jamais assez jusqu'à quel point il est regrettable que cette chaire, à Laval, ne soit pas occupée par un Canadien au lieu de l'être par un Français». Fournier récidive quelques jours plus tard : «Le temps est venu de montrer à nos amis de France que la sympathie ou l'admiration que nous leur portons ne nous rend pas complètement aveugles ou imbéciles; que par exemple, malgré toute notre estime et toute notre affection pour nos anciens professeurs, nous savons faire la distinction entre M. Brunetière et M. de Labriolle, entre M. Lemaître et M. Arnould […].» Du Roure fait disserter ses étudiants, en 1911-1912, sur un texte de Crémazie de 1867 : «Plus je réfléchis sur les destinées de la littérature canadienne, moins je lui trouve de chances de laisser une trace dans l'histoire. Ce qui manque au Canada, c'est d'avoir une langue à lui. Si nous parlions iroquois ou huron, notre littérature vivrait [...]. Nous avons beau dire et beau faire, nous ne serons toujours, au point de vue littéraire, qu'une simple colonie.»

Cette chaire de littérature française, supprimée à l'occasion de la guerre, au moment du passage de René Gautheron (1912-1914), aura un titulaire régulier, Henri Dombrowski, en 1921, au moment où l'Université de Montréal sera devenue autonome (1920). Elle aura déjà formé des étudiantes féministes, Marie Gérin-Lajoie et Florence Fernet, et un futur historien, Gustave Lanctôt[2].

L'initiative des Sulpiciens montréalais est saluée par cette petite colonie de Français parisiens que le journal libéral *Le Canada* interroge en 1905 sur ce que «doivent être les relations de la France et du Canada au double point de vue économique et culturel». Unanimes à concevoir ces relations comme «désirables et nécessaires», les personnalités interrogées ne cachent pas que leur «réalisation [demeure] fort délicate». Mais s'il est un propos commun à cette enquête d'opinion, c'est bien la proposition réitérée qu'un enseignement sur le Canada soit organisé à Paris tout comme un enseignement à Montréal, dans un «Institut français» ou ailleurs, sur «l'histoire de la France contemporaine». Interrogé, André Siegfried, qui publiera l'année suivante un ouvrage majeur sur le Canada, suggère que ce n'est pas à Fribourg ou à Louvain qu'il faut aller chercher l'esprit français mais dans l'université française qui ne demande pas mieux que d'accueillir les Canadiens[3].

Étudiant remarqué à l'École libre de science politique de 1907 à 1910, Édouard Montpetit, devenu professeur à l'Université Laval à Montréal, retourne à son alma mater en juin 1913 à titre de conférencier pour y entretenir son auditoire des «survivances françaises au Canada». Orateur déjà reconnu, Montpetit insiste sur le sens de la ténacité des Canadiens français: «Ne cherchez pas si notre attitude fut digne de vous en élégance et si nous avons su, à votre exemple, mettre suffisamment d'esprit à nous battre. Ne voyez que notre ténacité victorieuse: elle est le plus bel hommage que notre vaillance puisse se rendre à elle-même. Et si vous avez su montrer au monde étonné comment vous savez vaincre, souffrez qu'on apprenne par nous comment vous savez durer[4].»

Le souhait d'André Siegfried de voir des étudiants canadiens en France n'est sans doute pas comblé par les quelques médecins aux études à Paris, par les clercs inscrits à la Sorbonne (les abbés Camille Roy, Louis-Adélard Desrosiers, Émile Dubois) et à l'Institut catholique de Paris (le jeune sulpicien Olivier Maurault) ou par quelques rares laïcs comme Paul Morin qui défend, en Sorbonne en 1912, une thèse sur Longfellow, auteur du poème épique *Évangéline*. Le francophile Olivar Asselin reprend l'idée dans l'immédiat après-guerre, désireux de voir se constituer « une élite intellectuelle », un « état-major de cinquante hommes supérieurs » qui demanderont leur « formation à la France catholique, ou tout au moins à ceux des maîtres français qui ne font pas, sous une forme ou sous une autre, de la propagande anticatholique ». Promouvant en 1918 le « rôle de la France dans la formation d'une élite intellectuelle », Asselin se veut tout aussi pragmatique que les répondants français de l'enquête de 1905 : le Québec devra prendre l'initiative de ces études en France plutôt que le fédéral, qui « se préoccupe moins de faciliter à ses ressortissants gallophones la mise en valeur de leur capital intellectuel, que de les dénationaliser » — on est à l'apogée de la crise des écoles catholiques françaises en Ontario et de la conscription. Il évoque la création de bourses, l'établissement d'une maison des étudiants canadiens à Paris, de cours libres sur des questions canadiennes à la Sorbonne, le maintien d'un « commerce de librairie canadienne », la réforme des manuels scolaires français quant à leur contenu canadien ; au Canada, il favorise la tenue de conférences, l'organisation d'un enseignement médical postuniversitaire et d'une chaire de littérature française à Québec[5].

Deux ans plus tard, le premier ministre Lomer Gouin, appuyé par le nouveau secrétaire provincial, Athanase David, crée les bourses d'Europe destinées à favoriser les études de Québécois outre-Atlantique en médecine, en sciences, en lettres et en arts ; Gouin se dit aussi favorable à la fondation d'une Maison canadienne à la Cité universitaire internationale de Paris. Près de 150 étudiants adhèrent à l'Association des étudiants canadiens à Paris en 1924, au moment où une nouvelle série de cours en Sorbonne institutionnalisent les relations entre la France et le Québec. En 1925, Édouard Montpetit donne des conférences sur la vie nationale, économique et sociale du Canada français ; l'année suivante, Jean Désy aborde le sujet de la vie politique, parlementaire et administrative, et, en 1927, l'abbé Émile Chartier traite de la pensée et des arts au Canada français[6].

Cette consolidation des relations universitaires entre le Québec et la France culmine dans deux initiatives durables, l'Institut scientifique franco-canadien (ISFC) et la Maison des étudiants canadiens à Paris. L'ISFC ne naît pourtant pas sans difficulté, perçu par le frère Marie-Victorin comme rival de la nouvelle Association canadienne-française pour l'avancement des sciences (ACFAS), fondée en 1923, et par l'abbé Camille Roy de l'Université Laval comme potentiellement plus profitable aux professeurs français. Doté de ses lettres patentes le 21 mai 1926, l'ISFC est inauguré par une conférence du jeune médiéviste Étienne Gilson sur saint Bernard, fondateur de la mystique médiévale. C'est, pour Gilson, le début d'une longue amitié avec le Canada français et d'une présence répétée à Montréal mais surtout à Toronto, où le collègue de Marc Bloch à Strasbourg trouvera un milieu pour ses visées de renouvellement des études médiévales. Même si l'Institut est associé à la seule Université de Montréal, maintenant autonome de l'Université Laval de Québec, l'unanimité à son sujet est loin d'être faite. Omer Héroux du *Devoir* s'interroge sur «cette sorte de suruniversité»; il écrit à l'abbé Groulx se demandant «pourquoi [l'Université de Montréal] tient, au contraire, à faire profession publique d'infériorité intellectuelle, en laissant un autre corps faire, dans ses propres salles et devant ses plus hauts dignitaires qui prennent la figure de simples auditeurs, des cours qui relèveraient proprement d'elle-même et de ses facultés». Sceptique devant la science républicaine et prenant le contre-pied de Siegfried, Héroux verrait plutôt des échanges entre l'université catholique de Montréal et les Instituts catholiques de Paris et de Lille et l'Université catholique de Louvain[7].

L'ouverture, le 26 octobre 1926, de la Maison canadienne à la Cité universitaire internationale de Paris n'avait pas été sans démarches préventives: son directeur serait-il canadien ou français, prêtre ou laïc? Jean Bruchési, qui étudie alors à Paris, écrira: «Le choix somme toute était difficile, et celui qui devait résoudre le problème s'exposait à recevoir des coups s'il n'avait pas la main heureuse.» Destinée aux boursiers de la France (1922) et du Québec — ils sont 15 en 1921-1922, 21 en 1922-1923, 45 en 1925-1926 — et aux étudiants canadiens, la Maison est inaugurée sous le signe de la «bonne entente» par le prince de Galles[8].

La trame commémorative et politique

Le Canada, qui avait boudé l'Exposition universelle de 1889 à Paris qui célébrait le centenaire de la Révolution de 1789, entre dans le nouveau millénaire en participant à l'Exposition de 1900 et la province de Québec y présente son système d'éducation entre ses produits miniers et ses fruits locaux.

À l'image de l'initiative des conférences publiques à l'Université Laval à Montréal, la création d'un Comité d'Alliance française en 1902 réveille certains démons. À l'invitation du Comité de Paris de l'Alliance française et du comte des Étangs, le milieu libéral montréalais — Beaugrand, épouses et époux Dandurand, Béique — s'associe à McGill University pour animer la nouvelle alliance. Le principal Peterson, des professeurs du département d'études romanes — Leith Gregor, J.-L. Morin, mademoiselle Milhau — et le doyen Walton de la faculté de droit facilitent la tenue de conférences dans les locaux de McGill et du Fraser Institute où dorment paisiblement la bibliothèque et les archives de l'Institut canadien de Montréal. À compter de 1908, les conférences de l'Alliance se font le plus souvent à l'Union nationale française (1886), square Viger. L'Alliance invite des conférenciers français et fait place à des Canadiens libéraux, tels que Honoré Beaugrand, Fernand Rinfret, Gonzalve Désaulniers, Albert Beauchesne, Olivar Asselin, mais aussi à Henri Bourassa, Édouard Montpetit, Jean Charbonneau et Jean Désy.

La tribune de l'Alliance française n'échappe pas au débat local et hexagonal sur les deux France. En 1908, l'abbé Émile Chartier qui, on le sait, sera conférencier à la Sorbonne en 1927, raille le propos tenu à la même tribune par le radical Godfroy Langlois concernant «la France républicaine et moderne, la France d'aujourd'hui, la France rajeunie et démocratisée». L'abbé ironise sur cette France de Langlois «qui date de 1870» et dresse la liste de ce que celui-ci a omis de dire à propos de la France catholique et monarchique, des lois Combes: «Est-ce à l'abri de ce symbole que se place M. Langlois quand il escalade les tribunes pour prôner la création d'un ministère de l'Instruction publique, des hôpitaux civiques, des bibliothèques municipales, de l'uniformité des livres et par là "servir la cause de la liberté et du progrès"[9]?» Dans la salle, le silence dut se faire plus lourd de réflexions non dites.

Si les intérêts de la France à l'étranger sont bien servis par l'Alliance française, l'Association La Canadienne (1903) entend défendre à Paris des « intérêts communs en Amérique ».

Présidée par Jean Lionnet, et cautionnée par ses présidents d'honneur, Hector Fabre et le conseiller d'État Louis Herbette, cette association respectueuse de la nationalité canadienne tout autant que de son loyalisme à la Grande-Bretagne, entend faire connaître le Canada par des articles, des études, des brochures, des voyages y compris celui de son président, qui prend bonne note que les Canadiens français n'aiment pas la France politique[10].

En prenant indirectement le relais de l'Association La Canadienne, le Comité canadien (1910) de l'association France-Amérique fait comprendre que tant d'initiatives font partie d'une certaine politique culturelle extérieure de la France. Le sénateur Dandurand, qui est de toutes ces tribunes de la France contemporaine, le laisse entendre en suggérant que sur le plan économique la défaite de 1870 n'est plus un prétexte pour la France qui doit aller vers les marchés extérieurs. L'homme qui est la voix de France-Amérique, Gabriel Hanotaux, reprend l'idée en observant que, encore vers 1890, les relations entre la France et le Canada étaient au point de celles d'après la « séparation » et que le voyage de Laurier en 1897 et l'action de Fabre en France avaient rendu possible entre les deux pays « l'étreinte de "l'entente cordiale" » d'une France amie de l'Angleterre. France-Amérique avait commencé avec les fêtes de Montcalm en 1910 et au moment du Congrès eucharistique. Les fêtes Brouage-Québec en l'honneur de Champlain et l'érection de deux monuments, l'un à Montcalm à Vestric-Candiac et l'autre à Québec, avaient entretenu le feu commémoratif. La mission Champlain aux États-Unis et au Canada en 1912 donne tout son sens à l'appellation France-Amérique et marque le moment fort de cette durable association avec la venue à Québec de hauts dignitaires français à l'occasion du premier Congrès de la langue française. Réceptions, discours, remise de la Légion d'honneur, de doctorat *honoris causa* à Étienne Lamy, représentant de l'Académie française, publication d'un ouvrage relatant la mission et réédition d'une étude (1885) de G. Hanotaux, *La France vivante. En Amérique du Nord*, marquent un seuil nouveau dans les relations franco-canadiennes.

La guerre crée une nouvelle conjoncture. La formation en 1914 par Dandurand, Béique, Asselin et d'autres d'un Comité d'aide à la France en guerre et l'enrôlement héroïque d'Asselin en 1916 ne doivent pas faire oublier que la crise de la conscription de 1917 portait le message d'un intérêt populaire limité à l'égard et de la Grande-Bretagne et de la France. Mais la décision de s'enrôler du francophile Asselin crée un certain remous : « Moi, si je veux partir, c'est que j'aimerais mieux mourir que de voir la France vaincue et impuissante » ; tout comme la justification paradoxale de l'anti-impérialiste, toujours défavorable à l'envoi de troupes canadiennes, qui affirme que « dans la présente guerre comme dans toute guerre les individus peuvent se reconnaître des obligations qu'ils repoussent pour leurs gouvernements ». « Cette distinction entre le devoir national et le devoir individuel » s'impose pour celui qui n'a « cessé de crier qu'à moins d'un contact plus intime avec le foyer principal de la pensée française, il n'y aurait pour nous pas d'existence possible, pas de création, pas de lutte possible contre le matérialisme, poison de nos âmes, infection de nos vies ». À ceux qui se demandent non pas ce qu'ils pourraient faire pour la France mais ce que la France peut faire pour eux, le vibrant Asselin confie : « Les insensés, ils veulent savoir ce que la France ferait pour le Canada. Et à chaque aurore nouvelle, ils vont voir à la fenêtre si le soleil luira sur leur tâche quotidienne. Et toute leur vie ils demandent au soleil la chaleur, la joie de leur existence. Et si on voulait les priver de sa lumière et de sa chaleur, ils se battraient pour le soleil, ils verseraient leur sang pour leur part de soleil. Sans doute, Mesdames et Messieurs, la France a pu quelquefois nous blesser par son indifférence. Mais parce que sans elle la vie française s'arrêterait en nous comme une eau qui gèle, bénissons-la quand même, défendons-la quand même ! C'est la lumière, c'est la chaleur, c'est la vie ! Et donc, nous marchons pour les institutions britanniques parce que par elles-mêmes, et indépendamment des demi-civilisés qui les appliquent aujourd'hui en Ontario, elles valent la peine qu'on se batte pour elles. » L'anti-impérialiste Bourassa ne voit pas les choses de la même façon ; pour lui, le fait que les Canadiens français soient séparés de la France depuis 150 ans, « par la cession d'abord, et davantage, peut-être, par la Révolution française », ne justifie pas quelque enrôlement. Ces choix font bien voir comment la France contemporaine, républicaine et laïque partage les positions. Il fallait, en somme, un brin d'anticléricalisme pour croire à la France de 1914 et de 1917. Asselin saisit à ce point la nuance qu'il est un des rares à comprendre l'évolution du libéralisme de Laurier : « Mais pendant que d'autres, dans ce groupe, puisent leurs inspirations en France — où l'ancêtre Papineau a passé quelques années — et peuvent ainsi concilier leur anticléricalisme avec l'idée française, Laurier, lui, cherche ses dieux parmi les pères du libéralisme anglais tels que Fox, Bright et Cobden; en sorte qu'il est moins anticlérical, mais aussi, moins français[11].» De gestes comme celui d'Asselin et de mille autres choses, la France sera reconnaissante. Et la mission Fayolle, qui amène trois grands généraux français — Pau, Fayolle et Foch — au Québec en juin 1921, scelle cette reconnaissance dont la France avait témoigné à l'égard de nombreux Canadiens français en leur remettant la Légion d'honneur, les Palmes académiques ou en les faisant Officier de l'Instruction publique. Et cette trame diplomatique que Fabre avait mise en place trouve son accomplissement en janvier 1928 avec l'ouverture d'une légation de la France au Canada et d'une légation du Canada en France. Du consulat de France de 1859 à l'ambassade de 1934, trois ans après le traité de Westminster qui reconnaissait l'autonomie internationale du Canada, une étape était franchie[12].

La trame religieuse et anticléricale

Si la France apparaît si républicaine, c'est bien sûr que la IIIe République est en place depuis 1870, mais c'est surtout que cette politique républicaine, au tournant du siècle, se ramifie dans toute la vie française y compris dans la politique scolaire. Ce sont, pour l'essentiel, les lois Combes, du nom de l'ex-ministre de l'Instruction publique et président du Conseil qui, appliquant radicalement la loi sur les congrégations en juillet 1901, supprime quelque 2500 écoles religieuses et fait voter en juillet 1904 l'interdiction d'enseignement à toutes les congrégations religieuses, qui remet 1789 et 1793 aux préoccupations du jour. Non seulement le Québec et le Canada français accueillent-ils entre 1901 et 1904 quelque 1300 membres du clergé «chassés» par la République, mais le combisme invitera les milieux conservateurs à prendre *a contrario* le mot de Gambetta, «l'anticléricalisme, voilà l'ennemi», et à nourrir dans les paroisses, les collèges, les écoles et les hôpitaux un nouveau prosélytisme antirépublicain à l'égard de la «France contemporaine».

L'un des 23 prédicateurs français qui viennent prêcher le carême à Notre-Dame entre 1889 et 1914 à l'invitation du sulpicien Louis Colin, Mgr Rozier, n'échappe pas en 1902 à la volatilité de la question combiste.

Ayant pris le risque de déclarer à un journaliste de *The Gazette* que l'hostilité du cabinet Combes était «une affaire finie, morte», l'évêque met le feu aux poudres de *La Vérité*, contestée par *Les Débats* dans une polémique à laquelle vient se mêler le poète Louis Fréchette.

Au même moment, Bourassa, qui croit que «notre amour pour la France est légitime et naturel» mais qu'il doit rester «platonique», et que la séparation de la France en 1763 était «dans les desseins providentiels», fait une petite histoire hypothétique du Québec comme territoire d'outre-mer: «Si le traité de Paris nous avait conservés à la France, que serait-il advenu de nous? En présumant que nous eussions échappé au régime sanglant de la Terreur, il est plus que probable que Napoléon nous eût vendus aux Américains sans même nous consulter, comme il le fit de la Louisiane. Eussions-nous survécu à l'Empire, comment nous serionsnous accommodés du régime actuel de la France[13]?» Régime dont on imite les initiatives en 1902 en créant, comme on l'a vu, une Ligue d'enseignement à Montréal, qui devient rapidement le prétexte à une attaque contre Louis Herbette, de passage à Montréal en 1904, de la part de *La Croix* et de *La Vérité* de Tardivel qui présente Herbette comme «l'homme qui, en 1880, a présidé à l'expulsion des religieux de son département» et comme «l'un des gros bonnets d'une ligue d'inspiration maçonnique». Et Tardivel de conclure: «[...] et d'amis de sa sorte, nous sommes prêts à nous passer». C'est aussi en plein combisme que l'abbé Camille Roy définit les paramètres d'une «nationalisation de la littérature canadienne» en regard de la littérature française: «Notre idéal, dans l'histoire de France, ce n'est pas Combes détruisant pièce par pièce l'édifice séculaire de la France religieuse, mais c'est plutôt saint Louis inclinant devant Dieu la puissance civile, et cherchant à associer la fortune de son gouvernement aux destinées et à l'immortalité de l'Église du Christ[14].»

L'enquête du *Canada* de 1905 est traversée de signes d'une conscience française de cet antirépublicanisme canadien-français. Pour corriger ce travers, Yves Guyot, ancien ministre interrogé, propose l'organisation d'un cours en dix ou douze leçons sur les événements contemporains. Paul Meyer, directeur de l'École des chartes et membre de l'Institut, dit craindre que «les passions politiques [ne] fassent tort à la bonne harmonie» et que «le mouvement anti-clérical qui se manifeste dans la politique française» n'inspire aux Canadiens français qu'«un sentiment de répulsion». Meyer, qui n'a vraisemblablement pas lu l'abbé Camille, sait néanmoins qu'une grande partie de la littérature française contemporaine «répugne» aux Canadiens français; pour lui, «les mœurs au Canada sont à peu près ce qu'elles étaient chez nous autrefois». Son concitoyen, A. Naquet, ancien député et sénateur, partage cette perception: «Les Canadiens de race française ne sont pas des Français d'aujourd'hui, mais des Français d'avant la Révolution.»

R. de Marmande, qui prépare un ouvrage anticlérical sur le Canada français, avance l'idée «de placer sous les yeux des Canadiens la situation positive de la France contemporaine, aussi éloignée de vouloir la persécution religieuse que de consentir à la domination cléricale». Le député Y. Bourrat constate que le fait que l'enseignement au Canada français est entre les mains du clergé n'est «pas accommodé aux besoins de notre temps» et souhaite pour sa part qu'on en finisse «avec l'absurde légende qui s'est instituée au Canada et qui fait considérer nos littérateurs depuis Voltaire et Diderot jusqu'à Victor Hugo comme immoraux et scandaleux».

Également interrogé, Édouard Drumont, directeur de *La Libre Parole*, présente un point de vue différent et souligne qu'il y a dans le mot Canada «pour nous, pour ceux d'entre nous surtout, qui ne croient pas que la France date de 1789, je ne sais quelle indéfinissable et lointaine poésie, la poésie de notre vieille Histoire». Évoquant «les milliers de tête innocentes» tombées à cause de 1789, il se réjouit de ce que les Canadiens soient «une vivante et magnifique protestation contre ces théories plus absurdes encore que monstrueuses. Vous êtes des témoins de la vieille France [...].» Le journaliste, connu pour son antisémitisme radical, fait sienne la formule des deux France: «Qu'y a-t-il de commun entre vous autres, Canadiens, et cette France d'aujourd'hui qui ne croit plus en Dieu, qui ne croit plus en la famille, qui renie tout, même la Patrie et le Drapeau! Que dira votre race si laborieuse, si active, si magnifiquement féconde, quand elle constatera que la race dont elle est sortie et dont elle se montrait si fière, recule à présent devant tous les devoirs, même devant le devoir naturel et sacré de se perpétuer elle-même.» Il résume ainsi son propos sur les relations désirables entre les deux pays: «S'il ne m'est pas démontré, en effet, que les Canadiens gagnent beaucoup à se rapprocher de la France en ce moment, je suis en revanche persuadé que les Français modernes gagneraient à connaître et à fréquenter les Canadiens[15].» Quels Français «modernes»?

Le jeune Lionel Groulx verra évoluer sa perception de la France depuis le temps de son passage au Séminaire de Sainte-Thérèse à son directorat de *L'Action française* de Montréal. En 1896, la Bretagne lui inspire ce sentiment : « La Province de Québec au Canada, c'est la vieille Armorique, la terre bretonne de la France [...]. Nous sommes en Canada ce que les Bretons sont dans la France et c'est parmi nous que se conservent les saines traditions du passé et c'est à nous particulièrement que les ancêtres ont légué leur culte de la religion et de la patrie.» À Paris, onze ans plus tard, la république combiste lui fournit «toutes les occasions voulues de goûter à l'anticléricalisme français en plein déchaînement». Il le reconnaîtra dans ses *Mémoires* : « L'on avouera tout de même, que pour nous faire aimer la France et nous attendrir en nos premiers contacts avec l'ancienne mère patrie, la méthode restait discutable! Sans doute un moyen s'offrait à nous d'éviter l'insulte : nous habiller en clergymen. Mais ma qualité de Français se révoltait à la pensée que, pour nous faire respecter au pays de nos pères et en imposer aux anticléricaux, nous en étions réduits à nous déguiser en pasteurs protestants ou en clergymen anglo-saxons.» La «verrue» républicaine lui est insupportable : «En ce premier séjour de 1907, autant le dire tout de suite, le pays des ancêtres n'a pas réussi à m'emballer [...]. La France, je l'aimais depuis longtemps. Je l'aimais parce qu'elle représentait à mes yeux une incarnation de la haute culture humaine, le moment d'une incomparable maturité de l'esprit. La France, pourtant, je ne l'ai jamais aimée plus que mon pays. Je ne l'aimais pas dans ses verrues, je ne l'aimais pas dans ses aberrations spirituelles. Je ne l'aimais pas dans sa politique.» Il faut le croire; quelques mois plus tard, de Rome où il est aux études en théologie, il adresse un texte à *L'Univers* pour dénoncer la présence de Louis Herbette aux Fêtes du tricentenaire de Québec, ce même Herbette qui, selon Groulx, a contribué à la fondation à Montréal «d'une section française de votre maçonnique Ligue d'enseignement», qui a présidé à «des expulsions de religieuses», et qui se présente comme «émancipateur» des Canadiens français. Pour Groulx, ce serait une provocation «aux sentiments catholiques de tout le Canada français» que d'ouvrir les portes «à ce grotesque personnage maçonnique». Il conclut son article en demandant : le gouvernement français «sait-il que si nous admirons et aimons d'un sentiment toujours vivace la France honnête et catholique, la vraie France, continuatrice de celle qui nous a donné le jour, nous méprisons et haïssons d'autant la France gouvernementale de M. Georges Clemenceau?». Son retour dans le Nouveau Monde soulage Groulx: «Sur le pont de l'Empress, je me sens tout à coup une âme neuve. Par je ne sais quel phénomène psychologique, tout ce qui est vieille Europe, vieux monde, m'a quitté. Tout cela est est tombé à la mer. Je redeviens subitement l'homme d'un jeune monde.» Et lorsque devenu directeur de L'Action française et conférencier à Paris, publié par L'Action française de là-bas, on comprend de son propos — «Nous sommes restés catholiques parce que nous sommes restés français» — que sa France n'est pas la «France contemporaine» mais la France politique et religieuse d'Ancien Régime[16].

Cet antirépublicanisme dont l'envers est un monarchisme latent, on le connaît en France et on commence à le commenter en dehors des milieux officiels. Deux des répondants à l'enquête du journal libéral Le Canada de 1905, messieurs Vibert et de Marmande — auxquels s'ajoute un certain M. Vignes — publient chacun en l'espace de trois ans un ouvrage dénonçant le cléricalisme au Canada. Dans La Nouvelle France catholique (1908), Paul-Théodore Vibert, ami de Fabre, affirme que le clergé catholique est «l'obstacle absolu au développement du progrès et de la civilisation». L'ouvrage, dédié à Louis Fréchette, contient deux lettres de 1884 de Louis-Antoine Dessaulles à Vibert sur le jésuitisme au Canada et «la servilité envers le clergé» des journaux conservateurs et libéraux, signe d'une filiation entre le libéral radical canadien-français en exil à Paris de 1878 à 1895 et un certain milieu radical français.

Un certain J.-E. Vignes, qui a vécu un an au Canada et qui élabore sur sa déception d'un refus d'appui financier à son projet de Revue francocanadienne officielle, interprète dans La vérité sur le Canada (1909) ce refus comme un moyen du gouvernement canadien d'entretenir «la légende» du Canada comme Terre promise. Vignes, familier avec le cas Chiniquy et l'affaire Guibord, considère les Français comme «les Hypnotisés de la légende canadienne»; l'ouvrage comprend une cinquantaine de pages de documents susceptibles de faire voir le cléricalisme et le fanatisme au Canada.

L'ouvrage le plus documenté et le plus d'attaque est celui de R. de Marmande, Le cléricalisme au Canada (1911), qui montre comment, à travers le rapport politique de l'Église lors de la Conquête et des rébellions de 1837 et de 1838, le Canada est devenu «l'Eldorado du catholicisme», un Eldorado où la doctrine du Syllabus pénètre les milieux de l'instruction publique, des lettres, de la librairie et de la presse. De Marmande aurait pu ajouter quelques paragraphes sur la survivance du veuillotisme au Canada français, où Montpetit fait une conférence sur Louis et où le fils, Francois, docteur ès lettres honoraire de l'Université Laval, épouse la cause canadienne tant au Québec qu'en France[17].

La trame religieuse est aussi celle du Congrès eucharistique international de 1910 qui amène à Montréal maints évêques et clercs français. L'un d'eux, le chanoine Louis-Auguste Lorain, est fort impressionné « par l'auditoire haletant sous le charme… non sous le frémissement de la sympathie, de l'admiration » de Bourassa répliquant à Mgr Bourne. Le chanoine, qui a écho du spectaculaire vol des documents de la loge maçonnique L'Émancipation, note pour les lecteurs de son récit de voyage : « L'Alliance française sait-elle que ses intérêts au Canada sont confiés aux pires francs-maçons? Aussi, aucun catholique ne veut en faire partie. » Conscient que « la tendance » existe au Canada français, le chanoine dira des libéraux de Laurier au pouvoir : « Des libéraux comme ceux-là, nous voudrions les avoir en France[18] » !

Le thème des deux France est encore repris par le père Villeneuve dans *L'Action française* de Montréal, l'année même où la revue évoque le scénario d'une indépendance politique pour le Canada français : « La France politique nous a négligés, oubliés, méprisés même, parce qu'exclusivement politique ; la France intellectuelle, littéraire et sociale, ne nous a accordé que fort peu d'attention et tardivement, parfois gauchement parce que placée dans un autre continent, séparée de nous il y a deux siècles, en un temps où l'éloignement forçait à l'ignorance. Mais la France religieuse, et la plus traditionnelle, ne nous a-t-elle pas envoyé sans nombre ses religieux et ses prêtres ; et par eux ne nous a-t-elle pas prêté sa littérature, conservé le souvenir de son histoire qui fut la nôtre aussi d'abord, insufflé son enthousiasme et n'a-t-elle en aucune mesure avivé le foyer de notre survivance nationale[19] ? »

Siegfried, Arnould et quelques autres

Les relations France-Québec se construisent certes sur les échanges universitaires, associatifs et diplomatiques ; elles se consolident aussi grâce aux initiatives de quelques individus qui se donnent de chacune des sociétés concernées une connaissance nouvelle, renouvelée. Du côté canadien-français, Édouard Montpetit, Olivar Asselin, Jean Bruchési et l'abbé Émile Chartier comptent parmi ces figures de proue des échanges atlantiques tout comme des écrivains « exotiques » ou « parisianistes » tels Marcel Dugas, Paul Morin, Jean Charbonneau et René Chopin qui publient à Paris. Du côté français, Charles ab der Halden est celui qui fait connaître la littérature canadienne-française en France ; Louis Hémon y contribue grandement en publiant son *Maria Chapdelaine* en feuilleton dans *Le Temps* en 1914 et en livre en 1916, mais le décollage populaire du roman de la famille, de la patrie et de la religion ne se fera qu'après 1921. Par ailleurs, ce sont André Siegfried et Louis Arnould qui contribuent de la façon la plus significative à la diffusion d'une connaissance à jour du Canada et du Canada français[20].

Siegfried, qui connaît bien Bourassa et les nationalistes et qui séjournera quelques fois au pays, commence son étude sur le Canada par un chapitre sur l'Église et par une affirmation centrale : « On voit bien vite, en la visitant, qu'elle [la Nouvelle-France] n'a pas fait son 1789. » Siegfried voit clairement ce qui se joue avec la Conquête, la Cession et la Révolution de 1789 : « Tandis que l'Église de France perdait ses privilèges d'autrefois, l'Église canadienne conservait les siens, justement parce qu'elle avait cessé d'être française. » Pour lui, il était fatal que, après la Terreur de 1793, « elle en vînt à se féliciter de ne plus appartenir à un pays dont elle maudissait la révolte et l'impiété » et qu'une « entente tacite » se forme : « D'une part, l'Église maintient dans le loyalisme, le calme et la soumission les Français du Canada. En échange, le gouvernement anglais la laisse à peu près libre d'exercer son autorité [...]. » Observant que « rarement domination étrangère fut en somme plus parfaitement acceptée », le professeur de science politique voit ainsi le dilemme du Canada français : « Car ou bien les Canadiens français resteront étroitement catholiques, et alors ils auront, dans leur isolement un peu archaïque, quelque peine à suivre la rapide évolution du Nouveau Monde ; ou bien, ils laisseront se détendre les liens qui les unissent à l'Église, et alors, privés de la cohésion merveilleuse qu'elle leur donne, plus accessibles aux pressions étrangères, ils verront peut-être de graves fissures se produire dans le bloc séculaire de leur unité. » Siegfried, qui avait clairement énoncé les enjeux des études universitaires en France lors de l'enquête de 1905, réitère l'idée que le clergé « détourne autant que possible la jeunesse canadienne d'aller chercher à Paris ses conceptions et ses mots d'ordre». Il trouve pénible «d'avoir à constater que, sur le terrain proprement universitaire, la cause du rapprochement franco-canadien ne peut pas compter l'Église au premier rang de ses champions».

C'est probablement son analyse des positions politiques de l'Église qui fait voir à Siegfried le britannisme des Canadiens français: «Ainsi nos frères d'Amérique posent bien nettement la question: avons-nous avantage à demeurer sous la domination anglaise? Leur réponse unanime est affirmative.» Cet Européen qui connaît l'Amérique saisit bien les déchirements d'allégeances des Canadiens qui «semblent voués par le destin et l'histoire aux situations et aux sentiments complexes». Sachant que «le comte de Chambord trouva parmi eux de profondes sympathies et plus tard le comte de Paris reçut à Québec et à Montréal un accueil que ni Jules Ferry, ni Gambetta n'y auraient pu espérer», Siegfried comprend que «les Canadiens français ne désirent pas revenir à nous» et que tout rapprochement «doit s'opérer avec une rare délicatesse. À bien des égards, nous sommes trop différents pour pouvoir nous comprendre intégralement»; il évalue qu'il «leur serait au contraire devenu difficile et pénible de se réadapter aux idées et aux mœurs de la France moderne». À cette francophilie ambivalente à l'égard des deux France et de la «France contemporaine» et à ce britannisme qui peut étonner, quand on sait le voir, Siegfried ajoute une autre composante aux sentiments nationaux des Canadiens français: «Il y a entre nous l'Atlantique et la Révolution.» La formule fera mouche.

Dans l'analyse de Siegfried, l'essentiel des sentiments nationaux des Canadiens français semble se jouer dans des allégeances anglo-saxonnes construites dans l'histoire et la géographie: «On résiste à la civilisation britannique, mais la civilisation américaine vous submerge toujours.» Et pourtant: «À la gloire américaine, qui leur paraît pleine de dangers, [les Canadiens français] préfèrent la simple sécurité de leur vieux Canada!» L'enjeu paraît moins politique que culturel: «Ce n'est pas la nation américaine qui menace la nation canadienne; c'est plutôt la civilisation américaine qui menace de supplanter au Canada la civilisation britannique.» Siegfried est capable de voir la force politique de la stratégie coloniale de la Grande-Bretagne: «La nation canadienne, même devenue américaine par les mœurs, peut cependant rester indéfiniment colonie de l'Angleterre. Victoire américaine, dira-t-on. Certes. Mais victoire aussi de la politique anglaise, qui réalise là son véritable chef-d'œuvre. » Ce qui explique cette vision globale : « En somme, entre Laurier le diplomate et Bourassa le nationaliste, les Français du Canada n'ont jamais su choisir. » Mais quels que soient les scénarios d'avenir du Canada — « Ou bien, la situation actuelle se prolongera indéfiniment, le Canada demeurant la colonie de l'Angleterre. Ou bien, ce lien venant à se rompre, il deviendra indépendant. Ou bien enfin, il sera annexé par les États-Unis » —, pour Siegfried « un programme encore beau s'offre à [la France] : seconder cette civilisation sœur de la nôtre ».

L'ouvrage de Siegfried est diversement reçu ; les milieux libéraux y voient « l'enquête la plus judicieuse et la plus complète », une « étude singulièrement pénétrante et fouillée ». La presse religieuse et conservatrice, par la voix d'un Thomas Chapais, dénonce cette œuvre d'un protestant, d'un libre penseur, d'un « esprit sectaire », « pur esprit du laïcisme français[21] ».

Louis Arnould, qui avait été professeur invité à la chaire de littérature française de la succursale de l'Université Laval à Montréal en 1906 et 1907, avait été apprécié par celui-là même qui avait alors souhaité qu'un Canadien occupât la chaire, Jules Fournier. Arnould, qui publie en 1913 *Nos amis les Canadiens*, cherche à définir l'« âme canadienne ». Pour ce faire, à la manière de Siegfried et de Georges Vattier qui publiera en 1928 son *Essai sur la mentalité canadienne-française*, Arnould scrute la triple influence qui marque le Canada français : française, anglaise et américaine. En pleine période impérialiste et à l'apogée de l'immigration vers le Canada, il corrobore la perception que Siegfried avait du britannisme canadien-français : « Les Canadiens français, nous devons le savoir, se félicitent d'être citoyens anglais : ils pensent avoir évité ainsi les contre-coups de la Terreur révolutionnaire, de notre instabilité gouvernementale au 19e siècle, ils calculent qu'ils ont fait ainsi l'économie d'une demi-douzaine de révolutions, et surtout, ils affirment avec quelque raison qu'aucun gouvernement au monde ne leur aurait consenti autant de liberté, particulièrement de liberté religieuse, celle à laquelle ils sont attachés par-dessus tout. » Il voit l'influence américaine dans « l'honnêteté de la rue », la famille, l'argent, le « sentiment démocratique », la presse et ce sport qui lui paraît si étrange, la lutte. Bien documenté, Arnould aborde la question de la politique canadienne d'émigration française et celle du péril irlandais. Reconnu par Fournier, Arnould le sera aussi par

Asselin, ce qui n'est pas un mince doublé : « À part, peut-être, M. Arnould qui avait passé deux années chez nous et qui, en outre, apportait à cette tâche la bonté de cœur indispensable, je ne connais pas un Français — tant la tâche était difficile — qui ait pleinement réussi à démêler les sentiments du Canadien français envers la France avant la guerre[22]. »

On le voit mieux, la question de l'homonymie de *L'Action française* de Paris et de *L'Action française* de Montréal est UN aspect des perceptions réciproques des Français et des Canadiens français et de leurs relations.

Ces relations s'institutionnalisent entre 1896 et 1929 : par des échanges, des associations, des missions, des enseignements, des structures d'accueil. Elles s'institutionnalisent sous la IIIe République et à l'époque des lois Combes. C'est dire qu'elles doivent être débattues et légitimées. La nouveauté est là : jamais, de part et d'autre, dans cette France « contemporaine », les choses n'avaient été dites plus clairement. Les républicains plus ou moins anticléricaux disent leurs perceptions du Canada français, les « royalistes » français et canadiens-français ne se gênent pas pour dire leur admiration pour ces « témoins de la vieille France » ou leur détestation de la France de Clémenceau.

Cet ajustement réciproque des perceptions trouve un accomplissement dans les analyses de Louis Arnould et d'André Siegfried. L'acuité du regard de Siegfried sur le Canada offre aux Canadiens français de l'époque un miroir dans lequel eux-mêmes ne se sont peut-être jamais aussi bien vus.

Chapitre XI

À LA CROISÉE AMÉRICAINE DES CHEMINS

Les relations du Canada français avec la France étaient chose sensible. D'abord par ce que ces liens étaient ambivalents à l'égard de *deux* France, l'une «éternelle», c'est-à-dire d'Ancien Régime, l'autre contemporaine, républicaine et laïque; puis, depuis 1760, la fidélité était partagée avec une autre métropole, si bien que toute relation avec la Grande-Bretagne avait son verso français. L'affaire Henry au moment de l'affaire Dreyfus en 1898 révéla cette sensibilité épidermique du Canada français à l'égard de la France, des deux France.

La réaction d'une certaine presse canadienne-française exprime alors les tensions à l'égard du pansaxonnisme britannique, canadien et étatsunien qui encercle le Canada de langue française. *La Presse* dénonce l'exploitation du sentiment anti-France dans la presse anglo-saxonne, que ce soit le *Times* de Londres, le *New York Times* ou *The Gazette* de Montréal; elle introduit, par exemple, la publication d'une lettre de l'ancien maire de Montréal et directeur de *La Patrie*, Honoré Beaugrand, par ces mots: «C'est dans les jours de peine, de douleur, et c'est surtout lorsqu'une clique de gredins salariés ose jeter l'injure à celle que l'on appelle sa mère, qu'un bon fils se redresse pour défendre celle qu'il doit aimer plus que tout au monde.» La lettre de Beaugrand à *The Gazette* se termine ainsi: «Attention: Canadiens, mes frères! On a entrepris de pervertir vos sentiments français et l'on en veut non seulement à votre langue, mais on en veut surtout à votre amour de la mère patrie, la France. Tout ce qui vous y rattache est visé, attaqué et falsifié. Cela nous a déjà valu 1837-1838 et je ne sache pas que nous soyons plus lâcheurs ou plus poltrons que nos ancêtres. »

Ce pansaxonnisme qu'Edmond de Nevers dénonçait aussi dans son essai *L'avenir du peuple canadien-français* (1896) prenait forme tant dans la vague impérialiste britannique qui déferlait au Canada anglais que dans la montée impérialiste des États-Unis aux Philippines, en Océanie ou dans les Antilles. Le Jubilé de diamant de la reine Victoria qui célèbre en 1897 les soixante ans de son accession au trône est aussi l'occasion de « sirer » Wilfrid Laurier, premier ministre d'une des colonies. Le consensus impérialiste canadien est mis à mal en 1899 avec la guerre des Boers qui amène le jeune député libéral Henri Bourassa à démissionner de son parti en raison de son désaccord avec Laurier. Bourassa, on le sait, préconise une plus grande autonomie du Canada à l'égard de l'Empire et une plus grande autonomie des provinces à l'égard du pouvoir fédéral.

Les deux hommes, qui constituent les figures de référence politique du Canada français, doivent se situer par rapport aux métropoles. Laurier, qui répète l'idée que le Canada français doit son existence à la France et sa liberté à l'Angleterre, affirme néanmoins à Lord Minto, gouverneur général du Canada, que « not a French Canadian exists who would prefer to exchange English rule for that of France ». « Quelle France ? », pourrait-on demander. Bourassa, qui reprend l'idée exprimée par Étienne Parent en 1837 et affirme que « le Canada est resté anglais à cause de notre fidélité », parle aussi de « double fidélité » pour expliquer au *Monthly* de Londres la position des Canadiens français à l'égard de l'impérialisme : « Nos compatriotes anglais sauront, je n'en doute pas, respecter ces désirs et ces tendances légitimes ; et ils n'auront plus rien à craindre de la double fidélité qui nous est propre : fidélité intellectuelle et morale à la France, fidélité politique à l'Angleterre ; car toutes deux sont entièrement subordonnées à notre patriotisme exclusivement canadien[1]. »

1908 : le symbolisme historique ravi par l'impérialisme

C'est dans ce contexte, on le sait, que naît la Ligue nationaliste canadienne (1903) — qui se donne en 1904 une voix avec *Le Nationaliste* — et que se préparent les festivités pour célébrer le troisième centenaire de la fondation de Québec en 1608. De par sa transparence pour les contemporains et le lecteur d'aujourd'hui, cette commémoration constitue un exemple rare de détournement du symbolique par le politique et la politique. Au moment où, en 1904, les milieux nationalistes de Québec évoquent cette éventuelle célébration, les milieux ecclésiastiques proposent d'y joindre la commémoration du bicentenaire de la mort de Mgr de Laval. H.-J.-J.-B. Chouinard, l'initiateur de la célébration Champlain, y voit l'occasion de commémorer « tout à la fois le fondateur de la ville et de la nation, et le fondateur et l'organisateur de l'Église catholique au Canada » tandis qu'un clerc fait valoir la promotion de « l'union si désirable de l'Église et de l'État ». Chouinard conçoit donc l'inauguration d'une fête nationale le 3 juillet, date d'arrivée de Champlain à Québec, le dévoilement d'un monument à Champlain, un « pageant », la construction d'un musée historique et la création d'un Parc national des champs de bataille autour des plaines d'Abraham, lieu de la défaite des Français en 1760. Le promoteur des célébrations ajoute à son dernier projet le site de la bataille de Sainte-Foy, lieu d'une victoire française mineure au même moment.

Fin 1907, Lord Grey, gouverneur général du Canada, voit dans cette commémoration de Champlain et de Mgr Laval une occasion de rallier quelque support à l'Empire et de faire du Parc des champs de bataille un lieu « to honour the ground where the foundation of the Greater Britain was laid ». Le représentant britannique de la reine au Canada envisage même, en ces temps de guerre impériale en Afrique du Sud, de faire ériger à la pointe du cap Diamant une déesse de la Paix plus gigantesque que la statue de la Liberté dans le port de New York. D'abord hésitant, « Sir » Wilfrid Laurier, à qui Bourassa avait reproché son trop grand empressement à suivre la métropole dans son conflit avec les Boers, acquiesce au projet sous la pression de Grey et de Londres. Il soumet au Parlement canadien un projet de loi d'une Commission nationale des champs de bataille dotée d'un budget de 300 000 $ pour la commémoration du troisième centenaire de Québec, que le jeune député Armand Lavergne entrevoit dorénavant comme un « festival impérial ». L'initiative passe des mains de Chouinard à celles du colonel George Dennison, impérialiste de la meilleure trempe, qui avait déjà écrit au secrétaire d'État au Colonial Office, Joseph Chamberlain, à propos des Canadiens français : « We do not want a French Ireland in Canada between us and the sea. »

On suit donc le calendrier de voyage du prince de Galles, et les festivités qui incluent Champlain et la bataille de Sainte-Foy ont lieu entre le 20 et le 31 juillet. Oubliant le projet de fête nationale le 3 juillet, les francophones de Québec se rabattent sur la Fête-Dieu et la fête patronale de saint Jean-Baptiste, le 24 juin, pour commémorer les figures de Mgr de Laval et Champlain. Le pageant impérial se clôt sur les figures de Montcalm, Wolfe, Lévis et Murray présentés comme des compagnons et non des ennemis et symbole que «the old strife has been forgotten. Concord alone marks the picture». L'Entente cordiale forcée entre la Grande-Bretagne et la France servait à annexer le projet initial.

Les nationalistes contemporains de toutes tendances ne sont pas dupes du détournement de sens des activités. Le fils Tardivel, Paul, ne manque pas de démasquer le jeu des impérialistes qui cherchent à mettre en place non pas un Parc national des champs de bataille mais un Parc anglais, colonial, impérial. Le Nationaliste opte pour le calembour, l'ironie et la moquerie sur un ton ferme qui dénonce la politique partisane et la bourgeoisie aveuglée par le faste.

Les milieux conservateurs et fédéralistes doivent bientôt faire appel à leur homme à Québec, le conseiller législatif et historien Thomas Chapais, pour diminuer la mise et tenter de calmer la grogne. Chapais identifie bien les malentendus : va-t-on célébrer trois siècles d'histoire ou un seul jour de défaite? Va-t-on «profiter adroitement de l'occasion pour nous acheminer au bruit des fanfares impérialistes vers des voies nouvelles où nous ne voulons pas nous engager?» L'historien conservateur rappelle d'abord que c'est à Québec que les choses se passeront; il affirme que c'est Champlain qu'on fêtera, que «tout cela» est «très canadien et très national» pour conclure par un acte de foi sinon de confiance en demandant à ses concitoyens «un peu de bienveillance, un peu de sympathie et, ajoutons-le, un peu de confiance». Le Nationaliste, qui reproduit la lettre de Chapais, trouve l'homme «trop optimiste» et un peu aveugle face au projet de célébrer la Conquête plutôt que la Découverte. La «confiance» du journal nationaliste n'est pas de la même eau : «Tandis que nous nous croyons bien sûrs de notre affaire et que M. Chapais embouche la trompette lyrique pour en dire son allégresse, les Anglais de Toronto s'aperçoivent que nous sommes en train de nous faire duper et de faire rire de nous.»

T'CHAMMPLAIN ?

LE PRINCE.—Quel est ce monument qu'on aperçoit, là-bas?
LE MAIRE GARNEAU.—Oh! This is Tchammplaine.
LE PRINCE.—Tchammplaine, Tchammplaine? Qui est-ce?
LE MAIRE GARNEAU.—Mais, Altesse, c'est le fondateur de Québec...
LE PRINCE.—Ah! je comprends, vous voulez dire Champlain.

Le point de vue des milieux catholiques de Québec est formulé dans la revue *La Nouvelle-France* de l'Université Laval qui, en ces années d'impérialisme et de crises scolaires à répétition, promeut « la mutuelle entente et la cohabitation pacifique » dans la connaissance et le respect réciproques. Reprenant le leitmotiv que « le point d'appui le plus solide et le plus sûr de la puissance anglaise en Amérique, c'est la province de

Québec et sa race catholique et française» et l'idée centenaire de la victoire providentielle de l'Angleterre de 1760 sur la France de 1789, la revue se console de ce que la «pompe saxonne détonnera moins dans nos fêtes et les attristera moins que n'eussent fait la parole athée et les pompes sécularisées de la France officielle d'aujourd'hui».

Jules Fournier, qui dirige alors *Le Nationaliste*, écrit une lettre ouverte au prince de Galles, lui rappelant que le gouverneur général s'était ingéré «brutalement» dans les activités «pour nous y enlever toute direction», que «ce n'est pas cette année l'anniversaire de Wolfe» et que «Sa Majesté» n'a «pu pénétrer les sentiments de deux millions de citoyens de ce pays» qui sont restés silencieux. Fournier fait une sortie sur les conséquences de l'impérialisme — «C'est pour n'avoir pas tenu compte des sentiments de race dans l'Égypte et dans l'Inde que l'Angleterre se voit aujourd'hui menacée de perdre ces deux colonies» — qui sert à «entretenir à des sinécures les fils de famille dégénérés ou ruinés à qui la vie n'est plus tenable dans la métropole». Et c'est, selon lui, «le même sans-gêne, la même arrogance, le même parti pris brutal d'ignorer les sentiments d'une autre race» qui ont joué dans ce détournement de signification des célébrations. Quant aux hommes que le prince a rencontrés ou décorés, ils ne reflètent pas «les sentiments et le caractère de leurs concitoyens de même origine»; ces «hommes de partis» qui, depuis quarante ans, «nous trahissent et nous vendent» incarnent «une époque de défaillance qui tire à sa fin».

Après les événements, Bourassa, qui connaît les façons de faire anglaises, confie au *Nationaliste* du 16 août 1908: Lord Grey «a mis des tampons aux angles les plus aigus et constitué un programme où son idée reste la note dominante, mais entouré d'impromptus destinés à plaire à peu près à tous les goûts». L'essentiel impérialiste avait concédé l'accessoire aux coloniaux; l'anesthésie avait réussi.

C'est toujours cet impérialisme, cette fois sous le couvert de la question navale, qui détermine Bourassa à fonder *Le Devoir* en 1910 et à «Faire ce que dois». Asselin continue de dénoncer la politique canadienne d'immigration, immigration qui atteint un apogée en 1913, à la veille de la guerre qui, on le sait, ranime le débat sur la participation des Canadiens français à une guerre qui semble les concerner peu lorsque menée par l'Empire. Les Canadiens français sont invités à s'enrôler par Mgr Bruchési qui, comme son célèbre prédécesseur Mgr Plessis, estime que «notre sort est lié au sort» des armées britanniques. Bourassa, qui qualifie l'évêque de Montréal, de «Laurier de l'Église canadienne», est alors confronté à expliquer sa «double fidélité»: «Mais lorsqu'on s'adresse aux Canadiens français en particulier, qu'on leur enseigne, avec force tirades enflammées, qu'ils sont *doublement tenus* de s'enrôler, parce qu'en servant l'Angleterre, ils aident "leur seconde mère patrie", la France, on fait de fort mauvaise besogne, grosse de conséquences désastreuses pour l'avenir.» Entrevoyant le crépuscule de l'Entente cordiale, le directeur du *Devoir* ajoute: «Lorsque l'Angleterre sera de nouveau l'ennemie de la France, comme elle l'a été six siècles durant, comment les Canadiens français feront-ils le partage du *double devoir* qu'on veut leur imposer aujourd'hui: obéiront-ils au "devoir de loyauté", en servant l'Angleterre contre la France? ou au "devoir de sentiment", en levant l'étendard de la révolte contre l'Angleterre pour aider la France? Contre laquelle des "deux mères patries" lèveront-ils une main matricide[2]?»

Les fidélités et les allégeances sont manifestement complexes: un évêque catholique appuyant une métropole anglo-protestante, un journaliste catholique et francophone qui s'y oppose tout en refusant une France républicaine et laïcisante. La solution: n'être que canadien?

Il faut le voir: c'est dans ce contexte d'impérialisme, de renaissance d'une « action française» menée pour faire face à la partisannerie politique, aux crises scolaires, à la conscription et à la contamination de la langue et de la culture par le pansaxonnisme qu'émerge, à nouveau depuis 1837, un mouvement nationaliste et que se profile la figure de l'abbé Lionel Groulx. Apogée de l'impérialisme et émergence d'une renaissance nationaliste vont de pair.

«L'américanisation»

Nouvelle version de sa *Manifest Destiny*, l'expansionnisme territorial des États-Unis leur fait acquérir ou conquérir Cuba, une partie des Philippines, Hawaï, Samoa, Panama et l'Alaska. Cette sortie des frontières traditionnelles s'accompagne d'une croissance de la population — dont des Canadiens français — et d'une remarquable prospérité économique durant les «années folles» qui se terminent abruptement un certain jeudi 24 octobre 1929.

Le Québec participe à cette prospérité étatsunienne par ses exportations de richesses naturelles, en particulier de bois et de pâte à papier pour les grands quotidiens de New York et de Chicago. Il connaît aussi une «américanisation» par ses importations de biens, de services et de formules de consommation. Des parcs d'attractions — le Sohmer, le Dominion, le Riverside — aux spectacles de burlesque en passant par le baseball, le jazz et même l'art lyrique, le loisir américain commence à s'imposer au Québec comme ailleurs, surtout après la Première Guerre mondiale. Au temps des «vues animées parlantes», les «majors» états-uniens contrôlent le parc des salles de cinéma à Montréal et les projections commerciales déroulent des bobines de films produits à plus de 95 % à Hollywood. Pour l'industrie américaine du cinéma, le Canada fait partie de son «marché domestique»; d'un point de vue capitaliste, le continent est un et indivisible. Symbole, avec les produits Heinz, de la production en série, l'automobile envahit d'abord les États-Unis puis se popularise au Canada et au Québec où le parc automobile passe de 167 véhicules en 1906 à 41 562 en 1920 alors que le phénomène connaît sa meilleure croissance jusqu'à la Crise de 1929. Les biens, la consommation, le confort, le loisir, le spectaculaire confèrent à la vie matérielle un nouveau style auquel certains accoleront un jugement négatif résumé dans le mot «matérialisme». Dans la culture québécoise, le mot «américanisation» remplaçait celui de «matérialisme». Qui avait pris le relais de «mercantilisme».

Un observateur étranger aussi perspicace qu'André Siegfried avait bien vu en 1906 que la menace planant sur le Canada français était davantage celle de la civilisation que de la nation américaine. Différenciant le Canada français de la France, Siegfried observait que les deux sociétés étaient séparées par 1789 et par l'Atlantique. Il en tirait la conclusion que le Canada français était à un carrefour: ou bien vivre dans un isolement «un peu archaïque» ou bien «suivre la rapide évolution du Nouveau Monde». Quant aux observateurs locaux du nouveau défi américain, ils ne manquaient pas.

Par le titre même et le contenu de son ouvrage, *L'avenir du peuple canadien-français*, Edmond de Nevers perçoit bien qu'une nouvelle donne exige un nouveau regard sur l'avenir et qu'un nouveau destin manifeste doit s'imposer. L'essayiste qui parle de «décadence» l'explique par deux «fléaux»: la partisannerie politique et «le culte exclusif de Mammon», du matérialisme. Il dénonce l'assujettissement au «veau d'or» et cet «idéal mesquin de l'homme d'argent» dont il craint qu'«il ne s'empare de l'âme canadienne au détriment de notre avenir national».

Le vieillissant Tardivel ne perd pas son sens de la formule pour épingler en 1899 cet «américanisme», ce style de catholicisme à l'américaine qui a oublié qu'on «arrive au ciel par le chemin de croix et non pas par le chemin de fer»!

L'américanisation n'est pas que l'esprit mercantile ou une certaine manière de pratiquer la religion; elle prend aussi et beaucoup la forme d'une emprise économique que les nationalistes dénoncent en exigeant la transformation sur place des richesses naturelles destinées aux États-Unis. Bourassa, qui rappelle le spectre de l'annexion, affirme: «En vérité, je doute qu'on trouve dans toute l'histoire du genre humain l'exemple d'un peuple se vendant à un autre, en gros et en détail, avec une méthode aussi parfaite que celle qu'on emploie aujourd'hui pour livrer le Canada aux États-Unis.» Ce propos de la domination économique sera repris de façon soutenue après 1923 par le jeune économiste Esdras Minville qui observe que le dollar américain est «une arme moins bruyante» que les canons, mais il assure tout autant et souvent pour plus longtemps la domination du «capital étranger».

Les nationalistes se montrent vigilants face à cette poussée économique et culturelle américaine. Lors d'une polémique sur l'existence d'une littérature canadienne-française, Jules Fournier se demande en quoi celle-ci serait française sur un continent où la fumée des usines pollue tout spiritualisme: «New York est trop près de nous [...]. La mentalité américaine nous pénètre et nous déborde à notre insu, et la bohème, cette fleur de France, ne saurait s'acclimater sur nos rives. [...] Pensez que nous avons pour voisin un peuple de quatre-vingts millions d'hommes dont la civilisation ardemment positive, les conceptions toutes prosaïques et les préoccupations exclusivement matérielles sont la négation de l'idéal français — un peuple d'une vie et d'une activité effrayantes, à cause de cela attirant comme un gouffre, et qui projette sur nous, jour et nuit, la monstrueuse fumée de ses usines ou l'ombre colossale de ses sky-scrapers.»

Le plus articulé des nationalistes, Olivar Asselin, qui a été élevé aux États-Unis et qui invite ses concitoyens à s'engager dans toutes les formes d'action française, déchante face au loisir américain envahissant et à tous

ÉTAT D'ESPRIT INQUIÉTANT

ces «coiffeurs pour dames» qui «s'en vont par troupeaux au cinéma, leur unique passe-temps».

Francophile inconditionnel et moderniste, Victor Barbeau, qui a affronté les écrivains régionalistes de «la cabane à sucre» et de «l'heure des vaches», comprend la sympathie et l'admiration de ses concitoyens pour les Américains: «Mieux que nos cousins [de France], ce sont des frères, des frères qui ont réussi de sorte qu'on est deux fois porté à les aimer.» Il résume à sa façon la vocation matérialiste des États-Unis en Amérique: «[...] le Canada est en passe de devenir également [le] vassal spirituel [des États-Unis]. Regardons vers New York lorsqu'il s'agit de finances et vers Chicago lorsqu'il s'agit de cochons. Mais lorsqu'il y va de littérature, d'art, de science, de culture, rappelons-nous que les dieux n'ont pas encore traversé l'Atlantique.» Sauf les dieux du paganisme, selon le père Rodrique-Marie Villeneuve qui écrit dans *L'Action française*: «Des provinces entières sont déjà toutes américanisées, non seulement par la langue commune, mais par les idées, les sentiments et les goûts, par les intérêts, les affaires, les amusements; par les sectes, l'école, le théâtre, les magazines et les journaux quotidiens; par une égale licence dans la vie morale, indifférentisme religieux, divorce, malthusianisme, féminisme, par un semblable matérialisme dans les idéaux, par un paganisme aussi éhonté dans la jouissance [...].»

C'est toujours le même lexique religieux qui fait dire à E. Minville que «les mœurs légères d'importation américaine, les coutumes de toutes origines qui pénètrent notre organisme social, énervent la conscience populaire et défigurent l'âme de la race». Défigurée, l'âme canadienne-française flanche, selon le jésuite Adélard Dugré qui diagnostique les conséquences de l'américanisation des villes et des campagnes: cette américanisation constitue une «conquête» plus dangereuse que la «conquête anglaise de 1760», car «celle-ci nous fut imposée sans qu'on pût dompter notre âme française, tandis qu'aujourd'hui notre âme elle-même fléchit et passe à l'étranger[3]».

Il y a, au carrefour des héritages, un défi évident: la France, certes, mais avec des réserves religieuses et politiques; la Grande-Bretagne, oui, mais sur un quant-à-soi nationaliste et anti-impérialiste; les États-Unis, inévitablement, mais avec la conscience des dangers d'une acculturation. Que faire? Quelles sont les nouvelles avenues possibles dans ce contexte de fragilisation identitaire? Y a-t-il, en ce tournant de siècle et d'allégeances, une destin manifeste pour le Canada français?

Quel destin pour le Canada français en Amérique ?

L'idée de «la vocation de la race française en Amérique» entendue comme «vocation» religieuse et catholique sur un continent anglo-protestant ne fait plus l'unanimité au moment où Mᵍʳ Pâquet réitère en 1902 que la mission du Canada français est «moins de manier des capitaux que des idées, [qu'] elle consiste moins à allumer le feu des usines qu'à entretenir et à faire rayonner au loin le foyer lumineux de la religion et de la pensée». Edmond de Nevers conçoit une vocation plus spiritualiste, plus humaniste que religieuse dans une république canadienne-française d'un genre inédit: «Notre race semble avoir été choisie pour enseigner au monde le culte du beau, pour en garder et aussi répandre les trésors. [...] Dès lors, ne s'impose-t-il pas que notre mission, à nous Canadiens français, est de faire pour l'Amérique ce que la mère patrie a fait pour l'Europe? de transformer et d'édifier chez nous une civilisation sur plusieurs points supérieure à celle des peuples qui nous entourent, de fonder dans ces régions du nord une petite république un peu athénienne où la beauté intellectuelle et artistique établira sa demeure en permanence, où elle aura ses prêtres, ses autels et ses plus chers favoris?» Errol Bouchette entend en finir quant à lui avec cette idée d'une «supériorité intellectuelle» du Canada français, d'une vocation d'abord spiritualiste, en promouvant non seulement une emprise sur l'industrie mais une «supériorité industrielle», bref, une compétitivité nord-américaine.

L'avenir semble peu du côté de l'annexion du Canada aux États-Unis. L'idée est dans l'air mais de Nevers est hésitant, Bouchette juge la chose peu probable tandis que Bourassa la dénonce. Quant à l'indépendance, pour un de Nevers qui n'y croit pas — «Quant à l'indépendance de la province de Québec, il serait ridicule d'y songer: ce serait l'établissement d'une république sur le modèle de celles de l'Amérique du Sud, ce serait lâcher la bride à toutes les convoitises, à toutes les ambitions, à toutes les vanités, établir d'une manière permanente le règne de la corruption, de la médiocrité et de l'intolérance» — un Tardivel y croit et la souhaite, et *L'Action française* de 1922 estime prudent de s'y préparer dans l'éventualité d'un échec de la Confédération.

Le contexte oblige plus que jamais à formuler un avenir pour le Canada français qui tienne compte de la dimension continentale. Les visions d'avenir ne manquent pas. De Nevers songe à «une entrée sans secousse » dans l'Union étatsunienne et conçoit la création d'une « Union continentale nord-américaine » qui ferait place aux « petites patries » : « Chaque groupe se fera une petite patrie à aimer, au milieu de la grande patrie américaine. "Le culte instinctif de la petite patrie, a dit H. Taine, est un premier pas hors de l'égoïsme et un acheminement vers le culte raisonné de la grande patrie." Le culte de la petite patrie est le seul que professe à proprement parler l'âme des masses. » Tout moderne qu'il soit, Bouchette croit que « la Providence nous réserve une autre mission » parmi « les peuples américains », celle de « fonder un équilibre américain ».

Bourassa voit dans la reconnaissance de deux peuples fondateurs ou constitutifs du Canada un avenir américain souhaitable : « Tant que l'ensemble du Canada anglais s'obstinera dans un faux système d'éducation pratique et combattra l'expansion de la langue et de la civilisation françaises en dehors du Québec ; tant que les Anglo-Canadiens ne reviendront pas à l'esprit fondamental de la Confédération et ne voudront pas comprendre que le seul moyen de combattre l'américanisation morale du pays, c'est de lui conserver son caractère distinctif de nation anglo-française, bi-ethnique et bilingue, rien n'arrêtera le progrès du mal. »

La vision d'avenir d'Anatole Vanier est celle d'un indépendantiste préventif qui estime que les États-Unis sont « franchement impérialistes » et qu'il faut éviter un nouveau colonialisme, après celui de la France et de la Grande-Bretagne : « Sachons donc nous débarrasser de l'humiliante tendance qu'un long colonialisme a développée en nous et qui nous fait considérer l'intérêt ou le désir des autres lorsque nous déterminons notre point de vue économique. » Le collaborateur de *L'Action française,* qui entrevoit trois scénarios de l'avenir politique — l'indépendance du Canada, l'annexion aux États-Unis ou l'indépendance du Québec —, opte pour un « État français » : « Quelle que soit la prochaine transformation politique, elle ne sera que transitoire si elle ne permet pas au Québec de prendre place dans le monde international en qualité d'État souverain français d'Amérique. »

Enfin, l'homme d'affaires Baudry Leman, relais d'Arthur Buies, invite à prendre note du fait que le Canada français est, sur le plan matériel, rivé aux États-Unis ; et c'est en sacrifiant au leitmotiv traditionnel de l'intervention de la Providence qu'il reconnaît que celle-ci « nous a donc placés dans un milieu américain ». Prenant appui sur les observations d'André Siegfried — «Le Canada ne peut graviter autour d'un centre qui ne serait pas dans le nouveau continent» —, Leman a, à propos de la civilisation américaine, cette formule qui scelle l'incontournable défi du Canada français en Amérique: «Nous ne pouvons vivre avec elle ni sans elle[4].»

Une vocation perdue: Rome et l'Amérique du Nord catholique

Cette vocation spiritualiste, religieuse, catholique de la «race française» en Amérique commence à être mise à mal non seulement par l'idée de la «république athénienne» d'Edmond de Nevers ou celle d'une orientation industrielle de Bouchette; elle l'est encore par la montée en puissance des États-Unis qui se conjugue à l'impérialisme britannique pour mettre en place un pansaxonnisme qui menace non seulement la culture et la langue françaises mais aussi le catholicisme. À vrai dire, c'est aussi l'association de ces deux valeurs qui est mise en cause. Or l'association de la langue et de la foi est au cœur de l'ultramontanisme — centralité de Rome et de la papauté, alliance du religieux et du culturel, primauté du religieux sur le civil dans des domaines mixtes comme le social — et au fondement d'un certain nationalisme traditionnel. Ce socle est ébranlé, et sérieusement.

L'Église catholique canadienne-française avait fait preuve, on le sait, de la plus grande orthodoxie à l'égard de Rome. N'avait-on pas écrit que sa fidélité était d'autant plus grande qu'elle était lointaine? En témoignait la réception empreinte de soumission faite aux encycliques; en témoignaient les études du clergé dans les universités romaines et, d'une autre manière, les nombreuses causes litigieuses portées à Rome par un clergé et un épiscopat qui se faisaient, à l'occasion, une petite ou grande «guerre ecclésiastique».

La montée en importance du clergé irlandais est cause d'une évolution du catholicisme étatsunien. À partir de la crise de 1891 en Nouvelle-Angleterre se pose la question de la nomination aux cures ou à l'épiscopat de prêtres irlandais dans des paroisses et diocèses composés majoritairement de fidèles canadiens-français toujours désireux de vivre en français, dans la mesure du possible. Au Canada même, la question des écoles du Manitoba en 1896 avait ouvert une brèche dans le consensus entendu de l'épiscopat canadien. L'encyclique *Affari vos* (1897) de Léon XIII déplore que « les catholiques canadiens eux-mêmes n'aient pas pu se concerter pour défendre des intérêts qui importent à si haut point au bien commun, et dont la grandeur et la gravité devaient imposer silence aux intérêts des partis politiques, qui sont d'ordre bien inférieur ». Les tensions entre catholiques et protestants qu'on avait contrôlées depuis la Confédération ne peuvent plus guère être neutralisées. Dans la lettre accompagnant la diffusion de l'encyclique, Mgr Bégin de Québec ne peut taire que c'est la règle du deux poids, deux mesures qui a prévalu dans le règlement de l'affaire des écoles du Manitoba : les catholiques manitobains « comprirent d'autant plus l'injustice dont ils étaient victimes que, dans une autre province où les protestants sont le petit nombre, les frères de ceux qui leur ravissaient leurs droits étaient traités par les catholiques avec une équité et une cordialité hautement reconnues de tous ».

L'établissement d'une délégation apostolique permanente à Ottawa en 1899 est le signe tout autant d'une évolution de la politique vaticane que d'une conscience et d'une volonté de régler dorénavant sur place les litiges tantôt acheminés à Rome. Les litiges ne manquent pas comme en témoigne ce qu'on a appelé « la bataille des sièges épiscopaux » à compter de 1904. Là où les catholiques francophones constituaient une imposante majorité, Rome nommait des évêques anglophones, le plus souvent irlandais. Ce fut le cas dans les diocèses de Sault-Sainte-Marie, de London, d'Ottawa, et ce, au moment (1901) où les francophones forment 75 % de la catholicité canadienne. En 1914, les anglophones, qui constituent 20 % de la catholicité canadienne, sont desservis par 15 des 32 évêques et 5 des 9 archevêques[5].

C'est dans ce contexte qu'émerge la question des rapports entre langue et foi : est-il juste de penser qu'en défendant l'une on défend l'autre ? Ce sont précisément les nombreux conflits scolaires qui se sont succédé depuis 1871 qui ont avivé le problème : les catholiques — le régime scolaire canadien est confessionnel, catholique ou protestant, avant d'être linguistique — étant le plus souvent francophones, surtout à l'extérieur du Québec, leur clergé défendait d'abord la religion et secondairement la langue dans chacun de ces conflits, les catholiques en général y voyant une défense commune des deux valeurs. Cette association langue et foi connaît une première flambée, on le sait, à l'occasion du Congrès eucharistique international à Montréal en 1910 lorsque Bourassa réplique à Mgr Bourne, l'archevêque catholique de Westminster, qui voyait dans l'anglais la langue de prosélytisme en faveur du catholicisme en Amérique du Nord. Le directeur du *Devoir* s'adresse à Mgr Bourne : «Au nom des intérêts catholiques [Sa Grandeur] nous a demandé de faire de cette langue [anglaise] l'idiome habituel dans lequel l'Évangile serait annoncé et prêché au peuple.» Bourassa reconnaît le droit des catholiques anglophones à des pasteurs anglophones tout en revendiquant le même droit pour les catholiques francophones. Il rappelle toutefois que le christianisme «n'a imposé à personne l'obligation de renier sa race pour lui rester fidèle» et qu'en Amérique «la meilleure sauvegarde de la foi, c'est la conservation de l'idiome dans lequel pendant trois cents ans, les [Canadiens français] ont adoré le Christ».

La crise scolaire en Ontario en 1912 ne suggère pourtant pas qu'on partage cette vision ; elle fournit une nouvelle occasion de faire voir comment l'association langue et foi est liée au conflit franco-irlandais. L'homme qui est au cœur même du combat en Ontario, le sénateur Landry, écrit en 1915 au cardinal Gasparri, secrétaire d'État du Vatican : «L'épiscopat de langue anglaise dans la province d'Ontario persécute la population canadienne-française, en lui donnant, dans des paroisses essentiellement canadiennes-françaises, des prêtres et des religieuses qui reçoivent l'ordre de ne parler que l'anglais dans les églises et les écoles. Sciemment ou inconsciemment, une pareille politique conduit à l'extinction de la paroisse française et dirige la population canadienne-française vers l'école neutre.» L'évêque de Québec s'inquiète de cette évolution et il s'en ouvre en 1917 à Benoît XV : «Je dirai en toute franchise à Votre Sainteté : la persuasion se répand qu'on veut parquer la race française dans un coin du Canada, dans la province de Québec, et que les plus redoutables influences s'y emploient. Aussi s'amasse-t-il dans l'âme populaire franco-canadienne une amertume qui me fait peur [...].» En réponse, le pape en appelle à la charité et exhorte les catholiques «de votre pays à se désister des luttes et des rivalités provenant soit de questions de races soit de la diversité du langage⁶».

Bourassa tient ses positions sur la défense réciproque de la foi et de la langue jusqu'en 1918 alors qu'il introduit une nuance de taille qui marquera son évolution et celle du nationalisme canadien-français. Après avoir réitéré son credo — «[...] et c'est de l'Église elle-même qu'ils ont appris que le patriotisme n'est pas contraire à la religion, et que le catholicisme, *parce que catholique*, ne peut jamais être, en Amérique ou ailleurs, un instrument d'assimilation au profit d'une race ou un facteur d'unification et d'hégémonie politique au service de l'Empire britannique ou de la Démocratie américaine» —, il conclut avec cette nuance : « Ne luttons pas seulement pour garder la langue, ou pour garder *la langue et la foi :* luttons pour la langue *afin de mieux garder la foi.* »

La guerre vient de finir, la crise sentinelliste en Nouvelle-Angleterre (le conflit catholique entre Canadiens français et Irlandais) s'amorce en 1919 et *L'Action française* de Montréal a trois ans et un nouveau directeur en 1920 en la personne du jeune abbé Groulx, lorsque Bourassa explicite sa position dans *Le Devoir* du 9 novembre 1920 : « On ne saurait trop répéter que la lutte pour la langue et la culture françaises, légitime en soi, n'est qu'accessoire et subordonnée à la lutte pour la foi et le droit paternel. On ne saurait trop redire que la langue française et les traditions canadiennes-françaises doivent être conservées surtout parce qu'elles constituent de précieux éléments de l'ordre social catholique. Certains défenseurs très ardents de la langue semblent l'oublier ; ou du moins leurs activités un peu étroites tendent à obscurcir ces notions dans l'esprit du peuple. »

En 1922, l'orientation préventive et momentanée de *L'Action française* vers l'indépendance du Canada français et la création d'un « État français » tout comme la promulgation de l'encyclique *Ubi arcano* sur les dangers du nationalisme après la Première Guerre mondiale justifient Bourassa de dénoncer un certain nationalisme : « Faire de la patrie une folie, mentir pour flatter sa patrie et ses compatriotes, chercher la grandeur de la patrie dans le triomphe de l'iniquité, alimenter l'amour de la patrie par la haine de l'étranger ou de l'ennemi, ce n'est pas du patriotisme chrétien, ce n'est même pas du patriotisme tout court ; c'est de la sauvagerie. » L'homme qui a donné comme devise à son journal « Fais ce que dois », explicite sa conception de la hiérarchie des devoirs du catholique francophone : « N'oublions jamais que nos devoirs de catholiques priment nos droits nationaux, que la conservation de la foi, l'unité de l'Église, l'autorité de sa hiérarchie importent plus que la conservation de n'importe quelle langue, que le triomphe de toute cause humaine. » Non seulement les devoirs priment-ils les droits mais la dimension catholique prévaut sur la dimension nationale. Dans le milieu de l'Association catholique de la jeunesse canadienne-française (ACJC) et de l'Action française, on traduit cette idée par un problème, celui du rapport entre l'action catholique et l'action nationale. Cette question se dénouera dans la décennie suivante; il importe d'en identifier ici l'amorce.

Ce sens ultramontain de la hiérarchie incite Bourassa à revoir même l'histoire du Canada français à la lumière de cette préséance de la religion: «N'oublions pas que si nous avons survécu comme peuple, si nous vivons encore, avec nos familles, nos traditions, notre langue, avec nos souvenirs et nos espérances, ce n'est pas à la France ni à l'Angleterre que nous le devons; c'est à l'Église d'abord, j'oserais dire à l'Église seule [...].» Mais, dans le contexte d'impérialisme britannique et d'affirmation du clergé irlandais aux États-Unis et au Canada, il lui faut expliquer la neutralité de l'Église qui «reconnaît toutes les patries et toutes les formes de gouvernement, les droits de tous les peuples; elle tolère tous les nationalismes légitimes mais elle ne se rapetisse à la mesure d'aucun, *elle ne sera jamais nationaliste*. Jamais, elle n'a été, ne sera l'Église *nationale* d'aucun peuple, l'instrument de domination d'aucun empire.» Le propos se termine sur un acte de charité ou d'espérance ou de foi: «Ne demandons pas à l'Église d'être française au Canada; soyons certains qu'elle n'y sera ni anglaise, ni irlandaise.»

Lorsque qu'en 1926, année de la condamnation romaine de *L'Action française* de Paris, Bourassa est reçu en audience par le pape, il n'a pas à être convaincu des positions romaines sur les dangers du nationalisme. Cette audience, qui sera «la meilleure et la plus forte leçon de [la] vie» de Bourassa, permet de comprendre son opposition farouche au mouvement sentinelliste en Nouvelle-Angleterre et ses articles à venir (1935) dans *Le Devoir* pour faire contrepoids sinon pièce aux Jeune-Canada du «Maître chez nous» de décembre 1932[7].

Déjà en 1911, le clairvoyant Fournier avait identifié les enjeux de la question catholique en Nouvelle-Angleterre. Il écrit dans *L'Action* du 24 juin: «Pleinement conscient de la gravité de nos paroles, nous affirmons ici qu'un marché s'organise actuellement, entre la Cour de Rome et Downing Street, dans le but de vendre à l'Angleterre impérialisante, c'est-à-dire assimilatrice, toute la race canadienne-française.» Observant «avec beaucoup d'autres, que l'avenir du catholicisme est plutôt du côté anglo-saxon», il clôt son article sur ce ton exaspéré: «Il en est aujourd'hui de la justice de Rome comme du royaume des Cieux, lequel, dit l'Évangile, appartient aux violents.»

*

*   *

Le Canada français vit des choses nouvelles avec la France mais aussi avec ses autres «métropoles» politique, économique et spirituelle. Un double impérialisme, l'un anglais à son apogée, l'autre étatsunien en processus d'affirmation, alimente ce qu'on appelle alors le pansaxonnisme. La commémoration du troisième centenaire de la fondation de Québec par Champlain et la Première Guerre mondiale mettent singulièrement à l'épreuve la «double fidélité» des Canadiens français formulée par Bourassa. La conscience aiguë d'une américanisation simultanément économique et culturelle nourrit les craintes et les résistances de Mgr Pâquet tout autant que celles d'Asselin, de Fournier ou de V. Barbeau. Cette américanisation est aussi spirituelle : la vocation classique de la race française en Amérique est ravie par les catholiques anglophones du Canada et des États-Unis. Bourassa voyait ses espérances trompées : il n'avait certes pas demandé à ce que l'Église soit «française» en croyant qu'elle ne serait «ni anglaise ni irlandaise». Elle serait irlandaise. La «crise» spirituelle était déjà là : le Canada français avait perdu sa vocation religieuse et spirituelle «manifeste» en Amérique et il découvrait qu'il ne pouvait vivre ni avec ni sans la civilisation américaine.

CONCLUSION

L'ANNÉE 1896 AVAIT MARQUÉ la fin d'une trajectoire. L'antagonisme entre le libéralisme radical anticlérical et l'ultramontanisme ultramonté du Programme catholique s'était émoussé. Laurier y avait été pour quelque chose, de même que l'archevêque de Québec, monseigneur et futur cardinal Taschereau, d'un esprit moins intolérant que ses confrères Bourget et Laflèche.

Laurier, qui était dans le paysage intellectuel et public depuis la fin des années 1850, avait fait en 1877 un discours devenu célèbre et significatif sur la distinction entre le libéralisme à la française, révolutionnaire, et le libéralisme à l'anglaise, réformiste. Ce discours avait contribué à le porter au pouvoir en 1896 parce qu'il avait sorti les libéraux du purgatoire où ils étaient confinés par les conservateurs depuis la Confédération et parce qu'il avait précisément dédouané le libéralisme de son identification essentielle à 1837 et à 1848. Bien qu'acceptée de justesse au Québec, la Confédération avait été le moment d'un accommodement, d'un premier apaisement : l'alliance des « libéraux-conservateurs » et de l'Église, qui avait facilité la réalisation du projet confédératif, semblait avoir dénoué l'impasse de 1837, elle-même point d'orgue de luttes parlementaires depuis le début du XIXᵉ siècle. Les conservateurs seraient au pouvoir à Québec et à Ottawa de 1867 à 1896, s'y maintiendraient face aux libéraux impatients de mettre fin au « règne » de leurs opposants. Un bipartisme était en place pour trente ans, qui annexerait l'essentiel des aspirations des générations à venir.

Le discours de Laurier avait donné du libéralisme une image de modération en lui conférant une dimension britannique qui reposait en bonne partie sur la tradition de luttes pour les «libertés anglaises» depuis 1774 et 1791. En 1877, la reine Victoria était sur le trône depuis quarante ans et elle y serait encore en 1897, symbole de la montée impérialiste de la Grande-Bretagne.

Les Canadiens de langue française, qui avaient reçu la vie de la France et la liberté de l'Angleterre — dixit Laurier —, étaient aussi des catholiques vivant en Amérique du Nord. Au temps de la Confédération, ils s'étaient donné un destin manifeste, une «vocation» spiritualiste, religieuse, catholique en Amérique. L'école catholique était l'un des moyens d'exercer cette vocation et l'année 1896 s'était terminée sur la tumultueuse affaire des écoles du Manitoba à l'occasion de laquelle Laurier s'était enfin hissé au pouvoir.

En 1896, on connaissait depuis un an le roman indépendantiste de science-fiction de Tardivel, *Pour la patrie*, mais on avait surtout découvert les premières projections cinématographiques. Cette forme nouvelle de culture et de loisirs, précédée et accompagnée par le théâtre francophone permanent, le vaudeville, le parc d'attractions, le baseball et le hockey sur glace, avait mis un terme à la culture des associations mise en place durant la décennie 1840; ces nouveautés faisaient voir combien «l'ennemi» était de plus en plus «l'anglicisme». Le loisir commercial et la culture de masse ne rejoignaient certes pas alors l'ensemble du Québec, majoritairement rural jusqu'en 1915, mais Montréal donnait le ton aux villes moyennes.

Une nouvelle trajectoire s'esquisse en 1896, de nouveaux départs s'amorcent sur de multiples fronts. La donne nouvelle est à la fois internationale et canadienne. L'immigration, l'impérialisme britannique et les guerres dans lesquelles il est en cause, l'américanisation à la fois économique et culturelle, tous ces phénomènes, conjugués à l'industrialisation, aux mouvements migratoires vers Montréal et les capitales régionales, aux crises scolaires et conscriptionnistes et à l'esprit de parti qui s'est imposé depuis la Confédération, déterminent la recherche fébrile d'une doctrine nouvelle et de moyens d'action appropriés. La doctrine, celle qu'à partir d'horizons divers (Groulx, Dugas) on appelle «l'école du *Devoir*», inclut des solutions nouvelles à des problèmes nouveaux, synthétise en une vision d'avenir nouvelle des forces apparemment centrifuges, menaçantes.

Cette doctrine, qui se formule tout autant dans *Le Nationaliste* que dans l'ACJC — c'est «l'école» —, trouve une première cohérence dans la pensée et *Le Devoir* (1910) d'Henri Bourassa; elle trouve son accomplissement dans *L'Action française* dont les enquêtes annuelles disent bien la diversité des défis que la société canadienne-française et québécoise doit relever et transformer en «énergie nationale». Cette doctrine de *L'Action française*, «synthèse étoffée» de «l'école du *Devoir*», se précise et se formalise de 1917 à la Crise.

Elle se constitue pour une bonne part contre «l'esprit de parti», l'esprit «rouge» ou «bleu» qui accapare tous les esprits. Le mot d'ordre invite alors à se situer «au-dessus des partis», à tout le moins jusqu'à ce qu'un nouveau parti puisse donner une voix crédible à cette doctrine, à cette pensée que les intérêts des partis ne peuvent qu'infléchir ou corrompre. Les députés les plus crédibles sont alors indépendants des partis: Bourassa, Lavergne, par exemple. De même les journaux — *Le Nationaliste*, *Le Devoir*, *L'action* —, car la presse de parti, qui a les moyens de ses tirages, considère, par exemple, comme du «don quichottisme» les campagnes de Lavergne pour le bilinguisme.

Pour l'heure, la doctrine, qui décrie les partis, penche vers un certain a-politisme: les choses ne se passent pas au niveau du pouvoir, inacceptable dans son esprit et ses pratiques courantes. Il faudra attendre après 1929 pour voir si l'Action libérale nationale — la bien nommée — pourra remplir les promesses d'un «parti» acceptable.

La doctrine du *Devoir* et de *L'Action française* n'est pas «une»; non seulement les libéraux plus radicaux et les «exotistes» en soulignent-ils les limites, mais encore la vision d'avenir du Canada français et les moyens pour l'assurer conçus par Bourassa diffèrent de ceux de Groulx, même si les deux hommes et leurs moyens d'action partagent des éléments fondamentaux de cette doctrine. À vrai dire, c'est le nationalisme de chacun qui les distingue. Le mot est nouveau, et il faut surtout voir la diversité des causes et la force conséquente de cette renaissance nationaliste au Canada français. La trajectoire de cette idée prend forme à la fin du XIXe siècle et elle est façonnée et consolidée par l'affaire Riel, par les crises scolaires au Manitoba, en Alberta, en Saskatchewan, en Ontario, par les vagues migratoires qui reconfigurent l'Ouest canadien et Montréal, par l'impérialisme britannique dont on voit les conséquences au Canada et au Canada français en 1899 et en 1917. Le fait que ce renouveau nationaliste soit à l'origine du «mouvement» nationaliste canadien-français et québécois au xxᵉ siècle donne l'exacte mesure de son importance. Toutes les variétés du nationalisme sont alors formulées: le nationalisme canadien et canadien-français de Bourassa, le nationalisme d'abord canadien-français de Groulx et le nationalisme exclusivement canadien-français et indépendantiste de Tardivel. L'idée indépendantiste de Tardivel, déjà un peu floue, traverse autant l'enquête du *Nationaliste* en 1905 que la motion Francœur en 1917 ou les pages de *L'Action française*. On évoque dans celle-ci, en 1920, l'idée d'un «Canada oriental» et, en 1922, au temps de l'indépendantisme préventif d'une dissolution de la Confédération, les formules se multiplient: «État français et catholique», «État français indépendant», «idéal d'un État français» devenu «une sorte d'impulsion vitale». Bourassa réagira, ne trouvant la chose «ni désirable ni souhaitable». Les visions d'avenir diffèrent et le point de rupture est la religion, quelque paradoxales que paraissent les positions du laïc Bourassa, plus orthodoxes que celles de l'abbé Groulx.

Ces positions de Bourassa et de Groulx à propos des relations entre religion et nationalisme se sont construites à partir de facteurs locaux et étrangers. Ce sont les menaces à la langue française qui déclenchent le processus. Des menaces qui, comme les crises scolaires, mettent en cause l'école catholique le plus souvent française, la foi et la langue; ou d'autres menaces qui concernent essentiellement la langue, confrontée au lexique anglophone du milieu montréalais, du milieu du travail, de la publicité, des produits et des loisirs nouveaux. Comment défendre ces deux valeurs intriquées, nouées? De 1910 à 1918, Bourassa pense que défendre l'une, c'est défendre l'autre, et vice versa. De 1918 à 1926, il devient clair pour lui qu'il faut d'abord défendre la religion. À telle enseigne que celui qui avait dit à Mᵍʳ Bourne que l'Évangile s'enseignait dans toutes les langues propose que l'Église catholique ne soit ni française, ni anglaise, ni irlandaise et suppose ou espère que la catholicité à Rome, Boston et Toronto pense comme lui. En clair, le catholicisme de Bourassa limitait son nationalisme. De surcroît, au sortir de la guerre, Rome, en condamnant *L'Action française* de Paris, avait condamné le «nationalisme outrancier» et Bourassa n'eut pas à être convaincu de la position de Rome en la matière. Il était déjà convaincu et la parole de Rome ne venait que mettre un baume sur de possibles doutes résiduels.

L'abbé Groulx était sans doute tout aussi catholique, mais plus canadien-français que Bourassa, qui cherchait plus ardemment à concilier son patriotisme canadien et canadien-français et à formuler les raisons de cette possible et souhaitable conciliation. Le fédéralisme anti-impérialiste et décentralisateur et le catholicisme de Bourassa avaient fait de lui la grande figure du tournant du siècle, à côté de Laurier. Mais la fondation même du *Devoir* dit quelque chose sur l'expérience antérieure du *Nationaliste* d'Asselin, tout comme l'éloignement d'Asselin et de Fournier de Bourassa vers 1914 indique que la doctrine nationaliste canadienne-française marquait des points. La réaction de Bourassa à l'enquête de *L'Action française* de 1922 sur «Notre avenir politique» indique que, quelque part, Bourassa était dépassé. Il avait, à tout le moins, trouvé plus dubitatif que lui sur l'avenir de la Confédération; et Groulx était le chef de file de ceux qui doutaient et cherchaient une alternative, et parmi ceux-là se trouvaient aussi des «théologiens» pour légitimer un scénario d'autonomie nationale. Groulx était un explorateur de doctrine prudent, mais un explorateur.

Cette identification de l'explication religieuse au cœur de l'émergence et de l'évolution du nationalisme trouve confirmation dans le changement radical qui s'opère dans la vocation traditionnelle de la «race française» en Amérique. Cette autoreprésentation traditionnelle des milieux conservateurs et catholiques du Canada français subit alors un choc difficile et long à absorber. On aura beau publier en 1925 le *Bréviaire du patriote canadien-français*, reproduction et remise en circulation du discours de Mgr Pâquet de 1902 sur «la vocation de la race française en Amérique», il était clair pour ceux qui voyaient que la diplomatie vaticane concédait dorénavant à la «race» anglo-saxonne la vocation de promouvoir et de défendre les valeurs catholiques en Amérique du Nord. Il était clair pour d'autres, au même moment, que le Canada français ne pouvait vivre avec ni sans la civilisation américaine. Le défi américain demeurait mais sa relève allait devoir prendre une nouvelle direction.

Cette doctrine ne reste pas abstraite. Elle est mise en œuvre dans un éventail de moyens qui montrent bien son urgence; les «menaces» étaient réelles, c'étaient des défis incontournables. Des journaux indépendants, des revues, des ligues, des campagnes, des pétitions, une maison d'édition et une librairie d'action française, des mouvements comme l'ACJC, qui se ramifie dans le réseau collégial et vise la jeunesse, rendent possible un milieu intellectuel. La recherche d'une doctrine, de solutions inédites, jointe à la nécessité de formuler et de répandre celle-ci, suscite « un culte de la compétence » qui est, de fait, la réponse à cette demande d'une « élite », qui est alors de tous les diagnostics posés sur l'avenir du Canada français. Cette compétence se trouve dorénavant dans l'université à Québec et à Montréal ; elle prend la forme du professorat y compris aux HEC, mais aussi celle du journalisme et de la littérature. C'est dans ce milieu d'avocats, d'économistes, de journalistes indépendants ou de la grande presse, de prêtres et de francs-tireurs que se construit la figure de l'intellectuel canadien-français, un peu toujours convoqué par l'action.

Si la « doctrine » semble prendre d'abord une tournure politique et culturelle, elle prend aussi une forme littéraire avec la reformulation du projet de l'abbé Casgrain de 1866 par l'abbé Camille Roy en 1904. On a beaucoup daubé sur son idée de « nationalisation de la littérature canadienne », n'en retenant que la caricature et ne soulignant que les exclusions. Il n'en demeure pas moins que l'idée promouvait une façon d'être soi-même, certes critiquée par les « exotistes », mais ce débat jetait les bases d'un défi de conciliation de valeurs locales d'abord explorées et affirmées, et de valeurs universelles. La chose n'était pas banale ; elle était précisément l'étape obligée par laquelle devaient passer les littératures nationales émergentes, et le milieu littéraire avait franchi un pas important. Les « exotistes » poussaient Roy plus avant, qui portait plus loin l'intuition de Casgrain. Ce défi, que la formule de Victor Barbeau — « la patrie de l'intelligence » — résumait bien, était au cœur même du débat sur la modernité, versant culturel du libéralisme, avec son affirmation de la liberté du créateur et de ses thèmes, de la liberté de la critique littéraire et artistique, avec sa promotion du contemporain en art et en littérature française.

La place nouvelle faite au symbolique dans le libéralisme indique à la fois la persistance de la tradition libérale et sa diversification. La modernité culturelle s'exprime en pleine période de libéralisme économique, de laisser-faire ; elle accompagne un féminisme qui, tout conservateur et limité qu'il soit souvent dans son programme et ses succès, naît dans un milieu bourgeois libéral et dans une presse libérale. Le discours de Laurier de 1877 et son accession au pouvoir en 1896 n'avaient pas mis un terme au libéralisme radical et anticlérical. Les libéraux font des percées remarquables dans le domaine de l'instruction publique et des bibliothèques publiques, signe que l'État, symbole du «public», gagne en responsabilité. Ces gains sont surtout montréalais, rappel, si nécessaire, que la métropole du Canada donne le ton intellectuellement et culturellement à l'ensemble du Québec. Le long combat pour une bibliothèque publique à Montréal est exemplaire de la persévérance et de la cohérence des libéraux depuis le temps de l'Institut canadien. L'émergence d'une culture publique — municipale en l'occurrence —, qui traverse les barrières de la religion, de la langue, de l'appartenance sexuelle, indique bien que le combat avait été commencé au temps de l'Institut canadien, ouvert aux catholiques comme aux protestants, aux francophones comme aux anglophones capables et désireux de partager la culture francophone. De même, la responsabilité publique de la lecture, parallèle à l'initiative sulpicienne, dédouane la fiction et le roman qu'on n'avait pas réussi à camoufler ou à étouffer sous le couvert du livre et de la bibliothèque techniques ou même historiques. Il y avait là conquête d'une plus grande liberté intellectuelle.

L'anticléricalisme, qui est le marqueur du libéralisme radical, avait même trouvé en Bourassa un adhérent ponctuel, poli et plutôt privé en 1914. Comment, en effet, un catholique et un pratiquant aussi fervent pouvait-il s'opposer aux évêques et en appeler comme les vieux «Rouges» à la distinction entre le spirituel et le temporel, entre le religieux et le civil? C'est que pour lui, tout comme pour Asselin et Fournier, plus mordants sur la place publique, le combat anti-impérialiste était compromis par l'intervention des évêques, à nouveau sollicités par leur loyalisme traditionnel, en faveur de la participation à la guerre de la Grande-Bretagne. Il y eu certes des anticléricaux radicaux — Langlois, Filiatreault — mais il y eut surtout des anticléricaux fermes et diplomates comme Raoul Dandurand pour limiter à tout le moins le contrôle clérical en matière d'instruction ou de culture. Puis ces libéraux trouvèrent dans le syndicalisme international — lire d'inspiration étatsunienne — non seulement des alliés mais des alliés populaires, en prise sur les besoins culturels de la majorité. Nombre de questions comme l'instruction et la lecture *publiques* relevaient dorénavant de la justice sociale et non plus seulement d'un enjeu bourgeois libéral et clérical.

Le libéralisme continue aussi d'être l'enjeu de la représentation de la France républicaine et laïque dans les relations et les célébrations mêmes, dans la vision de la littérature de l'abbé Roy, dans la réaction à la condamnation de *L'Action française* de Paris. La révolution de 1789, la république et le laïcisme forment cet «océan» qui «ne se passe pas». Si une commune vision de la France éternelle — lire d'Ancien Régime — rapproche l'Action française des deux côtés de l'Atlantique, les trames historiques propres assurent des spécificités. La résonance des dangers de division politique des catholiques varie d'une société à l'autre, tout comme le rapport du nationalisme au pouvoir politique et le maintien de l'orthodoxie romaine sur la longue et la moyenne durée. La nouveauté dans la perception réciproque des Canadiens français et des Français réside dans une franchise nouvelle rendue possible par des événements et une circulation des personnes et des idées qui soulignent les similitudes et les différences et en encouragent l'expression. L'achèvement de cette évolution se trouve dans les analyses d'André Siegfried, qui est venu, qui a vu et qui a renouvelé la perception française du Canada français à la croisée de ses allégeances britannique, américaine et française.

Cette mise au point dans les perceptions réciproques trouve une autre confirmation dans ce qu'on appelle alors la «question juive». Dans le dernier tiers du XIXe siècle, le propos sur les Juifs est idéologiquement importé de la presse conservatrice et catholique française sans que la réalité qui l'a suscité là-bas s'impose au Québec et à Montréal. Les Juifs sont alors inclus dans une constellation franc-maçonne et communiste globale. La question juive trouve ensuite au Québec une formulation d'autant plus juste, c'est-à-dire dans une variété d'opinions, qu'elle se pose concrètement. Alors, il faut penser par soi-même la réalité, faire le constat de l'immigration, scruter ses effets sur le petit commerce, sur le syndicalisme, sur l'école confessionnelle. Le constat n'est pas que rationnel ; il donne lieu à des dérapages, à des propos antisémites tenaces, à des réévaluations de positions, à des défenses des droits de la communauté juive. À côté d'un abbé Huot et d'un Plamondon, il se trouve un Bourassa et un Asselin. La question juive s'alimente d'abord à un antijudaïsme religieux et catholique avant de prendre la forme d'une antijudaïté, de préjugés contre la culture juive. Et la question des écoles juives est là pour rappeler que la lenteur et la difficulté de son règlement tiennent autant aux dissensions profondes et tenaces de la communauté juive montréalaise qu'à l'attitude des Canadiens français, gouvernement et population confondus.

Il y a symptomatiquement beaucoup de «questions» entre 1896 et 1929, façon de prendre acte du changement global qui touche la vie en société. Les «choses nouvelles» qu'évoquait l'encyclique de 1891 de Léon XIII et qui avaient été l'occasion d'une formulation de la «doctrine sociale» de l'Église catholique s'imposent surtout après 1920. Au temps de l'ACJC, l'évidence du problème social ne s'impose pas; la jeunesse d'avant la fin de la Première Guerre mondiale est polarisée par l'action catholique et nationale. Ce sont les Jésuites qui prennent en charge la question sociale : le père Bellavance, timidement, à l'ACJC, le père Archambault à l'École sociale populaire (1911), mais surtout aux Semaines sociales du Canada (SSC, 1920) qui adaptent ici l'initiative française et belge tout en accordant une place, secondaire mais nouvelle, aux laïcs. À l'occasion des «semaines» annuelles des SSC, on étudie, à la lumière de la doctrine sociale catholique, le syndicalisme «catholique» — mis de l'avant en 1907 et qui se structure dans la Confédération des travailleurs catholiques du Canada (CTCC) en 1921 —, le capital et le travail, la justice, la cité. Dès la première séance en 1920, l'abbé Lapointe, fondateur du syndicalisme catholique, n'hésite pas à parler de «crise sociale» et le père Archambault reprend la formule de Ferdinand Brunetière : «Toute question sociale est une question morale et toute question morale est une question religieuse.» Le social devenait le nouveau marqueur des relations entre l'Église et l'État, le marqueur ayant été jusque-là politique.

L'intervention de l'État s'est alors singulièrement accrue : dans le domaine de l'instruction (Polytechnique, HEC, écoles techniques et des beaux-arts), de la culture (Prix d'Europe et prix David, archives, monuments historiques, censure cinématographique, Maison canadienne à Paris) et dans des formes diverses de réglementation sur le respect du dimanche ou sur l'automobile, par exemple. Certains comme Asselin se sont prononcés en faveur d'un certain «étatisme» en économie et L'Action française de 1921 plaide pour un «nouveau régime des eaux». Sur le plan social, l'État a élaboré une législation ouvrière dès le tournant du siècle, a refusé la prohibition de l'alcool en accaparant sa vente monopolistique en 1921, l'année même où il vote une loi d'assistance publique dont l'application sera en partie compromise par l'opposition de l'Église. Ces avancées de l'État, pourtant foncièrement favorable au laisser-faire économique, prennent aux yeux de l'Église et des milieux conservateurs, même avant la révolution bolchévique de 1917, des allures dangereuses de socialisme et de communisme alors qu'un parti communiste est fondé au Canada en 1921. Tout comme à propos de la lecture et de la bibliothèque publiques, la question sociale en est une dorénavant de justice plutôt que de philanthropie bourgeoise ou de charité. La Crise de 1929 rendra ce vecteur apparent.

La période 1896-1929 en est une de passage, de formes variées de transition qui ont toutes comme défi d'intégrer le nouveau à la lumière de valeurs différentes. Le groupe du *Nigog* adhère à la nouveauté, au contemporain, au moderne, et promeut l'idée qu'à des intuitions nouvelles doivent correspondre des formes inédites d'expression. Son refus de la tradition est quasi global. La constellation du *Pays* et des libéraux radicaux alliés aux milieux syndicaux « neutres » défend une culture publique, civile et démocratique, où prédominent les valeurs communes de communautés culturelles et religieuses différentes. Son combat pour une école et une bibliothèque publiques traduit bien les valeurs qu'elle promeut. L'école du *Devoir* et surtout de *L'Action française*, dominante mais non consensuelle, est aussi un lieu de passage, de réponse au changement. Sa doctrine et ses actions sont précisément des réponses aux défis nouveaux qui se ramifient dans toutes les arcanes de la vie privée et publique.

Cette doctrine dite de passage, de transition, finit par trouver sa cohérence propre, mais les décennies à venir hériteront de la question sociale, devront composer avec les mouvements de jeunesse, avec la confrontation de l'ACJC à la JOC et à la JEC, avec le dénouement du rapport entre l'action catholique et l'action nationale, avec l'indépendantisme appelé bientôt Laurentie, avec le projet d'un drapeau, avec la montée lente et toujours problématique de l'État, avec les combats pour le français. Le passage de 1896 à 1929 portait des trajectoires plus longues.

NOTES

Première partie

Une doctrine pour l'action (1896-1917)

Introduction de la première partie

1. Sur Riel : Lewis H. THOMAS, «Riel, Louis», *DBC*, XI : 815-833 ; Arthur A. SILVER, «The French Canadian Press and 1885», *Native Studies Review*, I, 1 (1984) : 2-25 ; Robert RUMILLY, *Histoire de la province de Québec* [*HPQ*], Montréal, Valiquette, 1942, vol. V, 320 p. 2. Y. LAMONDE, *Histoire sociale des idées au Québec (1760-1896)*, Montréal, Fides, 2000, chapitre XV.

Chapitre I. Une action nationale canadienne

1. Armand LAVERGNE, *Trente ans de vie nationale*, Montréal, Éditions du Zodiaque, 1935, p. 81 et «La légende du lauriérisme», dans *Conférences données au club Cartier-Macdonald*, Montréal, Pierre R. Bisaillon éditeur, [1924], p. 199 ; James CORCORAN, «Henri Bourassa et la guerre sud-africaine», *Revue d'histoire de l'Amérique française* [*RHAF*], 18, 4 (1964) : 349-350, 354 ; 19, 1 (1965) : 89 ; lettre de démission de Bourassa, 20 octobre 1899, dans Yvan LAMONDE et Claude CORBO, *Le rouge et le bleu. Une anthologie de la pensée politique au Québec de la Conquête à la Révolution tranquille*, Montréal, PUM, 1999, p. 301-303 ; H. BOURASSA, *Grande-Bretagne et Canada. Questions actuelles*, Montréal, imprimerie du Pionnier, 1902, 42-CXXX p. ; *idem*, *Que devons-nous à l'Angleterre ?*, Montréal, [s. éd.], 1915, X-420 p. ; *idem*, *Le patriotisme canadien-français*, Montréal, Compagnie de publication de la Revue canadienne, 1902, 27 p. ; sur cette question : Robert PAGE, *La guerre des Boers et l'impérialisme canadien*, traduction de Yvon de Repentigny, Ottawa, Société historique du Canada (brochures historiques, n° 44), 1987, 31 p. ; J. R. LAXER, *French-*

Canadian Newspapers and Imperial Defence, M.A. (History), Queen's University, 1968, VI-185 p.; Jean-Guy PELLETIER, «La presse canadienne-française et la guerre des Boers», *Recherches sociographiques*, 4, 3 (septembre-décembre 1963): 337-349; Joseph LEVITT, *Henri Bourassa on Imperialism and Biculturalism*, Toronto, Copp Clark Publishing Company, 1970, 183 p.; Carl BERGER, *Sense of Power. Studies in the Ideas of Canadian Imperialism (1867-1914)*, Toronto, UTP, 1970, 227 p.

2. Voir *La Patrie, La Presse, Le Journal, Les Débats*, le *Herald* et le *Montreal Star* de mars 1900; Robert RUMILLY, *HPQ*, IX: 174-185.

3. Edmond DE NEVERS, *L'avenir du peuple canadien-français*, Montréal, Fides, 1964, p. 16, 90, 94, 97 (ICMH, n° 11338); Olivar ASSELIN, «Cessons nos luttes fratricides», *Les Débats*, 1er avril 1900, reproduit dans *La pensée française*, Montréal, Éditions ACF, 1937, p. 11-13; H. BOURASSA, «Mes relations avec *Le Nationaliste*», *Le Nationaliste*, 27 mars 1904; Lionel Groulx à Albert Benoit, octobre 1903, dans *Correspondance de Lionel Groulx*, édition par Giselle Huot, Juliette Lalonde-Rémillard et Pierre Trépanier, Montréal, Fides, 1989, I: 402; *idem*, «L'âme de la jeunesse canadienne-française», *Le Semeur* (mars 1910): 208-216; Jules FOURNIER, «Notre députation», *Le Devoir*, 22-25 février 1910, reproduit dans *Mon encrier*, Montréal, Madame Jules Fournier, 1922, I: 79, 85; J. FOURNIER, «La faillite du nationalisme canadien-français», été 1916, *ibidem* : 136; Laurent MAILHOT, «Fournier, Jules», *DBC*, Sainte-Foy, PUL, 1998, XIV: 406-407; A. LAVERGNE, dans *L'Événement*, 14 mars 1902; H. BOURASSA, *Le spectre de l'annexion et la désintégration nationale*, [Montréal, Le Devoir], 1912, p. 30.

4. Programme de la Ligue nationaliste, 1er mars 1903 dans Y. LAMONDE et C. CORBO, *Le rouge et le bleu...*, *op. cit.*, p. 304-309; le programme de la Ligue a été exposé par Asselin en anglais dans *A Quebec View of Canadian Nationalism*, Guertin Publishing Co., 1909, 61 p.; sur Lavergne: Marc LA TERREUR, «Armand Lavergne: son entrée dans la vie publique», *RHAF*, 17, 1 (juin 1963): 39-54; sur la défense du droit d'auteur canadien, *Le Nationaliste*, 3 et 6 mars, 3 avril, 5 et 12 juin, 31 juillet, 7 août, 11 et 25 septembre, 2, 16 et 23 octobre, 13 novembre 1904; 2 février 1905; 25 mars et 20 mai 1906; sur la défense du droit d'auteur canadien, *Le Nationaliste*, 6 et 20 mars, 3 avril, 5 et 12 juin, 31 juillet, 7 août, 11 et 25 septembre, 2, 16 et 23 octobre, 13 novembre 1904; 2 février 1905; 25 mars et 20 mai 1906.

5. O. ASSELIN, «La session législative», *Le Nationalise*, 27 mars 1904; *idem*, «L'affaire Prévost-Asselin», *Le Nationaliste*, 9 juin 1907; voir aussi sur cette question: *Le Nationaliste*, 3 avril 1904 et 26 novembre 1905, et Peter SOUTHAM, *The Social and Economic Thoughts of Olivar Asselin*, M.A. (Histoire), Université de Montréal, 1970, 110 p. et des aperçus de ce mémoire dans Robert COMEAU (dir.), *Économie québécoise*, Montréal, PUQ, 1969, p. 394-404.

6. Y. LAMONDE, *Histoire sociale des idées...*, *op. cit.*, chapitre XIV; J.-P. TARDIVEL, *La Vérité*, 1897, cité dans Mathieu GIRARD, «La pensée politique de Jules-Paul Tardivel», *RHAF*, XXI, 3 (décembre 1967): 398; *idem*, «L'indépendance», *La*

Vérité, 12 octobre 1901, texte dans Pierre SAVARD, *Jules-Paul Tardivel*, Montréal, Fides, 1969, p. 50-53 ; H. BOURASSA, *Le patriotisme canadien-français...*, *op. cit.*, p. 13 ; J.-P. TARDIVEL, «*Le Nationaliste* et le nationalisme», *La Vérité*, 1ᵉʳ avril 1904 ; H. BOURASSA, «Réponse amicale à *La Vérité*», *La Vérité*, 3 avril 1904 ; J.-P. TARDIVEL, «À propos du nationalisme. Amicale réplique à M. Bourassa», *La Vérité*, 15 mai 1904 ; correspondance Bourassa-Tardivel, 20, 26, 27 avril 1904, ANQQ, 12-0002, vol. 2, bobine 2 ; J.-P. TARDIVEL, «Notre avenir», *La Vérité*, 1ᵉʳ janvier 1905 ; «L'avenir des Canadiens-Français», *Le Nationaliste*, 2 et 16 juillet, 27 août, 3, 10, 17 et 24 septembre, 1ᵉʳ et 8 octobre 1905 ; Léon GÉRIN, «La loi naturelle du développement de l'instruction populaire», *La Science sociale*, XXV (juin 1898) : 505 ; Arthur SAINT-PIERRE, «L'avenir du Canada français», *La Revue canadienne*, IV (1909) : 128-138 ; Henri LEMAY, «L'avenir de la race canadienne-française», *ibidem*, V (1910) : 289-313 ; sur Saint-Pierre : Jean-Claude DUPUIS, «Réformisme et catholicisme. La pensée sociale d'Arthur Saint-Pierre», *Bulletin du Regroupement des chercheurs et chercheuses en histoire des travailleurs et travailleuses du Québec*, 17, 1 (hiver 1991) : 25-61.

7. Lionel Groulx à Omer Héroux, 25 avril 1905, dans *Correspondance de Lionel Groulx, op. cit.*, I : 1095 ; Marcel GAGNON, *La vie orageuse d'Olivar Asselin*, Montréal, Éditions de l'homme, 1963, p. 104-105 ; R. RUMILLY, *HPQ*, t. XXII ; Hélène PELLETIER-BAILLARGEON, *Olivar Asselin et son temps. I. Le militant*, Montréal, Fides, 1996, chapitre XXII ; H. BOURASSA, «Avant le combat», *Le Devoir*, 10 janvier 1910 ; *idem, Le Devoir, son origine, son passé, son avenir*, Montréal, Le Devoir, 1915, 53 p. ; *idem, Le dixième anniversaire du Devoir*, Montréal, imprimerie du Devoir, 1920, 115 p. ; «Deux mots à M. Bourassa», *L'Action*, 13 septembre 1913.

8. Claudette BÉGIN-WOLFF, *L'opinion publique québécoise face à l'immigration (1906-1913)*, M.A. (Histoire), Université de Montréal, 1970, p. 17-22.

9. O. ASSELIN, «La grande conspiration», *Le Nationaliste*, 24 février 1907 ; voir aussi le 2 juin 1907 ; rapport du sous-ministre cité dans Philippe PRÉVOST, *Les relations franco-canadiennes de 1896 à 1911*, M.A. (Histoire), Université de Paris-Sorbonne, Paris IV, 1984, p. 173 ; *La Presse*, 23 avril et 30 octobre 1907 ; sur Fournier et l'immigration : Louis-Raphaël PELLETIER, *Nationalisme et libéralisme dans la pensée de Jules Fournier (1904-1917)*, M.A. (Histoire), Université de Montréal, 1999, p. 42-44 ; Daniel GUNAR, *Le journal «La Presse» et l'immigration (1896-1911)*, M.A. (Histoire), Université Laval, 1979, III-102 p.

10. P. PRÉVOST, *Les relations...*, *op. cit.*, p. 169-185 ; Raoul DANDURAND, *Mémoires du sénateur Raoul Dandurand*, édition critique par Marcel Hamelin, Québec, PUL, 1967, p. 143-151 ; Rapport d'Asselin dans *Documents de la session*, 1913, document 95 ; repris dans *L'Action*, 15 et 22 février, 1ᵉʳ mars 1913 ; C. BÉGIN-WOLFF, *L'opinion publique...*, *op. cit.*, p. 119-126 ; Georges PELLETIER, *L'immigration canadienne*, Montréal, Le Devoir, 1913, VIII-73 p. ; Armand FOULON, *Georges Pelletier et l'immigration. La pensée d'un journaliste nationaliste (1910-1939)*, M.A. (Histoire), Université de Montréal, 1999, p. 57-95 ; Serge JAUMAIN (dir.), *Les immigrants préférés. Les Belges*, Ottawa, Presses de l'Université d'Ottawa, 1999, p. 41, 157-158.

11. Pierre ANCTIL, *Le rendez-vous manqué. Les Juifs de Montréal face au Québec de l'entre-deux guerres*, Québec, IQRC, 1988, p. 29, 33-56 ; Louis-Philippe AUDET, « La question des écoles juives : 1870-1903 », *Mémoires de la Société royale du Canada*, série IV, t. VIII (1970) : 1107-1108 ; Gerald TULCHINSKY, « The Third Solitude : A. M. Klein's Jewish Montreal, 1910-1950 », *Journal of Canadian Studies/ Revue d'études canadiennes*, 19, 2 (été 1984) : 97 ; A. I. SILVER, *The French-Canadian Idea of Confederation (1864-1900)*, Toronto, UTP, 1997, Second Edition, p. 232-235 ; Pierre SAVARD, *Jules-Paul Tardivel, la France et les États-Unis*, Québec, PUL, 1967, p. 303-311 ; « Mercier et Drumont », *Le Courrier du Canada*, 12 juillet 1892 ; Fernande ROY, *Progrès, harmonie, liberté. Le libéralisme des milieux d'affaires franco- phones à Montréal au tournant du siècle*, Montréal, Boréal, 1988, p. 237-238 ; Z. LACASSE, *Dans le camp ennemi*, Montréal, Cadieux et Derome, 1893, p. 57-63 (ICMH, n° 8370) ; « Chronique du mois », *La Revue canadienne* (1894) : 778-779 ; « Zola-Dreyfus », *La Vérité*, 5 mars 1898 ; « Chronique du mois », *La Revue canadienne* (1898) : 219 ; « L'affaire Dreyfus », *La Vérité*, 8 octobre 1898 ; « L'esprit de l'affaire », *La Vérité*, 5 août 1899 ; « À travers les faits et les œuvres », *La Revue canadienne* (1899) : 66 ; sur l'affaire Dreyfus au Québec, Katleen LEBLANC, *L'affaire Dreyfus et les intellectuels québécois (1894-1906)*, M.A. (Études québécoises), UQTR, 1998, VI-119 p.

12. O. ASSELIN, « The Jews in Montreal », *The Canadian Century*, 16 septembre 1911 ; J. FOURNIER, « Campagne criminelle », *L'Action*, 1ᵉʳ novembre 1913 ; « La bonne presse et la question du meurtre rituel », *L'Action*, 15 novembre 1913 ; « M. Lavergne et les Juifs », *L'Action*, 8 novembre 1913. *La Libre Parole* de Paris avait rapporté, en 1909, de surprenantes positions de Fournier sur les Juifs ; voir « La race française au Canada » *Le Nationaliste*, 17 octobre 1909.

13. Bruno RAMIREZ, *Les premiers Italiens de Montréal*, Montréal, Boréal, 1984, 136 p.

14. Texte de l'article du *Devoir* du 8 septembre 1914 dans H. BOURASSA, *Le « Devoir » et la guerre. Le conflit des races*, Montréal, Le Devoir, 1916, p. 41-45 ; Élizabeth ARMSTRONG, *Le Québec et la crise de la conscription (1917-1918)*, Montréal, vlb éditeur, 1998, p. 98-110 ; O. ASSELIN, « Sur une allocution de Mᵍʳ Bruchési », *L'Action*, 16 septembre 1914, reproduit dans *Les Écrits du Canada français [ECF]*, VI (1960) : 219-221 ; voir aussi p. 222-224 ; Hélène PELLETIER-BAILLARGEON, *Olivar Asselin...*, *op. cit.*, p. 641.

15. *MEQ*, 23 septembre 1914, XI : 91-95 ; H. BOURASSA, *Pour la justice*, Montréal, Le Devoir, 1912, p. 30 ; René DUROCHER, « Henri Bourassa, les évêques et la guerre de 1914-1918 », *Historical Papers / Communications historiques* (1971) : 248-275 ; O. ASSELIN, « À propos d'une campagne de *L'Action catholique* », articles dans *L'Action* du 11 septembre au 9 octobre 1915, *ECF*, VI (1960) : 225-274, cita- tions p. 230, 237, 240, 261.

16. O. ASSELIN, « Les évêques et la propagande de *L'Action catholique* », *L'Action*, 24, 30 octobre et 6 novembre 1915, *ECF*, VI (1960) : 275-316, citations

p. 294, 297 ; *idem*, «Pourquoi je m'enrôle», Ottawa, Association civile du recrutement du district de Québec, 1916, 50 p. ; *idem*, «Pourquoi on aime la France», dans Hermas BASTIEN, *Olivar Asselin*, Montréal, Éditions Bernard Valiquette, 1938, p. 109-115 ; R. DUROCHER, «Henri Bourassa...», *loc. cit.* ; J. FOURNIER, «De Mᵍʳ Lartigue à Benoît XV», *L'Action*, 31 octobre 1914 et «Nos droits de citoyens», *L'Action*, 24 octobre 1914.

17. H. BOURASSA, *Le «Devoir» et la guerre*, *op. cit.*, p. 16-20 ; *idem*, «Réponse de M. Bourassa à la lettre du capitaine Talbot Papineau», *Le Devoir*, 5 août 1916 ; Sandra GWYN, «Papineau, Talbot Mercer», *DBC*, XIV : 886-888 ; J. FOURNIER, «La faillite (?) du nationalisme», *Mon encrier*, *op. cit.*, I, p. 134-135, 138.

18. R. RUMILLY, *HPQ*, XXII : 13-14, 36-38, 65-67, 43 ; regrets de Mᵍʳ Bruchési, *La Presse*, 7 juin 1917 ; E. ARMSTRONG, *Le Québec et la crise...*, *op. cit.*, p. 163, 177-180 ; Un Patriote [abbé Joseph-Arthur d'Amours], *Où allons-nous? Le nationalisme canadien*, Montréal, Société d'éditions patriotiques, 1916, 73 p. ; Ferdinand ROY, *L'appel aux armes et la réponse canadienne-française*, Québec, J.-P. Garneau, libraire-éditeur, 3ᵉ édition, 1917, 83 p.

19. H. BOURASSA, *La conscription*, Montréal, Éditions du Devoir, 1917, p. 21 ; Bourassa reviendra sur la question de la propagande française : «Une erreur plus grave encore serait d'induire les Français d'Europe à venir nous donner des leçons de patriotisme à rebours et à chercher à nous faire consentir pour la France des sacrifices qu'elle n'a jamais songé à s'imposer pour la défense du Canada français» (*HPQ*, XXII : 29) ; É. ARMSTRONG, *Le Québec et la crise...*, *op. cit.*, p. 221-222 ; René CHANTELOIS, *La conscription de 1917 d'après les journaux français de Montréal*, M.A. (Histoire), Université de Montréal, 1967, 2 vol. ; sur le purgatoire des conservateurs : Réal BÉLANGER, *L'impossible défi : Albert Sévigny et les conservateurs fédéraux (1902-1918)*, Québec, PUL, 1983, 368 p., et *Paul-Émile Lamarche : le pays avant le parti (1904-1918)*, Québec, PUL, 1984, 439 p.

20. *Débats* de l'Assemblée législative du Québec (1918), voir le site www.ass.nat.qc.ca ; René CASTONGUAY, *La motion Francœur (1917-1918)*, M.A. (Histoire), Université de Montréal, 1998, 137 p. ; *idem*, «Un bluff politique. 1917 : la motion Francœur», *Cap-aux-Diamants*, 53 (printemps 1998) : 22-24 ; *idem*, «Le gouvernement Gouin et la motion Francœur, 1917-1918», communication manuscrite ; R. Rumilly, *HPQ*, XXI : 211-214.

21. *Ibidem*, XXII : 68-82 ; É. Armstrong, *Le Québec et la crise...*, *op. cit.*, chapitre IX ; Jean PROVENCHER, *Québec sous la loi des mesures de guerre 1918*, Montréal, les Éditions du Boréal Express, 1971, 146 p.

Chapitre II. Une action française

1. Camille Roy, « De la nationalisation de la littérature canadienne » (5 décembre 1904), dans *Essais sur la littérature canadienne*, Montréal, Beauchemin, 1925, p. 187-201.

2. *Premier Congrès de la langue française au Canada. Compte rendu et Mémoires*, Québec, imprimerie de l'Action sociale, 1913, 693 et 613 p. ; *idem, Guide du congressiste*, Québec, [s. éd.], 1912, 96 p. ; Marie-Andrée BEAUDET, *Langue et littérature au Québec (1895-1914)*, Montréal, L'Hexagone, 1991, p. 183 n. 46, p. 55-56 ; Jean HAMELIN et Nicole GAGNON, *Histoire du catholicisme québécois. Le XXᵉ siècle. I: 1898-1940*, Montréal, Boréal, 1984, p. 299.

3. Luc BOUVIER, « Du Tricolore au fleurdelisé québécois », *L'Action nationale*, 86, 3 (1996) : 123-134 ; 86, 4 (1996) : 83-94 ; 86, 6 (1996) : 91-102 ; 89, 9 (1996) : 97-106 qui réfère aux brochures publiées à l'époque ; P. SAVARD, *Jules-Paul Tardivel, la France…, op. cit.*, p. 441-445 ; Réal BÉLANGER, « Le nationalisme ultramontain : le cas de Jules-Paul Tardivel », dans Jean HAMELIN et Nive VOISINE (dir.), *Les ultramontains canadiens-français*, Montréal, Boréal, 1985, p. 298 ; Un compatriote [Elphège Filiatrault], *Aux Canadiens-Français. Notre drapeau*, [s. lieu, s. éd.], 1903, 23 p., et *Nos couleurs nationales*, Saint-Jude, [s. éd.], février 1905, p. 12 ; Louis FRÉCHETTE, *Satires et polémiques*, édition critique par Jacques Blais en collaboration avec Guy Champagne et Luc Bouvier, Montréal, PUM, 1993, II, p. 1256-1259 ; *idem*, « Notre drapeau national », *La Presse*, 7 mai 1904.

4. R. RUMILLY, *HPQ*, XII: 11-54 ; H. BOURASSA, *Les écoles du Nord-Ouest*, Montréal, imprimerie du Nationaliste, 1905, 29 p. ; R. BÉLANGER, dans Gilles GOUGEON, *Histoire du nationalisme québécois*, Montréal, vlb éditeur, 1993, p. 75-76 ; Susan TROFIMENKOFF, *The Dream of Nation: a Social and Intellectual History of Quebec* (*Visions nationales: une histoire du Québec*, 1986), Toronto, Macmillan, 1982, p. 172 ; A. LAVERGNE, *Les écoles du Nord-Ouest*, Montréal, imprimerie du Nationaliste, 1907, 63 p. ; Roberto PERIN, « Langevin, Adélard », *DBC*, XIV: 650-654.

5. A. LAVERGNE, *Trente ans de vie nationale, op. cit.*, p. 123-125 ; R. RUMILLY, *HPQ*, XIII: 131 ; XV: 49-51 ; *Débats de la Chambre des Communes*, session 1906-1907, vol. II, colonnes 3759-3792 ; A. LAVERGNE, « Les droits de la langue française », *Le Congrès de la jeunesse à Québec en 1908*, Montréal, en vente au *Semeur*, 1909, p. 305-315 ; *Armand Lavergne*, choix de textes par Marc La Terreur, Montréal, Fides, 1968, p. 48-49 ; l'application de la loi Lavergne de 1910 n'a toutefois pas fait l'objet d'étude.

6. Y. LAMONDE, *Allégeances et dépendances. Histoire d'une ambivalence identitaire*, Québec, Nota Bene, 2001, chap. V ; R. RUMILLY, *HPQ*, XII: 44 ; discours de Mᵍʳ Bourne dans *Hommage à Henri Bourassa*, Montréal, Le Devoir, 1952, p. 138-144, citations p. 140 et 143 ; discours de Bourassa dans Y. LAMONDE et C. CORBO, *Le rouge et le bleu, op. cit.*, p. 316-317 ; Satolli à Rampolla, lettre citée dans Roberto PERIN, *Rome et le Canada. La bureaucratie vaticane et la question nationale (1870-1903)*, traduction de Christiane Teasdale, Montréal, Boréal, 1993, p. 280 ; H. BOU-

RASSA, *La langue française et l'avenir de notre race*, Québec, L'Action sociale, 1912, p. 11 ; *idem, Le Devoir, son origine, son passé, son avenir, op. cit.,* p. 44 ; *idem, La langue française au Canada, ses droits, sa nécessité, ses avantages*, Montréal, imprimerie du Devoir, 1915, p. 44 ; *idem, La langue gardienne de la foi*, Montréal, Bibliothèque d'Action française, 1918, p. 8, 21, 49, 51.

7. Robert CHOQUETTE, *Langue et religion, Histoire des conflits anglo-français en Ontario*, Ottawa, Éditions de l'Université d'Ottawa, 1980, p. 167-198, citations p. 172, 193 ; Pierre SAVARD, « Relations avec le Québec », dans Cornelius JAENEN (dir.), *Les Franco-Ontariens*, Ottawa, Presses de l'Université d'Ottawa, 1993, p. 231-263.

8. H. Bourassa, au Monument national, le 12 novembre 1914, cité dans R. RUMILLY, *Histoire de la Société Saint-Jean-Baptiste de Montréal*, Montréal, L'Aurore, 1975, p. 251.

9. O. ASSELIN, « Notre devoir le plus urgent », *L'Action*, 30 janvier 1915, repris dans *La pensée française, op. cit.,* p. 92 ; « Les évêques et la propagande… », *loc. cit.,* : 299 ; dans « Le sou de la pensée française », *L'Action*, 26 juillet 1913, Asselin, alors président de la Société Saint-Jean-Baptiste, dit percevoir le 24 Juin comme une fête française avant d'être catholique. Il évalue que la jeunesse est lasse du « gnangnan » de la Société et se moque des « vieilles ganaches du patriotisme à panache et à ferblanterie ». À ceux qui tenteront de lui souffler des excuses pour ces propos, il dira : « […] non seulement je n'ai pas la force de me mettre à quatre pattes, mais je n'ai pas celle de laisser dire ou faire croire que je m'y suis mis ». Asselin est en train d'implanter une idée, celle de l'autonomie de la question nationale par rapport à la question religieuse, celle des rapports entre le nationalisme traditionnel et le cléricalisme ; article repris dans *La pensée française, op. cit.,* p. 70-88.

10. H. PELLETIER-BAILLARGEON, *Olivar Asselin, op. cit.,* p. 686, 676.

11. Dr Joseph GAUVREAU, « L'Action française ». Documents (1910-1925), CRLG, P39, p. 95, 102, 177-185 ; J.-P. ARCHAMBAULT, *La langue française au Canada (Faits et réflexions)*, Montréal, Ligue des droits du français, 1913, 83 p. ; « Les origines de *L'Action française* », *L'Action française*, 5 (janvier 1921) : 33-41 ; Richard ARÈS, *Le père Joseph-Papin Archambault, s.j. (1880-1966). Sa vie, ses œuvres*, Montréal, Bellarmin, 1983, p. 34-43.

12. J. FOURNIER, « Réplique à M. Charles ab der Halden », *Mon encrier, op. cit.,* II : 28.

Chapitre III. Une action catholique

1. Lionel GROULX, *Journal (1895-1911)*, édition critique par Giselle Huot et Réjean Bergeron, Montréal, PUM, 1984, I : 297 ; II : 677, 650, 753 ; *idem, Mes mémoires*, Montréal, Fides, 1970, I : 64, 70, 66, 103 ; *idem,* « L'apostolat laïque », *La Croix*, 6 décembre 1903, et « L'action catholique », *La Croix*, 17 janvier 1904 ; « L'éducation de la volonté en vue du devoir social », *Le Semeur* (mai 1906) : 175-

182 ; *idem, Une croisade d'adolescents,* Québec, imprimerie de L'Action sociale, 1912, p. 33. Je réfère à l'édition de 1912, malgré les admonestations de Groulx qui insiste pour privilégier l'édition très remaniée de 1938 qui relit l'histoire de l'action catholique de 1903 à la lumière des débats dont celle-ci vient d'être l'objet en 1935, entre lui-même et le jeune dominicain Georges-Henri Lévesque. Sur Montalembert : abbé Gustave BOURASSA, *Conférences et discours,* Montréal, C.-O. Beauchemin, 1899, p. 46-58 (ICMH, n° 200) ; Pierre SAVARD, « Montalembert au Canada français », *Canadian Literature,* 83 (Winter 1979) : 39-42 ; Phyllis M. SENESE, « Lionel Groulx, disciple de Montalembert », *Revue de l'Université d'Ottawa,* 57, 3 (1987) : 107-113. Sur Groulx diariste et mémorialiste : Y. LAMONDE, *Je me souviens. La littératutre personnelle au Québec (1860-1980),* Québec, Institut québécois de recherche sur la culture, 1983, p. 34-35 ; un des dirigés de Groulx, Earl Bartlett, aussi diariste, publiera un article sur « L'apostolat laïque » dans *Le Semeur* (juin-juillet 1907) : 289-299.

2. L. GROULX, *Correspondance, op. cit.,* I (1894-1906) : LXXXVIII-LXXXIX et 226 ; *idem, Une croisade..., op. cit.,* p. 8.

3. Sur l'ACJF : Charles MOLETTE, *L'Association catholique de la jeunesse française (1886-1956),* Paris, Armand Colin, 1968, 815 p. ; L. GROULX, *Une croisade..., op. cit.,* p. 22-23, 25-29, 7, 31, 44, 221) ; *idem, Journal, op. cit.,* p. 690-694, 711-716 et index à « Tardivel » ; sur Tardivel et Groulx, voir aussi *Correspondance, op. cit.,* p. 207-210, 307-309, 349 n. 2, 446-447, 457, 469-470, 473, 539, 554-555, 671 ; *Le Semeur* (mai 1905 : 200) souligne le décès de Tardivel ; Laurier RENAUD, *La fondation de l'ACJC. L'histoire d'une jeunesse nationaliste,* Jonquière, Presses collégiales de Jonquière, 1972, p. 21-40, 103-104 ; S. BELLAVANCE, « L'Association de la jeunesse catholique canadienne-française », *Le Semeur* (novembre 1909) : 86-92 ; (décembre 1909) : 109-115.

4. L. GROULX, *Mes mémoires, op. cit.,* I : 105 ; *idem,* « La préparation au rôle social », *Le Semeur* (juin 1905) : 210-219 ; (novembre 1905) : 52-59 ; L. RENAUD, *La fondation..., op. cit.,* p. 58, 85, 99 n. 42 ; É. CHARTIER, « Une école de jeunes journalistes », *Le Semeur* (novembre 1907) : 73-79 ; L. Groulx à J.-N. Fauteux, 24 janvier 1904, *Correspondance, op. cit.,* I : 456-457 ; sur *Le Semeur :* L. RENAUD, *op. cit.,* p. 99 n. 42 ; Jacques BELEC, *La pensée socio-économique de l'ACJC (1904-1935),* M.A. (Histoire), Université de Montréal, 1972, 146 p. ; ACJC, *Le congrès de la jeunesse à Québec en 1908,* Montréal, en vente au *Semeur,* 1909, 459 p. ; *idem, Étude critique de notre système scolaire,* Montréal, Bureaux de l'ACJC, 1913, IV-188 p. ; *idem, Le devoir social au Canada français,* Montréal, Bureaux de l'ACJC, 1915, 307 p. ; *idem, Le problème industriel au Canada français,* Montréal, Secrétariat général de l'ACJC, 1922, 308 p.

5. L. RENAUD, *La fondation..., op. cit.,* p. 40, 51, 80, 88 ; Hector LAFERTÉ, « Devoirs de la jeunesse à l'heure présente », *Le Semeur* (décembre 1905) : 74-75) ; L. GROULX, « L'éducation de la volonté », *loc. cit. :* 61.

6. L. Groulx à Earl Bartlett, 5 août 1902, *Correspondance, op. cit.,* I : 260 ; *La*

Croix, 23 décembre 1903, texte reproduit dans *Une croisade...*, *op. cit.*, p. 155-156; L. GROULX, *Mes mémoires*, *op. cit.*, I: 105; H. BOURASSA, «Discours de M. Bourassa», *Le Semeur* (août-septembre 1904): 41-49; L. GROULX, «Catholique d'abord», *Le Semeur* (avril 1907): 229; Joseph VERSAILLES, «Dévions-nous?», *Le Semeur* (juin-juillet 1908): 309-316.

7. J. VERSAILLES, «Discours du président», *Le Semeur* (septembre-octobre 1904): 10-11; Michael BEHIELS, «L'ACJC and the Quest for a Moral Regeneration (1903-1914)», *Journal of Canadian Studies/Revue d'études canadiennes*, 13, 2 (été 1978): 27-41; L. RENAUD, *La fondation...*, *op. cit.*, p. 102 n. 54, 108; L. GROULX, «L'éducation de la volonté...», *loc. cit.*: 76; *idem*, «Catholique d'abord», *loc. cit.*: 228.

8. Sur la loi Lavergne: «Le français dans les services publics», *Le Semeur* (mars 1908): 233; «La loi Lavergne», *Le Semeur* (août-septembre 1910): 30-31; voir aussi *Le Semeur* (décembre 1910): 115-116.

9. E. DE NEVERS, *L'avenir du peuple...*, *op. cit.*, p. 246; L. GROULX, «La préparation au rôle social», *loc. cit.*; *idem*, *Mes mémoires*, *op. cit.*, I: 107; É. MONTPETIT, «Question sociale et écoles sociales», *Le Semeur* (novembre 1906): 76; Mgr BÉGIN, *Le congrès de la jeunesse...*, *op. cit.*, p. 57; L. GROULX, «L'âme de la jeunesse catholique canadienne-française», *Le Semeur* (mars 1910): 208-216; G.-H. BARIL, «L'Église et la question sociale», dans *Le devoir social ...*, *op. cit.*, p. 81.

Chapitre IV. Une action sociale

1. Paul-André LINTEAU, René DUROCHER, Jean-Claude ROBERT et François RICARD, *Histoire du Québec contemporain. De la Confédération à la Crise*, Montréal, Boréal, 1979, chapitres 2 et 3; *Recensements du Canada*; Gérald BERNIER et Robert BOILY, *Le Québec en chiffres*, Montréal, ACFAS, 1986, p. 29 et 38; P.-A. LINTEAU, «La montée du cosmopolitisme montréalais», *Questions de culture*, 2 (1982): 52-53; Jacques ROUILLARD, *Histoire du syndicalisme au Québec*, Montréal, Boréal, 1989, chapitres 1-3.; *idem*, *Les syndicats nationaux au Québec de 1900 à 1930*, Québec, PUL, 1979, 342 p.; James THWAITES, «La grève au Québec: une analyse exploratoire portant sur la période 1896-1915», *Labour/Le travail*, 14 (automne 1984): 183-204.

2. Errol BOUCHETTE, *Emparons-nous de l'industrie* (1901), réédité dans *Écrits du Canada français*, 35 (1972): 213, 225-229, 233, 239-241; *idem*, *L'indépendance économique du Canada français* (1905), Arthabaska, Compagnie d'imprimerie d'Arthabaska, 1906, 334 p.; Alain LACOMBE, *Errol Bouchette, un intellectuel*, Montréal, Fides, 1997, p. 143-156; Joseph LEVITT, *Henri Bourassa and the Golden Calf. The Social Program of the Nationalists of Quebec (1900-1914)*, Ottawa, Presses de l'Université d'Ottawa, 1969, p. 43-45, 102, 111; Peter SOUTHAM, *The Social and Economic Thought of Olivar Asselin*, M.A. (Histoire), Université de Montréal, 1970, 140 p.; Robert RUMILLY, *Histoire de l'École des Hautes études commerciales*, Montréal, Fides, 1966, 214 p.

3. André PARADIS, « L'asile québécois et les obstacles à la médicalisation de la folie », *Bulletin canadien d'histoire de la médecine*, 11, 2 (1994) : 297-334 ; Peter KEATING, *La science du mal : l'institution de la psychiatrie au Québec (1800-1914)*, Montréal, Boréal, 1993, 208 p.

4. François GUÉRARD, « L'État, l'Église et la santé au Québec (1887-1939) », *Cahiers d'histoire*, (1997) : 76-94 ; Jean HAMELIN et Nicole GAGNON, *Histoire du catholicisme québécois, op. cit.*, I : 266.

5. J. LEVITT, *Henri Bourassa…, op. cit.*, chapitre VII, et en particulier p. 50-56 ; H. PELLETIER-BAILLARGEON, *Olivar Asselin…, op. cit.*, I : 321-323.

6. Édouard et Laval LAURENT, *Essai bibliographique. Autour de Rerum novarum*, Québec, Éditions de Culture, [s. d.], 86 p. ; abbé J.-A.-M. BROSSEAU, « Étude critique du livre d'E. Demolins », *Revue canadienne* (avril 1904) : 245 ; *Il fermo proposito*, 11 juin 1905, dans André DEROO, *Encycliques, messages et discours de Pie IX, Léon XIII, Pie X, Benoît XV, Pie XI, Pie XII et Jean XXIII sur les questions politiques et civiques*, Lille, [s. éd.], 1961, p. 155-158 ; Lettre pastorale des Pères du Premier Concile de Québec, « L'esprit chrétien dans l'individu, dans la famille et dans la société », *MEQ*, X : 279-318 ; sur la doctrine sociale au Québec : François-Albert ANGERS, « Soixante ans de doctrine sociale catholique », *L'actualité économique*, XXVII, 2 (juillet-septembre 1951) : 223-250 ; 3 (octobre-décembre 1951) : 405-430 ; Maurice TREMBLAY, « Orientations de la pensée sociale », dans Jean-Charles FALARDEAU (dir.), *Essais sur le Québec contemporain*, Québec, PUL, 1953, p. 193-208 ; Arthur SAINT-PIERRE, « Esquisse historique de la pensée sociale au Canada français », *Culture*, XVIII (septembre 1957) : 316-325.

7. J. HAMELIN et N. GAGNON, *Histoire du catholicisme québécois…, op. cit.*, I : 129, 123-125 ; Lucia FERRETTI, *Brève histoire de l'Église catholique au Québec*, Montréal, Boréal, 1999, p. 102 ; Guy LAPERRIÈRE, *Les congrégations religieuses. De la France au Québec. II : Au plus fort de la tourmante*, Sainte-Foy, PUL, 1999, p. 499 ; Louis-Edmond HAMELIN, « Évolution numérique séculaire du clergé catholique dans le Québec », *Recherches sociographiques*, II, 2 (1961) : 189-242.

8. Pierre SAVARD, « Lortie, Stanislas-Alfred », *DBC*, XIV : 720-722 ; Y. LAMONDE, *La philosophie et son enseignement au Québec (1665-1920)*, Montréal, Hurtubise HMH, 1980, p. 232 n. 96, 227-234 ; sur le socialisme : A. SAINT-PIERRE, *L'Utopie socialiste I et II*, Montréal, ESP, brochures 30 et 38, 1914, et l'abbé Edmour HÉBERT, *Le socialisme*, Montréal, ESP, brochure 44-45, 1915 ; *Paysans et ouvriers d'autrefois*, édition par Pierre Savard, Québec, PUL, 1968, p. 77-150 ; fonds Arthur Robert, Archives du Séminaire de Québec ; Joseph-Papin ARCHAMBAULT, *Le clergé et les études sociales*, Montréal, ESP, 1913, 27 p. ; Y. LAMONDE, « La trame des relations entre la Belgique et le Québec (1830-1940) », dans Ginette KURGAN (dir.), *La question sociale en Belgique et au Canada (19ᵉ-20ᵉ s.)*, Bruxelles, Éditions de l'Université libre de Bruxelles, 1988, p. 173-183.

9. Mgr BÉGIN, « Lettre pastorale sur l'action sociale catholique et l'œuvre de presse catholique », 31 mars 1907, *MEQ*, X : 57-69 ; voir aussi « Circulaire sur l'attitude de certains journaux de Québec concernant la presse catholique et l'autorité

religieuse», *MEQ*, X: 357-368; Dominique MARQUIS, *La presse catholique au Québec (1910-1940)*, Ph.D. (Histoire), UQAM, 1999, 223 p.

10. Mgr Eugène LAPOINTE, «La crise sociale telle que décrite par Léon XIII», *Semaine sociale du Canada* (1920): 22-26; *idem*, «Les syndicats catholiques au Canada», *ibidem* (1922): 375-389; Jean-Claude DROLET, «Mgr Eugène Lapointe, initiateur du syndicalisme catholique en Amérique du Nord», *Rapport de la Société canadienne d'histoire de l'Église catholique* (1962): 47-56; Michel TÊTU, «La Fédération ouvrière mutuelle du Nord», *Relations industrielles*, 17, 4 (octobre 1962): 402-421; sur Bourassa et le syndicalisme catholique, J. LEVITT, *Henri Bourassa..., op. cit.*, p. 98-113.

11. Paul LAVERDURE, *Canada on Sunday: the Decline of the Sabbath (1900-1950)*, Ph.D. (History), University of Toronto, 1990, chapitre 6; *idem*, «Sunday in Quebec: 1907-1937», Canadian Catholic Historical Association. *Historical Studies*, 62 (1996): 47-61; Mgr Eugène LAPOINTE, *Le travail le dimanche*, Montréal, ESP, 1922 p. 5-12; Germain LACASSE, *Histoires des scopes (Le cinéma muet au Québec)*, Montréal, Cinémathèque québécoise, 1988, p. 17 et 23; Germain LACASSE avec la collaboration de Denis DUIGOU, *L'Historiographe (Les débuts du spectacle cinématographique au Québec)*, Montréal, Cinémathèque québécoise, 1985, 60 p.; André GAUDREAULT, Germain LACASSE et Jean-Pierre SIROIS-TRAHAN, *Au pays des ennemis du cinéma... Pour une nouvelle histoire des débuts du cinéma au Québec*, Québec, Nuit blanche éditeur, 1996, 215 p.; Yves LEVER, *Histoire générale du cinéma au Québec*, Montréal, Boréal, 1995, p. 39-40.

12. Pierre et Lise TRÉPANIER, «À l'occasion du 75e anniversaire de fondation de l'École sociale populaire», *L'Action nationale*, LXXV, 5 (janvier 1986): 399-421; *L'École sociale populaire. Son but, son organisation, son programme*, Montréal, ESP, 1911, p. 17; Jean-Claude SAINT-AMANT, «La propagande de l'École sociale populaire en faveur du syndicalisme catholique», *RHAF*, 32, 2 (septembre 1978): 203-228.

Chapitre V. Une action féminine et... antiféminine

1. Louis-Antoine DESSAULLES, *Écrits*, édition critique par Y. Lamonde, Montréal, PUM, 1994, p. 281-286; Charles MONDELET, «Sur la position de la femme en Canada», *L'Avenir*, 31 décembre 1847; *L'Écho des Deux-Montagnes*, 4 août 1892, et *Le Pays*, 5 juin 1908, 15, 21 janvier, 4 juin 1910, 25 février 1911, 4 octobre 1913, 13 juin 1914; sur le droit de vote des femmes avant le XXe siècle: Nathalie PICARD, «Les femmes et le vote au Bas-Canada, 1791-1849», dans Évelyne TARDY (dir.), *Les bâtisseuses*, Montréal, ACFAS, 1993, p. 57-64.

2. Collectif Clio, Micheline DUMONT, Michèle JEAN, Marie LAVIGNE, Jennifer STODDART, *L'histoire des femmes au Québec depuis quatre siècles*, Montréal, Quinze, 1982, p. 276-279, 288, 258-260, 295-296.

3. Françoise [Robertine Barry], « Les femmes canadiennes dans la littérature », *Les femmes au Canada. Leur vie et leurs œuvres*, Ottawa, Conseil des femmes du Canada, 1900, p. 209-215 ; Micheline DUMONT, « Laure Conan », dans Mary Quayle INNIS (dir.), *The Clear Spirit. Twenty Canadian Women and their Times*, Toronto, UTP, 1966, p. 91-102 ; Line GOSSELIN, *Les journalistes québécoises (1880-1930)*, Montréal, RCHTQ (Études et documents, n° 7), 1995, p. 129-148 ; Réginald HAMEL, *Gaétane de Montreuil*, Montréal, L'Aurore, 1976, 205 p. ; Andrée LÉVESQUE, « La citoyenne selon Éva Circé-Côté », dans *idem, Résistance et transgression. Études en histoire des femmes au Québec*, Montréal, Éditions du remue-ménage, 1995, p. 47-65 ; Anne CARRIER, « *Françoise* », pseudonyme de Robertine Barry : édition critique des « *Chroniques du lundi (1891-1895)* », doctorat (Littérature), Université Laval, 1988, VI-604 p.

4. Catherine L. CLEVERDON, *The Woman Suffrage Movement in Canada*, with an Introduction by Ramsay Cook, Toronto, UTP, 1974, XIII-324 p. ; Joséphine DANDURAND, « Le féminisme », *Nos travers*, Montréal, C.-O. Beauchemin, 1901, p. 218-229 ; Chantal SAVOIE, « Des salons aux annales : les réseaux et associations des femmes de lettres à Montréal au tournant des XXᵉ siècle », *Voix et images*, XXVII, 2 (hiver 2002) : 228-253.

5. Caroline BÉIQUE, *Quatre-vingts ans de souvenirs*, Montréal, Bernard Valiquette, 1939, *passim* ; Hélène PELLETIER-BAILLARGEON, *Marie Gérin-Lajoie. De mère en fille, la cause des femmes*, Montréal, Boréal Express, 1985, 382 p. ; Yolande PINARD, « Les débuts du mouvement des femmes », dans Marie LAVIGNE et Y. PINARD, *Travailleuses et féministes*, Montréal, Boréal Express, 1983, p. 177-197 ; M. LAVIGNE, Y. PINARD et Jennifer STODDART, « La Fédération nationale Saint-Jean-Baptiste », *ibidem*, p. 199-215 ; Marie-Aimée CLICHE, « Droits égaux ou influence accrue ? Nature et rôle de la femme d'après les féministes chrétiennes et les antiféministes au Québec (1896-1930) », *Recherches féministes*, 2, 2 (1989) : 101-119 ; Karinne HÉBERT, « Une organisation maternaliste au Québec : la Fédération nationale Saint-Jean-Baptiste et la bataille pour le vote des femmes », *RHAF*, 52, 3 (hiver 1999) : 315-344 ; Denyse BAILLARGEON, « Fréquenter les Gouttes de lait. L'expérience des mères montréalaises (1910-1965) », *RHAF*, 50, 1 (été 1996) : 33 et 64 ; citation de C. BÉIQUE dans Susan MANN TROFIMENKOFF, « Nationalism, Feminism and Canadian Intellectual History », *Canadian Literature*, 83 (Winter 1970) : 14 ; Florence FERNET-MARTEL, « Comment la femme doit-elle se préparer à son rôle social et national ? » (1910), dans Michèle JEAN (dir.), *Québécoises du 20ᵉ siècle*, Montréal, Éditions du Jour, 1974, p. 237-239.

6. Nadia FAHMY-EID, « La presse féminine au Québec (1890-1920) : pratique culturelle et politique ambivalente, dans Yolande COHEN (dir.), *Femmes et politique*, Montréal, Le Jour éditeur, 1981, p. 101-115.

7. Maurice LEMIRE (dir.), *Dictionnaire des œuvres littéraires du Québec*, Montréal, Fides, 1978, I, p. 268-270 ; sur la polémique : *La Vérité*, 15 et 22 juin, 6 juillet 1895 ; *La Patrie*, 17 et 29 juin 1895.

8. H. BOURASSA, «"Déplorable ignorance" des Canadiennes françaises», *Le Devoir*, 31 mars; «Éducation et instruction. À propos du suffragisme», *Le Devoir*, 5 avril 1913; «Le rôle social de la femme», *Le Devoir*, 23 avril 1913; «Le suffrage féminin», *Le Devoir*, 24 avril 1913, articles repris dans *idem, Femmes-hommes ou hommes et femmes? Études à bâtons rompus sur le féminisme*, Montréal, imprimerie du Devoir, 1925, 83 p.; Susan MANN TROFIMENKOFF, «Henri Bourassa et la question des femmes», dans M. LAVIGNE et Y. PINARD, *Travailleuses...*, *op. cit.*, p. 293-306.

9. Lucienne PLANTE, «La fondation de l'enseignement supérieur classique féminin au Québec», dans Y. LAMONDE et Gilles GALLICHAN (dir.), *L'histoire de la culture et de l'imprimé. Hommages à Claude Galarneau*, Sainte-Foy, PUL, 1996, p. 91-106; citation dans A.-M. CLICHE, «Droits égaux...», *loc. cit.*: 108.

10. Collectif Clio, *L'histoire des femmes au Québec...*, *op. cit.*, p. 331-332.

11. *L'Escholier*, 9 février 1917; la première diplômée de la faculté de droit de McGill en 1911 ne pourra être admise au Barreau et ne pratiquer qu'en 1942, Collectif Clio, *L'histoire des femmes au Québec...*, *op. cit.*, p. 319.

12. C. L. CLEVERDON, *The Woman Suffrage Movement in Canada...*, *op. cit.*, chapitre 5; H. BOURASSA, «Le dernier accès. La loi électorale», *Le Devoir*, 11 septembre 1917; *Débats de la Chambre des Communes*, avril 1918, I: 699-708; H. BOURASSA, «Le suffrage des femmes», *Le Devoir*, 28 et 30 mars, 1ᵉʳ avril 1918, articles repris dans *idem, Femmes-hommes...*, *op. cit.*, p. 41, 44, 46-47, 49, 51-52 et dans Michèle JEAN, *Québécoises du 20ᵉ siècle*, *op. cit.*, p. 193-207.

13. Susan MANN TROFIMENKOFF, «Nationalism, Feminism and Canadian Cultural History», *loc. cit.*: 7-20.

Chapitre VI. Une action intellectuelle

1. Arthur Buies au conseiller Herbette, 1898, cité dans Arthur BUIES, *Chroniques I*, édition établie par Francis Parmentier, Montréal, PUM («Bibliothèque du Nouveau Monde»), 1986, p. 35; Edmond DE NEVERS, *L'avenir du peuple canadien-français*, *op. cit.*, p. 15, 94, 97-98, 127, 279-280, 197, 23; Yolande LAVOIE, *L'émigration des Québécois aux États-Unis de 1840 à 1930*, Québec, Conseil de la langue française, 1979, p. 45; Paul-André LINTEAU, «Les migrants américains et franco-américains au Québec (1791-1840)», *RHAF*, 53, 4 (printemps 2000): 561-602; Léon GÉRIN, «Notre mouvement intellectuel», *Mémoires* de la Société royale du Canada [*MSRC*], (1901): 150, 167, 151; Raphaël GERVAIS [D.-C. Gonthier], «Erreurs et préjugés», *La Nouvelle-France* (octobre 1907): 476-482, qui pose le même diagnostic que de Nevers.

2. Y. LAMONDE et Claude BEAUCHAMP, *Données statistiques sur la culture au Québec (1760-1900)*, Chicoutimi, Université du Québec, Institut interuniversitaire de recherche sur les populations, 1996, tableaux 46 et 53; Alan GREER, «L'alphabétisation et son histoire au Québec: état de la question», dans Y. LAMONDE, *L'imprimé au Québec. Aspects historiques (18ᵉ-20ᵉ siècle)*, Québec, IQRC, 1983, p. 44; Jean DE

BONVILLE, *La presse québécoise de 1884 à 1914. Genèse d'un média de masse*, Sainte-Foy, PUL, 1988, 416 p.; Bernard DANSEREAU, *L'avènement de la linotype: le cas de Montréal à la fin du XIXe siècle*, Montréal, vlb éditeur, 1992, 150 p.; Elzéar LAVOIE, «La constitution d'une modernité culturelle populaire dans les médias au Québec (1900-1950)», dans Y. LAMONDE et Esther TRÉPANIER (dir.), *L'avènement de la modernité culturelle au Québec*, Québec, IQRC, 1986, p. 253-298; Camille ROY, *Propos canadiens*, Québec, imprimerie de L'Action sociale, 1912, p. 279 et 287.

3. André GAUDREAULT, Germain LACASSE et Jean-Pierre SIROIS-TRAHAN, *Au pays des ennemis du cinéma...*, *op. cit.*, *passim*; Germain LACASSE, *Histoires des scopes*, *op. cit.*, *passim*; Germain LACASSE avec la collaboration de Denis DUIGOU, *L'Historiographe*, *op. cit.*, *passim*; Claude BELLAVANCE, «Réseaux, territoires et électricité: la dynamique spatiale du processus d'électrification du Québec méridional», dans Serge COURVILLE et Normand SÉGUIN (dir.), *Espace et culture / Space and Culture*, Sainte-Foy, PUL, 1995, p. 393-404; André BOLDUC, Clarence HOGUE et Daniel LAROUCHE, *Québec. Un siècle d'électricité*, Montréal, Libre expression, 1984 (2e édition), 430 p.; Léon-H. BÉLANGER, *Les Ouimetoscopes. Léo-Ernest Ouimet et les débuts du cinéma québécois*, Montréal, vlb éditeur, 1978, 247 p.; Telesforo TAJUELO, *Censure et société: un siècle d'interdit cinématographique au Québec*, doctorat (Département d'études cinématographiques et audiovisuelles), Université Sorbonne Nouvelle-Paris III, 1998, chapitre I et annexe 100 (copie Bureau de surveillance du cinéma).

4. Y. LAMONDE, *Histoire sociale des idées...*, *op. cit.*, chapitre XIV; *idem*, «Pour une histoire de la culture de masse», *Cultures* (UNESCO), VIII (1981): 9-17; Alan METCALFE, «Le sport au Canada français», *Loisir et Société/Leisure and Society*, 6, 1 (printemps 1983): 105-120; Michel VIGNEAULT, *The Cultural Diffusion of Hockey in Montreal (1890-1910)*, M.A. (Human Kinestics), University of Windsor, 1985, 126 p.; *idem, La naissance d'un sport organisé au Canada: le hockey à Montréal, 1875-1917*, Ph.D. (Histoire), Université Laval, 2001, 2 vol.; Y. LAMONDE et Pierre-F. HÉBERT, *Le cinéma au Québec. Essai de statistique historique (1896-1976)*, Québec, IQRC, 1981, tableau 15; Marc BELVA, *L'automobile en Amérique, au Canada et au Québec*, Sainte-Foy, Multimonde/Musée de la civilisation, 1994, 246 p.; Yves BUSSIÈRES, «L'automobile et l'expansion des banlieues: le cas de Montréal (1901-2001)», *Urban History Review/Revue d'histoire urbaine*, 18, 2 (octobre 1989): 159-165; Mario MARCHAND, *La publicité automobile au Québec. Du moyen de transport à l'imaginaire (1905-1930)*, M.A. (Études québécoises), UQTR, 1988, 99 p.; Elzéar LAVOIE, «L'évolution de la radio au Canada français avant 1940» *Recherches sociographiques*, 12 (1971): 17-49; Bernard MONTIGNY, *Les débuts de la radio à Montréal et le poste CKAC*, M.A. (Histoire), Université de Montréal, 1979, X-130 p.; Olivar ASSELIN, «De nos besoins intellectuels» (1919), dans *idem, Pensée française*, *op. cit.*, p. 135-136.

5. Jean-Marc LARRUE, *Le théâtre à Montréal à la fin du XIXe siècle*, Montréal, Fides, 1981, 139 p.; J.-M. LARRUE et André BOURASSA, *Le monument inattendu: le Monument national (1893-1993)*, Montréal, Hurtubise-HMH, 1983, 322 p.; Ramon HATHORN, *Our Lady of the Snows. Sarah Bernhardt in Canada*, New York, Peter

Lang, 1996, 327 p.; Chantal Hébert, *Le burlesque au Québec. Un divertissement populaire*, Montréal, Hurtubise HMH, 1981, 302 p.; Mireille Barrière, «Montréal, microcosme du théâtre lyrique nord-américain (1893-1913)», dans Gérard Bouchard et Yvan Lamonde (dir.), *Québécois et Américains. La culture québécoise aux XIXᵉ et XXᵉ siècles*, Montréal, Fides, 1995, p. 369-385; Edward B. Moogk, *En remontant les années. L'histoire et l'héritage de l'enregistrement sonore au Canada*, Ottawa, Bibliothèque nationale du Canada, 1975, 447 p.

6. Y. Lamonde, «L'École littéraire de Montréal: commencement ou fin de quelque chose?», dans Micheline Cambron et François Hébert (dir.), [sur l'École littéraire de Montréal], à paraître; François Couture et Pierre Rajotte, «L'École littéraire de Montréal et ses mythes», *Études françaises*, 36, 3 (2000): 163-183; F. Couture, «La liberté niche-t-elle ailleurs? L'École littéraire de Montréal, *Le Terroir* et le régionalisme», *Voix et images*, XXIV, 3 (printemps 1999): 573-585.

7. Y. Lamonde, *La librairie et l'édition à Montréal (1776-1920)*, Montréal, BNQ, 1991, p. 107, 154-161; Jacques Michon (dir.), *Histoire de l'édition littéraire au Québec au XXᵉ siècle. I: la naissance de l'éditeur*, Montréal, Fides, 1999, p. 93-94.

8. Les titres sont dénombrés à partir de la Bibliographie rétrospective nationale, compilée par la Bibliothèque nationale du Québec; J. Michon (dir.), *Histoire de l'édition littéraire...*, *op. cit.*, p. 70, 55 (citation Fréchette), 61-62, 76-87, 155 (citation Héroux), 158, 170; François Landry, *Beauchemin et l'édition au Québec. Une culture modèle (1840-1940)*, Montréal, Fides, 1997, *passim*.

9. J. Michon (dir.), *Histoire de l'édition littéraire...*, *op. cit.*, p. 179; Y. Lamonde, *La librairie...*, *op. cit.*, p. 196 n. 9; George Parker, «The Canadian Copyright Question in the 1890's», *Journal of Canadian Studies/Revue d'études canadiennes*, XI, 2 (mai 1976): 43-55.

10. J. Michon (dir.), *Histoire de l'édition littéraire...*, *op. cit.*, p. 195-207; Pierre Hébert, avec la collaboration de Patrick Nicol, *Censure et littérature au Québec. Le livre crucifié (1625-1919)*, Montréal, Fides, 1997, p. 123-136, 159-170.

11. Y. Lamonde, «La représentation de l'imprimé dans la peinture et la gravure québécoises (1760-1960)» et «Catalogue», dans Bernard Andrès et Marc-André Bernier (dir.), *Portrait des arts, des lettres et de l'éloquence au Québec (1760-1840)*, Québec/Paris, PUL/L'Harmattan («République des Lettres»), 2002, p. 73-98.

12. Robert Gagnon, *Histoire de l'École polytechnique (1873-1990): la montée des ingénieurs francophones*, Montréal, Boréal, 1991, chapitre I; Jean Hamelin, *Histoire de l'Université Laval. Les péripéties d'une idée*, Sainte-Foy, PUL, 1995, p. 93-134; Marie-Andrée Beaudet, *Langue et littérature au Québec (1893-1914)*, Montréal, L'Hexagone, 1991, chapitre III; «Comme préface», II: 10; «Nos origines littéraires», II: 40.

13. Lionel Groulx, «L'enseignement de l'histoire dans nos collèges», *Le Devoir*, 27 octobre 1913; *Mes mémoires*, *op. cit.*, I: 251, 253, 275.

14. Objectifs: *Journal des étudiants*, 12 octobre 1895; AGEL: *L'Étudiant*, 13 décembre 1912, 21 et 28 février et 7 mars 1913, 13 mars 1914; Maison des étudiants: *L'Étudiant*, 5 décembre 1913, 21 octobre, 11 et 18 novembre 1915;

conférences de Montpetit sur le travail organisé, *L'Étudiant* (16 février 1912), sur la législation industrielle (22 novembre 1912), sur Veuillot (28 novembre 1913), sur la Fédération universitaire (6 février 1914); de M. Gautheron sur la littérature; de J.-B. Lagacé sur l'art ancien et moderne (14 novembre 1913); de Léon Mercier sur la valorisation de l'instruction et de l'industrie chez les Canadiens français (7 novembre 1913); polémique avec Tardivel: *Le Journal des étudiants,* 7 décembre 1895; avec Langlois: *L'Étudiant,* 7 mars 1912; enquête sur la jeunesse: *L'Étudiant,* 2, 17 et 24 avril 1914; sur le Parlement modèle: *Le Journal des étudiants,* 22 février 1896 et *L'Étudiant,* 11 janvier 1912 et 13 mars 1914; «Quel doit être notre nationalisme?», *L'Étudiant,* 4 et 18 avril 1912; sur les Franco-Ontariens: 18, 31 décembre 1914 et 15, 22, 29 janvier 1915; Mgr Bruchési et la conscription: *L'Escholier,* 13 janvier 1916, 20 janvier, 9, 16 et 30 mars 1917; «Notre patriotisme», *L'Escholier,* 3 novembre 1916; sur les Juifs: *L'Étudiant,* 4 avril, 8 et 15 novembre 1912; Pierre TRÉPANIER, «Un projet d'enquête sur la jeunesse universitaire (1913)», *CD* (2000): 137-169.

   15. Y. LAMONDE, «Les "intellectuels" francophones au Québec au XIXe siècle: questions préalables», *RHAF,* 48, 2 (automne 1994): 153-185; *idem,* «L'époque des francs-tireurs: les intellectuels au Québec (1900-1930)», dans Manon BRUNET et Pierre LANTHIER (dir.), *L'inscription sociale de l'intellectuel,* Sainte-Foy/Paris, PUL-L'Harmattan, 2000, p. 189-212; *idem,* «L'Alpe et la vallée laurentienne: les intellectuels et le nationalisme en Suisse romande et au Québec au tournant du XXe siècle», dans Claude HAUSER et Y. LAMONDE (dir.), *Regards croisés entre le Jura, la Suisse romande et le Québec,* Sainte-Foy/Porrentruy, PUL/Office du patrimoine et de la culture de la République et Canton du Jura, 2002, p. 317-333; Raphaël GERVAIS [D.-C. Gonthier], «Erreurs et préjugés», *La Nouvelle-France* (octobre 1907): 478; Joseph VERSAILLES, «Dévions-nous?», *Le Semeur* (juin-juillet 1908): 311; Tarte cité dans R. RUMILLY, *HPQ,* XII, p. 34; Héroux à propos d'Asselin, dans Marcel-A. GAGNON, *La vie orageuse d'Olivar Asselin,* Montréal, Éditions de l'Homme, 1962, p. 128.

   16. Gilles GALLICHAN, *Honoré Mercier. La politique et la culture,* Sillery, Septentrion, 1994, p. 129-135, 167-193; Rapport annuel du Secrétariat provincial, *Documents de la session,* 1886; dépenses: *Comptes publics de la Province de Québec,* 1896-1917.

Conclusion de la première partie

   1. Y. LAMONDE, *Histoire sociale des idées…, op. cit.,* chap. XIV; Guy LAPERRIÈRE, «Vingt ans de recherche sur l'ultramontanisme», *Recherches sociographiques,* XXVII, 1 (1986): 79-100.

Deuxième partie

L'Action française (1917-1928)

Chapitre VII. Une action intellectuelle et politique: «*L'Action française*»

1. L. GROULX, *Mémoires, op. cit.*, II, p. 38.

2. Joseph GAUVREAU, «L'Action française. Documents (1910-1925)», photocopie d'un document, CRLG, P39, p. 1-30; Pierre HOMIER, «Une étape», *AF* (mai 1921): 274-278; *idem*, «Les pionniers», *AF* (décembre 1926): 342-347; comptes rendus des activités et assemblées annuelles de la Ligue des droits du français: *AF*, (mars 1917): 87-88; (janvier 1918): 29-36, 43-48; (février 1919): 89-90; (février 1920): 88-91; (avril 1921): 250-254; Susan MANN TROFIMENKOFF, *Action française. French Canadian Nationalism in Quebec in the Twenties*, Toronto, UTP, 1975, p. 14-17; James D. THWAITES, *L'Action française et L'Action canadienne-française. Un guide analytique*, Québec, Université Laval, Département des relations industrielles, 1982, 337 p.; Omer HÉROUX, «Jules-Paul Tardivel», *AF* (novembre 1919): 483-490; A. PERRAULT, «Edmond de Nevers», *AF* (mai 1919): 193-218; É. MONTPETIT, «Errol Bouchette et l'indépendance économique du Canada français», *AF* (janvier 1919): 5-21; Léon-Mercier GOUIN, «Pierre Bédard et la responsabilité ministérielle», *AF* (juin 1919): 241-249; Georges COURCHESNE, «Le docteur Jacques Labrie», *AF* (mars 1919): 98-119. Voir aussi Catherine POMEYROLS, *Les intellectuels québécois: formation et engagements (1919-1939)*, Paris, L'Harmattan, 1996, *passim*.

3. L. GROULX, «Notre doctrine», *AF* (janvier 1921): 24-33, repris dans *Dix ans d'Action française*, Montréal, Bibliothèque d'Action française, 1927, p. 123-135, citations, p. 125, 59 et dans *Consignes de demain. Doctrine et origines de L'Action française*, Montréal, Bibliothèque d'Action française, MCMXXI, p. 6-15; série d'articles en 1926 clôturée par Anatole Vanier, «La doctrine de *L'Action française*», *AF* (décembre 1926): 386-406; articles de la Direction sur la doctrine religieuse et nationale de la revue, *AF* (janvier, février et novembre 1927); voir aussi janvier 1918 et 1923 (citation, p. 3) et Jean-Claude DUPUIS, «La pensée religieuse de *L'Action française*», *Études d'histoire religieuse*, 59 (1993): 73-88; A. Perrault à L. Groulx, 31 décembre 1926, CRLG, P1/A, 2960.

4. L. GROULX, «Une action intellectuelle», *AF* (février 1917): 33-43, repris dans *Dix ans..., op. cit.*, p. 29-42, citations, p. 30, 31, 33, 36-39, 41; à propos du débat sur *L'appel de la race*, Montréal, Fides, 1956, introduction par Bruno Lafleur (citations, p. 161, 137, 251): Rodrique-Marie VILLENEUVE, o.m.i., «La théologie du P. Fabien», *AF* (février 1923): 82-103; Jacques BRASSIER (pseudonyme de L. Groulx), «La génération de Lantagnac», *AF* (mars 1923): 172-179; «Un dernier mot», *AF* (mai 1923): 291-294; Pierre HÉBERT en collaboration avec Marie-Pier LUNEAU, *Lionel Groulx et L'appel de la race*», Montréal, Fides, 1996, 196 p.; voir aussi Léo-Paul DESROSIERS, «Le nationalisme de notre littérature par l'étude de

l'histoire» *AF* (février 1919): 65-77; François HERTEL, «Le régionalisme et l'*AF*», *AF* (mars 1920): 124-140; L.-P. DESROSIERS, «L'avenir du roman canadien», *AF* (octobre 1923): 238-247; la Direction, «Nos doctrines littéraires», *AF* (août 1927): 72-83; sur l'éducation patriotique par l'histoire: L. GROULX, «Notre doctrine», *Dix ans...*, *op. cit.*: 129, 61, 74-122; *idem*, «L'histoire», *AF* (août 1918): 338-356.

5. L. GROULX, «Nos responsabilités intellectuelles» (1928), dans *Orientations*, Montréal, Éditions du Zodiaque, 1935, p. 11-55, citations, p. 18, 15, 21; FADETTE, «La Canadienne», *AF* (juin 1918): 242-257; Marie-Louise D'AUTEUIL, «La jeune fille au sortir du couvent», *AF* (novembre 1928): 318-321; Marie-J. GÉRIN-LAJOIE, «Œuvres sociales de femmes», *AF* (novembre 1920): 502-508; FADETTE, «Comment servir? Les mères», *AF* (juillet 1920): 289-303; sur les conférences publiques: *AF* (novembre 1927): 314; (décembre 1927): 396-400; sur l'activité éditoriale: Pierre HÉBERT, «Quand éditer, c'était agir. La Bibliothèque d'Action française (1918-1927)», *RHAF*, 46, 2 (1992): 219-244, repris dans *Lionel Groulx et «L'appel de la race»*, *op. cit.*, p. 55-81; sur le Grand Prix d'action française, *AF* (janvier 1919): 31-33; (septembre 1927): 194-195; Sylvie BERNIER, *Prix littéraires et champs de pouvoir, le prix David (1923-1970)*, M.A. (Études françaises), Université de Sherbrooke, 1983, 172 p.; Secrétariat de la Province de Québec, *Documents de la Session* et *Comptes publics* (1919-1929); vente de la propriété et bibliothèque de Papineau, *La Presse*, 24 août 1921; Alain GELLY, Louise BRUNELLE-LAVOIE et Corneliu KIRJAN, *La passion du patrimoine. La Commission des biens culturels du Québec (1922-1994)*, Sillery, Septentrion, 1995, p. 19-40; *Le Soleil* et *L'Événement*, 8 mars 1922; A. FAUTEUX, «Le besoin de culture», *Revue trimestrielle canadienne*, V (mai-décembre 1919): 374.

6. L. GROULX, «Pour l'Action française», conférence du 10 avril 1918, *Dix ans...*, *op. cit.*, p. 54, 49, 46; pour la liste des chroniques de P. Homier dans l'*AF*, voir J. THWAITES, *L'Action française...*, *op. cit.*, numéros 1441 à 1506; J. FOURNIER, «La langue française» (1917), dans *Mon encrier*, *op. cit.*, II, p. 169; O. ASSELIN, «De nos besoins intellectuels», conférence du 18 décembre 1919, *Pensée française*, *op. cit.*, p. 137-138, 118.

7. Sur l'Ontario français: «Partie documentaire», *AF* (février 1917): 60-64; (mars 1917): 90-96; (avril 1917): 124-128; (juin 1917): 183-191; Omer HÉROUX, «Sur le front ontarien», *AF* (janvier 1918): 14-16, 43-48; «Partie documentaire», *AF* (avril 1918): 176-192; (octobre 1918): 474-480; (mai 1919): 235-240; sénateur BELCOURT, «La part réservée au bilinguisme dans l'Ontario», *AF* (avril 1925): 204-221. À propos des catholiques francophones de l'Ouest: Arthur BÉLIVEAU, «Après cinquante ans», *AF* (juin 1920): 255-265; Yves TESSIER-LAVIGNE, «Le bilinguisme dans l'Ouest canadien», *AF* (juin 1925) 330-345. Sur les Acadiens: É. BRUCHÉSI, «Les écoles du Nouveau-Brunswick», *AF* (novembre 1921): 673-682; H. BASTIEN, «Dans les Maritimes», *AF* (juin 1925): 350-368. Sur les Franco-Américains, Damien-Claude BÉLANGER, «L'abbé Lionel Groulx et la crise sentinelliste», *Mens*, I, 1 (automne 2000): 7-36; sur la question irlandaise: «Partie documentaire»,

AF (juillet 1917): 211-224; (septembre 1917): 282-288; (octobre 1917): 315-320; Bernard Fay, «Un témoignage», *AF* (juin 1928): 383-385; sur les rapports entre la foi et la langue: Veritas, «Le bilinguisme à l'Église au Canada», *AF* (août 1925): 67-68; «Partie documentaire», *AF* (avril 1918): 176-192; (novembre 1918): 526-528; Michel Bock, «"Le Québec a charge d'âmes": *L'Action française* de Montréal et les minorités françaises (1917-1928)», *RHAF*, 54, 3 (hiver 2001): 345-384.

8. A. Vanier, «Amitiés catholiques françaises à l'étranger», *AF* (juin 1921): 372-376; Joseph Bruchard, «Faisons-nous connaître en Europe», *AF* (août 1921): 471-485; Louis Francœur, «Pour un Comité de propagande à Paris», *AF* (novembre 1921): 658-665; sur la Maison canadienne à Paris: *AF* (novembre 1920): 481; (mai 1922): 278-280; sur les étudiants à Paris: *AF* (mai 1928): 322-329; sur ces deux sujets: correspondances Bruchési-Groulx et Héroux-Groulx, 8 et 24 juin 1922, 17 février 1925, au CRLG, P1/A, 1758.

9. L. Groulx, «Le problème économique (conclusion)», *AF* (décembre 1921): 716-718, 706; A. Perrault, «L'aspect moral du problème économique», *AF* (février 1921): 66-85; L. Groulx, «Notre consultation de 1921», *AF* (décembre 1920): 558-565; E. Minville, «Nos doctrines», *AF* (février 1926): 95-109; É. Montpetit, «Errol Bouchette et l'indépendance économique du Canada français», *AF* (janvier 1919): 5-21, et «L'indépendance économique des Canadiens français», *AF* (janvier 1921): 4-21; sur l'agriculture: enquête de 1920 («Comment servir»); A. Vanier, «Le facteur agricole», *AF* (mai 1921): 258-273; «doctrine» de la Direction sur l'agriculture et la colonisation, *AF* (septembre 1927): 130-144; H. Bourassa, «La colonisation», *AF* (octobre 1918): 435-448; sur l'ensemble de la question: J.-C. Dupuis, «La pensée économique de *L'Action française* (1917-1928)», *RHAF*, 47, 2 (1993): 193-219; Marie-Lise Brunel, «Groulx face à l'économique durant les années 1915-1920», dans Robert Comeau (dir.), *Économie québécoise*, Sillery, PUQ, 1969, p. 371-393.

10. L. Groulx, «Conclusion», *AF* (décembre 1921): 720-722; *idem, Dix ans…, op. cit.*, p. 57-58; E. Minville, «Les Américains et nous», *AF* (août 1923): 97-105; *idem*, «L'ennemi dans la place: le capital étranger», *AF* (juin 1924): 323-349; Émile Benoist, «L'ennemi dans la place: les fuites de notre capital», *AF* (mai 1924): 258-267; Émile Miller, «Notre avoir économique», *AF* (avril 1921): 194-208; Beaudry Leman, «Les institutions de crédit», *AF* (août 1921): 450-464; O. Asselin, «L'industrie dans l'économie canadienne-française», *AF* (septembre 1928): 151-175; la Direction, «Industrie et commerce», *AF* (octobre 1927): 213; Georges Pelletier, «Notre industrie», *AF* (juin 1921): 322-356; É. Montpetit, «Un conseil national économique», *AF* (décembre 1928): 334-344.

11. E. Minville, «Nos doctrines», *AF* (février 1926): 95-109; *idem*, «Vos doctrines?», *AF* (octobre 1926): 226-237; «L'éducation économique», *AF* (mai 1928): 262-288; Henry Laureys, «Notre enseignement commercial et technique», *AF* (septembre 1921): 514-545; J.-É. Gendreau, «Le problème économique et l'enseignement scientifique supérieur», *AF* (septembre 1921): 642-657; Gérard Tremblay, «Le premier congrès de la Confédération des travailleurs catholiques»,

AF (septembre 1922): 179-184; Alfred CHARPENTIER, «L'ouvrier», *AF* (juin 1920): 241-253.

12. *AF* (octobre 1924): 193; Yves TESSIER-LAVIGNE, «L'émigration vers la ville», *AF* (février 1924): 66-86; Louis DURAND, «L'émigration aux États-Unis», *AF* (mars 1924): 130-140; (avril 1924): 194-211; *idem*, «Les Canadiens français et l'esprit national», *AF* (mai-juin 1927): 374-375; L. GROULX, «Les périls actuels», *AF* (mai 1928): 294-299; *idem*, «Nos responsabilités intellectuelles», conférences du 9 février 1929, dans *Orientations, op. cit.*, p. 44-45; Ferdinand BÉLANGER, «La mauvaise presse», *AF* (juillet 1924): 5-18; Harry BERNARD, «L'ennemi dans la place: le théâtre et le cinéma», *AF* (août 1924): 69-80; la Direction, «Le cinéma et les enfants», *AF* (février 1922): 85; la Direction, «Le cinéma», *AF* (octobre 1921): 277; la Direction, «Mot d'ordre: contre le cinéma», *AF* (juillet 1924): 3-4; Hermas BASTIEN, «Le cinéma déformateur», *AF* (mars 1927): 167-169; abbé Philippe PERRIER, «Quelques problèmes capitaux», *AF* (février 1928): 66-77. Sur la question du dimanche, Y. LAMONDE, *Histoire sociale des idées au Québec (1760-1896)*, Montréal, Fides, 2000, p. 475-477 et chapitre IV du présent ouvrage; L. GROULX, «Pour le respect du dimanche», *AF* (octobre 1922): 193; la Direction, «Le travail maudit», *AF* (mars 1923): 179; la Direction, «Contre le travail le dimanche», *AF* (mars 1924): 145; la Direction, «Dimanche vs cinéma», *AF* (août 1928): 84; la Direction, «Aux catholiques d'y voir», *AF* (novembre 1927): 257; J.-P. ARCHAMBAULT, «Le dimanche dans le Québec», *AF* (janvier 1928): 4-21; père TRUDEAU, dominicain, «Le repos du dimanche. Principes, avantages», *Semaines sociales du Canada [SSC]* (1922): 112-131; Mᵍʳ Eugène LAPOINTE, «Le travail du dimanche dans notre industrie», *ibidem*: 132-149 ou publié en brochure, Montréal, École sociale populaire, n° 107, 1922, 32 p.; les évêques de la Province de Québec, *La transgression du devoir dominical*, Montréal, L'œuvre des Tracts, n° 87, 1923, 16 p. ou *MEQ*, XII (18 avril 1923): 263-274; J.-P. ARCHAMBAULT, *Contre le travail le dimanche. La Ligue du dimanche*, Montréal, L'œuvre des Tracts, n° 56, 1924, 15 p.; Simon LAPOINTE, «La justice et le respect du dimanche», *SSC* (1925): 302-315; en collaboration, *La sanctification du dimanche*, Montréal, L'œuvre des Tracts, n° 154, 1926, 16 p.; en collaboration, *Le repos dominical*, Montréal et Québec, La Ligue du dimanche, 1927, 84 p.; J.-P. ARCHAMBAULT, *Le mois du dimanche*, Montréal, L'œuvre des Tracts, n° 117, 1929, 15 p.; D.-B., *Pour le repos dominical*, Montréal, L'œuvre des Tracts, n° 118, 1929, 16 p.

13. Sur la question juive, voir le chapitre I du présent ouvrage; Pierre ANCTIL, *Le Devoir, les Juifs et l'immigration. De Bourassa à Laurendeau*, Québec, IQRC, 1988, p. 38-43; L. C. FARLY, «La question juive», *Le congrès de la jeunesse à Québec en 1908*, Montréal, en vente au *Semeur*, 1909, p. 118-133; Antonin LABRECQUE, «Péril juif et tolérance chrétienne», *Le Semeur* (ACJC), 5 (décembre 1908): 112-115; J. É. PLAMONDON, *Le Juif*, conférence au cercle Charest de l'ACJC le 30 mars 1910, Québec, imprimerie La Libre Parole, 1910, 31 p., citation p. 22 (ICMH, n° 72145); P. ANCTIL, *Le rendez-vous manqué...*, *op. cit.*, p. 268-269; abbé J.-T. NADEAU, «En

passant», *L'Action catholique* [*AC*], 9 juin 1919; *idem*, «Chronique de guerre», *AC*, 19 mai 1917; *idem*, «En passant», *AC*, 15 mai 1920; J.-A. FOISY, «La poussée juive au Canada», *AC*, 2 septembre 1920; *idem*, «L'invasion juive», *AC*, 15 décembre 1920; abbé Antonio HUOT, «Pour s'orienter dans la question juive», *Semaine religieuse de Québec*, (21 avril): 542-544; (28 avril): 557-560; (5 mai): 573-576 et (12 mai 1921): 589-592; abbé J.-T. NADEAU, «Haine aux Juifs», *AC*, 21 septembre 1921; Mgr David GOSSELIN, «La race juive», *AC*, 18 septembre 1921; abbé Édouard-Valmore LAVERGNE, «Le péril juif», *AC*, 1er juin 1922; *idem*, *Sur les remparts*, Québec, imprimerie de l'Action sociale, 1924, p. 8-15, 29; H. BOURASSA, «Sur les remparts», *Le Devoir*, 26 juillet 1924; *idem*, le *Devoir*, 28 novembre 1924, cité dans P. ANCTIL, *Le Devoir...*, *op. cit.*, p. 50. Je tire mes références, pour l'essentiel, de Richard JONES, *L'idéologie de L'Action catholique (1917-1939)*, Québec, PUL, 1974, p. 78, 276, 81, 74-75, 71, 85, 70.

14. Henri BERNARD, «L'ennemi dans la place: théâtre et cinéma», *AF* (décembre 1924): 69; la Direction, «La primauté du moral», *AF* (septembre 1927): 139; la Direction, «La question juive», *AF* (octobre 1925): 260; la Direction, «Un fief israélite», *AF* (novembre 1925): 318-319; la Direction, «La question juive», *AF* (janvier 1927): 43; Jacques BRASSIER, «Le Mexique», *AF* (août 1922); 122; *idem*, «Les catholiques mexicains et nous», *AF* (novembre 1922): 317.

15. Sur Groulx admirateur de Tardivel: chapitre I, et François-Albert ANGERS, «Mesure de l'influence de Groulx», *RHAF*, 32, 3 (décembre 1978): 363-379; sur Tardivel s'opposant à l'émigration des Québécois dans l'Ouest: André N. LALONDE, «L'intelligentsia du Québec et la migration des Canadiens français vers l'Ouest canadien (1870-1930)», *RHAF*, 33, 2 (septembre 1979): 170-184; L. GROULX, «La constitution fédérative», *La Revue canadienne* (1914): 394; *idem*, «Ce cinquantenaire», *AF* (juillet 1917): 232-237; É. BRUCHÉSI, «Si la Confédération disparaissait...», *AF* (septembre 1920): 396-409; L. GROULX, «Notre avenir politique», *AF* (janvier 1922); mes références seront au volume publié, *Notre avenir politique*, Montréal, Bibliothèque d'Action française, 1923, p. 7-30; abbé Arthur ROBERT, «Aspirations du Canada français. Fondements philosophiques», *AF* (février 1922): 55-71; Louis DURAND, «À la croisée des chemins», *AF* (mars 1922): 31-54; abbé Philippe PERRIER, «L'État français et sa valeur d'idéal pour nous», *AF* (avril 1922): 219-231; Jean BRUCHÉSI, «L'État français et l'Amérique latine», *AF* (mai 1922): 93-111; A. VANIER, «Les États-Unis et l'indépendance du CF», *AF* (juin 1922): 73-91; R.-M. VILLENEUVE, «Et nos frères de la dispersion», *AF* (juillet 1922): 113-139; Georges PELLETIER, «Les obstacles économiques à l'indépendance du CF», *AF* (août 1922): 141-159; C.-M. FOREST, «La préparation intellectuelle», *AF* (septembre 1922): 179-196; *L'appel de la race*, *op. cit.*, p. 219; voir aussi p. 98, 145, 234-235; Joseph BRUCHARD, «Le Canada français et les étrangers», *AF* (octobre 1922): 161-178; A. PERRAULT, «Le sens national», *AF* (novembre 1922): 197-217; L. GROULX, «Conclusion», *AF* (décembre 1922): 233-250; l'article de Wilfrid GASCON, «Vers l'indépendance du Canada», *AF* (août 1922): 251-269, ne fait pas partie de l'enquête mais s'y rattache selon la Direction; voir aussi Jean BRUCHÉSI qui donne le

point de vue du *Quartier latin* de l'Université de Montréal, «La jeunesse étudiante et notre avenir politique», *AF* (janvier 1923): 51-59; Jean-Claude DUPUIS, «La pensée politique de *L'Action française* de Montréal (1917-1928)», *CHQVS*, 2 (été 1994): 27-43; la Direction, «Mot d'ordre: pour la fraternité française», *AF* (février 1921): 6; L. GROULX, «Partie documentaire», *AF* (septembre 1923): 190-192; la Direction, «Notre avenir politique. Mise au point», *AF* (décembre 1923): 352, et A. PERRAULT, «Nos amis de l'Ouest», *AF* (janvier 1924): 28-33.

16. H. BOURASSA, *La langue gardienne de la foi, op. cit.*, p. 51; conférence de Bourassa du 22 décembre 1921, «Une manifestation en l'honneur d'Armand Lavergne», *Le Devoir*, 23 décembre 1921, et L. GROULX, *Mémoires, op. cit.*, II, p. 215; conférence de Bourassa au Gesù le 23 novembre 1923, *Patriotisme, nationalisme, impérialisme*, Montréal, [s. é.], 1923, p. 20, 28, 36, 61, 37-39, 41; directeurs de la Ligue d'*AF*, «Notre avenir politique», *AF* (décembre 1923): 350-354; sur *La Croix*, Élizabeth GERVAIS-LABENSKI, *L'opinion québécoise et le 60ᵉ anniversaire de la Confédération*, M.A. (Histoire), Université de Montréal, 1973, 173 p.; sur l'audience papale du 18 novembre 1926: *Hommage à Henri Bourassa*, Montréal, Le Devoir, 1952, p. 258, conférence de 1944; H. BOURASSA, *L'affaire de Providence et la crise religieuse en Nouvelle-Angleterre*, Montréal, Le Devoir, 1929, 22 p.; L. GROULX, *Mémoires, op. cit.*, II, p. 207 et 74; la Direction, «Mot d'ordre: ce soixantenaire», *AF* (avril 1927): 194.

17. L. GROULX, «Les Canadiens français et l'établissement de la Confédération», *AF* (mai-juin 1927): 282-301; A. VANIER, «L'immigration, les fonds publics et nous», *AF* (mai-juin 1927): 302-304; Hermas BASTIEN, «Les Irlandais et nous», *AF* (mai-juin 1927): 327-328; Louis-D. DURAND, «Les Canadiens français et l'esprit national», *AF* (mai-juin 1927): 366-382; E. MINVILLE, «En entendrons-nous parler bientôt?», *AF* (mai-juin 1927): 383-384; A. PERRAULT, «Griefs et déceptions», *AF* (mai-juin 1927): 385-402; en brochure, *Soixante ans de Confédération*, Montréal, Bibliothèque d'Action française, 1928, 144 p.

Chapitre VIII. «L'Action française» de Montréal et de Paris

1. Raoul GIRARDET, *Le nationalisme français. Anthologie 1871-1914*, Paris, Points-Histoire, 1983, 375 p.; Philippe BÉNÉTON, «La génération de 1912-1914. Images, mythe et réalité?», *Revue française de science politique*, XXI, 5 (octobre 1971): 981-1000.

2. Pierre TRÉPANIER, «La Défense», *L'Action nationale*, LXVI, 10 (juin 1977): 826-847; É. MONTPETIT, *Propos sur la montagne*, Montréal, Éditions de l'Arbre, 1946, p. 11; Émile CHARTIER, *Pages de combat*, Montréal, imprimerie de l'École catholique des sourds-muets, 1911, p. 107-141, citations, p. 112; M. DUGAS, «Chronique parisienne. M. Paul Déroulède», *Le Nationaliste*, 31 juillet 1910; *idem*, «Chronique parisienne. Marc Sangnier», *Le Nationaliste*, 7 août 1910; [M. Dugas], «La crise royaliste», *Le Nationaliste*, 5 février 1911; TURC [M. Dugas], «Contre

Rousseau», *L'Action*, 20 juillet 1912; DUGAS-MONTEIL, «Barrès et le Canada français», *L'Action*, 17 août 1912, cités dans Annette HAYWARD, *Le conflit entre les régionalistes et les «exotiques»*, Ph.D. (Langue et littérature françaises), 1980, p. 218-220, 281; H. BOURASSA, *Le Devoir, son origine...*, *op. cit.*, p. 40; «Nos poètes» [Barrès sur P. Morin], *L'Action*, 25 mai 1912, et sur les rencontres Morin et Barrès, Paul MORIN, *Œuvres poétiques complètes*, édition critique par Jacques Michon, Montréal, PUM, 2000, p. 11-12, 15; M. BARRÈS, «Préface», prince Beauvreau-Craon, *La survivance française au Canada*, Paris, Émile-Paul frère, 1914, p. X et XIII; LE RAT [M. Dugas], «Taquineries sur la censure», *L'Action*, 11 septembre 1911; *idem*, «Le plaisant Barrès, le plaisant d'Amours et nous», *L'Action*, 9 octobre 1915; O. ASSELIN, «À propos d'une campagne de *L'Action catholique*» (septembre-octobre 1915), repris dans *Les écrits du Canada français* (1960): 229; R. DE ROQUEBRUNE, *Cherchant mes souvenirs (1911-1940)*, Montréal, Fides, 1968, p. 114-115; de Roquebrune aura des propos caustiques sur Barrès: «M. Barrès et l'âme française», *Le Nigog* (février 1918): 61-62; A. LAURENDEAU, «Méditations d'un artiste sur la patrie», *AF* (février 1923): 110-111; F. VEUILLOT, «Maurice Barrès et le catholicisme», *Le Canada français*, 12 (1924-1925): 10-27; L. GROULX, *Dix ans...*, *op. cit.*, p. 62, 130; correspondance Groulx-F. Veuillot, CRLG, AP/1A, 3673.

3. J. BRUCHÉSI, «Vos doctrines?», *AF* (juillet 1926): 38; S. TROFIMENKOFF, *Action française...*, *op. cit.*, p. 26 et 24; Pierre TRÉPANIER, «Le maurrassisme au Canada français», *CD*, 53 (1999): 175, 189-193, 182-183; sur *L'homme tombé* d'Harry Bernard: Henri D'ARLES, «La mégère inapprivoisée», *AF* (mai 1925): 154-163; «Chronique des revues», *La Revue canadienne* (janvier 1913): 65-69; *Hommage à Henri Bourassa, op. cit.*, p. 17-18; H. BOURASSA, *La presse catholique et nationale*, Montréal, imprimerie du Devoir, 1921, p. 16; A. PERRAULT, «Sur une préface de Charles Maurras», *AF* (avril 1922): 237-243; J. ÉTHIER-BLAIS, *Le siècle de l'abbé Groulx*, Montréal, Leméac, 1993, p. 13-50.

4. *L'enseignement secondaire au Canada* (1919-1920): 272-273; *Revue dominicaine* [*RD*] (octobre 1920): 320; *Le Canada français* [*CF*] (février 1923): 56, et (décembre 1924): 316; *RD* (mars 1921): 86; *CF* (septembre 1922): 78; sur *Antimoderne*, *RD* (novembre 1922): 454-457, repique un article du *Devoir* du 7 octobre 1922; *CF* (octobre 1922): 156; (février 1923): 50-69; (avril 1924): 565-584; sur l'invitation à Maritain: lettre de Maritain au père Lamarche, *RD* (décembre 1922). Sur Maritain dans *L'Action française* de Montréal: anonyme, «Saint Thomas d'Aquin» (mai 1924): 267; H. BASTIEN, «Figure de philosophe: Jacques Maritain», (janvier 1925): 54-56; *idem*, «*Trois réformateurs*», (novembre 1925): 321-324; la Direction, «Vos doctrines», (décembre 1925): 358-359. Je m'appuie ici sur Yvan CLOUTIER, «De quelques usages québécois de Maritain: la génération de *La Relève*», dans Benoît MELANÇON et PIERRE POPOVIC (dir.), *Saint-Denys Garneau et La Relève*, Montréal, Fides-CETUQ, 1995, p. 59-66; sur *Art et scolastique*: Arthur LAURENDEAU, «Le catholicisme et l'art», *AF* (juillet 1923): 5-15, et Hélène BOILY, «Intellectualisme et pensée artistique au Québec (1915-1930)», dans Laurier LACROIX (dir.), *Peindre à Montréal (1915-1930). Les peintres de la Montée Saint-Michel et leurs*

contemporains, Montréal-Québec, Galerie de l'UQAM-Musée du Québec, 1996, p. 114-115.   5. P. TRÉPANIER, «Le maurrassisme...», *loc. cit.*: 174, 209-210; L. GROULX, *Mémoires, op. cit.*, I. p. 165, 306; la Direction, «Notre directeur à Paris», *AF* (mars 1922): 151; *L'Action française* de Paris et *La Croix* (5 février 1922) mentionnent la conférence de Groulx du 2 février sur *La France d'outre-mer*, Paris, Librairie d'Action française, 1922, 34 p., texte repris dans *Notre maître le passé II*, Montréal, librairie Granger Frères, 1936, p. 255-305; préface de Bernard de Vesins qui explique, en royaliste, le mot de Groulx à propos de «la banqueroute du roi»: correspondance Groulx-Vesins, CRLG, AP1/A, 3672; L. GROULX, «La propagande en France», *AF* (septembre 1922): 177-178; Joseph ROMANET DE CAILLAUD, «L'Action française au Canada (1906-1909)», *L'Action française* (Paris), 18 août 1909; anonyme, «Canada. Le Canada et la Monarchie française», *L'Action française* (Paris), 28 janvier 1923; Héroux à Groulx, 7 mars 1923, CRLG, AP1/A, 1758; J. BRUCHÉSI, *Souvenirs à vaincre*, Montréal, Hurtubise HMH, 1974, p. 34; *idem, Jours éteints*, Montréal, Librairie d'Action française, 1929, p. 198, cité dans P. TRÉPANIER, *loc. cit.*: 209; Nicole GAGNON, «Sur le présumé maurrassisme de Lionel Groulx», *Les cahiers d'histoire du Québec au XXe siècle*, 8 (automne 1997): 88-93.   6. Sur *L'Action française* de Paris: Eugen WEBER, *L'Action française*, Paris, Fayard, 1985, 635 p.; Philippe CHESNAUX, *Entre Maurras et Maritain. Une génération intellectuelle de catholiques (1920-1930)*, Paris, Cerf, 1999, en particulier p. 147-150; Yves CHIRON, *La vie de Maurras*, Paris, Perrin, 1991, 498 p.; Jean-Luc BARRÉ, *Jacques et Raïssa Maritain. Les Mendiants du Ciel*, Paris, Stock, 1995, 658 p.; Catherine POMEYROLS, «Les échos de la condamnation de *L'Action française* au Québec», *Sources. Travaux historiques*, 53-54 (2000): 61-72; *idem*, «Les intellectuels nationalistes québécois et la condamnation de *L'Action française*», *Vingtième siècle. Revue d'histoire*, 73 (janvier-mars 2002): 83-98; Jacques PRÉVOTAT, *Les catholiques et l'Action française. Histoire d'une condamnation (1899-1939)*, préface de René Rémond, Paris, Fayard, 2001, 742 p.; les textes pontificaux de la condamnation ont été reproduits dans *Actes pontificaux concernant «L'Action française»*, Montréal, L'œuvre des tracts, n° 92, avril-mai 1928, citations p. 2, 6-7, 10, 13, 15; Henri d'Arles à L. Groulx, 25 septembre 1926, CRLG, fonds Groulx, cité dans S. MANN TROFIMENKOFF, *Action française, op. cit.*, p. 101.   7. H. BERNARD, *Le Courrier de Saint-Hyacinthe*, 7 janvier 1927, cité dans S. MANN TROFIMENKOFF, *op. cit.*, p. 101; sur Paul Tailliez et *L'Action catholique* de Québec, R. JONES, *L'idéologie de...*, *op. cit.*, p. 14, 74, 107, 129, 150, 181; L. Groulx à René Chaloult, 25 février 1927, CRLG, AP1/A, 704; H. BOURASSA, «Le Pape et la paix sociale», *Le Devoir*, 28 mars 1927; S. MANN TROFIMENKOFF, *op. cit.*, p. 102-103; L. Groulx à Jean Houpert, 29 juillet 1927, cité dans P. TRÉPANIER, «Le maurrassisme...», *loc. cit.*: 187; L. Groulx à Jean Bruchési, 20 août 1927, CRLG, lettre reproduite dans *Les Cahiers d'histoire du Québec au XXe siècle*, 8 (automne 1997): 92-93; J. Bruchési à L. Groulx, 23 mai et 26 juillet 1927, CRLG, AP1/A, 586; [Jean Bruchési], «Réponse de "Québec"», *Almanach de l'Action française* de

Paris (1928): 314-318; L. GROULX, « Primauté du spirituel », *AF* (septembre 1927):
188; A. ROBERT, « Jacques Maritain. *Primauté du spirituel* », *Le Canada français*
(octobre 1927): 156; *idem*, « Pourquoi Rome a parlé », *ibidem* (mars 1928): 458-
467; *Le Canada français* de mai 1928 (p. 655) publie une lettre du cardinal Gasparri
félicitant la revue pour ses positions à propos de *Pourquoi Rome a parlé*; la Direction,
« Avis important: l'Action canadienne-française », *ACF* (janvier 1928): 3; la Direction, « Mgr Courchesne », *ACF* (mars 1928): 149-150; Philippe PRÉVOST, *La France
et le Canada d'une guerre à l'autre (1918-1944)*, Saint-Boniface, Éditions du blé,
1994, p. 191-205.

8. Joseph GAUVREAU, « *L'Action française*. Documentation (1910-1925) », photocopie d'un document manuscrit, CRLG, P 39, p. 55-56, 632, 619, 633, 636, 640,
662-663, 659, 656, 628, 678; Jacques BRASSIER, « Notre nouveau gérant », *AF* (janvier 1926): 63-64; L. GROULX, *Mémoires, op. cit.*, II, p. 370-375.

9. A. VANIER, « L'activité juive à Montréal », *AF* (juillet 1924): 58-59; S. MANN
TROFIMENKOFF, *Action française, op. cit.*, p. 105; la Direction, « La doctrine de
L'Action française: agriculture et colonisation », *AF* (septembre 1927): 130-144;
L. GROULX, *Mémoires, op. cit.*, II, p. 360-361.

10. L. GROULX, *ibidem*, III, p. 14; S. MANN TROFIMENKOFF, *Action française,
op. cit.*, p. 105-106; A. Perrault à L. Groulx, 11, 18 et 30 juillet 1927, CRLG, AP1/
A, 2961.

11. L. Groulx à Mgr Georges Courchesne, février 1928, CRLG, AP1/A, 890;
L. GROULX, *Mémoires, op. cit.*, II, p. 375-380; A. VANIER, « Décision importante »,
AF (décembre 1928): 398-399; H. Bernard à L. Groulx, 2 janvier 1929, et
L. Groulx à H. Bernard, non daté, cité dans S. Trofimenkoff, *Action française, op. cit.*,
p. 112-113; A. Perrault à L. Groulx, 27 février 1929, CRLG, AP1/A, 2961;
H. BOURASSA, *L'Affaire de Providence..., op. cit.*, p. 14, 19, 20; Groulx consacra 80
pages de ses *Mémoires* (II: 187-268) à expliquer l'évolution religieuse de Bourassa.

12. Lionel Groulx à Jean Houpert, 29 juillet 1927, cité dans Catherine
POMEYROLS, « Les intellectuels nationalistes québécois et la condamnation de *L'Action
française* », *Vingtième siècle. Revue d'histoire*, 73 (janvier-mars 1902): 90.

Troisième partie

Défis et alternatives à la doctrine (1896-1929)

Chapitre IX. Les libéraux persistent et signent

1. Henri Bourassa à Jules-Paul Tardivel, 20 avril 1904, cité dans Patrice DUTIL,
*The Politics of Progessivism in Quebec. Godfroy Langlois and the Liberal Party (1889-
1914)*, Ph.D. (History), York University, 1987, p. 366-367; Fernande ROY, *Progrès,
harmonie, liberté, op. cit.*, en particulier la conclusion; voir aussi la contribution de

F. Roy et celle de Réal Bélanger sur Laurier dans Y. LAMONDE (dir.), *Combats libéraux au tournant du XXᵉ siècle*, Montréal, Fides, 1995, p. 231-246, 39-72 ; sur l'état du libéralisme radical et modéré avant 1896, voir Y. LAMONDE, *Histoire sociale des idées...*, *op. cit.*, chapitre XIV.

2. Ruby HEAP, *L'Église, l'État et l'éducation au Québec (1875-1898)*, M.A. (Histoire), McGill, 1978, XI-531 p. ; André LABARRÈRE-PAULÉ, *Les institueurs laïques au Canada français (1836-1900)*, Québec, PUL, 1965, p. 335-353 ; lettre du cardinal Taschereau au premier ministre Ross, texte dans le mémoire de R. HEAP, *op. cit.*, p. 252-253.

3. Thérèse HAMEL, « L'obligation scolaire au Québec : enjeu pour le mouvement syndical et agricole », *Labour / Le Travail*, 17 (printemps 1986) : 83-102.

4. R. HEAP, « Un chapitre dans l'histoire de l'éducation des adultes au Québec : les écoles du soir, 1889-1892 », *RHAF*, 34, 4 (mars 1981) : 597-625.

5. Céline BASTIEN, *Les syndicats internationaux et les réformes scolaires au Québec (1900-1930)*, M.A. (Histoire), Université de Montréal, 1997, chapitre I ; Félix-Gabriel MARCHAND, *Discours de l'Honorable M. Marchand [...] sur la loi de l'instruction publique*, Québec, Cie d'imprimerie de Québec, 1898, 16 p. (ICMH, n° 24574) ; Thomas CHAPAIS, « Discours sur la loi de l'instruction publique », dans *Discours et conférences*, Québec, librairie Garneau, 1943, p. 19-52 (1898) et 53-104 (1899).

6. R. HEAP, *L'Église, l'État et l'enseignement public catholique au Québec (1897-1920)*, Ph.D. (Histoire), Université de Montréal, 1987, p. 868-869 ; Frédéric-Alexandre BAILLARGÉ, *La gratuité des livres*, Montréal, Librairie Ville-Marie, 1901, 80 p.

7. R. HEAP, « La Ligue de l'enseignement (1902-1904) : héritage du passé et nouveaux défis », *RHAF*, 36, 3 (décembre 1982) : 339-373 ; voir les articles de Godfroy Langlois, Lippens et Brisebois, membres de la Ligue, dans *La Patrie* de septembre 1902 ; [G. Langlois et Arthur Beauchesnes], *La question de l'instruction publique dans la province de Québec*, Montréal, imprimerie de Joseph Fortier, 1902, 35 p. ; Henri BERNARD, *La Ligue d'enseignement, histoire d'une conspiration maçonnique à Montréal*, Montréal, [s. éd.], 1904, 152 p. ; P. SAVARD, *Jules-Paul Tardivel...*, *op. cit.*, p. 430-434.

8. Germain BEAULIEU, « Quelques considérations sur l'enseignement gratuit et obligatoire », *Le Nationaliste*, 19 février, 5, 12, 26 mars et 9 avril 1905.

9. *La Semaine religieuse de Montréal*, 15 mai 1905, p. 306 ; G. LANGLOIS, *L'uniformité des livres*, deux discours au Parlement de Québec, session 1908, [s.l., s. éd.], 1908, 16 p.

10. R. HEAP, *L'Église, l'État et l'enseignement...*, *op. cit.*, p. 895-901.

11. R. HEAP, « Urbanisation et éducation : la centralisation scolaire à Montréal au début du XXᵉ siècle », *Historical Papers / Communications historiques* (1985) : 132-155 ; *idem*, *L'Église, l'État et l'enseignement...*, *op. cit.*, p. 893-895 ; G. LANGLOIS, « La doctrine libérale », *Le Pays*, 26 mars 1910.

12. *Les mémoires du sénateur Raoul Dandurand (1861-1942)*, édités par Marcel Hamelin, Québec, PUL, 1967, p. 249-253 ; la pétition des Cent se trouve dans

Louis-Philippe Audet, *Histoire de l'enseignement au Québec*, Montréal, Holt, Rinehart et Winston, 1971, tome 2, p. 934-944, 958; R. Jones, *L'idéologie de «L'Action catholique»…*, *op. cit.*, p. 284-292; Télesphore-Damien Bouchard, *L'instruction obligatoire*, Saint-Hyacinthe, imprimerie Yamaska, 1912, 35 p.; Lomer Gouin, J.-M. Tellier et J.-A. Langlois, *L'instruction obligatoire*, Montréal, L'œuvre des tracts, 1912, 66 p.; Arthur Saint-Pierre, *L'instruction obligatoire*, Montréal, École sociale populaire, 1912, 23 p.; T.-D. Bouchard, *Les libéraux et l'instruction publique*, Saint-Hyacinthe, imprimerie Yamaska, 1916, 48 p.; R. Dandurand, *Les écoles primaires et l'enseignement obligatoire*, Montréal, Mercantile Printing, 1919, 24 p.; *Réponse de C.-J. Magnan au discours de T.-D. Bouchard*, Québec, L'Action sociale, 1919, 27 p., et sortie parlementaire de Bouchard dans les *Débats* de l'Assemblée législative, 29 janvier, 20 février et 5 mars 1919 à <www.assnat.qc.ca>, Travaux parlementaires, Débats de l'Assemblée nationale; C.-J. Magnan, *À propos d'instruction obligatoire*, Québec, imprimerie L'Action sociale, 1919, 120 p.; Hermas Lalande, *L'instruction obligatoire. Principes et conséquences*, Montréal, imprimerie du Messager, 1919, 151 p.; *idem, L'instruction obligatoire n'est pas nécessaire chez nous. Pourquoi?*, Montréal, École sociale populaire (nos 81-82), 1919, 59 p.; Charles Dorion, *L'enseignement obligatoire*, Québec, Éditions de L'Action sociale catholique, 1919, 29 p.; Mgr Louis-Adolphe Pâquet, *L'école obligatoire*, Montréal, L'œuvre des tracts, [1919], 16 p.; Marie-Albert Marion, *Le problème scolaire étudié dans ses principes*, Ottawa, Ottawa Printing, 1920, 213 p.; C.-J. Magnan, *Éclairons la route*, Québec, librairie Garneau, 1922, XXIV-243 p.

13. R. Heap, *L'Église, l'État et l'enseignement…*, *op. cit.*, p. 926-928; cette loi de 1919 élève l'âge d'embauche par rapport aux lois de 1885, de 1903 et de 1907.

14. C. Bastien, *Les syndicats…*, *op. cit.*, p. 29-45; M. C. MacLaren, «Alphabétisme et fréquentation scolaire», *Recensement du Canada*, 1931, p. 714-46, et Marie-Josée Delorme, Micheline Dumont, Jean-Marie Thibeault, *La fréquentation scolaire au Québec au début du 20e siècle*, Sherbrooke, Université de Sherbrooke, Département d'histoire, Bulletin de recherche, 1986, p. 3-5.

15. Éric Leroux, *Gustave Francq, figure marquante du syndicalisme et précurseur de la FTQ*, Montréal, vlb éditeur, 2001, p. 53-71, citation, p. 65; C. Bastien, *Les syndicats…*, *op. cit.*, p. 56-57, 60-62, 68, 80-81, citation tirée du *Monde ouvrier*, 2 août 1919.

16. Arlette Corcos, *Montréal, les Juifs et l'école*, Québec, Septentrion, 1997, p. 75-113; L.-P. Audet, *Histoire de l'enseignement au Québec*, *op. cit.*, tome 2, p. 238-247; Robert Rumilly, «L'affaire des écoles juives (1928-1931)», *RHAF*, X, 2 (septembre 1956): 222-244; David Rome, *On the Jewish School Question in Montreal (1903-1931)*, Montreal, Canadian Jewish Congress, 1975, 136 p.; citation: Carcos, p. 83.

17. Pierre Anctil, *Le rendez-vous manqué. Les Juifs de Montréal face au Québec de l'entre-deux-guerres*, Québec, IQRC, 1988, p. 25-27.

18. A. Carcos, *Montréal, les Juifs…*, *op. cit.*, p. 83.

19. L.-P. AUDET, *Histoire de l'enseignement...*, *op. cit.*, tome 2, p. 242; R. JONES, *L'idéologie de « L'Action catholique »...*, *op. cit.*, p. 292-297.

20. R. RUMILLY, «L'affaire des écoles juives...», *loc. cit.*: 230.

21. Jean -René LASSONDE, *La Bibliothèque Saint-Sulpice, 1910-1931*, Montréal, Bibliothèque nationale du Québec, 1986, p. 224, 227-229, 257, 259-274; Y. LAMONDE, *Les bibliothèques de collectivité à Montréal (17ᵉ-19ᵉ siècle)*, Montréal, BNQ, 1979, introduction; sur les conférences au Soc, «cercle d'études littéraires et économiques» des étudiants de l'Université Laval à Montréal en 1909-1910, A. HAYWARD, *Le conflit entre les régionalistes et les «exotiques»*, *op. cit.*, p. 167, et sur celles organisées de janvier à mars 1918 par le groupe du *Nigog*, voir *Le Nigog* (1918): 112-115.

22. Gilles GALLICHAN, *Honoré Mercier. La politique et la culture*, Sillery, Septentrion, 1994, p. 139-161; Marcel LAJEUNESSE, *Les Sulpiciens et la vie culturelle à Montréal au XIXᵉ siècle*, Montréal, Fides, 1982, chapitre VIII; *idem*, «Les bibliothèques publiques à Montréal au début du XXᵉ siècle: essai d'histoire culturelle», dans Peter MCNALLY (dir.), *Readings in Canadian Library History 2*, Ottawa, Canadian Library Association, 1996, p. 173-198; Michèle DAGENAIS, «Vie culturelle et pouvoirs publics locaux. La fondation de la bibliothèque municipale de Montréal», *Urban History Review / Revue d'histoire urbaine*, XXIV, 2 (mars 1996): 40-56, citation de Mᵍʳ Bruchési, p. 46; propos de Tardivel dans *La Vérité* du 21 juin 1902; sur la bibliothécaire de la Bibliothèque industrielle, Andrée LÉVESQUE, «Journaliste au masculin: Éva Circé-Côté (1871-1949)», dans Évelyne TARDIF *et al.*, *Les bâtisseuses de la Cité*, Montréal, ACFAS, 1992, p. 87-96.

23. *Les mémoires du sénateur Raoul Dandurand*, *op. cit.*, p. 122-126; J.-R. LASSONDE, *La Bibliothèque Saint-Sulpice*, *op. cit.*, p. 204.

24. «Lettre pastorale des archevêques et évêques de la province ecclésiastique de Québec au sujet du journal *L'Électeur*», 22 décembre 1896, *Mandements, circulaires et lettres pastorales des évêques de Québec* [MEQ], VIII, p. 335-338; «Mandement interdisant le journal *Les Débats*», 29 septembre 1903, *Mandements, circulaires et lettres pastorales des évêques de Montréal* [MEM], XIII, p. 453-456, 489-492; Lise SAINT-JACQUES, *Mᵍʳ Bruchési et le contrôle des paroles divergentes: journalisme, polémique et censure (1896-1910)*, M.A. (Histoire), UQAM, 1987, 140 p.; Pierre HÉBERT avec la collaboration de Patrick NICOL, *Censure et littérature au Québec. Le livre crucifié (1625-1919)*, Montréal, Fides, 1997, p. 123-136.

25. «Mandement interdisant *La Semaine*», 27 juillet 1909, *MEM*, XIV, p. 311-314; «Mandement interdisant *La Lumière*», 3 juin 1912, *MEM*, XV, P. 23-24; «Mandement interdisant *Le Pays*», 25 septembre 1913, *MEM*, XV, p. 182-184; G. LANGLOIS, *Toujours debout: le mandement de Mᵍʳ Bruchési et la réponse du Pays*, Montréal, Mercantile Printing, 1913, [8 p.].

26. R. Dandurand à G. Langlois, 12 septembre 1909, cité dans Patrice DUTIL, «"Adieu, demeure chaste et pure". Godfroy Langlois et le virage vers le progressisme libéral», dans Y. LAMONDE (dir.), *Combats libéraux...*, *op. cit.*, p. 248; W. Laurier à G. Désaulniers, 5 mai 1910, *ibidem*, p. 272.

27. P. Hébert, *Censure et littérature...*, *op. cit.*, p. 267, notes 64-67 ; A. Filiatreault, *Mes étrennes. La hache versus la bêche*, [s.l., s. éd., 1912], 15 p. ; Ramsay Cook, « Un médecin et son évêque : un incident dans l'histoire de la science et de la religion au Québec », *Mens*, I, 2 (printemps 2001) : 97-113 ; Marie-Victorin, « La science et nous. Questions d'attitudes », 13 et 15 novembre 1926, dans Frère Marie-Victorin, *Science, culture et nation*, textes choisis et présentés par Yves Gingras, Montréal, Boréal, 1996, p. 82-85, et 67-68 sur la « science nationalisée » ; sur le modernisme, Y. Lamonde, *La philosophie et son enseignement...*, *op. cit.*, p. 198.

28. Roger Le Moine, *Deux loges montréalaises du Grand Orient de France*, Ottawa, Presses de l'Université d'Ottawa, 1991, 188 p., citation, p. 23, et liste des membres, p. 100-141 ; *idem*, « Le Grand Orient de France dans le contexte québécois (1896-1923) », dans Y. Lamonde (dir.), *Combats libéraux...*, *op. cit.*, p. 145-158 ; sur G. Francq : E. Leroux, *Gustave Francq...*, *op. cit.*, p. 74-81 ; sur L. Larose : Alison Longstaff, *Vie intellectuelle et libre pensée au tournant du XXᵉ siècle : le cas de Ludger Larose*, M.A. (Études québécoises), UQTR, 1999, 289 p. ; sur les mandements et circulaires épiscopaux contre la franc-maçonnerie : Jean-Paul de Lagrave, « Une loge du Grand Orient de France au Québec en 1892 », *Humanisme*, nᵒˢ 114-115 (décembre 1976-janvier 1977) : 13-17.

29. « Lettre pastorale à propos des taxes sur les biens ecclésiastiques », 8 décembre 1887, *MEM*, X, p. 356-366.

30. J. Hamelin et N. Gagnon, *Histoire du catholicisme québécois*, *op. cit.*, p. 269-275 ; Gregory J. Levine, « Tax Exemptions in Montreal and Toronto, 1870 to 1920 », *Cahiers de géographie de Québec*, 35, 94 (avril 1991) : 117-134 ; Thomas Chapais, « L'impôt sur les biens religieux », discours au Conseil législatif le 27 février 1906, *Discours et conférences*, *op. cit.*, p. 207-233 ; Dominique-Ceslas Gonthier, *L'immunité réelle : les corporations religieuses et l'exemption de taxes*, Québec, Éditions de l'Action sociale catholique, 1916, 62 p.

31. Je m'inspire ici de la thèse d'Annette Hayward, *Le conflit...*, *op. cit.*, dont on trouvera des aperçus dans son article « La littérature de la modernité et le libéralisme nationaliste au Québec entre 1899 et 1916 », dans Y. Lamonde (dir.), *Combats libéraux...*, *op. cit.*, p. 159-184 ; sur Dantin, p. 126 de la thèse d'Hayward ; sur le *Bulletin du parler français au Canada*, *ibidem*, p. 54 ; C. Roy, « La nationalisation de la littérature canadienne », dans *Essais sur la littérature canadienne*, Québec, librairie Garneau, 1907, p. 122, 117, 139 ; A. Rivard, « Les formes dialectales dans la littérature canadienne », le *Bulletin du parler français au Canada* (mars 1906) : 241-247, cité dans Hayward, *Le conflit, op. cit.*, p. 60.

32. Sur la polémique Fournier-ab der Halden : Marie-Andrée Beaudet, *Langue et littérature au Québec, op. cit.*, p. 61-85.

33. A. Hayward, « La littérature de la modernité... », *loc. cit.* : 161-162.

34. Paul Morin, « L'exotisme dans la littérature contemporaine », conférence à L'Alliance française de Montréal, 16 décembre 1912, *L'Action*, 11 janvier 1913, cité dans A. Hayward, *Le conflit...*, *op. cit.*, p. 293.

35. E. Chauvin, « Le régionalisme en poésie », *Le Nigog* (juin 1918) : 185 ; Louis Bourgoin, « Art et science », *Le Nigog* (septembre 1918) : 284 ; sur cette revue, *Le Nigog*, Montréal, Fides (« Archives des lettres canadiennes »), tome VII, 1987, 388 p.

36. Lionel Groulx, « Notre histoire », *AF* (août 1918) : 342-343.

37. Victor Barbeau, « Au fil de l'heure », *La Presse*, 3, 9 et 16 juin 1919 ; *idem*, « Sur la voie du schisme », *La Presse*, 19 février 1920.

38. Madeleine, « La liberté littéraire », *La Revue moderne*, 5 mars 1920 : 7-8 ; O. Asselin, « Quelques livres canadiens », *ibidem*, 15 novembre 1919 : 18, et « Quelques livres canadiens », *ibid.*, 15 mars 1920 : 14, cité dans A. Hayward, *Le conflit...*, *op. cit.*, p. 541 et 569 ; *idem*, « De nos besoins intellectuels », conférence du 18 décembre 1919, dans *Pensée française*, *op. cit.*, p. 115.

39. Henri d'Arles, alias abbé Henri Beaudé, « Le parler français. Variations sur notre "parlure" », *Le Canada français* (février 1921) : 55, et Louvigny de Montigny, « Mugwump », *La Revue moderne*, 15 mai 1921 : 23 ; Victor Barbeau, « La politique : la méthode américaine », *Les Cahiers de Turc* (1ᵉʳ février 1922) : 34, cité dans A. Hayward, *Le conflit...*, *op. cit.*, p. 616-617, 685.

40. Esther Trépanier, *La ville comme lieu de la modernité : sa représentation dans la peinture québécoise de 1919 à 1939*, M.A. (Histoire de l'art), UQAM, 1983, 391 p. ; « L'émergence d'un discours de la modernité dans la critique d'art (Montréal, 1918-1938) », dans Y. Lamonde et E. Trépanier (dir.), *L'avènement de la modernité culturelle au Québec*, *op. cit.*, p. 69-111 ; *idem*, « Un nigog lancé dans la mare des arts plastiques », dans *Le Nigog*, Montréal, Fides, *op. cit.*, p. 217-237 ; *idem*, « Sens et limites de la modernité chez Adrien Hébert et ses critiques », dans Pierre L'Allier (dir.), *Adrien Hébert*, Québec, Musée du Québec, 1995, p. 85-102 ; pour les tableaux d'Hébert, p. 108-148 ; *idem*, *Peinture et modernité au Québec (1919-1939)*, Québec, Nota Bene, 1998, p. 25-65.

41. J.-C. Harvey à C. Roy, 11 avril 1949, cité dans Guildo Rousseau, *Jean-Charles Harvey et son œuvre romanesque*, Montréal, Centre éducatif et culturel, 1969, p. 42 ; M. Dugas, *Littérature canadienne. Aperçus*, Paris, Firmin-Didot, 1929, p. 112, 17 ; Philippe Panneton, alias Ringuet, « Les lettres canadiennes », *Les Nouvelles littéraires* (31 décembre 1938) : 6, et C. Roy, *Manuel d'histoire de la littérature canadienne de langue française*, Montréal, Beauchemin, 1939, p. 178-179, cité dans A. Hayward, *Le conflit...*, *op. cit.*, p. 809 et 795 ; C. Roy, « Critique et littérature nationale », *Le Canada français* (octobre 1931) : 73, cité dans Kenneth Landry, « *Le Nigog* et la critique littéraire », *Le Nigog*, Montréal, Fides, *op. cit.*, p. 231 ; Y. Lamonde, « La modernité au Québec : pour une histoire des brèches (1895-1950) », dans Y. Lamonde et E. Trépanier (dir.), *L'avènement de la modernité...*, *op. cit.*, p. 299-311.

Chapitre X. «Au Canada, où la France contemporaine n'est pas toujours bien comprise»

1. Citation du titre: lettre du consul Kleczkowski à Delcassé [1902], cité dans Guy LAPERRIÈRE, *Les congrégations religieuses...*, *op. cit.*, II, p. 540; sur le passé des relations Québec-France, Y. LAMONDE, *Histoire sociale des idées...*, *op. cit.*, chapitres XII et XVI; sur l'affaire Dreyfus, chapitre I du présent ouvrage; sur le drapeau, chapitre II; sur *L'Action française*, chapitre VIII.

2. Sur l'immigration française, Pierre SAVARD, *Le consulat général de France à Québec et à Montréal de 1859 à 1914*, Québec, PUL, 1970, p. 88; à propos des conférences à l'Université Laval à Montréal, Antoine COMPAGNON, «Brunetière au Québec», *Études françaises*, 32, 3 (1996): 115-126; *Annuaires* de l'Université Laval, 1876-1919, citations de du Roure, *Annuaire... pour l'année académique 1910-1911*, p. 313, *Annuaire... 1912-1913*, p. 215; J. FOURNIER, «Pourquoi pas un Canadien?» et «Même sujet» (1909), *Mon encrier*, *op. cit.*, II: 44-57; sur la liste des diplômés, *Annuaire... 1911-1912*, p. 192.

3. «Le Canada à Paris», *Le Canada*, 23 avril, 2, 9, 11 et 27 mai, 16 juin 1905; des extraits de cette enquête d'opinion sont reproduits dans l'ouvrage de R. DE MARMANDE, *Le cléricalisme au Canada*, Paris, librairie critique Émile Nourry, 1911.

4. É. MONTPETIT, *Survivances françaises*, Paris, Plon, 1914, p. 51; sur ces conférences, *idem, Souvenirs*, Montréal, Éditions Chanteclerc, 1949, p. 73-101.

5. Sur les études de Canadiens français à Paris, *Coup d'œil sur l'inventaire bibliographique des relations France-Québec depuis 1760*, Montréal, Fondation et Centre de recherche Lionel-Groulx et Bibliothèque nationale du Québec, 1999, p. 42-60; O. ASSELIN, «Du rôle de la France dans la formation d'une élite canadienne-française» (avril 1918), *De nos besoins intellectuels; Du rôle de la France dans la formation d'une élite*, Montréal, chez l'auteur, 1919, p. 26-27.

6. Secrétariat de la province de Québec, *Rapport annuel*, 1920-; à propos des cours en Sorbonne, É. MONTPETIT, *Survivances françaises*, *op. cit.*, p. 246-269; É. CHARTIER, *La vie de l'esprit au Canada français (1760-1925)*, Montréal, Valiquette, 1941, 355 p.

7. Jean-Claude GUÉDON, «L'Institut scientifique franco-canadien (1926-1939): élites, culture et vulgarisation scientifique», *Protée*, 16, 3 (automne 1988): 67-85; «L'Institut scientifique franco-canadien», *Revue trimestrielle canadienne* (juin 1927): 195-211; sur les conférenciers, Philippe PRÉVOST, *La France et le Canada...*, *op. cit.*, p. 123-125 ou Olivier MAURAULT, «L'Université de Montréal», *CD*, 17 (1952): 50-54; sur Étienne GILSON, «L'idéalisme dans la littérature contemporaine», *Le Canada*, 24 janvier 1927; Ceslas FOREST, «Remerciements à M. Gilson», *Revue dominicaine*, 1 (juin 1928): 8-12; O. Héroux à Lionel Groulx, 25 mars 1927, CRLG, P1/A, 1758.

8. Jean BRUCHÉSI, *Jours éteints*, *op. cit.*, p. 202-211, 237-245, citation, p. 238; P. PRÉVOST, *La France et le Canada...*, *op. cit.*, p. 52-59; correspondance Groulx-

Bruchési, 1926, CRLG ; des peintres québécois séjournent aussi à Paris : Rodolphe Duguay (1920-1927), Alfred Pellan (1926), Clarence Gagnon (1927), Paul-Émile Borduas (1928).

9. Auguste DUPUIS, *La Province de Québec à L'Exposition de Paris*, Québec, Darveau, 1901, 154 p. ; Paul VILLARD, *Alliance française. Comité de Montréal, 1902-1942*, Montréal, [s. éd., 1941], 103 p. ; Marcel PLEAU, *Histoire de l'Union française (1886-1945)*, Montréal, Union française, 1985, 47 p. ; Émile CHARTIER, *Pages de combat, op. cit.*, p. 231-232, 236 ; Robert MONVAL [É. Montpetit], « L'âme française », *L'Action*, 13 janvier 1912 ; *idem*, « À l'Alliance française », *Au service de la tradition française*, Montréal, Bibliothèque d'Action française, 1920, p. 189-192.

10. *L'Association La Canadienne*, Chateauroux, imprimerie Badel, 1903, 32 p. ; *Association La Canadienne. Pour le développement des relations franco-américaines*, Lisieux, imprimerie Morière, 1908, 36 p. ; Jean LIONNET, *Chez les Français du Canada*, Paris, Plon-Nourrit, 1910, 248 p.

11. *France et Canada. L'avenir des relations franco-canadiennes (à propos des fêtes de Montcalm)*, Paris, Comité France-Amérique, 1910, p. 11-18, 7-10 ; *Brouage-Québec*, Québec, Société Saint-Jean-Baptiste de Québec, 1911, 76 p. ; *Œuvre des deux monuments à Montcalm à Vestric-Candiac, France, et à Québec, Canada, 1910-1911 : notes, souvenirs, illustrations*, Québec, Le Soleil, 1911, 60 p. ; Gabriel HANOTAUX, *La France vivante en Amérique du Nord*, Paris, Hachette, 1913, 263 p. ; Étienne LAMY, *Discours prononcé au premier Congrès de la langue française*, Paris, Firmin-Didot, 1912, 38 p. ; O. ASSELIN, « Pourquoi je m'enrôle », *Écrits du Canada français* (1960) : 324, 328-329, 342 ; H. BOURASSA, *La conscription, op. cit.*, p. 20-21.

12. Abbé Élie AUCLAIR, *Pau, Fayolle, Foch au Canada*, Montréal, Beauchemin, 1922, 156 p. ; Maréchal FAYOLLE *et al.*, *Au Canada*, Paris, Félix Alcan, 1922, 269 p.

13. G. LAPERRIÈRE, *Les congrégations religieuses..., op. cit., passim* ; H. BOURASSA, *Le patriotisme..., op. cit.*, 27 avril 1902, p. 10-14 ; A. YON, *Le Canada français vu de France (1830-1914)*, Québec, PUL, 1975, p. 127-128.

14. « La fin d'une légende », *Le Canada*, 13 octobre 1904 ; « De M. Herbette et de la Ligue d'enseignement », *La Vérité*, 1er novembre 1904 ; L. Herbette avait publié en 1900 *Des deux côtés de l'eau, la famille française au Canada et aux États-Unis*, Paris, imprimerie de C. Lamy, 39 p. ; C. ROY, « La nationalisation de la littérature canadienne », *Essais sur la littérature canadienne, op. cit.*, p. 192.

15. « Le Canada à Paris », *Le Canada*, 23 avril, 2, 9, 11 et 27 mai, 16 juin 1905.

16. L. GROULX, *Mes mémoires, op. cit.*, I, p. 211-212, 126-127, 168-169 ; Lionel MONTAL [L. Groulx], « À propos des fêtes canadiennes », *L'Univers*, 22-23 juin 1908 ; Nathalie ROGUES, « L'image de l'Europe dans les écrits de Lionel Groulx (1906-1909) », *RHAF*, 46, 2 (automne 1992) : 245-254 ; sur la représentation de la Bretagne au Canada français à travers l'admiration pour le chansonnier Théodore Botrel et son influence sur la création de *La Bonne Chanson* de l'abbé Émile Gadbois, Jean-Nicolas DE SURMONT, *La Bonne Chanson, le commerce de la tradition en France et au Québec dans la première moitié du XXe siècle*, Montréal, Triptyque, 2001, 215 p.

17. Paul-Théodore VIBERT, *La Nouvelle France catholique*, Paris, librairie Schleicher Frères, 1908, 485 p.; J.-E. VIGNES, *La vérité sur le Canada*, Paris, Union internationale d'éditions, 1909, p. V, VII, et documents, p. 261-314; R. DE MARMANDE, *Le cléricalisme au Canada*, *op. cit., passim*; É. MONTPETIT, «Louis Veuillot», *Revue canadienne* (décembre 1913): 491-515, repris dans *Au service de la tradition*, Montréal, Bibliothèque d'Action française, 1920, p. 52-83; les contacts de François Veuillot avec le Canada français reconduisent l'influence de Louis: F. Veuillot sur Rodolphe Lemieux, *Le Canada*, 11 février 1920; Lemieux sur Veuillot, *Le Droit*, 19 février 1920; des textes de F. Veuillot de *La Libre Parole* sont repris dans *L'Action française* de Montréal, avril 1922: 253-256.

18. L.-A. LORAIN, *Au retour du congrès*, Paris, Beauchesne, 1911, p. 142-147, 157-158; voir aussi Mgr TOUCHET, *France toujours: journal d'un congressiste du congrès de Montréal*, Paris, Lethielleux, 1910, 191 p.; *Coup d'œil sur l'inventaire bibliographique…*, *op. cit.*, n°s 80 et 84.

19. R.-M. VILLENEUVE, «Et nos frères de la dispersion?», *Notre avenir politique*, *op. cit.*, p. 131.

20. Charles AB DER HALDEN, *Études de littérature canadienne-française*, Paris, F. R. de Rudeval, 1904, CIV-352 p.; *idem, Nouvelles études de littérature canadienne-française*, Paris, F. R. de Rudeval, 1907, XVI-379 p.; Marie-Andrée BEAUDET, *Charles ab der Halden: portrait d'un inconnu*, Montréal, l'Hexagone, 1992, 234 p. Sur l'imbroglio éditorial de *Maria Chapdelaine*, *Dictionnaire des œuvres littéraires du Québec* [*DOLQ*], II: 662-673. La question de l'adhésion du Canada à la Convention internationale du droit d'auteur avait été réglée en 1905 après un procès initié par la Société des gens de lettres de France; voir Y. LAMONDE, *La librairie et l'édition à Montréal*, Montréal, BNQ, 1991, p. 93-94; Jacques MICHON (dir.), *Histoire de l'édition littéraire…*, *op. cit.*, p. 185, 406-409, 422-424.

21. André SIEGFRIED, *Le Canada, les deux races. Problèmes politiques contemporains*, Paris, Armand Colin, 1906, p. 16, 29-30, 65, 68, 32, 36, 38, 135, 139, 142, 392-393, 142, 160-161, 412, 295, 393; Lise et Pierre TRÉPANIER, «Réactions québécoises au livre d'André Siegfried. I: (1906-1907)», *L'Action nationale*, LXVIII, 5 (janvier 1979): 394-405; «II: (1906-1907)», *ibidem*: 517-525; «III: (1906-1907)», *ibid.*: 587-601; Gérard FABRE, «Le comparatisme d'André Siegfried», *Recherches sociographiques*, XLIII, 1 (2002): 111-131.

22. Louis ARNOULD, *Nos amis les Canadiens*, Paris, Oudin, 1913, 364 p., citation, p. 59; Asselin cité dans Hermas BASTIEN, *Olivar Asselin*, Montréal, Éditions Bernard Valiquette, 1938, p. 119-120.

Chapitre XI. À la croisée américaine des chemins

1. «Vive la France», *La Presse*, 12 septembre 1898, qui publie la lettre de Beaugrand ; chapitre I du présent ouvrage, «Une action nationale canadienne» ; Sylvie LACOMBE, «Entre l'autorité pontificale et la liberté nationale : l'anti-impérialisme d'Henri Bourassa», dans Robert COMEAU et Luc DESROCHERS (dir.), *Le Devoir. Un journal indépendant (1910-1995)*, Sainte-Foy, PUQ, 1996, p. 273-281 ; Laurier à Minto, 16 novembre 1899, cité dans Richard M. PORTERFIELD, «British Imperial Policy and the Québécois in the Nineteenth Century», *Quebec Studies*, I, 1 (1983) : 34 ; H. BOURASSA, *Les Canadiens français et l'Empire britannique*, Québec, imprimerie S.-A. Demers, 1903, p. 26, 29.

2. Ronald RUDIN, «Contested Terrain : Commemorative Celebrations and National Identity in Ireland and Quebec», dans Gérard BOUCHARD et Y. LAMONDE, *La nation dans tous ses États : le Québec en comparaison*, Montréal-Paris, L'Harmattan, 1997, p. 194-199 ; *idem*, «Marching and Memory in Early Twentieth-Century Quebec : la Fête-Dieu, la Saint-Jean-Baptiste, and le Monument Laval», *Journal of the Canadian Historical Association / Revue de la Société historique du Canada* (1999) : 209-235 ; Patrice GROULX, «La commémoration de la bataille de Sainte-Foy. Du discours de la loyauté à la "fusion des races"», *RHAF*, 55, 1 (été 2002) : 73-76 ; Dennison à Chamberlain, 22 février 1902, cité dans R. M. PORTERFIELD, «British Imperial Policy...», *loc. cit.* : 36 ; le propos sur le «old strife» est dans Frank CARREL et Louis FEICZEWICZ, *The Quebec Tercentenary Commemorative History* (1908), cité dans Rudin (1997), p. 199 ; H. Vivian NELLES, *The Art of Nation-Building. Pageantry and Spectacle at Quebec's Tercentenary*, Toronto, UTP, 1999, p. 122-140 ; *Le Nationaliste* du 22 mars 1908 reproduit le texte de Chapais ; Raphaël GERVAIS [le père Gonthier, o.p.], «Erreurs et préjugés. À propos du troisième centenaire de Québec», *La Nouvelle-France*, VII, 6 (juin 1908) : 289, 292-293 ; Jules FOURNIER, «Lettre ouverte», *Le Nationaliste*, 26 juillet 1908 ; Mgr Bruchési, *Le Devoir*, 15 septembre 1914 ; H. BOURASSA, *La politique de l'Angleterre avant et après la guerre*, Montréal, Le Devoir, 1914, p. 31.

3. Y. LAMONDE, *Allégeances et dépendances. Histoire d'une ambivalence identitaire*, Québec, Nota Bene, 2001, p. 76-77 ; Éric COUPAL, *Baseball, américanité et culture populaire : histoire du baseball à Montréal (1860-1914)*, M.A. (Histoire), UQAM, 2001, 115 p. ; Edmond DE NEVERS, *L'avenir du peuple canadien-français* (1896), *op. cit.*, p. 90 ; Pierre SAVARD, *Jules-Paul Tardivel...*, *op. cit.*, p. 398 ; Henri BOURASSA, «La vraie trahison nationale», *Le Devoir*, 10 et 12 mars 1917 ; Esdras MINVILLE, «Les Américains et nous», *L'Action française*, X, 2 (août 1923) : 97-105 ; J. FOURNIER, «Réplique à Charles ab der Halden» (1907), *Mon encrier, op. cit.*, II, p. 31-32 ; O. ASSELIN, «De nos besoins intellectuels» (1919), *Pensée française, op. cit.*, p. 135-136 ; Victor BARBEAU, «La méthode américaine», *Les Cahiers de Turc* (1er février 1922) : 30 et 34 ; A. DUGRÉ (1925), cité dans Guildo ROUSSEAU, *L'image des États-Unis dans la littérature québécoise (1775-1930)*, Sherbrooke, Naaman, 1981, p. 134.

4. L.-A Pâquet, « La vocation de la race française en Amérique » (1902), dans Y. Lamonde, *Louis-Adolphe Pâquet (1859-1942)*, Montréal, Fides, 1972, p. 57 ; E. de Nevers, *L'avenir du peuple…, op. cit.*, p. 27, 54, 312 ; E. Bouchette, « Emparons-nous de l'industrie » (1901), *ECF*, 35 (1972) : 207-212, 232-240 ; *idem*, *L'indépendance économique du Canada français* (1905), Montréal, Wilson et Lafleur, p. 7-19 ; H. Bourassa, « La vraie trahison… », *loc. cit.* ; A. Vanier, « L'État français et les États-Unis », *AF* (juin 1922) : 322-338 ; B. Leman, « Les Canadiens français et le milieu américain », *Revue trimestrielle canadienne*, XIV, 5 (septembre 1925) : 263-275.

5. Y. Lamonde, *Histoire sociale des idées…, op. cit.*, p. 454-456 ; Roberto Perin, *Rome et le Canada. La bureaucratie vaticane et la question nationale (1870-1903)*, traduction de Christiane Teasdale, Montréal, Boréal, 1993, *passim* ; Claude Fohlen, « L'"américanisation" du catholicisme canadien », *International Journal of Canadian Studies /Revue internationale d'études canadiennes*, 19 (printemps 1999) : 151-165 ; Yves Roby, *Les Franco-Américains de la Nouvelle-Angleterre (1776-1930)*, Sillery, Septentrion, 1990, *passim* ; Léon XIII, « encyclique *Affari vos* », dans *MEQ*, IX, p. 17-24 ; Louis-Nazaire Bégin, « Lettre pastorale […] promulguant l'encyclique *Affari vos* sur les écoles du Manitoba », 8 décembre 1897, *MEQ*, IX, p. 5-11.

6. Mgr Bourne, « Allocution à Notre-Dame », dans *Hommage à Henri Bourassa*, *op. cit.*, p. 138-144 ; H. Bourassa, « Discours à Notre-Dame », dans Yvan Lamonde et Claude Corbo, *Le rouge et le bleu…, op. cit.*, p. 315-320 ; Philippe Landry, « Mémoire au cardinal Gasparri », cité dans Robert Rumilly, *HPQ*, XX, p. 90 ; L.-N. Bégin, « Lettre à Benoît XV », juillet 1897, cité dans Jean Hamelin et Nicole Gagnon, *Histoire du catholicisme québécois. Le XXᵉ siècle, tome I (1898-1940)*, Montréal, Boréal, 1984, p. 99 ; Benoît XV, « Lettre sur la question scolaire en Ontario », 7 juin 1918, *MEQ*, XI, p. 337-340, reproduite dans *AF*, II, 11 (novembre 1918) : 526-528.

7. H. Bourassa, *La langue gardienne de la foi*, Montréal, Bibliothèque d'Action française, 1918, p. 8, 21, 49, 51 ; *idem*, « Extraits d'une conférence », 23 novembre 1923, *L'Action nationale*, LIII, 9-10 (mai-juin 1954) : 867-868.

LISTE DES ILLUSTRATIONS*

---

* Je remercie Fernand Harvey de m'avoir indiqué l'intérêt iconographique des almanachs et de m'avoir généreusement fourni les caricatures reproduites dans le présent ouvrage.

INDEX

TABLE DES MATIÈRES

DU MÊME AUTEUR

Historiographie de la philosophie au Québec (1853-1971), Montréal, Hurtubise-HMH (Cahiers du Québec, coll. «Philosophie»), 1972, 241 p.

Louis-Adolphe Pâquet (1859-1942), Montréal, Fides, coll. «Classiques canadiens», 1972, 86 p.

Guide des sources d'archives sur le Canada français au Canada, Ottawa, Archives publiques du Canada, 1975, V-195 p. (avec MM. Garon et Poirier).

Guide d'histoire du Québec, Québec, Éditions du Boréal Express, coll. «Mékinac», 1976, 94 p.

Inventaire chronologique et analytique d'une correspondance de Louis-Antoine Dessaulles (1818-1895), Québec, Ministère des Affaires culturelles, Archives nationales du Québec, 1978, XXIV p. et microfiche (avec Sylvain Simard).

Les bibliothèques de collectivité à Montréal (17ᵉ-19ᵉ siècle), Montréal, Ministère des Affaires culturelles, Bibliothèque nationale du Québec, 1979, 139 p.

La philosophie et son enseignement au Québec (1665-1920), Montréal, Hurtubise-HMH, coll. «Philosophie», 1980, 312 p.

Le cinéma au Québec. Essai de statistique historique (1896-1976), Québec, Institut québécois de recherche sur la culture [IQRC], 1981, 478 p. (avec Pierre-François Hébert).

La culture ouvrière à Montréal (1880-1920), Québec, IQRC, 1982, 179 p. (avec Lucia Ferretti et Daniel Le Blanc).

Je me souviens. La littérature personnelle au Québec (1860-1980), Québec, IQRC, 1983, 275 p.

Les bibliothèques personnelles au Québec. Inventaire analytique et préliminaire des sources, Montréal, Bibliothèque nationale du Québec, 1983, 132 p. (avec Daniel Olivier).

L'imprimé au Québec. Aspects historiques (18ᵉ-20ᵉ s.), Québec, IQRC, 1983, 368 p. (sous la direction d'Yvan Lamonde).

L'avènement de la modernité culturelle au Québec, Québec, IQRC, 1986, 319 p. (sous la direction d'Yvan Lamonde et d'Esther Trépanier).

Le parc Sohmer de Montréal (1889-1919). Un lieu populaire de culture urbaine, Québec, IQRC, 1986, 231 p. (avec Raymond Montpetit)

Guide de la littérature québécoise, Montréal, Boréal, 1988, 156 p. (avec Marcel Fortin et François Ricard).

L'histoire des idées au Québec (1760-1960). Bibliographie des études, Montréal, Bibliothèque nationale du Québec, 1989, 167 p.

La librairie et l'édition à Montréal (1776-1920), Montréal, Bibliothèque nationale du Québec, 1991, 198 p.

Gens de parole. Conférences publiques, essais et débats à l'Institut canadien de Montréal (1845-1871), Montréal, Boréal, 1991, 176 p.

Territoires de la culture québécoise, Sainte-Foy, Presses de l'Université Laval, 1991, 293 p.

Bibliographie des études québécoises sur l'imprimé (1970-1987), Montréal, Bibliothèque nationale du Québec, 1991, 125 p. (avec M. Brunet, A. Vanasse et Y. Buono).

«Cité libre»: une anthologie, Montréal, Éditions internationales Alain Stanké, 1991, 413 p. (avec Gérard Pelletier).

Un Canadien français en Belgique au XIXe siècle. La correspondance de Louis-Antoine Dessaulles (1875-1878), Bruxelles, Académie royale de Belgique, 1991, LII-190 p. (avec Éliane Gubin).

Appropriations culturelles du nouveau continent. Québec, 1800-1960. Bibliographie, Chicoutimi, SOREP-Centre interuniversitaire de recherches sur les populations, 1993, 20 p. (document IV-C-2).

Louis-Antoine Dessaulles. Un seigneur libéral et anticlérical, Montréal, Fides, 1994, 369 p.

Louis-Antoine DESSAULLES, *Écrits*, édition critique, Montréal, PUM (coll. «Bibliothèque du Nouveau Monde»), 1994, 382 p.

Données statistiques sur la culture au Québec (1760-1900), Chicoutimi, Institut interuniversitaire de recherche sur les populations [IREP], 1996, 169 p. (avec Claude Beauchamp).

Québécois et Américains. La culture québécoise aux 19e et 20e siècles, Montréal, Fides, 1995, 418 p. (sous la direction d'Yvan Lamonde et de Gérard Bouchard).

Combats libéraux au tournant du XXe siècle, Montréal, Fides, 1995, 285 p. (sous la direction d'Yvan Lamonde).

Robert LAMONDE, *Mémoires*, Montréal, compte d'auteur, édité par Pierre et Yvan Lamonde, 1995, 136 p.

Ni avec eux ni sans eux. Le Québec et les États-Unis, Québec, Nuit blanche éditeur, 1996, 120 p.

L'histoire de la culture et de l'imprimé. Hommages à Claude Galarneau, Sainte-Foy, Presses de l'Université Laval, 1996, 239 p. (sous la direction d'Yvan Lamonde et de Gilles Gallichan).

La nation dans tous ses États. Le Québec en comparaison. Montréal-Paris, L'Harmattan, 1997, 350 p. (sous la direction d'Yvan Lamonde et de Gérard Bouchard).

Louis-Joseph Papineau. Un demi-siècle de combats. Interventions publiques, Montréal, Fides, 1998, 660 p. (choix de textes et présentation par Y. Lamonde et Claude Larin).

Le rouge et le bleu. Une anthologie de la pensée politique au Québec de la Conquête à la Révolution tranquille, Montréal, PUM, 1999, 576 p. (avec Claude Corbo).

Histoire sociale des idées au Québec (1760-1896), Montréal, Fides, 2000, 572 p.

La littérature personnelle au Québec (1980-2000), Montréal, Bibliothèque nationale du Québec, 2000, 100 p. (avec Marie-Pierre Turcot).

Étienne PARENT, *Discours*, édition critique par Claude Couture et Yvan Lamonde, Montréal, PUM (coll. «Bibliothèque du Nouveau Monde»), 2000, 463 p.

Trajectoires de l'histoire du Québec, Montréal et Québec, Fides-Musée de la civilisation (coll. «Les Grandes Conférences»), 2001, 44 p.

Allégeances et dépendances. Histoire d'une ambivalence identitaire, Québec, Nota Bene, 2001, 265 p.

Regards croisés entre le Jura, la Suisse romande et le Québec, Québec/Porrentruy, Presses de l'Université Laval/Office du patrimoine et de la culture de la République et Canton du Jura, 2002, 344 p. (codirection avec Claude Hauser).

Lire au Québec au XIXe siècle, Montréal, Fides, 2004 (codirection avec Sophie Montreuil).